河南师范大学学术专著出版基金资助

河南省哲学社会科学规划项目
"中国早期中文商业报刊报人新闻职业伦理认知及实践研究（1857—1898）"
（项目批准号：2018BXW004）阶段性成果

报以载道

（1857—1911）

中国近代中文商业性报纸 新闻职业伦理实践研究

夏冰·著

上海三联书店

目　录

表　目

前　言

　　在中国近代新闻史上，以《申报》为代表的近代中文商业性报纸报人不仅初创了"我国近代报纸模式"，其表达的新闻思想更为甲午以后的近代报刊业奠定了基本的办报理念，本书将1857—1911年中国近代中文商业性报纸的职业活动置于中国近代社会具体的历史环境及各种关系中，考察报人群体新闻职业伦理观的产生、演变及其与社会政治、经济、文化的关系，探讨报人职业活动中的价值取向、道德表现、职业规范、伦理行为等的表现特征、内在动机、外部压力、价值意义、历史局限及与社会生态环境之间的互动关系，凝练出历史经验和理论启示，为规范当下新闻职业实践和建构有中国特色的新闻理论体系提供新闻文化历史资源。

　　明清时期出现了士商合流现象，士人伦理、儒商文化成为近代商业性报纸报人职业价值选择的文化泉源。报人大多是晚清脱离传统乡村的"社会游士"，托身洋报，徘徊于"职业报人"和文人角色之间，自我身份认知复杂而又充满矛盾：一方面念兹在兹传统体制下四民之首的荣光，一方面对自己的职业也充满了憧憬，期盼通过报刊的舆论权力重构自己的社会权威地位，同时履行士大夫"以天下为己任"的道德责任。从《香港华字日报》的"佐中治"到早期《申报》的"义利兼顾"，再到《申报》史量才时期的"独立办报、服务社会"和《大公报》的"监政府、导国民"，随着西方报刊思想的熏陶及对媒体责任认知的深入，中国近代商业性报纸报人的职业价值观念不断演变，但是，中国传统文化中的士商伦理始终是其不变的内核。

　　除了竞争和营利，近代商办报业所面临的迫切要务是取得社会对新报的认同和接受，如何平衡"义利"矛盾是纵贯近代商业性报纸办报史的核心问题。从早期《申报》开始,近代商业性报纸就结合传统伦理文化赋予了自身职业活动的道德"合法性"。一方面,生存压力使得《申报》《新闻报》《大公报》等报刊重视经营、不耻言利,在发行、报道和广告方面宣称"诚信",在新闻选择方面强调"实用功利",甚至以低俗、不实信息迎合受众;另一方面,报人通过职业活动履行一定的社会道德责任,从而缓解社会和媒体之间的张力。报人对媒体性质和承担道德责任的理解和实践源自士人伦理及其在传统社会的角色功能:他们以言论报国,试图影响甚至参与政治。同时,报人以文化权威和社会中坚的姿态,通过舆论指导启蒙民众,通过公益报道和服务社会维护社会秩序。为了重构自己的社会权威地位,报人群体一直努力通过媒体投身到政治、社会的秩序建构之中,力图成为国家—社会治理中独立的一极。尽管这种理想随着知识分子社会的昙花一现成为"易碎品",但是报人在职业活动中所体现的"胸怀天下,关心民瘼"的士人风骨以及以维护国家、社会整体利益为使命的职业特征,已经成为贯穿中国新闻事业发展的不变的文化底色,亦应成为中国新闻事业值得珍惜的新闻文化。

新报虽然移植自西方,但是因为浓厚的士大夫情结以及本身的知识视野,报人对于报人职业品质与职业规范的理解,更多的是从中国传统文化与自身的知识体系中寻找根源。史家著史与新闻业的传播活动有着内在的共同规律,无论是《香港华字日报》《循环日报》《申报》还是《大公报》,都无一例外地将史家直笔直书的精神援引为报业从业者应秉承的职业品质和职业规范。在中国近代报刊发展史上,《申报》报人对"据事直书"的理解和职业实践具有典型性,报人以"实事求是"为旨、以"直言无隐"(批评报道)为责、以"不加论断、是非自见"为报道方式、以"持平公正"为立论原则。这一职业道德品质,经过梁启超、章太炎和史量才的进一步阐发,发展为"史家办报"的办报思想,与政治家办报成为主导中国新闻理论与实践的两大主流。但是,在市场压力下,商业性媒体常常面临着"据事直书"的实用性与报道事实的矛盾,典型如以"便民益国"为借口,传播失实信息。

在近代中国新闻事业发展史上,"有闻必录"作为一种独特的"新闻职业道德"问题而存在。"有闻必录"并非中国近代商业性报纸为新闻失实而设计的托词,而是其"精心设计"并争取的自由采录信息的新闻"职业权利",这一"精心设计"的重要动力,是报纸的生存压力和经济利益追求。在争取职业权利合法化的"劝服"过程中,"有闻必录"被报人赋予史家著史的"光环",在新闻实践中,报人又将史家治史"信以传信、疑以传疑"的原则融入"有闻必录"的理解中,在一定程度上弥补了对"闻"的"必录"导致的新闻失实的风险。文化接近性与其在发掘新闻方面的实用性,合力促成了"有闻必录"的兴起。19 世纪 70 年代,"有闻必录"被演绎为"采风使者之责",后成为"新闻体例",19 世纪 80 年代被业内外认同,19 世纪 90 年代至民国初成为职业"天职"。民国期间,因为报刊对"有闻必录"的滥用,使之沦为职业失范的"护身符"。

19 世纪 90 年代,中国商办报业风气日坏,职业腐败现象从上海迅速蔓延至北方报坛。因为租界的存在,沪上报纸同租界、清政府以及社会其他机构之间形成了一个独特的媒介生态,社会对媒介的管理、监督与约束的松弛、无序与混乱为沪上商业报坛乱象提供了生发的土壤。社会民众对报刊的他律主要是通过投书辨正、异报刊登告白、报馆互相监督等方式进行,维护商业报坛风气主要靠各大报刊自律。典型如《申报》,对于个人和组织的礼品馈赠和行贿,报人坚决抵制并给予揭露。对于报业的媚俗之风,报人坚持"不宣隐事、不败俗伤风",《申报》反复宣传新闻从业者要具备"清廉守正"的职业道德品性,这种职业品性继承中国传统儒家伦理。当时的报人已经意识到行业腐败对报纸履行"有益国政、启发民智"责任的负面影响,报人的职业价值观对职业行为自律起到了意识形态意义上的指导作用。报坛风气不振影响了部分大报的可持续发展。从 19 世纪 90 年代初期,《申报》《沪报》《新闻报》等报纸在不断沟通、讨论中寻求对行业职业道德规范的共识,商办报业反复宣传的"报纸体例"增添了诸多针对职业道德行为的规范性内容,诸如报道要客观、及时更正、严禁侵人隐私、拒绝受贿索贿等等,"报纸体例"成为商办报业乃至整个报纸行业新闻职业道德规范的初始形态,虽然没有强制性,但是对媒体及从业者依旧具有一定的舆论约束作用。在对新闻职业道德规范形成基本共识的基础上,各个报馆开始有意识地制定了具体的章程和细则,加强对从业者包括主笔职业活动的监督和规范。此外,报馆有意识地通过合理的薪酬制度和稳定的雇佣关系调控从业者的职业行为。

总之,"士"是中国文化史上的一条动脉,近代报人所秉承的"士"的价值伦理,是理解中国近现代新闻事业发展的外在形态和内在动力的金钥匙。作为文化力量的士人伦理及士人群体在传统社会的功能,形塑了近代商办报业报人职业活动的双重性特征。近代商办报业新闻职业伦理实践,对中国近代新闻伦理思想的发展及中国新闻职业化进程具有开拓和引领意义,报人在践行新闻伦理、规范职业行为中所积累的经验,也足以为当下应对新闻伦理问题及建构有中国特色的新闻理论体系提供一份珍贵的"历史遗产"。

第一章 绪 论

一 研究缘起

"大众媒介的伦理道德问题自大众媒介诞生之日起就一直存在。它是一个古老而又常新的研究课题。"①新闻伦理问题及从业者职业失范现象并没有随着现代媒体日益专业化、采访传播技术的发达而减少，反而随着新媒体时代的到来呈现出更为复杂的面相，诸如媒介因逐利而堕落、新闻传媒内部腐败、同情心的普遍缺失，②以及新闻传播中最"古老"的问题——新闻失实。

历史和现实乃至将来都是紧密相连、息息相关的，梁启超说："历史的目的在将过去的真实予以新意义或新价值，以供现代人活动之资鉴。"③在紧盯当下，对新闻伦理现象从实践层面和理论层面进行研究的同时，从历史的角度，选取中国近代新闻史上占有重要地位的报刊，对报人群体新闻职业伦理认知及实践进行梳理分析，从而观照当下并能够为应对新闻实践中的伦理问题提供史的借鉴，这是笔者选择这一选题的初衷之一。

无疑，作为研究对象，以《香港华字日报》《申报》《新闻报》《时报》《字林沪报》《大公报》等为代表的中国近代中文商业性报纸群体具有典型性、代表性和研究的价值。

何为商业性报纸？中国近代商业性报纸的发展脉络如何？

---

① 郎劲松、初广志.传媒伦理学导论[M].杭州:浙江大学出版社,2007:1.
② 陈绚.新闻道德与法规:对媒介行为规范的思考[M].北京:中国大百科全书出版社,2005:106.
③ 梁启超.中国历史研究法[M].上海:上海人民出版社,2014:129.

方汉奇先生在《中国新闻传播史》中在"中文商业报纸的崛起"一节中,阐述中国近代中文商业性报纸的渊源。书中认为,创刊于1857年11月的《香港船头货架纸》是我国历史上第一份中文商业报纸,随后,《中外新闻七日报》《香港华字日报》等商业性报纸纷纷在香港出版。1872年,上海《申报》的创办与飞速发展,标志着我国中文商业性报纸发展到了成熟阶段。19世纪80年代和90年代,《字林沪报》《新闻报》创刊,形成了"申""新""沪"三报鼎立的格局,上海商业性报纸出现大发展的局面。方汉奇先生虽然没有给商业性报纸定义,但是归纳了几个特征:以"赚钱"为目标,内容以社会新闻和商业行情为主,信息量大、及时、真实,报纸的新闻性更加凸显,重视广告和发行等报业经营等。①

秦绍德在《上海近代报刊史论》中提出"近代上海报刊的历史可以分为四个时期:第一个时期是1850年至1895年左右,上海出现了按照资本主义新闻纸方式经营的商业性报刊……第三个时期是1915年到1937年,少数商业性报纸完成了向企业化大报的发展过程,成为旧中国资本最雄厚、销量最大、最有影响的民营报纸"。②秦绍德也总结了上海近代商业性报纸的特点:营利是目标,迎合受众需要,重视新闻和广告,适应中国国情和读者心理。

马光仁主编的《上海新闻史》认为:上海报坛的中文商办报纸,《新闻报》问世之后形成了三足鼎立的局面。甲午之后,商办报纸出现了一种别裁:休闲报种,也就是"小报"。19世纪末,上海商办报竞争激烈,风气堕落。③黄瑚的《中国新闻事业发展史》在"《申报》在创新中发展与商业性报纸模式的确立"一节中专门分析了《申报》在19世纪末成功的策略,并客观地评价了商业性报纸成功的意义:《申报》不仅是整个中国办得最为成功、最有特色的商业性报纸,还确立了中国商业性报纸的基本模式。商业性报纸成功,有力地促进了中国新闻事业的发展,带来了许多新的变化。戊戌后,经过国人两次办报高潮,政治性报刊迅速崛

①　方汉奇.中国新闻传播史[M].北京:中国人民大学出版社,2011:52—62.
②　秦绍德.上海近代报刊史论[M].上海:复旦大学出版社,2014:4—5.
③　马光仁.上海新闻史[M].上海:复旦大学出版社,2014:136—156.

起,袁世凯及北洋军阀将叱咤风云十数年的政治性报刊摧残殆尽,却给商业性报刊赢得了更大的发展空间,商业性报刊在报坛上的地位急剧上升,民族报业发展出现了职业化的走向。①

商业性报纸的概念源自世纪西方国家大众化廉价报纸的兴起,是相对于官方报纸和政党报纸而言的一种报纸形态。王润泽在《北洋政府时期的新闻业及其现代化》一书中针对北洋政府时期报业发展实际,对商业性报纸做出了以下界定:报纸自称为商业或独立机构,以营业为目的,不属于某个党派、机关或团体,其在发展过程中追求发行、广告或其他商业性行为的收入,言论基本独立。②张立勤在其《1927—1937年民营报业经营研究》博士论文中,专门就民营报纸和商业报纸的概念进行辨析。他认为,从言论倾向、经营动机和管理方式等方面来看,商业报纸与民营报纸并无本质上的差异,只是“商业报纸”的概念是从办报目的来划分的,是相对于官方报纸、政党报纸和宗教报纸而言,而“民营报纸”的概念着眼于经营方式的划分,是相对于公营报纸、官营报纸和党营报纸而言的。

综合以上文献,学界并没有囿于报纸是否外人经营和华人所有而忽视商业性报纸对中国新闻事业的贡献,商业性报纸较之民营报纸在概念更为宽泛,包括早期外人经营的和民国时期国人自办的此类报纸。此外,如果按照现代商业报纸的要求来衡量,诸如:“是以营利为目的,独立运作,自负盈亏。不依附于政府,不结党营私,不受任何政党派别的干涉,对大众读者负责;广告与发行并重。实行产业制度化管理,根据市场变化不断进行改革”③,早期《申报》《新闻报》《沪报》等报纸只能属于现代商业报纸的初级发展阶段,且这些报纸在办报宗旨、秉承新闻理念特别是新闻伦理观及表现方面和纯粹的商业报纸还有些差别,因此,本书将此类报纸统称为“商业性报纸”或者是“商办报业”。

---

① 黄瑚.中国新闻事业发展史[M].上海:复旦大学出版社,2010:50—54.
② 王润泽.北洋政府时期的新闻业及其现代化(1916—1928)[M].北京:中国人民大学出版社,2010:125.
③ 刘文婷.中国近代商业报刊研究[D].重庆:西南大学,2013:8.

　　无论是中国报业中心在从香港转为上海的过程中,还是在清末民初的中国报坛,中国近代商业性报纸在市场占有、经营模式、业务创新、报道理念等方面始终占有主导地位。例如《申报》,其在中国近代史上的地位是学术界公认的,有学者称:"研究中国近代新闻事业史,不能不研究上海的近代报业,研究上海近代报业,就不能不研究《申报》。"①《新闻报》长时间和《申报》双峰对峙,在编辑风格、报道方式和经营模式方面和《申报》亦步亦趋。《时报》以"革新代表舆论之报界耳"为目标,"独创体裁,不随流俗",大力推进新闻报纸的革新,推动近现代商业性报纸打破陈规,力争进步。更为关键的是,近代商办报业以市场营利为要,长期屹立报坛而不倒,在长期的职业活动中面临诸多复杂、鲜活的伦理问题,这是其他类型的报刊不可比拟的,其新闻职业伦理实践具有极高的研究价值和现实借鉴意义。

　　在中国近代商业性报纸群体中,《申报》在中国新闻史上的地位无疑最为重要,也是本书研究的核心。其发行量最大、影响力最广、现代化程度最高,历经清末民国的社会动荡、风云变幻,处于各种政治力量、中西文化相互碰撞交织中却始终执舆论之牛耳,该报"具有良好的声誉",在职业操守方面是"几个杰出的例外"。②作为中国近代开办最早的中文新闻纸之一,早期《申报》不仅初创了"我国近代报纸模式",其表达的新闻思想和理念更是影响了中国近代报刊思想的发展和演变。有研究者认为:"以《申报》为代表的商业报纸实际上为甲午以后乃至民国以后的中国近代报刊业奠定了基本的办报理念。"③特别是在报纸专业化程度不高以及商业竞争的压力下,早期《申报》在维护新闻真实性方面能够"实事求是",报人在职业行为操守和约束方面"馆风谨严",④在职业道德表现方面还是较为突出的。

　　然而,关于中国近代商业性报纸的研究不少,对该类报人群体的新

　　①　马光仁.《申报》与新闻学研究[J].新闻大学,2009(2):55.
　　②　徐小群.民国时期的国家与社会[M].北京:新星出版社,2007:260—262.
　　③　邵志择.近代中国报刊思想的起源与转折[M].杭州:浙江大学出版社,2011:84.
　　④　马光仁.上海新闻史[M].上海:复旦大学出版社,2014:94.

闻职业伦理认知及实践进行关注的不多。具体表现有三：

其一，新闻职业伦理认知包含于新闻思想之中。但是当下中国近代新闻史专著对商业报纸报人新闻思想研究不足。

学者马光仁先生指出："就目前所见到的中国新闻事业史研究成果，涉及《申报》研究，大都只重视《申报》事业的发展变化，各个时期的宣传倾向、经营管理，人才变动及新闻业务革新等。对《申报》在新闻学研究方面的作用，重视不够，涉及甚少，有的甚至只字未提，实为研究《申报》之不足。"①诸多中国近代新闻事业史、中国近代新闻思想研究专著，都聚焦于所谓开创和发扬了近代中国报刊"文人论政"特色的王韬、康有为、梁启超等著名报人的办报思想，对商业性报纸报人新闻思想提及的不多，无论篇幅还是评价上都远逊于近代维新报人。原因很多：一方面，商业性报馆报人群体大多缺乏论著、个人自传等，在立言方面有所欠缺；另一方面，商业报馆的"谋利"性质以及其"不偏不倚、重新闻轻言论"标识多少遮蔽了研究者对其新闻思想关注的目光。

其二，新闻职业伦理理论研究对商业性报纸报人的选择性忽视。

在我国，专门著书或撰文研究新闻伦理始于 20 世纪 90 年代。代表作有黄瑚的《新闻法规与新闻职业道德》《新闻伦理学》《新闻法规与职业道德教程》，周鸿书的《新闻伦理学论纲》，陈桂兰的《新闻职业道德教程》，戴元光的《传播道德论》，陈绚的《新闻道德与法规》，初广志、郎劲松、张殿元的《转型期大众传播媒介的伦理道德研究》，郑根成的《媒介载道——传媒伦理研究》等。这些著作或研究都立足当下新闻事业和新闻实践，对新闻伦理的概念、原则、道德规范体系等进行了理论阐述，但都缺乏从史的角度对新闻伦理问题特别是对新闻伦理实践的观照，虽然大多研究都对近代中国新闻伦理思想进行了溯源，但也只是对王韬、郑观应、梁启超、邵飘萍等政论文人、学者或知名记者们的新闻伦理思想进行了简单罗列。巧合的是，这些专著无一例外地都漏掉了近代商业性报纸报人群体。

---

① 马光仁.《申报》与新闻学研究[J].新闻大学,2009(2):55.

其三,近代商业性报纸新闻职业伦理个案研究的缺失。

经笔者查询,在大量涉及近代中文商业性报纸的研究成果中,尚无针对报人群体新闻职业伦理实践的个案研究,这与近年来报刊史研究缺乏主体意识有关。

在对中国近代报刊特别是商业性报纸的研究方面有一种倾向,就是忽视了作为大写的"人"即报人在具体环境、具体情境下职业活动的动机,特别是其所秉承的价值观、伦理观等文化力量对职业实践的有效作用,只是强调政治、经济因素对中国近代新闻事业特征的影响,例如,提到近代"商报",就认为报人的从业动机无外乎"为稻粱谋",报纸言论皆为"营利",提到"洋报",就将其进行"脸谱化"的评价:洋报是"殖民者的舆论工具"。正如学者李彬所言,长期以来,学者对于新闻史的研究通常都是照搬革命史为主线来进行时期的划分和论述,注重政治事件,以革命的动力和政治的规律来解释新闻事业的发展。如此混淆了革命史和新闻史的界限,过于强调意识形态,而忽略、缺乏对新闻事业本体、新闻活动自身的深入、细致的探究,这种研究弊端被新闻史研究学者宁树藩先生称之为"新闻史主体意识不强的表现"。①学者黄旦就认为:"当下我国报刊史研究的问题,乃在于忽视了主体性问题,从而报刊的历史成了历史的报刊。"②在不少报刊研究中,报刊成为政治史、文化史研究的中介和工具,报刊自身的规律与特征被忽略。黄旦认为,其原因之一是"不少人疏于思考,又不愿做扎实的史料功夫和个案分析"③,"假若有更多年青学人,下苦功做一些个案,局面就会大不同"。④这种情况在《申报》研究方面表现突出,"(早期)《申报》长期以来作为史料而受重视。后人关于该报主笔所表达出来新闻理念较少关注"。⑤特别是以《申报》作为个案,通过其论说、新闻、告白等文本对《申报》报人新闻伦理认知进行分析、凝练,并对其新闻伦理实

---

①　宁树藩.宁树藩文集[M].汕头:汕头大学出版社,2003:496—504.

②④　黄旦.报刊的历史与历史的报刊[J].新闻大学,2001(1):51.

③　黄旦.报刊的历史与历史的报刊[J].新闻大学,2001(1):55.

⑤　邵志择.近代中国报刊思想的起源与转折[M].杭州:浙江大学出版社,2011:84.

践进行考察的几乎没有。①

　　对近代商业性报纸报人新闻职业伦理实践研究的欠缺,无疑与商业性报纸在中国近代新闻事业发展史上的地位是不匹配的,对这一研究"短板"进行补强,尤显必要和迫切,对丰富中国近代新闻事业史及中国新闻伦理研究都是有益的补充。研究的不足也引起了笔者对于本书研究问题的追问:

　　其一,作为中国近代新闻事业的开拓者,这些托身商业性报馆的秀才主笔,在传统伦理与现代思想的交汇和冲击中,他们的新闻职业伦理认知具有什么样的特殊性? 其认知的根源、发展与特定的社会政治、经济、文化环境的关系?

　　其二,新闻职业伦理认知作为一种新闻观念,"对主体的新闻实践、新闻行为具有引导和规范功能,是新闻活动者确立新闻实践、新闻行动方向的精神指南"。②在观念的引导、规范下,报人职业活动中的伦理表现如何? 包括职业品质、职业规范、职业权利、职业自律以及商业伦理的特征、报人的新闻伦理实践有何社会功能,对报纸生存、发展之影响如何?

　　其三,清末报业新闻专业化、职业化程度较低,特别是在晚清上海商业报坛风气堕落的环境下,部分商业性报馆如何做到"馆风谨严"③,在对从业者职业行为的要求与约束方面有什么经验。

　　其四,中国传统报人所秉持的传统伦理及新闻职业伦理实践对中国近现代甚至是当下新闻事业发展的深刻影响。换句话说,从中国近代商业性报刊到政论性报刊,从政党报刊到当下社会主义新闻事业,中国传统的伦理文化及其形塑的中国近代报刊报人的新闻伦理活动特征是否成为贯穿中国百年新闻事业发展的基本基因。

---

① 经作者核查,近年关于《申报》研究的博士论文有15篇,其中以《申报》作为个案,对其新闻伦理认知及实践进行研究的没有。
② 杨保军.新闻观念论[M].上海:复旦大学出版社,2014:272.
③ 马光仁.上海新闻史[M].上海:复旦大学出版社,2015:94.

二　相关研究现状述评

(一) 对近代商业性报纸报人新闻思想的梳理总结亟须"补强"

关于中国近代商业性报纸的研究虽丰富,但是对该类报人群体的新闻思想进行系统研究的不多。特别是早期《申报》报人的新闻思想没有得到中国新闻史和中国新闻思想史研究的重视,没有获得相当的地位。

对于近代报刊史的研究,民国时期学者的研究可谓具有开拓意义。这些著作视野相对宏观,决定了关于近代商业性报刊研究的一个特点:缺少专题性的专著,普遍的模式是在新闻史或报刊史的总目下再辟一章节,从不同的视角加以介绍和分析。诸如姚公鹤的《上海闲话》、戈公振的《中国报学史》、胡道静的《上海新闻事业之史的发展》《新闻史上的新时代》,赵君豪的《中国近代之报业》等,这些研究可以说是奠定了中国近代新闻史研究的基础。但是,这些研究对《申报》等商业性报纸的观照或失之简略,或流于琐碎,内容类似于知识阐述。值得注意的是,这些研究对近代商业性报纸及报人地位和办报思想的评价普遍不高,代表观点有:"每一报社之主笔访员,均为不名誉之职业,不仅官场仇视之,即社会亦以搬弄是非轻薄之。"①"唯落拓文人,疏狂学子,或借此以发抒其抑郁无聊之意思。迨梁启超等以学者出而办报,声光炳然,社会对于记者之眼光乃稍稍变矣。"②这些评价在一定程度上反映了当时报人的地位,但是在客观上却遮蔽了近代商业性报纸报人在办报理念和新闻思想上的特性。故最早研究《申报》的学者徐载平对此提出质疑,认为部分研究"对早期老报人的叙述有失实之处"。③当然,姚公鹤、戈公振、梁启超等的观点还是处于主流,对后来研究者的影响巨大。

研究中国近代新闻史,近代商业性报纸当然占有重要地位。涉及

① 姚公鹤.上海闲话[M].上海:上海古籍出版社,1989:127.
② 戈公振.中国报学史[M].北京:生活·读书·新知三联书店,2011:97.
③ 徐载平、徐瑞芳.清末四十年申报史料[M].北京:新华出版社,1983:17.

报人新闻思想和理念的研究成果可以大致可以分为两类著作。一类是研究中国新闻史的著作。典型如方汉奇先生主编的《中国新闻事业通史（第一卷）》、丁淦林先生主编的《中国新闻事业史》、马光仁先生的《上海新闻史》、秦绍德先生的《近代上海报刊史论》、吴廷俊先生的《中国新闻史新修》、陈玉申的《晚清报业史》等等。这些专著涉及早期商业报刊的部分，大多着重对其商业成功、业务竞争、社会新闻报道等进行阐述。这些著作视野高远、资料确实，为本文研究提供了珍贵的史料支持。

　　但是，这些著作无一例外地突出近代商业性报纸"洋报""商报""不偏不党"等标签，这些标签与开启"文人论政"的报纸诸如《时务报》等形成了"泾渭分明"的对照。对商业属性的强调在一定程度上导致研究者忽略了此类报刊在新闻实践中的多面向以及报人在新闻思想方面的特质，而商业性只是其特征的其中之一。对商业性报纸商业之属性的重点关照，使得这些研究在一定程度上忽视了新闻活动背后报人的办报动机和宗旨。例如，各种新闻史专著往往提到商业报刊"办报目的十分明确，那就是营利"。①典型如，部分专著引用了《申报》在《论本馆作报本意》中"义利兼顾"的原文，但只提原文中的"利"，而忽略了对原文中的"义"的阐述，商业报刊在营利的同时如何兼"义"更是付之阙如，而义利问题是中国传统伦理中最为基本的问题，对职业活动要履行"义"的认知，恰恰是以早期《申报》为代表的商业性报纸报人新闻伦理认知中的核心内容。同样，商业性的标签使得商业报刊的许多业务创新，包括每日首论，都被认为是以"营利"为目的。

　　这种观点的倾向性同样体现在第二类即中国新闻思想史方面的著作中。这些著作都将论述重点放在以王韬、梁启超、郑观应、陈炽等为代表的维新派报人新闻思想的介绍上，对商业性报纸报人的新闻理念阐述不多。例如徐培汀的《中国传播思想史（近代卷）》，为早期《申报》专设一章，主要讲述《申报》初创时期的新闻业务，对报人的新闻理念提

---

　　①　例如陈玉申的《晚清报业史》第 39 页、方汉奇的《中国新闻事业通史（第一卷）》第 220 页、吴廷俊的《中国新闻史新修》第 43 页、秦绍德的《上海近代报刊史论》第 23 页、刘家林的《中国新闻史》第 83 页、许正林的《中国新闻史》第 121 页等等。

及不多。无论篇幅还是评价上都远逊于近代维新报人。李秀云的《中国新闻学术史》对早期《申报》的叙述与其他维新派报刊所占篇幅相比相差很远。吴廷俊先生的《中国新闻史新修》重在对各时期报纸新闻思想的论述,特别是维新报刊,都是以其办报人思想为主线进行阐述的,而对《申报》仅仅是对其商业性以及新闻业务的一些改进进行了介绍。其他研究诸如李金铨的《报人报国:中国新闻史另一种读法》《文人论政:知识分子与报刊》,张育仁的《自由的历险》,袁新洁的《近代报刊"文人论政"传统研究》,李秀云的《中国现代新闻思想史》,等等,这些研究同样聚焦于王韬、康有为、梁启超、张季鸾等政论文人的办报思想以及以《时务报》《大公报》为代表的政论报纸上,对商业性报纸报人群体新闻思想提及寥寥,或者认为"(商业性报纸的言论)不以推动中国社会改革为宗旨,而是醉心于营利"。①

这两类研究专著涉及商业性报纸报人新闻理念的,大多是对其新闻思想的简单罗列,典型如徐培汀的《中国传播思想史(近代卷)》,介绍了报人"去塞求通"的报纸功能观、报人对报纸和国家关系的理解等,对《申报》"义利兼顾"的办报宗旨略有提及,但是仅限于原文抄录,并未铺陈。吴廷俊的《中国新闻史新修》重在对报人新闻思想的介绍,涉及《申报》的只是"在华外报的报刊业务与办报思想"一节中的一小部分,对《申报》报人重在信息沟通的观念进行了略述。李秀云的《中国新闻学术史》按照"新闻价值观""新闻自由观""新闻功能观""新闻业务观"等类别对近代报人思想进行了分类阐述,相对维新报人来说,涉及《申报》《新闻报》《时报》等商业性报纸报人的内容较少,主要提及"新闻有益于国"功能观、"足以新人听闻者,靡不毕载"的新闻价值观。因为研究体例的缘故,这些专著对商业性报纸报人新闻理念的罗列简略而又琐碎,主要集中于其新闻业务观、新闻功能观和新闻价值观的介绍,认为其办报理念之于中国近代新闻事业的地位和意义也只是"传播了近代报刊

---

① 袁心洁.近现代报刊"文人论证"传统研究[M].南昌:江西人民出版社,2009:47.

的观念和思想",并非"中国近代新闻史的正章"①。

在诸多新闻史和新闻思想史的研究中,亦有一些学者对该类报人的新闻思想给予了较高评价。典型如邵志择的《近代中国报刊思想起源与转折》,作者对中国近代各个时期报人的新闻理念进行了梳理,其中早期《申报》报人群体是重要的一节,他认为早期《申报》报人"以新闻为本位的理念""作为民间报纸的独立品质""'报纸有利于国的'报刊政治功能理念""现代市场意识"等新闻思想在同时期可谓"空谷足音",实际上"为甲午以后乃至民国以后的中国近代报刊业奠定了基本理念"。②作者认为:"《申报》比《循环日报》早问世,社会影响也远过之,但是说到近代报刊思想的起源,新闻史家不是追溯到林则徐,就是把王韬及其《循环日报》奉为正宗,似乎《申报》对于报刊、新闻没有什么理念。但是我认为《申报》早期有关新闻(纸)的观念远过于林则徐、魏源,也比王韬的新闻观念全面开阔得多。"③对于为什么《申报》的新闻思想被史家忽视,作者解释:"也许,史学中的民族主义的思维使我们必须要在近代中国报刊史及思想史中找到属于中国人自己的报刊以及报刊思想的源头。"④邵志择的研究给笔者以启发,在史学研究中,革命话语以及商业报刊的商业标签往往使得商报报人群体的新闻思想包括新闻伦理认知没有得到相应的重视,对其报人新闻职业伦理认知进行个案研究尤显迫切。

需要强调的是,在新闻思想史和新闻事业史的研究专著中,涉及早期《申报》报人新闻思想的论说文本大多限于 19 世纪 80 年代以前。据马光仁先生统计,从创刊的 1872 年到 1899 年,《申报》刊发的涉及新闻理念的论说达到 18 篇,在与同期刊物的比较中,数量最多,发表时间较早,涉及范围广。⑤但是据笔者仔细搜索。《申报》从创刊到 1898 年期

①　吴廷俊.中国新闻史新修[M].上海:复旦大学出版社,2008:52.
②　邵志择.近代中国报刊思想的起源与转折[M].杭州:浙江大学出版社,2011:84.
③　邵志择.近代中国报刊思想的起源与转折[M].杭州:浙江大学出版社,2011:70.
④　邵志择.近代中国报刊思想的起源与转折[M].杭州:浙江大学出版社,2011:82.
⑤　马光仁.申报与新闻学研究[J].新闻大学,2009(2):56.

间,所刊发的阐述报人新闻思想的论说达到 39 篇。(见附录 1)不少论说是 19 世纪 90 年代发表的,其内容涉及报人对新闻从业者职业素质和职业道德的认知和理解,这些文献对研究报人的新闻职业伦理认知颇为重要,这也为本研究提供了研究的基础。

（二）对近代商业性报纸报人职业理念、职业动机的评价趋于多元、客观

"观念不能自生,而是源于人们的实际、源于人们的实践生活。"[①]新闻职业伦理是在特定的职业理念、角色实践的基础上形成的,与社会政治、经济、文化环境息息相关。涉及中国近代商报报人职业理念和职业动机的著述颇丰,观点亦趋于多元、客观。

研究报人自我职业和角色认知方面的专著有樊亚平的《中国新闻从业者职业认同研究(1815 年—1927 年)》《中国新闻从业职业心态史(1912—1949)》、李滨的《中国近代报刊角色观念的发展和演变》、程丽红的《清代报人研究》、宋晖的《中国记者职业群体的诞生和初步崛起》(博士论文)、李礼的《转向大众:晚清报人的兴起与转变》等。在这些成果中,有些研究对商业性报纸报人职业动机的评价相对消极,把早期报人定位于"托身洋报的寄生者",认为他们投身报业仅"为稻粱谋","对政治的参与是一种商业需要",认为当时报人存在着士人与"报人"的角色冲突,在职业认同方面是"脆弱而游移"。[②]这些研究大多强调政治、经济等外部条件对职业行为的决定作用,忽视了作为大写的"人"即报人在具体环境、具体情境下职业活动动机,特别是其所秉承的价值观、伦理观等文化力量对职业实践的有效作用。正如马克斯·韦伯在《新教伦理与资本主义精神》中指出:"仅仅以经济和政治利益、社会结构、阶级、权力或制度为着眼点的社会学,在理论上是不充分的,文化并非只是普遍从属的被动力量,在推动社会变革以及社会行为背景方面发

---

① 杨保军.新闻观念论[M].上海:复旦大学出版社,2014:137.
② 樊亚平.中国新闻从业者职业认同研究(1815 年—1927 年)[M].北京:人民出版社,2011:18—37.

挥着重要的'塑造'作用。"①

　　随着研究的深入,不少学者的观点趋于客观,认为早期商业报刊报人已经初步具备了一定的职业理念,于新闻职业价值、媒体社会责任、媒体功能特别是新闻伦理等方面已经形成了一定的认知。程丽红就认为:"(报人)都是从传统士子营垒中蜕化出来的新型文人。"但是"由此妄断他们是混迹报坛、功无纤毫的破落文人不尽客观"。②该研究通过文本分析,认为:"清代新式报人很少标榜'中立',强烈的入世情结、关注社会人生的文人本性,使他们的职业活动充满了政治色彩。"③杨誉在《现代化都市的文人和知识分子的社会责任:试论〈申报〉主编上海黄协埙》一文中认为:"文人受的教育决定了他能够扮演的公共角色,并履行公共人物的责任。而报人可以成为文人入仕之外的另一种选择。"④李礼认为,强烈的士大夫情结及重构社会权威的迫切需求,促使报人自觉利用报刊参与政治,影响政府和民众,"一批具有秀才身份的报人,虽没有日后梁启超等人的影响力,但也并非想象中的那么落魄潦倒。他们和王韬一起,事实上已经在 19 世纪开启了中国报刊的体制外批评"。⑤这些研究展现了早期商业性报纸报人在自我职业角色认知方面的复杂性,存在着士人角色和报人角色的两面性,他们并非仅是"落拓文人,疏狂学子",对职业的政治使命和社会责任方面有着自己的追求。以上观点给予笔者以启示:研究报人的新闻职业伦理认知包括报人对职业应当承担责任的理解和实践,离不开对士人的人生价值观以及中国传统伦理文化的考量。关于当时报人经济状况和文化生活,以上研究都有所涉及,最为典型的是王敏的著作《上海报人社会生活(1872—1949)》,他认为早期《申报》报人是上海最早的一批报人,并对报人的基

---

　　① [德]马克斯·韦伯.新教伦理与资本主义精神[M].阎克文译.上海:上海人民出版社,2010:110.

　　② 程丽红.清代报人研究[M].北京:社会科学文献出版社,2008:188.

　　③ 程丽红.清代报人研究[M].北京:社会科学文献出版社,2008:174.

　　④ 杨誉.现代化都市的文人和知识分子的社会责任:试论申报主编黄协埙[A].见:张仲礼.中国近代城市企业·社会·空间[M].上海:上海社会科学院出版社,1998.

　　⑤ 李礼.晚清报人的兴起与转变(1872—1912)[M].北京:北京师范大学出版社,2017:52.

本情况及其文化、经济活动进行了阐述。

新闻职业伦理认知的形成同社会政治、经济、文化环境相关。研究报人的新闻伦理认知及实践,应将报人的新闻活动放在与社会的普遍联系中去考察,考察其新闻活动对社会的影响以及与社会在政治、经济特别是文化方面的互动关系。

近代商业性报刊同政治的关系一直是该类研究的重点。典型如卢宁的《早期申报与晚清政府》,研究者以初创时期《申报》对杨乃武案、杨月楼案报道为个案,分析了早期《申报》同清地方政府从冲突到缓和的原因:新闻纸的功能在冲突中得到了不同层次的展现,并逐渐被接受。[①]该研究认为,租界对《申报》的保护伞作用起到维持和促进报纸生存、发展的关键作用。类似的观点在学者王维江那里也有体现,他认为,作为"言论载体"的报纸的知识功能得到了官僚的认可,"《申报》对政治的参与是一种商业需要,'清流'与《申报》,两种言路,相互关照。《申报》借助'清流'议政,赢得了官员读者群;'清流'借助《申报》议政"。[②]王敏的《政府与媒体—晚清上海报纸的政治空间》《政府与媒体——晚清上海》等,熊月之先生的《论上海租界与晚清革命》《点石斋画报与苏报案》等系列研究文章则对清代上海租界报纸同社会各方的政治关系进行了详细梳理。这些研究都能够深入当时报刊所处的政治环境,去探究新闻纸这一异质的言论载体同官方的冲突和认同的互动关系。但这些研究的落脚点还是落在了报纸的功能以及报纸的商业动机上,多少忽视了报人内在的主观的办报动机和办报宗旨,以及报人通过赋予职业活动以道德色彩从而在文化上获得了社会的认同。

对此有所突破的是来自海外的研究者。德国海德堡大学以瓦格纳为首的研究团队自20世纪90年代起开始从公共空间的角度研究晚清上海的社会和文化。早期商业报刊是他们研究的重点之一。瓦格纳在其论文《〈申报〉的危机:1878—1879年〈申报〉与郭嵩焘之间的冲突和

①   卢宁.早期申报与晚清政府[M].上海:上海科学技术文献出版社,2012:3.
②   王维江.清流与申报,近代史研究[J].2007(6):76.

国际环境》中,通过对当时英国政府对待在亚洲英报态度的分析,认为:"《申报》不是西方帝国主义和殖民主义对中国施加影响的工具,《申报》也不依赖治外法权的保护,《申报》的成功缘于民众对其的文化认同。"①梅特勒·芭芭拉通过对《申报》文本及读者群的分析,认为该报正是通过报刊文体、内容以及舆论倾向方面的选择,获得了民间对其文化上的认同。②这些研究没有选择单纯的新闻竞争、办报策略等考察路径,而是从文化视角对报人的新闻实践与社会的关系进行考量,尽管在他们的研究中,文化的接近是洋报变成中国报纸的手段,但他们的研究还是将报人从事新闻职业活动的内在动机以及伦理文化之于新闻活动的作用凸显了出来。

(三) 对近代商业性报纸报人新闻职业伦理问题需要深入的专题探讨

新闻职业伦理不是道德规范的简单堆砌,而是源于实践。中国近代商业性报纸以生存营利为第一要务,在职业实践中面临诸多复杂、鲜活的伦理问题,诸如如何平衡社会责任和营利的商业伦理问题、真实性问题、"有闻必录"问题、新闻从业者的职业道德行为失范问题等等。这些职业伦理问题是其他类报刊不可比拟的,具有极高的研究价值和现实借鉴意义。但是,目前鲜有此类的专题探讨。

徐新平的《中国新闻伦理思想的演进》全面系统梳理了中国新闻伦理思想的演进,是我国第一部全面系统研究近代以来中国新闻伦理思想的著作。涉及晚清时期部分,该专著重点对王韬、梁启超、严复、汪康年等维新派报人的职业伦理观进行总结,对中国近代商业性报纸特别是《申报》《新闻报》等职业实践中的伦理问题着墨不多③。方汉奇、秦

①　参见[德]鲁道夫·G.瓦格纳.申报的危机:1878—1879 年申报与郭嵩焘之间的冲突和国际环境[A].见:张仲礼主编.中国近代城市发展与社会经济[M].上海:上海社会科学院出版社,1999:286—306.

②　Mittler, Barbara. *A Newspaper for China? Power, Identity, and Change in Shanghai's News Media, 1872—1912*[M]. Cambridge, MA: Harvard University Press, 2004.

③　徐新平.中国新闻伦理思想的演进[M].北京:北京大学出版社,2020:34—83.

绍德、宋军等对中国近代商办报业务创新和经营策略都有涉及,但没有系统研究媒体市场经营的商业伦理、市场营利和社会责任的平衡问题,亦没有对报馆的自律机制进行深入研究。清末民初,上海商办报坛报风堕落,直接影响到报纸的声誉和报人的地位。这方面的材料,一些老报人的不少研究都有所涉及,但是提及不多,诸如包天笑的《钏影楼回忆录》、张静庐的《中国新闻记者与新闻纸》、邵飘萍的《实际应用新闻学》、黄天鹏的《新闻学论文集》、任白涛的《综合新闻学》。当代研究中,马光仁先生的《上海新闻史》对当时报坛风气进行了较多的阐述,具有极高的参考和史料价值。在报人职业操守方面,马光仁对《申报》的评价颇高。商业性报纸报人职业道德表现方面的材料,一方面必须通过对报纸的文本进行发掘,另一方面,相关研究也提供了大量的材料,典型有申报馆的《最近之五十年》、徐载平的《清末四十年〈申报〉史料》、宋军的《申报的兴衰》,以及大量的关于《申报》新闻业务的期刊文章(这里就不再赘述)。刘丽的《中国近代报业采访史论:以〈申报〉为中心的考察》以及卢宁的《早期申报与晚清政府》等论及中国近代商业性报纸对新闻真实的认知标准,但没有从报人的知识体系、文化背景和职业动机的角度,探究报人对新闻事实及报刊责任认知的演变,亦无对其他职业伦理问题的分析。"有闻必录"作为一个新闻职业道德问题,被后来的研究者屡屡批判,不仅如此,在19世纪80年代的中法战争期间,《申报》的"有闻必录"也被其他报纸进行质疑。"有闻必录"是研究近代商业性报纸新闻职业伦理问题绕不过的关键词。这方面的研究有宁树藩先生的《有闻必录考》、刘建明先生的《有闻必录的起源》、卢宁的《早期〈申报〉新闻传播策略初探》、操瑞青的《建构报刊合法性:"有闻必录兴起的另一种认识——从〈申报〉杨乃武案"报道谈起》等文章,这些研究都是基于一定的案例进行的分析,但是在结合《申报》新闻报道文本以及《申报》报人关于"有闻必录"的解释方面,需要进一步的深入发掘和探讨,更没有对其合法性的传统文化根源进一步挖掘。

三 概念辨析及研究范畴

本书围绕中国近代商业性报纸新闻职业伦理问题及现象进行研究，因此需要对研究范畴进行界定，即"划定一定意义上的边界，确立比较明确的研究范围，指明研究问题的基本方向"。①具体操作是通过对伦理和道德概念的辨析，对新闻伦理理论研究范畴和内容进行综述并分析，从而确定本文研究范畴。

"新闻道德是职业道德体系中的一种，是新闻职业道德的简称，它在性质上属于职业道德的范畴。"②学界在研究相关中对新闻职业经理和新闻伦理两个概念也没有进行严格的区分，本书之所以明确"新闻职业伦理"为研究对象，原因如下：新闻职业伦理也像其他任何这一种职业伦理一样，是一种责任道德或者责任伦理，中国近代新报是舶来品，中国近代报人投身报馆为业，从事的是一种全新的职业，他们对新闻报纸抑或自己的职业的功能和责任有自己的认知和观点，这种观点对研究中国新闻事业发展的渊源脉络具有极高的价值，报人的新闻道德实践亦是基于对职业价值的认知基础之上。因此，虽然两个概念区别不大，但是"新闻职业伦理"较之"新闻伦理"更契合本书的研究目标和研究重点。

（一）新闻职业伦理理论研究综述

界定新闻职业伦理研究的内容，我们必须先对伦理和道德这一对概念的异同进行简述，因为对这一对概念认知的分野导致了当下对新闻伦理研究内容的分歧。

伦理与道德这一对概念，是对西方语言中"the ethical"和"the moral"两个概念的翻译。在词源学的意义上，"伦理"和"道德"在意义上是同一的，都是指外在的风俗、习惯以及内在的品性、品德。但是，西

---

① 杨保军.新闻观念论[M].上海：复旦大学出版社，2014：21—22.
② 杨保军.新闻道德论[M].北京：中国人民大学出版社，2010：17.

方思想界对于伦理和道德这样两个概念,存在着不加区分和区分的两种情况。在区分的情况下,"'伦理'的内涵就与社会层面内容关联起来,道德的内涵与个体层次的内容关联起来。因此,这样我们就有了'社会伦理'与'个体道德'两个概念"。①

中国的"伦理"与"道德"概念的分野,从语源学上看,比西方要明显得多。在中国,"伦"本身就是辈、类的意思,引申为"人际关系",本身就具有社会伦理的意蕴。"理"则是条理、纹理、道德之意,本意是"治玉"。"伦理"两字合用,即表示人与人的关系合乎人伦之理。因此,中国词汇中的伦理,实际上是从社会关系上讲的。中文的"道德",从语源学的意义上讲,则比现代西方"morality"这个词的含义广泛得多,有着较强的形而上学的味道,"道"本义为"道路",引申为规律和规则。"德"本义为"得",引申为"品德""道德品质"。在中国传统文化中,上究天人之际,下对社会人文秩序的把握以及从内在心性修养功夫到行为层面的德行、事功与外王,都可以说是道德的范围。虽然,道德这一概念在中国传统哲学中有着十分丰富的内涵,但是从行为主体或认识主体的角度界说,道德就是指个体道德而言。因此,在中国语境中,伦理和道德是整体与部分的关系,虽然两者的含义经常不加区分。

根据以上分析,我们得知,无论中西,在对"伦理"与"道德"的理解层面上都有所区分,只不过这种区分仅仅是理论研究的需要。长期以来,"伦理"和"道德"两个词含义是同义的,只是"伦理"是人类社会中人伦关系及其秩序而言,"道德"则是在个人体现社会道德规范的主体与精神的意义上使用。"伦理"侧重社会层面,"道德"侧重个人道德判断、道德选择方面,以及个人道德品行问题。②与此同理,伦理学家罗国杰认为:"不论在中国还是国外,'伦理'和'道德'两个概念,在一定的词源涵义上,可以视为同义异词,指的是社会道德现象。但它们又有所不同,道德较多地指人们之间的实际道德关系,伦理则较多地指有关这种

---

① 龚群.社会伦理十讲[M].北京:中国人民大学出版社,2014:5.
② 龚群.社会伦理十讲[M].北京:中国人民大学出版社,2014:8.

关系的道理。所以,随着人类文化的发展,'伦理'或'伦理学'这个概念,一般就是用以表示道德伦理,而'道德'这个概念,则一般表示实际生活中的道德现象。这就多少反映出'伦理学'是以道德为研究客体的一门科学。"①所以,伦理学是研究道德的,是关于道德的科学,但是,如果因此而认为伦理学只是研究道德原则或道德规范的学问,那么就使伦理学的意义变得太狭隘了。

关于伦理和道德内涵在研究层次上的"分与合",导致了当下研究者对新闻伦理理论研究范畴界定的不同。关于新闻职业伦理理论研究内容,笔者根据相关研究,将诸类主要观点分为三类。

第一类观点认为,新闻职业伦理是研究新闻工作者职业道德的学问,研究对象为职业道德规范。在1984年浙江人民出版社出版的由复旦大学余家宏等人编写的《新闻学简明词典》中,"新闻伦理学"被解读为"研究新闻工作者职业道德产生与规范的科学。"②1993年出版的由甘惜分主编的《新闻学大辞典》给"新闻伦理学"下的定义是:"新闻伦理学是研究新闻工作者的职业道德和行为规范形成及其规律的学科,是介于新闻学与伦理学之间的一门边缘学科。它借助伦理学原理,主要研究新闻工作者在采访工作、加工制作和传播发行新闻作品中应当遵行的新闻准则,即新闻工作对国家、对社会、对集体、对新闻接受者应当承担的义务和所应恪守的道德规范。"③

这类观点认为新闻职业伦理研究的对象为职业道德和行为规范,同时强调新闻工作对国家、社会、集体应当承担的义务和责任,正如杨保军所言:"新闻职业道德是一种责任道德或责任伦理,也就是说新闻职业道德的内容始终是以新闻职业活动应该承担和完成的职业责任为前提的。"④该观点明确将新闻工作对国家、社会、集体应当承担的义务和责任作为新闻伦理研究的内容,是符合新闻职业特点的。但是这类

① 罗国杰等.伦理学教程(第1版)[M].北京:中国人民大学出版社,1985:4.
② 余家宏编.新闻学简明词典[M].杭州:浙江人民出版社,1984.
③ 甘惜分主编.新闻学大辞典[M].郑州:河南人民出版社,1993:91.
④ 杨保军.新闻道德论[M].北京:中国人民大学出版社,2010:18.

观点忽略了新闻工作者新闻道德活动和社会的关系问题，也就是社会层面的问题。显然，这一类关于新闻伦理研究的内容的阐述，是在研究方面将伦理和道德放在了一个层次，也就是个人道德层面。

正因为这个缘故，有学者进行了补充，并产生了第二类观点。

典型如学者周鸿书，他认为第一类观点"把新闻伦理学同新闻工作者职业道德等同起来了。也就是说，把新闻伦理研究的范围划定得过窄，忽略了新闻道德产生的历史和新闻伦理学形成过程的研究。这个解释虽然注意了新闻工作者同外界的各种道德关系和行为规范，却没有提及新闻机构内部的各种道德关系，更没有注意到新闻媒介的道德功能"。①因此，周鸿书对新闻伦理学进行了定义："新闻伦理学是以新闻道德现象为研究对象，并视其为研究的唯一客体。它是阐明新闻道德的起源、发展及其社会作用，揭示新闻道德的本质及其发展规律的学说；是用一般伦理学原理、原则解决新闻实践活动中人与人的道德关系、行为规范以及新闻媒介的社会功能的一门科学；还是研究新闻从业人员道德品质和道德修养的一门学问。总而言之，新闻伦理学是用伦理学的理论和原理来探讨、研究一切新闻领域的新闻道德意识现象、活动现象和关系现象，并揭示其本质和规律而建立起的新闻道德科学的理论体系。"②

为了解释得更为清楚，周鸿书又刊文对新闻伦理研究的内容进行了更为详细的介绍："1.新闻道德起源、发展的历史；2.新闻机构内外的各种道德关系；3.新闻工作者的职业道德和行为规范；4.新闻媒介的道德责任和道德功能；5.新闻从业人员自身的道德修养。"③

很明显，这个定义和第一类观点一样把新闻职业道德和行为规范以及媒体和新闻活动主体应承担的对国家和社会的责任（道德责任）作为新闻伦理的核心内容。同时，周鸿书扩展了研究的范围，包括新闻活动主体新闻伦理认知产生的根源、发展，新闻活动主体的新闻道德实践

①②   周鸿书.新闻伦理学论纲[M].北京:新华出版社,1995:13.
③   周鸿书.谈谈新闻伦理学[J].新闻知识,1997(6):32.

活动对社会的影响与功能。这一点也是对第一类观点有所补充的地方。

　　循着这个方向,其他学者对新闻伦理研究的范畴、方法等不断进行深入探讨。例如学者黄瑚在其专著《新闻伦理学》中,以新闻职业道德问题及建设为研究对象,对新闻伦理学的理论框架、研究方法、中外新闻伦理思想的起源与历史发展,新闻职业道德的原则、规范、评价等进行了详细的论述。作者认为,新闻伦理学是一门研究新闻职业道德现象、本质、发展变化规律及社会作用的科学。同时,作者又强调了新闻伦理学的实践性,新闻伦理学绝不是新闻职业现象的简单罗列和新闻职业道德规范的简单堆砌,是一门实践伦理学,来源于实践,服务于实践,使自己不断发展和完善。在研究方法上,作者强调历史分析的方法,即将新闻伦理研究置于一定的社会历史环境中,放在一定的历史阶段中进行考察。①该论述同样没有将新闻伦理研究范围囿于职业道德规范,同时也肯定了周鸿书关于新闻伦理研究对象的阐述,即新闻道德现象,也就是新闻道德活动,同时更强调了新闻伦理研究的实践性以及历史分析的研究方法。

　　第三类观点。典型为学者郑根成的研究。他在《媒介载道——传媒伦理研究》一书中对传媒伦理的界定进行了推敲,他同样认同周鸿书的观点,认为传媒伦理并不能解读为一般关于媒介的道德原则、道德规范、指导方针的铺陈,更不能陷入道德中心主义的倾向。他认为,"伦理"更多的是指向一种高远的价值追求,"规范与原则只不过是这种价值追求的工具性层面罢了。伦理学是一个关于道德价值的有机的知识系统。传媒伦理当是基于一种对人类,至少是对某一文化领域中具有普世意义的善的认同与指向基础上的价值探讨。而不是纯粹的规范、约制的说教"。②

　　郑根成对新闻职业伦理研究内容进行界定的意义在于将新闻伦理研究的对象与范畴延伸至新闻道德活动和现象背后的道德价值判断和

　　①　黄瑚.新闻伦理学[M].北京:新华出版社,2001.

　　②　郑根成.媒介载道——传媒伦理研究[M].北京:中央编译出版社,2009:37—42.

取向问题。从理论伦理学范畴来讲,"伦理学是寻找道德价值真理的科学,是关于道德价值的科学"。①"伦理学的根本问题,是道德判断或价值判断的确证,亦即道德推理或价值推理的逻辑,说到底,是'应该'、'价值'的来源、依据问题。"②可以说,研究道德规范的制定与实现、研究伦理现象和问题的前提要基于主体关于道德价值的判断。实际上,周鸿书和黄瑚两位学者所提到的新闻伦理研究对象:新闻道德意识和新闻道德活动,就包含着主体对何为道德的新闻活动的价值判断问题。只不过,郑根成的研究将其突出强调了,也使得新闻职业伦理研究的对象更为全面。学者杨保军也持有相似观点,他认为:"当下新闻道德的个案研究大多是用现有的道德规范说明有关新闻行为道德与否。缺乏关于道德与否的深度分析,道德与否的根据分析。"③所谓的根据分析,就包含对新闻主体对道德的价值判断的分析。因此,研究新闻活动主体的新闻伦理认知,必须要站在其新闻实践的时代背景下,结合其自身秉承的道德价值判断和价值选择。

(二) 研究范畴

根据以上综述,现就本书"新闻职业伦理认知及实践"研究的范畴简单阐述如下:

一是新闻活动主体对职业活动是否符合道德的价值认知和判断。这一点必须结合新闻活动主体自身所秉承的道德价值判断来分析。

二是新闻活动主体对新闻职业活动应当承担的道德责任即对国家、社会的责任和义务的认知和实践。

三是新闻活动主体对职业活动应当遵循的职业道德和行为规范的认知与实践。

以上三点是新闻伦理研究的核心内容,同时还包括新闻活动主体对以上新闻伦理认知产生的根源及内在规律;新闻活动主体在新闻伦

① 王海明.新伦理学(上册)[M].北京:商务印书馆,2001:8.
② 王海明.伦理学原理[M].北京:北京大学出版社,2001:20.
③ 杨保军.新闻道德论[M].北京:中国人民大学出版社,2010:65.

理认知指导下的新闻实践活动与社会的互动关系包括其对社会的作用。此外,对新闻活动主体在新闻实践中出现的新闻道德问题和新闻道德现象进行探析也是本书的重要内容。

四 研究思路、方法及相关说明

(一) 报人和报馆的关系

报人,是指报人群体。关于报人身份的确定,学者王敏在其《上海报人社会生活中》将其研究的报人定义为"主笔、编辑、记者",①这个定义稍显狭窄。本书认为,报人应包括主笔、编辑、撰述或主持报馆的经理人、发行人等,《申报》的经理席裕琪、《时务报》经理汪康年、《大公报》经理胡政之当然都是报人。记者作为一种固定的职业,其出现是在20世纪以后,早期报馆的访事人②只是报馆的雇佣人员,在报馆没有什么地位。

需要强调的是,早期商业性报纸虽然大多是洋报,但申报馆开创了一种"洋人出钱、秀才办报"的办报模式,对此,报馆是这样解释的:"本馆虽西人开设,而秉笔者则华人,其报系中西人所共成者。"③所谓"中西共成",也就是西人出资,中国秀才经营并主持笔政,带有中外合办的意思,"报纸的导向和内容决定于主持笔政的人"④,"总编辑(总主笔)与主笔在报馆中地位最重要,是报馆中的核心人物"。⑤也就是说,虽然是洋报,但是华人主笔把持着报纸的编辑方针和办报方向,报人的新闻理念左右着报馆整体的办报方针。当然,每一个报人的新闻理念肯定有差异,本书研究的是他们在新闻职业伦理认知方面具有共性的部分,这个共性的部分就通过报纸的论说、新闻报道、告白等报纸文本来体现。

① 王敏.上海报人社会生活(1872—1949)[M].上海:上海辞书出版社,2008:1.
② 关于访事人的称呼很多,有访事、访友、访员等之说,本文为行文方便,统称访事人。
③ 申报.主客问答[N].申报,1875-1-28.
④ 宋军.申报的兴衰[M].上海:上海社会科学院出版社,1996:24.
⑤ 王敏.上海报人社会生活(1872—1949)[M].上海:上海辞书出版社,2008:155.

(二) 研究对象

本书探讨中国近代商业性报馆报人新闻职业伦理观念的文化根源、演变脉络,职业伦理实践的内在动机、外部压力、价值意义及与社会环境之间的互动关系。

商业性报纸,主要研究的对象涉及《申报》《上海新报》《字林沪报》《新闻报》《时报》《时事新报》《大公报》《京报》以及香港的《香港华字日报》《循环日报》等重要商业性报纸,核心研究对象为《申报》等沪上商办报纸。1857 年,中国第一份中文商业性报纸在香港创办,近代上海都市的形成,推动了新闻事业的繁荣,上海迅速成为中国的新闻中心。从 19 世纪 60 年代起,上海新办报刊无论在数量上、种类上,还是社会影响上,都冠全国之首。1860 年至 1895 年,上海新创办的报刊达 86 种之多,差不多占全国新办报刊总数的二分之一。正当上海涌现出几十种中文报刊的时候,全国各地只有为数很少的几个城市刚出版报刊,香港此时虽然也存在较有影响的中文报刊,但由于偏处一隅,向全国发行困难很大,其报刊的影响力自然不可与上海同日而语。戊戌政变后,外地报刊或遭封禁,或无疾而终,唯上海情况特殊,一枝独秀。以后,中国政治风云一变再变,但上海作为中国新闻事业中心的地位一直未变。[①]选取上海具有代表性的商业性报纸进行研究自然具有代表性。

本书的研究期间为 1857 年至 1911 年。1919 年,徐宝璜吸收西方新闻理论推出《新闻学》一书,该书可谓中国新闻理论研究的开山之作。1919 年前可谓中国新闻发展的前新闻学时期,这个时期的报人虽受西方理念的影响,但更多地从中国传统伦理文化中撷取智慧和依据,规范职业活动并赋予其道德色彩和合法性,其新闻职业伦理认知和实践具有鲜明的"原生态"特征。这一时期,中国近代商业性报纸特别是《申报》的办报理念和业务都引领当时报业之先,其办报模式始终被其他报纸所模仿,例如上海《沪报》(后为《字林沪报》)和《新闻报》,几乎与《申报》亦步亦趋。特别是在 19 世纪末,上海商办报业风气堕落,申报馆在

---

① 张仲礼主编.近代上海城市研究(1840—1949 年)[M].上海:上海人民出版社,2014:688.

职业伦理表现方面表现突出,在从业者职业行为监督、规范和调控方面已经初具职业化雏形,报人们所表达出来的新闻伦理思想也具有一定的开创性,其职业活动中丰富的职业伦理现象和道德问题,具有极高的研究价值和典型性。

(三) 研究思路

第一,正如学者黄瑚所言,新闻伦理学具有强烈的实践性,新闻伦理学绝不是新闻职业现象的简单罗列和新闻职业道德规范的简单堆砌,而是来源于实践。[①]"新闻道德观念的生成首先根源于对新闻实践中的伦理问题、道德问题的感受、发现,形成于对上述问题的认识、反思以及解决。"[②]因此,本书不纠缠于对从业者职业伦理观念和职业道德规范进行简单罗列,而重在围绕商业性媒体及其从业者在新闻实践以及新闻实践中出现的复杂、鲜活的伦理现象、伦理问题进行"打井式"的个案分析,探讨媒体包括从业者新闻实践的具体环境、价值动机、道德考量及贯穿职业伦理行为之中的伦理文化和伦理规范资源,总结历史经验教训和理论启示,并呼应当下,为应对当下媒体职业伦理问题提供历史借鉴。

第二,伦理学是寻找道德价值真理的科学,是关于道德价值的科学。道德规范的制定以及活动是否道德的前提是主体关于道德价值的判断。因此,研究报人新闻伦理认知,不能用当下新闻伦理研究关于从业者应当遵守的道德规范去对照或者去框定晚清时期报人的新闻实践,这样的做法是不符合历史分析的方法和原则的。因此,研究必须结合报人的道德价值判断以及社会伦理,去探讨报人关于新闻职业应承当的责任义务以及应遵循的道德规范的认知。这也是贯穿本文始末的分析逻辑。

第三,研究的基本逻辑是"条块面"相结合:所谓"块"就是围绕媒体

① 黄瑚.新闻伦理学[M].北京:新华出版社,2001.
② 杨保军.新闻道德论[M].北京:中国人民大学出版社,2010:116—118.

职业活动中的伦理现象、伦理问题进行的个案探究,此为研究的主体。所谓"条"就是将"块"串联整合的研究主线,研究主线包括两个核心问题:一是社会伦理特别是士商伦理及报人重构自身社会权威的功利需求对职业活动的内在驱动;二是商业性媒体在激烈的市场竞争中如何应对生存和发展压力。两个核心问题是影响媒体职业活动的内外因素;所谓"面"就是中国近代商业性媒体的生态环境,包括政治、经济、文化环境。"条"是研究的主线和脉络;"块"必须围绕"条"展开,呼应两个核心问题;"条""块"分析都必须建立在具体的"面"即媒体生态环境基础之上。

(四) 研究方法

1. 内容分析法

对报刊论说、报道、告白等文本进行收集、整理、抽样及定量定性分析,对中国近代商业性报纸及报人新闻职业伦理实践进行考察。

2. 历史分析法

将职业活动置于当时社会历史环境及各种关系中,考察中国近代商业性报纸及报人新闻职业伦理实践同社会形态和文化递嬗的互动关系。

3. 案例分析法

选择典型报道案例进行深入社会肌理的个案分析,考察中国近代商业性报纸及报人具体的道德境遇及媒体生态环境、具体道德境遇下职业活动的价值立场选择、职业活动所遵循伦理原则等。

4. 比较分析法

通过纵向、横向比较。探究近代商业性报纸新闻职业伦理实践的意义和影响。

五　研究意义、创新点及研究的不足

(一) 研究意义

1. 发掘新闻史和新闻伦理研究的"学术增长点"

日本学者沟口雄三就中国历史研究提出了"以中国为方法"的观

点:中国历史发展有特殊的内在动力,不应该套入西方眼光的现代性架构,西方看世界的方法不必是世界的统一标准。他希望从中国历史脉动的特殊逻辑,配合世界各地时空坐标,凝练出多种看世界的方法,共同建立一个更宽更高视野的现代性,既更有普遍意义,又不牺牲文化的独特性①。本书借鉴沟口雄三提出研究视角,从中国伦理文化、中国近代社会结构的特殊逻辑出发,研究中国近代商业性报纸报人新闻职业伦理认知与实践的演变,从中凝练出历史经验和理论启示。本书在新闻传播史、伦理学研究以及研究模式的探索方面都具有开拓性意义。

2. 为应对当下新闻职业伦理问题提供历史借鉴

研究具有很强的现实意义。本书不纠缠于对新闻职业伦理观念进行简单罗列,而重在围绕报刊职业实践活动中出现的复杂、鲜活的伦理现象、伦理问题进行"打井式"的个案分析,总结其经验、教训、意义和启示,并呼应当下,为应对当下媒体职业伦理问题提供历史借鉴。

3. 为构建有中国特色的新闻理论体系提供新闻文化历史资源

中国优秀传统文化是建设中国新闻学话语权的文化资源之一。中国近代商业报纸新闻职业伦理实践具有鲜明中国传统伦理文化底色,探讨如何从中汲取优秀成分和基因,应用于当下新闻职业教育、新闻文化建设、职业道德规范设立等工作之中,希望为构建中国新闻伦理规范体系及有中国特色的新闻理论体系提供优秀的新闻文化历史资源。

(二) 创新之处

1. 视角创新

本书摈弃政治史的研究范式,借鉴社会史的研究视角,从中国传统文化和社会的独特发展逻辑出发,将媒体和报人的职业伦理实践同社会环境、社会生活、社会心态、社会价值观结合起来。通过深入社会肌理的个案深描,包括从业者的文化背景、经济状况、社会地位、社会关系

---

① 　[日]沟口雄三.重新思考中国革命:沟口雄三的思想方法[M].台北:台湾社会研究杂志社,2010:166—201.

等,看到大写的"人"的活动,力图呈现出聚焦报人职业伦理实践的立体、鲜活的社会图景。

2. 内容创新

基于大量的报刊文本和档案材料,试图发掘并回答中国近代新闻史和新闻伦理研究急需回答的几个问题:

第一,中国近代商业性媒体如何平衡"义利"矛盾?本书结合具体的媒体生态环境,通过案例分析探究商业性媒体平衡社会责任和市场营利的务实考量、主观动机和职业实践。

第二,早期商业性媒体如何争取职业权利?"有闻必录"是具有中国传统文化特色的新闻职业权利,可以说是从中国传统文化中来,被应用到中国近代新闻业的新闻实践中,相比较在中国命运坎坷的自由主义,"有闻必录"在中国近代新闻事业中的影响之大之持久令人瞩目。

第三,早期商业报馆如何进行职业活动自律?中国近代报业的新闻道德规范的初始形态为什么最早出现在商办报业?其演变的脉络如何?

以上研究具有较高的史料价值,亦在中国新闻史人迹罕至的领域进行了具有开拓意义的探索。

3. 观点创新

第一,中国传统文化是一个伦理道德型文化,传统士人的伦理价值观以及士之群体在传统"乡里空间"所承担的责任,形塑了近代商业性报纸乃至中国近代报刊职业活动的一个基本特色——媒体及新闻从业者要以履行一定的社会责任为本。这种中国新闻事业的"基本特色"历经社会变迁,从来没有消亡,只不过吐故纳新,改变了形态,成为贯穿中国新闻事业发展的文化底色。一方面要重视中国近代新闻事业新闻职业伦理实践的价值,增强中国新闻理论的"文化自信";一方面要摈弃其落后和不足,凝练并吸收其优秀因素,建构有中国特色的新闻学理论体系,在新闻领域的意识形态和文化竞争中,提高中国新闻理论的"话语权"。

第二,中国近代商办报业新闻职业伦理源于具体职业实践和务实需要,虽受西方报刊理念影响,但具有鲜明的中国传统伦理文化特征。

既有强烈的政治色彩,又强调"实用功利性",力求市场营利与社会责任的平衡。但难以避免时代和认知局限性,专业化程度不高,缺乏现代新闻理念和职业技能上的严谨。其职业活动具有"两面性":一方面以社会新闻甚至是低俗、不实信息赢得利润;一方面又结合传统伦理文化赋予自身职业的道德"合法性",通过履行一定的社会责任缓解社会和媒体之间的张力。

第三,"有闻必录"并非报人职业行为失范的"护身符",而是报人所争取的具有中国传统文化特色的"新闻职业权利",这一"精心设计"的重要动力,是报纸的生存压力和经济利益追求。

第四,随着"有闻必录"的兴起,"报纸体例"成为商办报业认同的权威话语。在 19 世纪末,"报纸体例"逐渐成为被商办报业认同的新闻道德规范的初始形态,包括据事直书、更正、不可污人名誉、严禁新闻敲诈等,尽管这种体例和现代新闻媒体专业的伦理规范不可同日而语,但是作为行业的伦理规约已经在近代商办报业这个职业共同体形成了共识,并对报馆约束监督从业者职业活动产生了一定的影响。

第五,中国近代商业性报纸报人通过职业伦理活动有意识地争取新闻职业的社会地位和社会话语权,努力地拓展新闻职业独立、自治和自由报道的社会空间,他们对新闻职业化、专业化的有益探索,理应得到学术界的正视及研究。

(三) 研究的不足

因为相关研究的不足,笔者没有已有的路径可循,只能在摸索中前行。民国时期的商业报刊,尚有大量的档案材料可参考,而早期报刊在档案材料上非常缺乏,唯有海量的报刊文本。笔者只能在浩瀚的文本中去耙梳,也只能对自己认为具有典型意义的报人的新闻伦理认知进行总结和分析,肯定有疏漏、遗漏和尚未发现的存在,希望在后续研究能够进一步挖掘补充。

媒体是社会的一个子系统,报人的新闻实践活动必然同社会的政治、经济、文化等系统有着紧密的联系,虽然本书力争深入当时报人所处的社会环境中进行分析,但是因为相关资料的缺乏以及自己理论积累的欠缺,在对报人新闻伦理认知的形成以及新闻伦理实践与社会关系的深度分析与把握上,还是有所不足,希望在今后的研究中进一步完善。

第二章　职业价值观的演变及其文化泉源

第一节　近代中文商业性报纸的兴起

在中国，中文商业性报纸开始是外文商业报纸的中文版，可以说是外文商业报纸的附属，言论基本不独立。后来以上海的《申报》《新闻报》等为代表的中文商业性报纸出现后，就完全不一样了。在真正的商业性报纸诞生后，中国近代报刊进入全方位的综合报纸时期，报纸的几大内容要素已经完全出现：评论、新闻、广告、图片、副刊等悉数出现在一份综合大报中。报纸在社会生活中的影响也日趋成熟和完善。一张综合性的大报不仅可以影响政治，而且也能介入经济，同时自身也可成为一个赚钱的企业。从此中国报刊出现了真正意义上的商业报纸。[1]

中文商业性报纸最早出现于 19 世纪 50 年代，据不完全统计，19 世纪 50 年代以来，到甲午中日战争开战前这三四十年间，全国范围内，国人自办的近代报刊大约有 20 几种，加上外商创办的中英文报刊大约150 多种，总共大约有 170 多种。这段时期出现的商业性报纸，大部分都是发展势头最猛，坚持最久，影响力最大，并能最终发展为报业主流占领报业市场。

中国近代中文商业性报纸的发展以香港和上海为中心。

一、香港中文商业性报纸的引领

1841 年至 1860 年间，据初步统计，香港先后出版的英文报刊有

---

① 王润泽.近代中国新闻实践史略[M].北京：人民出版社，2020：39.

17 种,加上中文报刊的数目,超过同期全国其他地区出版报刊的总和。1861 年后,香港报刊无论是数量还是实际影响都不及上海而退居第二。

　　鸦片战争后,大量商品倾销到五大通商口岸。作为英国殖民地的香港,中外贸易率先发展起来并走向繁荣,商品经济的发展,催生了中文商业报刊。出现在我国的第一份中文商业性报纸,是 1857 年 11 月 3 日由外国商人在香港创办的《香港船头货价纸》,周三刊,每周二、四、六发行,实为英文《孖剌报》的中文版,后来改名为《香港中外新报》,其内容以船期、货价、行情和广告等商业信息为主。1873 年,《香港中外新报》改版为日报,之后脱离《孖剌报》,成为中国人自己办的报纸,出至 1919 年停刊。

　　第一份由中国人主持笔政的中文日报《香港华字日报》及其前身《中外新闻七日报》也诞生在香港,主持笔政的是陈蔼廷。陈蔼廷服务于英文《德臣西报》,中英文俱佳,被王韬誉为“西学巨擘”①。他见中文的《香港中外新报》受香港华人欢迎,受到启发,于是和《德臣西报》负责人商量创办《香港华字日报》。该报提供清廷消息,广东、香港两地及海外的新闻,以及船舶消息、货价行情、船期等消息。商人在该报刊登整版广告、招股启示及出版资讯。《香港华字日报》创刊后,与《香港中外新报》对垒而立,逐渐发展为香港地区最重要的两份中文日报。

　　在香港中文商业性报纸中,最为研究者所关注的是由王韬主办的《循环日报》(1874 年 2 月 4 日创刊),这份报纸不仅反映了当时香港社会经济的变化,还代表了经济实力日渐增长的香港华商利益。很多新闻史专著将《循环日报》归于政论性报刊,这主要归功于其创始人王韬。但是,仅从报纸本身来讲,《循环日报》确为一典型的商业性报纸,《循环日报》的编排形式和《香港中外新报》和《香港华字日报》没有两样:第一版为“香港目下面纱匹头杂货行情”及“各公司股份行情”的经济新闻,第二版、第三版是新闻版,第四版是广告。《循环日报》评论文章并不

---

　　① 陈昌凤.中国新闻传播史:媒介社会学的视角[M].北京:北京大学出版社,2007:56.

多，没有固定版位，也没有固定数目。①王韬声称办报为"立言"，旨在
"强中以攘外，诹远以师长"，在其报刊生涯中，"对上书特别重视，而从
事报纸则是降而为之"②，对报刊政论文章其实并不十分重视。王韬积
极同官僚高层保持接触，却在交往过程中有意隐瞒其办报的商业目的，
也包括自己的报人身份。王韬热衷于著述出版，并因其中大量的政论
文章而广受人关注，为其赢得了精通西学的美誉，于是，后人也认为《循
环日报》也是一份以政论为主的报纸。客观来讲，《循环日报》的成功之
处首先在于其商业价值和功能实践与成功。虽然学界一直强调该报的
政论文章价值和其对华人资本的骄傲，但是该报能够立足的基础恰恰
是对商业功能的坚守和完善。

　　香港早期中文商业性报纸，一般都是脱胎于已经运作成熟的英文
商业报刊，所以一出版上市开始运作就能熟练经营了。还有值得注意
的是，这些报刊的主编大都为中国人，无疑使得这些报刊的办报理念都
具有鲜明的中国特色。随着1860年后中国新闻中心从香港转移到上
海，香港商业性报刊的影响力一直不及内地，但是在整个华人地区的先
锋和引领作用不容小觑。

二、上海中文商业性报纸的崛起

　　鸦片战争后，上海等五个沿海城市被迫对外开放。西人发现，上海
是中国江海交通的枢纽，通过上海将商品转输到各地极为便利，于是他
们将对华贸易的重心由广州转到上海。至1865年，全国对外贸易商品
的一半通过上海集散，上海逐步取代香港成为全国的外贸中心。此后，
上海的进出口总值直线上升，长期占据全国总额的50%以上。当时有
人曾评论："对外贸易的中心就是上海，而其他口岸不过是血管罢
了。"③繁荣的贸易和商业背后，存在着频繁的信息交流，蕴藏着对媒体

①　卓南生.中国近代报业发展史(1815—1874)[M].北京:中国社会科学出版社,
2002:191.
②　邵志择.近代中国报刊思想的起源与转折[M].杭州:浙江大学出版社,2011:102.
③　秦绍德.上海近代报刊史论[M].上海:复旦大学出版社,2014.

的迫切需要。从 19 世纪 60 年代起,上海报刊进入历史上第一个发展时期。新办报刊如雨后春笋,不断涌现。无论在数量上、种类上还是影响上,都居全国之冠。自 60 年代至维新运动这段时间,上海的外文报刊为全国中文报刊的 55％以上,中文报刊为全国中文报刊的 57％以上。如同成为全国的贸易、商业中心一样,上海也迅速成为全国的新闻中心,"胡政之、张季鸾 1926 年创办新记《大公报》,在北方称雄一时,后来也要跻身上海滩法租界,推出一个沪版,才好宣称自己是全国性的大报"。①

　　在中文报纸出现之前,上海俨然成为在华外文报刊的中心。早在 1867 年,上海已有三四种英文日报,其他外语报纸也开始出现。在 19 世纪 70 年代到 90 年代以前,上海的外文报坛是英文报占主导,到 1894 年,上海的英文报刊达到 30 种左右,居全国之首。上海先后形成了具有代表性的两大英文报业系统,一个是《北华捷报》系统,包括《字林西报》《北华和日本报道》《最高法庭和钦事公报》等,另一个是《华洋通闻》系统,包括《上海差报和中国公报》《华洋通闻》《文汇报》等在内的 10 家报纸。

　　中文报刊在上海崛起,使上海成为我国中文报刊最早发达的城市,虽然出现中文报刊上海并非最早,但是中文报刊大量出版形成气候,却在上海。中文报刊初期,有较大社会影响的是教会刊物。1860 年到 1895 年,在上海出版的教会报刊达到 19 种之多,林乐知主办的《万国公报》影响深远。第一份在内地创办的中文商业性报纸,是 1861 年 11 月由字林洋行出资创办的《上海新报》,前后三任主笔均为外国传教士,其内容主要是广告、航运、物价行情等商业资讯。进入 70 年代后,出现了创办日报的一个热潮,1872 年 4 月《申报》诞生,创办人为英国商人安纳斯托·美查(Ernest Major)。虽是洋报,但是《申报》和其他外报不一样,美查是个商人,办报就是为了赚钱,至于其他政治上的事情不

---

① 张功臣.民国报人[M].济南:山东画报出版社,2019:102.

太关心、不太计较,他把报纸的日常事务都交给中国人①,开创了一种"洋人出钱、秀才办报"的办报模式,其编辑理念皆由中国人决定,说《申报》是一个"外洋内中"的中国报纸也不为过。作为商业性报纸,《申报》重视发展社会新闻报道和论说,注重扩大发行量,特别是在文化上接近中国社会,仅仅一年不到就击败竞争对手《上海新报》,这和《申报》独特的"中西共成"的办报特色不无关系。后来的《字林沪报》(1882年5月18日)也为字林洋行出版,但却模仿《申报》,聘请中国人蔡尔康为主笔。1893年,《新闻报》创刊,该报不是完全意义上的外人办报,《新闻报》《字林沪报》的体例、式样、印刷与《申报》大致相同,三家日报争时效、抢独家、争价格,内容以新闻为主体,每期有社论,文艺也是必备,加上广告,基本具备了现代报业的"四大部件"。到19世纪末,上海的中文日报出现"申、新、沪"三报鼎立的局面,在19世纪80年代,《申报》发行量达到2万份,与30年代美国纽约大众化报纸相当,已经开始大众化。至民国初,《申报》《新闻报》《时报》《时事新报》发展迅速,并列为沪上"四大报"。

从19世纪末到20世纪初,上海民族资本增长迅速。正是在这样的背景下,上海报刊史上第一次出现了中国人自己办商业性报纸的现象。1909年,席子佩以七万五千元取得《申报》全部产业。1912年,史量才、张謇、赵竹君、应德闳、陈冷合伙购买《申报》,后史量才接办,开始致力于报业现代化。《申报》约在1916年,《新闻报》约在1914年发行达到2万份,开始进入盈利阶段,此后,由于利润的刺激,两报发行量猛增,在短短的十年间增长了6倍,1926年达到14万份,以后几年增加到15万份,这是旧中国报纸发行量的最高数,远远把其他报纸甩在后边。经过多年的奋斗,在20世纪中期,《申报》《新闻报》基本上完成了企业化的过程。

上海近代商业性报纸的发展无疑是辉煌的,在中国近现代新闻发展史上占有及其重要的地位,特别是《申报》,其经营成功固有市场因

---

① 李彬.中国新闻社会史[M].上海:上海交通大学出版社,2007:46.

素,能够在追求媒体责任和谋求利润之间找到平衡点,职业行为规范和自律取得成效,从而具有良好的社会声誉亦是不可忽视的重要原因。

三、京津地区的中文商业性报刊

南方的商业性报刊以上海为代表,北方就以京津地区为代表。清末时,京津地区的报刊主要还是《京报》,是政府特许经营的半官方性质的报刊。随着两次鸦片战争的结束,英、美、法等国先后在天津设立租界,天津成为了中国北方的外贸交易中心。由于北京的政治地位,外国人在其办报深受限制,于是着力向天津发展。天津的第一份近代报刊是《北方邮报》,主要刊登海关贸易情况和轮船往来统计之类的材料。之后还有《时报》《直报》等报刊短暂性的出版和发行。但都规模不大,影响很小,不成气候,到维新时期又开始出现了大大小小的革命报刊。京津地区的商业性报刊始终未能发展起来。直到北洋军阀统治时期,才出现一些较为有影响力的商业性报纸。

北京乃北洋政府的首都,政治局势极为混乱,商业也未能迅速发展起来,商办报业也一直未能成为报坛主流。1913年的癸丑报灾,又让整个报界陷入一片萧条,经此一遭,北京的报刊只剩下20多家。待到袁世凯死后,北洋政府解除报禁,北京新闻界又开始复苏,一时间北京的报刊有70家之多。而其中最多的仍然当属政党报刊。在北京这样特殊的环境下挣扎的民族商业性报纸只为少数。但这也造就了北京地区的商业性报纸带有及其强烈的政治色彩,如1918年邵飘萍创办的《京报》,其目的就是"为社会发表意见之机关","必使政府听命于正当民意"。

天津的商业性报刊,亦可与跟北京相比。1902年就创办的《大公报》命运多舛,直到1926年被人接手成为新记《大公报》后,才焕发出新的光彩。

京津地区的商业报刊,总体说来与上海等地不能抗衡,多数所谓的私营报刊是军阀资助的,造成报格低下。经营方面,到20世纪20年代,仍只有一两家的销量达到万份,与上海不可同日而语。而且民营报业无论如何挣扎，都未能摆脱社会控制、被迫害的厄运。①

第二节　职业价值：从"持清议、励人心" 到"义利兼顾"

新闻职业价值，是新闻职业对自身提出的职业目标、职业要求以及职业原则。换句话说，是新闻从业者对新闻职业的社会意义与社会价值的认知。作为职业的理念和精神追求，新闻职业价值观对新闻传播活动具有意识形态上的指导价值，往往会影响新闻媒介及其从业者在具体新闻传播活动中的行为和选择②。新闻从业者也只有深刻理解新闻职业的社会使命，才有可能"道德地"进行新闻活动，正如黑格尔说："道德之所以是道德，全在于具有知道了自己履行义务这样一种责任。"③新闻从业者对自身职业价值的认知是其职业伦理观的重要组成。

在香港，《香港华字日报》主办人陈蔼廷殷切希望创办一份"笔出自华人，替华人说话"的中文报，1871 年 7 月，他在亲撰的《创设香港华字日报说略》中提出，创办华人自主报刊的目的是使香港华人掌握自己的信息和舆论主动权，即"提挈之惟我，左右之惟我"，陈氏提出报纸可以"述政事、纪民情、辨风俗、详见闻"，通过报道和评论"大之可以持清议，小之可以励人心"，也即"佐中治"，他强调报纸应该"激浊扬清、褒善瘅恶、采舆众之公评、存三代之直道"，从而负起"转移风俗，鉴诫世人"的任务④。陈氏主张报纸应该承担引导舆论的作用，从而影响政治、教育民众。1872 年 4 月，《德臣报》发表《本馆告白》，宣布《香港华字日报》的办报内容："上自国政、下迄民情、中权之事，凡船舶之出入、电报之迟速、货物之周流、价值之贵贱，载无不周、采无不遍，务期乎至新至真，俾

---

①　陈昌凤.中国新闻传播史：媒介社会学的视角[M].北京：北京大学出版社，2007：209.

②　马艺、张培.多重价值的融合与冲突——新闻伦理道德失范原因的深层阐释[J]新闻与传播研究，第 16 卷第 2 期，95.

③　[德]黑格尔.精神现象学（下卷），贺麟、王玖兴译[M].北京：商务印书馆，1979：157.

④　卓南生.中国近代报业发展史（1815—1874）[M].北京：中国社会科学出版社，2003：233.

一览之余即可了如指掌,是于行贾者亦大有裨益。"值得注意的是,这则社告强调对"行贾者"所渴望的商业信息的重视。《香港华字日报》的办报宗旨已经具备了中国近代商业性报纸兼顾营利和社会责任的特征。《香港华字日报》和其前身《中外新闻七日报》及其他商业报纸的基本版式和内容无异,重视广告、商业讯息等内容,商业色彩浓厚。

王韬创办的《循环日报》在《创设循环日报小引》中与陈蔼廷遥相呼应:

> 主笔之士虽系华人,而开设新闻馆者仍系西士,其措辞命意难免径庭……欲矫其弊,则莫如由我华人日报始。
>
> 况本局所刊日报,纵或述政事,纪风情,亦皆所见共闻,诚非朝野清议可比……足以佐中治掭外情、详风俗、师技艺,其良法美意足以供我揣摩,地利民风足以资我闻见,则尤今日所急宜讲求者也。①

可以看出,王韬、陈蔼廷等人力图为新闻行业注入新的职业价值,也就是朴素的民族主义思想及传统的清议观念。但是,他们的理念并没有更多地体现在具体的办报实践中。王韬在其报刊生涯中,"对上书特别重视,而从事报纸则是降而为之",对办报其实并不十分重视。在《循环日报》初获成功之际,王韬开始对办报工作表现出极不耐烦的情绪,并急于从报务中抽身而后快。1876 年,他将实际的主笔责任推给了洪干甫,自己只做发稿前的定稿工作,1884 年移居上海之后,更是彻底将《循环日报》抛在了脑后。在其自传《弢园老人自传》中,王韬对其前半生的许多遭遇和经历记述得非常详细,尤其对自己的"高光时刻"例如英伦之旅、日本之游等更是唯恐记载不详,然对自己办报之经历却一笔带过。他的政论文集《弢园文录外编》里面仅仅收藏十几篇刊登在

---

① 卓南生.中国近代报业发展史(1815—1874)[M].北京:中国社会科学出版社,2003:234.

《循环日报》上的文章,而报刊上的政论文章水平明显低于其在自己的论著中所达到的思想水平。①这种情况似乎表明,王韬对自己办报生涯并不引以为豪,至少他认为此事不值一说,王韬对报纸功能与重要性的理智上的认知,和他个人是否认同报纸,是否愿意以报纸为人生追求,是有着本质区别的。②

1872年4月30日,中国近代新闻史上一份最为重要的中文商业性报纸——《申报》诞生。申报馆主英国人美查办报是"他商业活动的继续",③其缘起就是看到外国人办的华文报纸《上海新报》销路好,有利可图。《申报》创刊以前,美查就派秀才钱昕伯赴香港学习办报经验,但是在其归来后,《申报》的办报体例却突破了已有的商业性报纸的办报模式,既没有照搬香港华字报,也和美查所羡慕的《上海新报》不一样,这种区别不仅在于具体的报纸体例上,更体现在报馆的办报理念上。

创刊不久的1875年9月13日,《申报》发表《论本馆作报本意》,以首论的形式开宗明义:

> 夫新报之开馆卖报也,大抵以行业营生为计。故其疏义以仅谋利者或有之,其谋利而兼仗义者亦有之……本馆即不敢自夸惟照义所开,亦愿自伸其不全忘义之怀也。④

其办报宗旨,一言以蔽之,即"义利兼顾"。这也是中国近代报刊发展史上,第一家明确以"义"和"利"作为办报双重目标的商业性报纸。高调言"利",这符合商业性媒体的本质,相对于《香港华字日报》和《循环日报》在办报宗旨的阐述中对商业谋利的委婉,《申报》显得更为直接。

① 王润泽.近代中国新闻实践史略[M].北京:人民出版社,2020:40.
② 樊亚平.中国新闻从业者职业认同研究(1815—1927)[M].北京:人民出版社,2011:49.
③ 吴廷俊.中国新闻史新修[M].上海:复旦大学出版社,2008:43.
④ 申报.论本馆作报本意[N].申报,1875-09-13(01).

这篇首论虽然是以报馆的名义而发，但无疑包含着《申报》报人群体的办报理念。因为《申报》从创刊起，就和其他洋报不一样，在编辑权利上，《申报》报人具有高度的独立性，"从创办伊始，馆主美查就抹去自己与报纸的天然关系，让中国编辑来创办这份中国人急需的报纸"[①]。

作为"老板"，美查办报就是为"利"，白瑞华直言："他（美查）不以出版为宣传，除了办一份让他们会买会读的报纸外，不觉得有使命感要提供中国人些什么。"[②] 作为商业组织的报馆，其首要目标亦为营业图利，这本身无可厚非，但是从这些掌握着报纸编辑权力的报人角度来看，"义"则是他们看重的职业目标和职业价值所在，也就是说，报人虽然托身洋报，但不只是"为稻粱谋"，还兼有履行中国传统伦理中"义"所要求的责任和担当。以"义"作为自身重要的职业价值和目标，无疑和报人自身的职业意识、对报纸功能的认知以及当时社会风潮息息相关。可以说，从创刊始，这些华人主笔就把自己的职业活动纳入了伦理道德的范畴，从而摆脱了商业性报纸单纯谋利的束缚，并在与新闻职业活动的结合之中，形成他们对自己应当承担的对国家、社会之道德责任和义务的认知并践行之。

同时，需要强调的是，《申报》报人的职业实践还具有更深一层的意义：生存和营利是近代商业性报纸第一要务，如何平衡"义利"矛盾是纵贯近代商办报业办报史的核心问题。《申报》报人在职业活动中首次探讨并实践了媒体应该遵守的商业伦理问题，在如何平衡媒体的社会责任和市场营利方面，为中国近现代报刊的发展提供了可以借鉴的宝贵经验。

那么，作为商业性报纸的代表，早期《申报》报人对于"义"又是如何理解的呢？

创刊后，报人屡屡发表论说，鼓吹洋务，希望朝廷向西人学习并批评地方官员滥用酷刑，因此，部分读者指责报人"偏袒他国"。[③]1874 年

---

① ［美］白瑞华.中国报纸（1800—1912）[M].广州：暨南大学出版社,2011:71.
② ［美］白瑞华.中国报纸（1800—1912）[M].广州：暨南大学出版社,2011:63.
③ 申报.论本馆作报本意[N].申报,1875-09-13(01).

5月，日本兴兵进犯中国台湾，《申报》力劝双方以和为贵，也引起了一些国人的不满。面对民众的不解，《申报》在1875年9月13日，刊登《论本馆做报本意》表明自己"自伸其不全忘义之怀也"①的办报宗旨。

在这篇论说中，报人解释自己希望中国学习西方的论说并非"一味夸助西人"，自己见弊不除而批评官政是为了"忠国"，"以望中国之振兴"。报人认为，国有大事，特别是国家之间的战争往往能刺激报纸兴旺，中日如果因为台湾而燃起战火则可以使得报纸销量大增，"亦本馆之利也"，但是为什么自己力主息兵，是因为中国军队没有把握能战胜日本，败则会给中国带来伤害，所以自己的行为是为了"义"，是为了维护国家之利益，而不完全为"利"。对于何为"义"，报人是这样解释的："劝国使其除弊望其扳兴，是本馆所以为忠国之正道"，"本馆则以为国为民方为忠国、忠君、利民之事也"。②显然，"忠国、忠君、利民"，维护国家、统治者以及社会整体的利益，就是报人和报纸所应承担的"义"。

《申报》是第一家提出以"义利兼顾"为办报宗旨的商业性报纸，这也是典型的商业伦理规范，也符合明清以来利义之辨的义利合，作为商业性报纸，谋利天经地义，但是如果将之放到当时的社会环境下去考虑，报人提出的"义利兼顾"的办报方针则别有一番意义。

鸦片战争之后，中国社会特别是江南地区受到西方文明影响日深，随着生活方式、思想观念的变化，民众的思维、认知模式以及价值观念也在经历嬗变。其中最为典型的是"义利"观念的转变，传统的重农抑商观念逐渐被抛弃，重商主义和功利主义思潮兴起。在商业繁盛的上海，拥有资财的商人在社会生活中的地位越来越重要，人们逐渐改变贱商、轻商观念，出现了官僚、士人经商趋利之风，形成了官、士、商三位一体的状况。随着人们纷纷在官经商、弃文经商，商人的社会地位得到极大提升，传统社会的"四民"秩序从"士农工商"逐渐转为"士商农工"。薛福成指出，按照传统，"商为中国四民之殿"，但实际上"握四民之纲者，商也"。③

---

①②　申报.论本馆作报本意[N].申报，1875-09-13(01).

③　左玉河.义利之辨与晚清重商思潮的兴起[J].晋阳学刊，2014(2):42.

随着重商主义和功利主义思潮兴起,传统的道德规范、社会秩序动摇了,以金钱财富为基础的道德规范、社会秩序正在确立。①

在传统道义论弱化的上海租界,经商逐利并不为人所谓耻,甚至为人所羡,"特别是在像上海这样商业经济相当发达的地方,信奉利益第一原则的买办、商人的财富迅速增多,不但一般清苦书生,就是那些通过重义途径获取实利的进士、举人也无法望其项背。就是官府,对这些商人、富豪也不得不另眼相看"②。正是在此环境下,仅从报馆报人的角度来讲,其提出"不全忘义之怀"的办报之旨,则另有一番强调自己办报重在取"义"的价值选择。这些掌握报馆编辑大权的秀才们,他们从事报业并不仅仅是"利","取义"则是这些报人从事报纸行业更为看重的新闻职业价值所在。典型如申报馆专门负责经营的经理席裕祺,上海府县记载他:"幼习贾,后游上海入申报馆,馆主英人美查器之,任以经理。凡分设之点石斋、图书集成局,命皆摄其事。"席裕祺有"性厚重,有贤操"之美誉,"时各省筹办水旱赈捐,皆以申报馆为集款之所,数率钜万,裕琪司出无所苟,或遇急振而捐尤未集,辄先垫應少踟蹰,以是办理慈善如施善"。③张仲礼先生认为席氏虽然身在报界,但热心办赈,在慈善界颇受推崇,而"在商界似无建树",原因在于"晚清上海地区士绅习商,缺乏明确的商业动机,大多表现为集资举办公益事业,并非以追逐利润为宗旨,仍有造福桑梓的传统色彩"。④席裕祺长期任申报馆的总经理,在商界有无建树,这值得商榷,但有一点是清楚的,即作为商业性报馆的总经理,席裕祺并没有把商业利润作为自己职业最为重要的或者是唯一的目标,而是以扶危济困,为善民间之"义"为己任的,当然也包括对"性厚重,有贤操"美誉乡里的追求。

同样,钱昕伯被美查派往香港学习办报经验,在办报体例的选择上却和香港的商业性报纸完全不同。"《香港中外新报》和《香港华字日

① 张仲礼主编.近代上海城市研究(1840—1949 年)[M].上海:上海人民出版社,2014:708.
② 张仲礼.近代上海城市研究(1840—1949 年)[M].上海:上海人民出版社,2014:710.
③ 中国地方志集成.上海府县志辑[G].上海:上海书店出版社,2010:760.
④ 张仲礼.近代上海城市研究(1840—1949 年)[M].上海:上海人民出版社,2014:577.

报》的第一版为诸如'香港目下棉纱匹头杂货行情'及各'公司股份行情'的经济新闻,第二版、第三版为新闻版,第四版为广告。"①即使是后来被誉为"开创了文人论政的政论报纸先河"②的《循环日报》,其基本版面模式也和上述两张香港报纸没有两样,该报的评论文章不是如戈公振所言每日冠首即论说一篇,没有固定版位也没有固定的数目。有时冠首于第二版,有时则刊于"羊城新闻"或"中外新闻"栏。有不少研究者认为,《循环日报》并非"以政论为主",其主要定位在于满足"商业社会之需求"③。而《申报》则从创刊起就每日在刊首发表一篇论说(有时候是 2—3 篇),这些论说或建言献策,或直陈利弊,或干预官政,或教化民众,被报人认为是履行"义"的"忠国、忠君、利民之事"④,这种"首论"的模式一直持续到 1905 年 2 月 5 日,前后达 33 年⑤。这种办报模式的选择,当然承载着报人对自己职业价值的选择和追求。

将"义"为自己的职业价值追求,这在报人的报刊论说中可窥一斑。

在《论新闻纸之益》中,报人宣称:"报馆之体例第一在于尊王。所谓尊王者,非但以歌功颂德为之,拜作升平之颂已也,凡事之有裨于国家者,则剀切详明,深谋远虑,必思贻国家以安而无一事之机陧。凡事之有损于国家者不辞苦口,不惮逆耳声明,昭著详尽曲折,虽批逆鳞触忌讳所不辞也。"⑥报纸体例,即报纸的宗旨和规矩,办报为何,"尊王"是最高目标,"尊王"乃中国儒家最为看重之"义",如宋人陈亮所言:"君臣,天地之大义也。"⑦文中,报人是以臣子的口气,来表述自己忠君忠国的态度的。在报人的眼中,自己办报的重要价值目标就是行"义",也就是维护国家的利益和社会的秩序。

可以说从创刊起,报人就有意把自己的职业活动纳入了伦理道德

①　卓南生.中国近代报业发展史(1815—1874)[M].北京:中国社会科学出版社,2002:191.
②　卓南生.中国近代报业发展史(1815—1874)[M].北京:中国社会科学出版社,2002:200.
③　赖光临.中国近代报人与报业(上)[M].台北:台湾商务印书馆,1980:118.
④　申报.论本馆作报本意[N].申报,1875-09-13(01).
⑤　《申报》1905 年改版后,头版为广告,论说和时评一般设置在 3 版。
⑥　申报.论新闻纸之益[N].申报,1886-08-11(01).
⑦　陈瑛.中国伦理思想史[M].长沙:湖南教育出版社,2002:292.

的范畴。美国著名史家霍夫斯塔德曾对知识分子的职业使命有一个分析,他认为,现代知识分子与他们的专业知识或技术知识是分不开的,但仅有知识不够,他们还必须在职业本分以外有更高的追求。①

应该说,霍夫斯塔德的观点和这些"士"型新闻人的思想是重合的。在报人的眼中,自己办报除了履行提供"新知"职业本分外,还有一个更高层次的使命,就是以维护国家和社会的利益为己任。因此,中国近代商业性报纸自诞生起就和西方不一样,有着强烈的政治色彩和服务社会的倾向。

随着中国报刊事业的发展以及报人职业理念的发展,以"义"为核心的报刊职业价值也不断得到拓展和深入。典型如《大公报》,1907年4月18日,《大公报》发表的《邮便与报纸之关系》一文提出:"夫报纸者,商业性质之事也。"1908年10月14日,英敛之在《答问》中说:

> 夫报纸者,虽亦商务之一端,究非商家之孳孳为利者比。监政府、导国民,本其天职之所在。今但从事敷衍铺张、取容官府,于一切误国殃民之秕政,凡所以斩国脉铲生机者,皆缄口不一言,不过日播弄无关痛痒之陈言以塞责,或毛举无权势者之琐碎以卖直,不惟使观者欲睡,直灰国民之心,助凶顽之焰。是国事之日就坏烂,坏奸邪之肆无忌惮者,皆报纸之不敢直言实为厉阶,其罪不亦大哉。②

1909年4月,他在《报馆与学堂》一文中又说:

> 报馆开通风气者也,学堂培育人才者也,皆擅通德之称,负先觉之任,作人群楷模,为社会向导,厥职顾不重哉!夫报馆学堂,虽皆居于辅翼社会高尚地位,然其点有不同者,则报馆本商业性质,学堂号义务热心。此则货利不妨明言,彼则名誉不容稍玷者也。③

---

① 余英时.中国知识人之史的考察[M].南宁:广西师范大学出版社,2004:148.

② 英敛之.闲评[N].大公报,1908-10-14(02).

③ 大公报.报馆与学堂[N].大公报,1909-04-29(01).

和《申报》一样,创办《大公报》的英敛之同样重"利",正视报馆的商业属性,但英氏认为,报纸营利和一般商人单纯逐利不同,报纸在利之外,更要承担"监政府、导国民"之天职。如果报纸纵容政府误国殃民之恶政而不直言揭露,则报人和犯罪无异。晚清报人中,像这样明确提出报馆具有商业性质和社会责任性质这一观点的,并不多见。《大公报》作为一家没有政府和党派支持的股份制民营商业性报纸,在经营上必须自负盈亏,其商业性质是非常明确的。但是,在办报过程中,以英敛之为代表的《大公报》同仁,对报纸的社会影响和社会责任的期待胜过了盈利的欲望。①

1912年,史量才买下《申报》也并非仅为营利,而是有着自己的职业价值目标。1920年,史量才在接待美国密苏里新闻学院院长、世界报界大会会长威廉博士和美国新闻家、万国报界联合会新闻调查委员会委员长格拉士一行来申报馆参观,史量才在与格拉士的会谈中对格拉士所说报纸"得唯人民之幸福是谋"的观点非常认同,认为这也正是《申报》和他自己一直勤力追求和坚持的。他说:虽七年来政潮澎湃,《申报》的宗旨从未改变。孟子所谓:贫贱不能移,富贵不能淫,威武不能屈,和格拉士所说的"报馆应有独立之精神"与本报宗旨正好符合。他郑重表示自己"誓守此志,办报一年,即实行此志一年也"。"无党无偏、言论自由、为民喉舌","独立之精神""无偏无党""服务社会"是他办报思想的核心。在购入《申报》之前,史量才的社会活动均涉及社会公共服务事项,例如办学、成立学务总会、农务总会等,奔走呼号,多为尽社会服务之责。接办《申报》后,史量才一直为国家民族权益发声,积极参与社会公益事业。除了常态的募集善款、救济灾民贫民外,《申报》积极致力于社会文化事业,先后发行《申报月刊》,编印《中华民国新地图》,发行《申报年鉴》,编印《申报丛书》,设立流通图书馆,设立申报业余补习学校、新闻函授学校和妇女补习学校。1932年后,史量才任上

---

① 徐新平,邓丽琴.以大公之心,发折中之论——《大公报》创始人英敛之新闻思想[J].湖南大学学报,2012(9):150.

海市民地方维持会长、上海市临时参议会议长、国民政府农村复兴委员会委员等。因此,学者朱春阳就认为:"相对于商人,社会改良者才是史量才自我认定的第一身份,而作为不同于梁启超等改良者的是他的改良活动的实现方式是建立在商业性带来的所谓经济独立基础上,而不是康梁等通过获取政治力量资助的方式创办政党报刊。同时,也可以看到,史量才作为一位社会改良者,尤其是原有强调教育改变社会、服务社会的改良方式始终伴随他的办报生涯。"①

史量才为之奋斗的一切事业的核心,是其办报事业。办报事业负载着他作为知识分子的现实关怀和社会担当。史量才的职业价值观和早期《申报》报人群体对"义"的理解是一脉相承的:义利兼顾,但以"义"为先,通过积极参与社会建设,履行一定的媒体社会责任,寻求市场营利和社会责任的平衡。

第三节　"义利":中国士人伦理的基本问题

一、义利之辨

义和利问题从根本上说,是道德与利益、精神生活与物质生活的关系问题,这是中国伦理精神和传统道德价值论的基本问题。②同时,义和利问题又被认为是个人的人生观、价值观最基本、最关键的问题,所以北宋程颐说:"天下之事情,唯义利而已。"朱熹说:"义利之说,乃儒者第一义。"③

在儒家伦理思想中,所谓利,指个人利益、物质利益;所谓义,主要指正义和道义,实即宗族、集体、国家社稷利益的价值反映。经过长期演变,"义"成为道德的总称,"利"成为利益的总称。由于义利关系牵涉到多方面的道德问题,故引起各派思想家的关注,并进行了长期的争辩。主要有道义论、功利论、义利统一论。

①　朱春阳.关于史量才与《申报》三个问题之思考与追问[J].国际新闻界,2008(9):87.

②　陈瑛.中国伦理思想史[M].长沙:湖南教育出版社,2002:276.

③　陈瑛.中国伦理思想史[M].长沙:湖南教育出版社,2002:12.

儒家义利之辨远始于孔子。《论语·里仁》"君子喻于义,小人喻于利"一章首先用义和利来划分"君子"与"小人"。君子与小人最早是社会地位的分别,孔子则赋予道德涵义,即"德"重于"位"。就道德意义上来讲,儒家大致认为义利之分即公私之分。君子以公为心,故喻于义,小人以私为念,故喻于利。孟子更有"生,亦我所欲也,义,亦我所欲也。二者不可得兼,舍生而取义者也"①之说。至汉代,董仲舒发展了先秦儒家的义利思想,公开提出"重义轻利"的义利观:"正其谊不谋其利,明其道不计其功",②将儒家"重义轻利"的义利观发挥到"存天理,灭人欲"之极端。从孔子到王阳明,儒家义利论有两个主要特征:一、它是针对士以上的人(包括帝王)而立说的,因为他们是对于公共秩序的直接负责者。一般人包括商人在内至少并不是儒家义利论的主要的立教对象。二、义与利基本上是互不相容的,人或者选择"义",或者选择"利",而不能"义利双行"。所以这两者之间的关系大致与"理"与"欲"、"公"与"私"相同。

但是 16 世纪以后,"义利"的观念发生了微妙的变化。明代韩邦奇(1479—1556)就认为:"生民之业无问崇卑,无必清浊,介在义利之间耳。庠序之中,诵习之际,宁无义利之分耶? 市廛之上,货殖之际,宁无义利之分耶?"这番议论的主旨在于说明义利之辨不是"士"所能独占,对于商人也同样适用。士于"诵习之际,利在其中",而商于"货殖之际,义在其中",承认商人也同样可以合乎"义"。明代顾宪成(1550—1612)认为:"以义诎利,以利诎义,离而相倾,抗为两敌。以义主利,以利佐义,合而相成,通为一脉。"顾宪成赞成"义利合",其父亲是一个成功的商人,他的兄长也先后从商,所以他深知商业世界中同样有义与利的问题。明清以来,"公"与"私"的关系已从"离"转向"合","义"和"利"的关系也同时转向:商人不仅可以和士人一样拥有践行仁心义举的道德自觉,且他们为之付出的种种努力也应得到实至名归的评价③。

---

① 中国伦理思想史编写组.中国伦理思想史[M].北京:高等教育出版社,2015 年:62.
② 张锡勤.中国传统道德举要[M].哈尔滨:黑龙江大学出版社,2008:30.
③ 常文相.明代士大夫的"商人—商业"观[J].西南大学学报,2018(5):96.

虽然有所争论,但是"道义论"始终是中国传统伦理思想关于道德价值观的主要倾向。这种"重义轻利"的价值观,是中国传统义利观之主流,深刻影响着儒学熏习之士人,当然也包括中国近代的士商阶层。

二、明清士商合流的趋势

宋代以来商业的发展是中国史上一个十分显著的现象,明清时期更是出现了士商合流现象,也就是士商相杂。传统的四民观开始动摇,四民的排列顺序是士、商、农、工。而且四民又可再归纳为两大类:士与商同属于"大",而农与工则并列于社会的最底层。

从宋到明清,一般人对士与商的看法确已不同。明清的社会价值系统之所以发生了如此深刻而微妙的内在变化,其原因很复杂,有两点特别值得注意。第一是中国的人口从明初到 19 世纪中叶增加了好几倍,而举人、进士的名额却并未相应增加,因此考中功名的机会自然越来越小,"弃儒就商"的趋势可以说是必然的。第二,明清商人的成功对于士人也是一种极大的诱惑。明清的捐纳制度又为商人开启了入仕之路,使他们至少可以获得官品或功名,在地方上成为有势力的绅商。清代沈垚说:"是故古者四民分,后世四民不分;古者士之子恒为士,后世商之子方能为士。此宋、元、明以来变迁之大较也。则天下之士多出于商,则纤啬之风日益甚。然而睦姻任恤之风往往难见于士大夫,而转见于商贾,何也? 则以天下之势偏重在商,凡豪杰有智略之人多出于焉。其业则商贾也。"①这段文字包含了两个观点:一、宋以后的士多出于商人家庭,以致士与商的界线已不能清楚地划分。二、由于商业在中国社会上的比重日益增加,有才智的人便渐渐被商业界吸引了过去。又由于商人拥有财富,许多有关社会公益的事业也逐步从士大夫的手中转移到商人的身上。从社会史的角度来看,商人的"睦姻任恤之风"已使得他们取代了一大部分以前属于士大夫的"义"举:如编写族谱、修建宗

---

① 余英时.中国近世宗教伦理与商人精神[M].北京:九州出版社,2014:184.

祠、书院、寺庙、道路、桥梁等。

更为重要的是,明清时代商人群体自己的意识形态开始浮现,商业伦理逐渐形成。他们认为"贾道"即是道的一部分。商贾"虽与时逐,而错行如四时;时作时长,时敛时藏。其与天道,盖冥合也"。因此,他们自然也可以"创业垂统"。一般的商人固然是"孳孳为利",正如一般的士人也是为"利禄"而读书一样,其中也有一些"幼有大志"的商人具有超越性的"创业"动机。他们同样重视自己的"名""德"或"创业"。在中国自古相传的"三不朽"中,他们至少可以希望在"立功、立德"两项上一显身手。除此之外,勤俭、"诚信"、"不欺"在明清商人伦理中占有中心位置。在理学大兴之前,"诚"与"不欺"已经成为儒家道德的始点。范仲淹以为"唯不欺二字,可终身行之"。刘器之追随司马光五年,只得到一个字:"诚"。司马光解释道:"诚者天之道。思诚者人之道,至臻其道则一也。"而致"诚"之道则必须自"不妄语人"即"不欺"始。经过长久的修养,一个人最后才能达到"言行一致,表里相应"的境界。经过新儒家和民间宗教的长期宣说,这种观念在明清时代已深深地印刻在商人的心中。

中国近代商业性报纸报人诸如陈蔼廷、王韬、史量才、英敛之、席裕祺等,他们既是士人又是商人,负责编辑、主持笔政的主笔们,除了业务职责外,也必定要兼顾市场和竞争。中国传统伦理文化特别是士人伦理必然影响着报人办报理念和职业价值观。

第四节　报人职业价值观的动机分析

美国伦理学者卡尔·霍斯曼强调:"伦理的决定不能在真空状态下产生;伦理的决定更不能在知识和个人道德的真空状态下产生。"[1]因此,我们分析报人的职业伦理认知,特别是他们对自己职业价值的理解

---

① ［美］卡尔·霍斯曼.良心危机:新闻伦理学的多元观点［M］.台北:五南图书出版公司,1995:256—257.

和选择,当然不能脱离对报人自身的职业角色认知的探究,同时也不能脱离对当时报人所处的社会环境的分析。

一、报人对"士人"身份的坚持

"士人"是中国古代知识分子的统称,他们学习知识,传播文化,政治上尊王,学术上循道,周旋于道与王之间。士人,也可以称为士大夫、绅士,吴晗在《皇权与绅权》中说:"官僚、士大夫、绅士、知识分子,这四者实在是一个东西,虽然在不同场合,同一个人可能具有几种身份,然而,在本质上,到底还是一个。官僚就是士大夫在官位时的称号,绅士是士大夫的社会身份。"①无论是士大夫还是绅士,我们可以统称为"士人",他们在传统中国都是享有国家功名的读书人,有着共通的儒家价值观,共同的文化趣味和社会地位。

传统的中国社会可以说是一个以"士"为中心的"四民社会"。"士大夫(也可称为士绅阶级)一身兼二任也,在朝廷辅助君王统治天下,在乡野为道德表率和地方精英领导民间。"②然而,晚清以来,西方列强的入侵、太平天国运动等巨变使得"士"所赖以生存的"四民"社会秩序不断解体。功名人士的大量过剩以及社会结构的变化,使得不少"士"成为流落民间的自由流动资源。读书人成为社会的"游士"。例如,"汪康年的父亲杭州举人汪曾本因为战乱在 1860 年逃出杭州城,失去家业的他后半生就流寓江西、广东。流亡是当时许多士人的共同经验。许多士绅则往上海躲避"。③早期《申报》报人同样也有这样的经历,《申报》在主笔何桂笙去世后,特登《何桂笙小传》介绍其平生:"屡试辄撮高等,乡父老咸以选列,屡试(乡试)未遂鹏搏(未考中),郁郁自得。会当赭寇(太平天国运动)肇乱,君侍奉尊庭,跋涉兵戈间,旋奉讳读礼,厥后笔申

---

① 吴晗、费孝通.皇权与绅权[M].天津:天津人民出版社,1988:66.
② 许纪霖.启蒙如何起死回生[M].北京:北京大学出版社,2011:4.
③ 李仁渊.晚清传播媒体与知识分子:以江南为例[A].见:许纪霖.公共空间的知识分子[M].南京:江苏人民出版社,2007:255.

江。"①蔡尔康少时为避太平军战祸，举家迁往上海定居。奔波避乱中，财产荡尽，家道中落。于是，成年后"涉历洋务，就馆西人"。王韬18岁中秀才，后屡试不中，1862年因为暗通太平军被清廷通缉，王韬被迫从上海逃至香港，过着漫长的流亡生活。我们来看一下早期《申报》报人群体的身份，第一任总主笔蒋芷湘是举人，在任12年，继任总主笔钱昕伯是秀才，后有何桂笙、沈定年、蔡尔康都为秀才。殖民地城市的发展以及洋务运动，为这些无法或者暂时无法向传统仕途发展的读书人提供了新的事业空间：买办、报人、出版商等等。这一批流入开埠城市民间的"社会游士"就成了中国近代新闻业第一批从业者。

脱离传统乡村的"社会游士"们托身洋报的首要动机当然是为了生计，这种游士地位和以"卖文"为生存方式的结合，使得这些报人的身份在社会民众特别是官方和传统士绅看来有些不伦不类，"如果说左文襄因沪上报馆非难其借债之事而怒斥报馆之人为'无赖文人'，反映了当时官场对报馆之人的偏见的话，当时公众普遍'不以左之诋斥为非'，反映的则是当时'社会普遍心理'对报馆之人的'固定成见'"。②身为主笔，他们徘徊于"职业报人"和文人角色之间，自我身份认知复杂而又充满矛盾：一方面，主笔们始终念兹在兹的是传统体制下四民之首的荣光，对职业报人身份保持若即若离。典型如《申报》主笔蒋芷湘考中进士后，立即脱离报馆。何桂笙、黄式权等也曾屡试不中。王韬虽被誉为文人论政最初的典型，但是对自己报人的身份也多有隐晦。另一方面，这些知识分子在西方思想的浸淫下，已经敏锐地发现了新报沟通上下、影响社会的功能，开始自觉地利用媒介重构自己新的精英身份，开拓出传统士儒向"公共知识分子"转型的全新路径。在仕途堵塞无望的现状下，他们对自己的职业也充满了憧憬，期盼通过报刊舆论成为"阴持其政柄者"，重构自己社会权威的地位。在与媒体人角色的冲突、认同的过程中，士人意识或士人角色一直是这些报人最为内核的身份认知。

---

① 徐载平、徐瑞芳.清末四十年申报史料[M].北京：新华出版社，1983：34.
② 樊亚平.中国新闻从业者职业认同研究（1815—1927）[M].北京：人民出版社，2011：32.

正如张敏所言:"这一群体非常复杂,他们与传统之间的血缘关系较之90年代以后的革新者们深厚得多,虽然有不少人从事新的职业,但在骨子里仍是信奉传统价值观的士绅。"①1905年废除科举以后,中国的知识阶层逐渐边缘化。传统士大夫转型为现代型的知识人,但他们"以天下为己任"的情怀始终没有减少,于是透过报刊、大学和学会干预政治。②中国近代知识分子普遍具有浓厚的士大夫情结毫不奇怪,即使到了民国时期,学者文人特别是报人,无论其西化程度多深,身上仍旧洗刷不掉士大夫的熏陶。以《大公报》地位之崇隆,胡政之犹慨言:"我们始终是一个有理说不清的秀才。"③

　　深厚的士大夫情结,自然影响着报人对新闻职业价值的认知和选择,也只有从这些报人所坚持的"士"之阶层的文化背景和伦理价值认知出发,我们才能客观地去理解他们的新闻职业伦理观和实践的动机和文化泉源。

　　报人坚持自己的士人角色,有着其深厚的社会文化与政治根源。"中国古代社会的独特政治形态,自汉代以后,特别地表现为一种'士大夫政治'。这种政治—文化形态有其独特的运作机制,构成了独特的政治文化传统。"④作为读书人的"士",始终是中国传统社会之中坚与枢纽。"传统的中国士大夫,不仅因为拥有国家所赋予的功名,具有种种法律和政治的特权,更重要的是,因为其是读书人,还在文化上拥有威权。"⑤皇帝虽然是最高统治者,但只拥有政治秩序方面的权威,即所谓"政统",却不具备在文化秩序方面的权威,"文化秩序的权威同样秉承天命,却另有传人,就是'道统',自孔夫子开始,士便以道统自命,与王权平行,代表着一般的心灵秩序和道德权威"。⑥统治者代表天意来统

　　① 张敏.沿海地区新士绅群体与中国早期近代化运动[J].上海社会科学院学术季刊,1990(3):182.
　　② 余英时.中国知识分子的边缘化[M].台北:三民书局,1992:33—50.
　　③ 张育仁.自由的历险:中国自由主义新闻思想史[M].昆明:云南人民出版社,2002:485.
　　④ 阎步克.士大夫政治演生史稿[M].北京:北京大学出版社,2015:1.
　　⑤ 费孝通.中国绅士[M].惠海鸣译.北京:中国社会科学出版社,2006:18—19.
　　⑥ 许纪霖.启蒙如何起死回生[M].北京:北京大学出版社,2011年:37.

治民众，其合法性就需要能够知晓天命、代表道统的人即"士"阶级来证明，而士大夫阶级就凭着自身的文化与道德权威，以天下为己任，"进于上，则干济政治；退于下，则主持教育，鼓舞风气。在上为'士大夫'，在下为'士君子'，于人伦修养中产出学术，再由学术领导政治"。①

因此，报人对自己士人身份的坚持，一方面是有意识地提高自己作为报人的社会地位，因为士人地位的被承认，也就意味着报人在政治、文化上的权威地位的树立；另一方面也包含着报人的政治抱负与社会责任意识。这些知识分子虽然身处租界，失去了法律上的政治和社会的特权，但他们依然不是一般的平民，而是特殊的平民，依然是社会精英，充满了忧患意识和"以天下为己任"的士大夫使命感。由洋人们引进的"新报"则为他们提供了履行自己士人"义"之责任的空间。

二、报人对新闻职业"游离"中的认同

虽然报人在新闻职业角色和士人角色之间存在着冲突和"游离"②，但不能否认在不断的新闻实践中，随着报人对新闻纸功能认识的不断加深，其对新闻职业角色的职业认同也在逐渐提高，可以说是在"游离"中认同，这种职业认同尤以《申报》报人为典型。

主笔蒋芷湘、何桂笙以及黄式权之所以热衷于科举并屡屡应试，缘由在于入仕为官和报人地位之间巨大的落差，学而优则仕仍是这些传统知识分子面对人生选择的首选，蒋芷湘们的选择本就无可厚非。但是对于入仕的向往并不能掩盖报人群体在报纸功能和职业价值认知之基础上所产生的职业认同。我们不能因为这些秀才主笔偶尔一句"为新报已属于文人下等艺业"自嘲式的话，就抹杀他们极力推广和提升新报和自身职业地位的努力和内在动机。

在《申江新报缘起》（1872）中，报人直抒胸臆："特与中国士大人撙

---

① 钱穆.国史新论[M].北京:九州出版社,2012:47.
② 樊亚平.中国新闻从业者职业认同研究(1815 年—1927)[M].北京:人民出版社,2011:29.

绅先生约。愿各无惜小费而惠大益于天，是盖鄙念所甚慰已。"①很显然，报人们是将自己列入"士大人"这一行列的，并且认为自己办报是有益于天下国家的，通过报纸能够维护国家利益以及统治者的利益。

在《书同治十三年申报总录后》(1875)中，报人认为上海应多设报馆，认为报馆兴而中国诸事亦振兴："而本馆之意犹以为未足也，更愿来岁再增设数馆，录列各种要事以备世人之采择，若中国新报可以日益振兴，则中国各事亦皆可以日益振兴矣。"②在报人心目中，报纸不只是谋利的工具，还有着推进国家兴旺的作用，换言之，报人已经认识到报纸在政治上的巨大价值和功能。

在《英国新报之盛行》(1873)中，报人憧憬着英国报馆主笔的身份和地位："遍阅各处来函各国邮报，斟酌权宜，审度事理损益，裁断默运于一心，既竟或乘马车遍游衢市，往见外部重臣，与从容商论国政民情，无所不言，外部大臣无不侧席咨询，虚衷接纳，抵君瞭于众情，稔于舆论，知之无不为之备述。"③虽然表面上说的是西人，但是西人主笔"阴持其政柄者"的政治角色，无疑寄托着报人对自己职业身份和职业价值的期许和想象。因此，报人在羡慕西人新闻从业者的地位、西人报馆的专业化、职业化的同时，指出沪上报馆在数量、内容、专业化以及报纸销量上的不足，认为"虽然中国不欲尽得西法则已，若欲尽得西法必先自多设新闻馆始。此事异日，中国定有可行之日，但非目下之所能也，拭目俟之"。④报人期盼将报馆做大做强的责任心可见一斑。

仕途不易以及报人对报纸功能和价值的认知使得他们能够通过行动来表示自己对新闻职业角色的认同，这可以从《申报》主要报人的工作年限就知一二。除去首任主笔蒋芷湘在任 12 年，钱昕伯、何桂笙等第一代《申报》报人将主笔作为自己的终身职业，在任 26 余年，何桂笙更是逝于任上。为激励工作，主笔们请钱塘吴鞠谭先生写了"尊闻阁"

①　申报.申江新报缘起[N].申报，1872-05-06(01).
②　申报.书同治十三年申报总录后[N].申报，1875-02-04(01).
③　申报.英国新报之盛行[N].申报，1873-02-18(01).
④　申报.论英京大新闻馆事[N].申报，1875-01-14(01).

三个大字,做成匾额挂在编辑室的墙上,钱昕伯为尊闻阁主,意思就是尊重新闻事业。[1]蔡尔康1874年进入报刊领域,期间虽曾腾挪跳转过许多报馆——《申报》5年,《字林沪报》8年,《新闻报》半年,《万国公报》8年,以后还曾做过《南洋官报》采访委员,但始终没有脱离报刊领域。宋晖在其博士论文中统计了21个早期"报人"的基本情况,在"离开报馆后的职业"一栏中,除8人情况不详外,"终老报馆者"占61％以上[2]。虽然对现代报纸编辑记者的职业意识尚不明确和清晰,但是他们的职业表现至少可以用敬业来形容。

为祝贺主笔何桂笙五十大寿,有好友撰写贺文一篇并刊于《申报》,其中记述有其主笔职业经历:"(何桂笙)主日报笔政数年于兹,辨曲直断,是不窥非,无俟思索,第见其崇论闳议,层出不穷……先生之才足以大用于世,谋为之荐剡者屡矣,先生皆弗顾焉,数试秋闱不获售遂绝意进取。"[3]从这篇文中可以得知:何桂笙执着于主笔之职,虽屡有人推荐他另赴高就,但都被他拒绝,甚至对于士人梦寐以求的"正途",他也"遂绝意进取"。虽然是他人写的文章,但是也从另一角度证明,《申报》第一代报人对新式报刊职业的认同。这种认同当然是建立在对报纸和新闻职业价值认同基础上的认同,这种认同也是这些秀才将自己的"以天下为己任"之志同现代报刊相结合,从而履行"义"之责任的动机所在。

三、晚清经世之风潮和近代商业性报馆独特的办报形式

近代商业性报纸报人能够以"义"作为自己职业价值和理想目标,离不开当时社会历史环境的影响,其中最为主要的是晚清经世之风的兴起。

清历经康乾之盛后,至嘉道之际显出衰相,而清初对汉族知识分子所采取的高压政策在进入嘉庆年间后有所缓和。在日益严重的社会问

①　宋军.申报的兴衰[M].上海:上海社会科学院出版社,1996:21.
②　宋晖.中国记者职业群体的诞生和初步崛起[D].北京:中国人民大学,2004:44—45.
③　申报.何桂笙先生五十寿序[N].申报,1890-05-08(01).

题的强烈刺激下，一些思想较为清醒、敏锐的官僚和士大夫，起而重新倡导经世之学，使其勃然再兴，蔚为风气，成为一股强大的社会思潮。①经世，即"治世"或"理世"，是传统儒家士人秉承的精神传统，也是士人经邦治国、建功立业，以"治国平天下"为人生价值的实现路径和表现手段。鸦片战争后，清帝国内忧外患加剧，"开眼看世界""师夷长技以制夷"为经世之潮注入了新的内容，洋务运动兴起后，谋求富国强兵、救亡图存，议论时政、抨击时弊、要求改革之风在士绅阶层大涨。

　　包括《申报》报人在内的具有先进思想的近代第一代报人，虽然仕途不力，"处于社会的中下层，却关心时务，富于远见卓识。凭借开放后得天独厚的条件，他们获得了有关西方近代文化的知识，积极参与中国早期近代化运动中"。②这些知识分子虽托身洋报，却发现了新式媒体在沟通上下、影响时政的功能，在经世之风的推动下，报人们自觉地利用报纸，传播西方思想、鼓动洋务、呼吁改革，履行自己作为"士"应该承担的治世之任，目标就是寻求摆脱国家"内忧外患"之术，促进国家"富强"。在他们的视野中，办报自然并非只是为"利"，取"义"，即谋求履行自身对国家对社会之责任则成为他们更为重视的职业价值所在。

　　此外，申报馆本身特有的"洋人出钱、秀才办报"的办报形式也为报人履行自己"义"的责任提供了条件。和以往的传教士华文报刊及外国人办的华文商报不一样，《申报》虽然是洋报，但是馆主美查将笔政完全交给华人主笔。报纸的导向和内容决定于主持笔政的人。王敏就认为："《申报》主笔们已没有王韬时代'秉笔华士'那样强烈的供人驱使的屈辱感，他们深受信任和器重。秉笔华士相当于秘书，完全依据西人的意思译书和写作，没有多少自由发挥的空间。《申报》的创办，标志着江南文人在上海报业中司理笔政阶段的开始。"③在王敏看来："秉笔华士

---

①　郑大华、彭平一.社会结构变迁与近代文化转型[M].成都：四川人民出版社，2008：64.
②　张敏.沿海地区新士绅群体与中国早期近代化运动[J].上海社会科学院学术季刊，1990（3）：174.
③　王敏.江南文人与晚清上海报刊业[A].见：上海市档案馆.上海档案史料研究（第一辑）[M].上海：上海三联书店，2006：157.

并非真正的报人,仅仅是传教士的中文秘书,他们的工作是文字的修饰和编辑,对报纸的内容和风格并无直接影响。"①正因为这一独特的办报形式,《申报》报人才能够鲜明地宣布自己"义利兼顾"的办报方针,才能够在长期的新闻实践中,摆脱商办报纸单纯谋利的局限性,将"义"作为职业工作的目标和价值所在,并付诸自己的新闻实践之中。

本 章 小 结

近代中国的首批中文报刊是教会刊物和商业性报刊,如《查世俗每月统记传》《香港中外新报》《上海新报》等。这些报刊的办报宗旨是向华人传播教义或赢得利润,内容多为教义宣传、商业广告、商业信息以及少量新闻信息,极少刊发言论触及当政,而且发行量也不大,在官僚士绅以及普通民众中影响不大。这些洋报的秉笔华士相当于秘书,往往受掣于西人,自由发挥的空间有限,新闻职业理想和职业价值观不够凸显。

而《申报》的创办改变了近代中国新闻业的发展轨迹。虽为洋报,但馆主美查将笔政完全交给华人主笔,开创了一种新型的中西合作的办报模式,此后的《字林沪报》《新闻报》皆模仿和沿袭之,主笔决定报纸内容、导向和体例,华人第一次能够利用媒体平台宣传自己的办报主张和新闻思想,第一次明确地提出了"义利兼顾"办报目标和宗旨。报人职业价值观的形成,使得《申报》摆脱了单纯谋利的束缚,拓展了近代中国报刊职业活动的空间,深刻地影响了中国近代报刊理念和新闻实践的发展。

无论是被讥为"落拓文人"还是"不名誉之职业",报人坚持自己士人的角色和身份,在与报人角色的冲突、认同的过程中,士人意识或角色认知一直是其观念的内核。报人对自己士人身份的坚持,一方面是有意识地提高自己作为报人的社会地位,因为士人地位被承认,也就意

---

① 王敏.上海报人社会生活[M].上海:上海辞书出版社,2008:2.

味着报人在政治、文化上的权威地位的树立；另一方面也包含着报人的政治抱负与社会责任意识。这些知识分子虽然身处租界，失去了法律上的政治和社会的特权，但依然不是一般的平民，依然充满了忧患意识和"以天下为己任"的士大夫使命感。由洋人们引进的"新报"则为他们提供了履行士人"义"之责任的空间。

从香港报人的"持清议、励人心"到上海《申报》报人群体的"义利兼顾"，从《大公报》提出的报纸既为"商务一端"，又具"监政府、导国民"之天职，到史量才"独立之精神""无偏无党""服务社会"的办报目标，中国近代商业性报纸的职业活动具有强烈的双重性质和突出的道德色彩：既兼顾经营和营利，又以服务社会为天职，一脉相承的是以传统士商伦理为底色的"义利兼顾"的职业价值。

第三章　义利兼顾:责任与营利何以平衡

如何平衡"义利"即市场营利和社会责任的矛盾问题是纵贯近代商业性报纸发展的核心问题。中国近代商业性报纸没有外来补贴（官方的或者宗教的），主要依靠符合商品经济运行规律来经营。在中国封闭保守的传统社会，商业报刊的生存发展所面临的却不仅仅是同业竞争的问题。在 19 世纪 90 年代之前，在中国社会土壤中扎根下来的商业性报刊已然出现，但却并没有形成大发展的态势。《汇报》只出版了三个多月，加上改名后的《彙报》不过 11 个月，《益报》办了一年不到，《新报》稍微长一些，出版了近六年。中文报刊出版不长的根本原因在于清政府和社会民众对"新报"的排斥和敌视。《汇报》假托外国人发行，也不能长久，而《新报》接到上海道传来一道上谕，第二天就不得不关门。

《申报》也面临着同样的问题，屡遭政治权力的打压和抵制。但为什么《申报》能够维持长期出版且能够成为上海首屈一指的大报？仅靠商业经营就可以做到吗？新闻史研究的普遍观点认为，《申报》的成功主要归功于其经营和竞争的成功以及在社会新闻方面迎合大众的口味，这种观点强调经济因素却忽视了另一个更为重要的原因：正是报人通过职业活动履行了符合中国传统伦理文化要求的道德责任和义务，在文化上贴近了官方士绅，从而使《申报》成为一份"中国化"的报纸。作为文化力量的士商伦理，结构性地形塑了这些"士"型新闻从业者及中国近代报刊的职业活动特征，成为贯穿中国近代新闻事业的内在基因。①

---

① 夏冰.士人伦理对近现代报人职业活动的形塑[J].青年记者,2021(9):105.

第一节　商业性报纸面临的生存压力

一、市场竞争

创刊伊始,申报馆就以"义利兼顾"作为报馆的办报方针和宗旨。作为商业性媒体,营利为第一要务,这关系到报馆和报人的生计和饭碗,报人通过报纸履行"义"的责任,当然要以"利"为前提。美查把报纸作为一种商品,把报馆作为企业来经营,客观上为报人通过报纸践行"义"提供了经济基础,同时报人也非常注重以内容取"利"。

为了取"利",在商业经营上,申报馆不惜通过降价打击《上海新报》。《上海新报》用的两面印刷的西洋白报纸,每份售价三十文,《申报》则改用中国土纸毛太纸,单面印刷,降低成本,每份只售八文。《上海新报》后期纸张较宽较大,正反面看不方便,《申报》就土纸的篇幅,印成略扁长的几页,大小正好摊在中国商号曲尺形的柜台台面上,方便伙计分头阅读。《上海新报》以长期订阅的主顾为主,很少零售,《申报》则在发刊的头三天,在上海南北市挨家赠阅,之后又招聘报贩子,挨户劝订,甚至先看报后收钱。报馆还在上海城里城外广泛寻求代销点,早晨取报去卖,晚上结账交钱,卖不完的报纸可以退回报馆①。

在广告方面,《申报》宣传在报纸上刊登广告可以"久而广"的道理,并且压低华商广告价格。华商广告只及洋商四分之一。报馆还把广告范围扩大到刊出上海各个戏馆当夜戏目,甚至发表《戏馆锁谈》之类的剧评文字,刊登为各书寓的女弹词吹嘘、为新开菜馆及新办游乐场所宣传的报道,满足了华商应酬社交的需要。

为扩大销量,《申报》积极拓展外埠的生意。从第一期的"本馆告白"开始,报馆就寻求在各省各地征求代理人。1873 年《申报》在杭州设立分销处,之后相继在宁波、苏州、南京、扬州设立分销处。到 1881年,外埠分销处共有 17 处,每天销量从 800 份扩大到 2 000 份左右。

---

① 马光仁.上海新闻史[M].上海:复旦大学出版社,2014:60.

1887 年又增加 15 处分销处，销量达到每日 7 000—8 000 份。

美查还以《申报》为基础，创办派生性出版物，包括《瀛寰琐记》《民报》《点石斋画报》等，这些刊物也间接为报纸带来了大量的读者。又成立转印铅印的"申昌书室"与石印的"点石斋"，稍晚又为出版《古今图书集成》而成立"古书集成书局"。这些书局也利用印刷设备，承印外界来件。这些"副业"让申报馆不仅只发行报刊，更成为新式的综合出版单位。

在内容方面，报人虽然以"媚阅报者方可多销报张之法"为自己不屑的"浅计"，但他们还是非常重视以内容吸引底层民众，"凡国家之政治，风俗之变迁，中外交涉之要务，商贾贸易之利弊，与夫一切可惊可愕可喜之事，足以新人听闻者，靡不毕载"。[①] 为了引起读者兴趣，《申报》重视社会新闻，报人们经常选择一些盗窃奸杀、奇闻怪事、里巷琐谈之消息。这虽然是《申报》常常被批评的地方，然而也正因此《申报》改变了当时新闻传播工具在地方上所扮演的角色。报刊所提供的讯息本身就能引起读者兴趣，提供娱乐或满足好奇心，转而成为消费性的商品。[②]

正是对"利"的重视，才使得《申报》能够在经济方面迅速崛起，在上海立足。可想而知，没有较为雄厚的经济实力为基础，没有广泛的传播网络和较大的销量，《申报》报人那些颇具"高义"的文字以及道德教化的文章能够产生多大的影响，报人通过报纸"办赈"能够对社会稳定起到多大的作用。

二、媒介权力和政治权力的冲突

中国近代报刊是外国新闻媒介在中国的移植，所以被称为"新报""洋报"。作为现代社会代表的现代报刊，一旦嵌入中国传统封闭保守的社会中，必然会和传统的文化和政治权力产生冲突和扞格。相对于商业竞争压力，这种不兼容所造成的社会对新报的不认同和排斥对于

---

① 申报.本馆告白[N].申报，1872-04-30(01).
② 李仁渊.晚清的新式传播媒体与知识分子[M].南京：凤凰出版社，2019：67.

商业性报刊更为致命。这种冲突表现为两方面：一是政治权力和媒介权力的冲突；二是社会士绅民众在文化上对新报的不认同。

对于近代商业性报纸，清政府一开始是保持敌意和抗拒的，因为新报无论是为营生还是为了自己的政治目标，其职业活动必然会涉及清地方政务和民生。对于保守的清政府而言，以民间话语代表为标榜的新报妄论官事无疑是对自己政治权力和权威的挑战。《申报》创刊伊始就和上海县交恶。1873年，因为湖丝案、徐壬癸案的报道，上海道台给英国驻上海领事发公文要求查禁《申报》。杨乃武事件的报道，导致一批浙江省官员"下课"，其中就有左宗棠的好友杨昌浚。1875年，由于报道会审案件与官方记录有异，报馆被道台冯焌光斥为"胡言乱语"。同年，《申报》还报道左宗棠新疆平乱的事件，披露左氏委托胡雪岩向洋商借款事件，惹得左宗棠怒斥报人为"江浙无赖"，报纸"颠倒是非、辩言乱政，不仅江浙一时之害"，这句话广为传播，竟成为早期报人身份的标签。1877年间《申报》与郭嵩焘之间的争议，亦给报馆带来危机。1882年，《申报》批评地方科考弊端，引起江苏学政黄体方不满，除上奏朝廷请求禁革外，还令人将抗议告示贴在申报馆门前，痛斥报馆"信口讥评，于风俗人心，贻害不浅"，威胁要"移咨本省各大宪，转饬地官，按律惩办"。在中国传统社会，"君尊臣卑、君贵民贱、官民有别"，官民之间、官官之间等级森严，存在巨大鸿沟，草民绝无权妄议干涉政务。《申报》以平民身份言官事，给政治权力一种以民抗官、以下逆上的感觉，这种大逆不道是官员万万不可忍受的。作为新报，商业性报纸必须"有闻必录"，刊登大量官事政务则是其提高自己内容竞争力的重要手段，如何协调媒介权力和政治权力的关系就成为近代商业性报纸必须面对的问题。

三、社会对报人身份的文化排斥

社会士绅民众对洋报新报的文化排斥也关系到商业性媒体的生存。这种文化排斥典型地体现在社会对新报报人身份的不认同和蔑视。

无论是宋代的小报，还是明清的小本、小钞、报条，民间报刊多被政府视为浮言惑众的非法之物。早在南宋，官方已多次禁止"小报"，并出现了"定本"这样的预先审查制度。明末规定，未经谕览批红，不许报房抄发。清初甚至一度禁止普通百姓阅读邸报，小抄、小报在乾隆年间也曾遭禁，并发生了新闻史上几次著名的处罚事件。中国早期"报刊"从业者地位低下的主要原因，正是在于其传统中所呈现的是一个带有非法色彩的商贩形象。南宋，对小报的打击即有"坐获不资之利"之说，明代这一行业虽然一度公开化，但却以沿街叫卖人的形象示人。戈公振说，传统贩卖朝报或民间小报者多为"塘驿杂役之专业"，他们销售小报时"以锣随行，举动多猥鄙，而所传信息，亦不尽可信，故社会轻之"①。可以说，上述形象构成西方报刊入华前中国社会对报馆从业者的刻板印象，这种刻板印象又因士人托身洋报馆、商业报馆的身份变得更为复杂。在中国传统社会，读书人学而优则仕方为正途，寄身洋报做主笔被视为靠卖文为生的"文人末路"和"下等艺业"。姚公鹤曾说："每一报社之主笔、访员均为不名誉之职业，不仅官场仇视之，即社会亦以搬弄是非轻薄之"，他还举例子说："吾乡沈任仵君，光绪初年即就沪上某报之聘，转辗蝉联，至光绪末年而止，然对人则嗫嚅不敢出口也。"②汪康年创办《中外日报》虽已在更晚时候，也不由得慨叹："吾中国人之视报务，素不如西人之重。"报人地位的卑下使得新闻业很长时间被视为"莠民贱业"，甚至于戊戌政变后 1898 年 8 月 24 日慈禧所下的谕旨中，仍习惯地称报人"皆斯文败类，不顾廉耻"。

第二节　报纸践行"义"的职业道德活动

对于托身商业报馆的报人来说，谋生和营利固然是他们的从业动机，但如果断定他们从业仅"为稻粱谋"，新闻职业只是满足温饱的饭碗，这种观点也有所偏颇。仅从《申报》报人关于报刊理念的诸多论说

---

① 戈公振.中国报学史[M].上海：上海古籍出版社，2003：123.
② 姚公鹤.上海闲话[M].上海：上海古籍出版社，1989：128.

及大量涉及国是政务的言论及报道来看,这些秀才主笔并非"借以发抒抑郁无聊之意思"。报人在长期的职业实践中已经发现了现代媒体影响社会和政治的巨大魔力,可以毫不夸张地说,该群体已经形成了一定的职业认知和职业观念,他们从事新闻职业有着自己内在的动力和诉求:一方面,通过报刊的媒介权力达成政治和文化诉求成为媒体精英,重构自己的精英身份;另一方面,通过职业活动履行传统文化对士之阶层的伦理要求。这两方面相辅相成,重构身份的诉求在一定程度上成为报人群体履行媒体社会责任的功利性动力,另一方面,报人通过职业活动履行社会责任的内发性驱动也缓解了政治权力和媒体权力的张力,促进了社会对报人角色的文化认同。

在中国近现代报刊史上,正是《申报》开创了商业媒体履行道德责任的先河,有效地平衡了媒体社会责任和商业营利的矛盾,并在一定程度上形塑了中国近现代新闻业的职业特征。

创刊伊始,《申报》报人就确立了以"义"为核心的职业价值目标,那么,如何在新闻实践中践行"义"?

"义"作为中国传统伦理的道德原则,是调节、指导和评价人们私人生活和社会活动最为基本的道德标准,具有广泛性、普遍性等特点。作为一种职业,报人在新闻工作中必然对"义"有着符合本身职业特殊性的具体要求和理解。同时,正如上文所言,报人对自身"士人"身份及士人道德责任的坚持,是报人们将"义"作为自己职业价值目标的内在动力。分析报人对"义"的理解和实践,必然要结合士人阶层的人生观、价值观以及对所应承担道德责任的认识。

在士人群体的伦理价值体系中,起点是道德修身,在道德上致力于做"圣人之徒",依次达到"治国平天下"的最高道德使命。士人的人生价值体系典型地体现在其在传统社会中的功能和道德实践,对此,钱穆先生一言以蔽之:"两千四百年,士之一阶层,进于上,则干济政治;退于下,则主持教育,鼓舞风气"①,这是千百年来士大夫群体人生价值的体

---

① 钱穆.国史新论[M].北京:九州出版社,2012:47.

现，也是报人理解自己职业道德责任的出发点，从《申报》始，报人的职业活动就赋予了商业性媒体以强烈的道德色彩：对于上，也就是对国家和朝廷，报人以报刊论说"辅成国家政事"以求"国家兴旺"；对于下，即社会，报人通过舆论传播社会主流价值观教化民间以维护社会秩序；在新闻实践中，报人通过以报"办赈"对义赈慈善事业进行深度参与，从而履行作为士人服务乡里的道德责任。

一、以报纸论说"干济政治"

鸦片战争之后，清帝国内忧外患、风雨飘摇。报人游离于传统的科举进仕的制度性结构之外而托身洋报，但凭此却较早地接触了外来先进的文化和对外事务，深刻地感受到了国家内在的危机，同时也认识到了报纸这一现代媒体在连接中外、沟通上下，从而能够有利于国事的重要功能。士大夫"干济政治"的浓郁情节，以自强救国为己任的自觉，同报人的新闻职业特点结合起来，形成了他们对自己职业应承担的对天下之政治使命的认知。

报人认为，报纸和报人应承担"辅成国家政事"的政治使命和责任，通过报刊建言献策、针砭时弊，从而践行自己"忠君、忠国"，以利于国家"扳兴"之"义"。《申报》创刊前的上海报业，无论是教会报刊、在华英文报纸及其他商业性报纸，对政治普遍持回避的态度，很少触及清廷政务，生存和生意要紧。然而，《申报》创刊伊始就打破了报刊和当政彼此"和谐"的生态，将言论和报道范围拓展至政治层面，通过设置和引发众多热门议政话题，形成了体制外的言路。虽然教会报刊的西人主笔也曾零星地讨论过中国变法问题，但就讨论的公共性、日常性以及影响而言，报刊舆论力量和批评监督角色的呈现主要来自《申报》。[①]

1. 在"商"而言"政"

作为商业性媒体，生存和营利乃第一要务，"利"自然也是报人职业

---

①　李礼.转向大众：晚清报人的兴起与转变(1872—1912)[M].北京：北京师范大学出版社，2017：49.

目标之一。

为广开销路，吸引读者，《申报》首先打出的是新报传播"知识"可以博闻便于民的旗号。有学者认为："中国最初对于报刊这一种外来新物的认识，都是立足于'新知'而接触、认识并加以使用。"①显然，初创的《申报》以传播新知为提高销量的最大卖点。在创办第一天，《申报》就高调宣传报刊可以提供"时事"有利于人："凡国家之政治、风俗之变迁、中外交涉之要务、商贾贸易之利弊，与夫一切可惊可愕可喜之事，足以新人听闻者，靡不毕载。"②

但是，从创刊起，报人对新闻纸的理解就没有仅限于以传播"新知"和"利于人"谋取经济利益，而是屡屡通过言论和报道评议政事、屡触官事，典型如报人通过言论对杨乃武案、湖丝案、徐壬癸案进行评论与报道，引起了清地方官员大为反感，甚至惹得"上海道台给英国驻上海领事发公文要求查禁《申报》"。③

可以说，《申报》从创刊起就悄然偏离了商业性报纸的轨道，在商不仅限于言商，而是显示出其强烈的干济国事政事的政治色彩。正如上文所言，报人虽然托身洋报，但他们还是秉承传统价值观的士人，士大夫都把政治看成自己的专有领域，为了天下之利益，他们责无旁贷，通过报纸"干济政治"在他们眼中无疑是履行"义"之道德责任和职业理想最为现实的方式，当然，这种使命是建立在报人对报纸政治功能的认知基础之上的。

因为自己的政治论说屡受官府打压，1873 年 8 月 18 日，报人发表《论各国新报之设》一文，一方面是为了向官方解释报纸的益处，另一方面也高调表白自己通过报纸参与国政以利于国之志：

　　盖目二百数十年以前各国之新闻纸未设，而各国亦尚无如此兴旺。目今兴旺最大之邦莫如英美普法四国，而新闻纸亦为最盛，

①　黄旦.媒介就是知识:中国现代报刊思想的源起[J].学术月刊,2011(12):139.

②　申报.创刊告白[N].申报,1872-04-30(01).

③　卢宁.早期申报与晚清政府[M].上海:上海科学技术文献出版社,2012:14.

或曰：然则新闻纸果盛于国家兴旺之后乎？抑或国家兴旺果系由于新闻纸乎？曰：二者相辅而行不能偏废，新闻能以致兴旺，兴旺愈以多新闻也。①

意思很明显，只有新闻纸繁荣了，国家才能兴旺。在随后的多篇论说中，报人屡屡阐述报纸对于国家兴旺的重要意义，在 1875 年 2 月 4 日的《书同治十三年申报总录后》中，报人认为："盖新闻纸之所述，上则国政之是非得失皆准其论列，下则民间之善法美器亦准其胪陈，故能互相采用、互相匡救，以成其振兴之道焉……若中国新报可以日益振兴，则中国各事亦皆可以日益振兴矣。"②

报纸何以能够振兴国家，报人认为关键在于报纸能够通过"上下相通，远近相达，相勉相戒，以辅成国家政事也"。

新闻纸仅一小篇而果能致国兴旺乎？曰：子未闻泰西各国之举动皆取益于新闻纸乎？而且朝廷立政，小民纵欲有言，未免君民分隔，诸多不便。一登于新闻纸内则下情立即上达……民之为此纸也，上则朝廷广大之利弊，下则间阎纤小之善恶，无不可以畅论。泰西之操政柄者藉以得悉时事，兴利除弊、裕国便民。新闻纸之有益于世诚不谬矣，故新报之不可无，为上下可以相通，远近可以相达，相勉相戒以辅成国家政事也。③

报纸作为承载民情民意的工具，其本身并无价值选择，其政治功能的实现，最终要由报人来实现。报纸应该承担"辅成国家政事"之责任，当然代表了报人对自己应当承担的职业责任的认知：主笔（报人）应该以"辅成国家政事"为使命，推进国家兴旺，而"上下相通、远近相达、相勉相戒"则是"辅成国家政事"的手段。

---

① ③　申报.论各国新报之设[N].申报,1873-07-18(01).
② 　申报.书同治十三年申报总录后[N].申报,1875-02-04(01).

在随后的论说中,报人屡屡表示自己通过报纸"辅成国家政事"的决心和自觉。在《论日本禁止新报》中,报人认为主笔可以将报纸作为参与国政的"谏章",通过报纸直陈国家大事,成为有益于国家政治的规谏:

> 新闻纸也,往往可以代谏章。朝廷方议一事,上意尚未下逮,其善也,各新闻馆力赞可行,而朝廷俯从,常有准行者;其不善也,各新闻馆力阻当止,而朝廷亦俯从,每有竟止者。至于下情之难以上达者,往往藉新闻纸代为上达,更无论矣。是新闻纸者,实可以通上下之情,意足为政治之良规。①

在《论新闻纸之益》中,报人再次陈述自己通过报纸辅成国政的决心:

> 至于国家政事,亦得以讲求论说,各抒所见,所谓言之者无罪,闻之者足戒,其言之而当也……言不言之权操之在报馆,听不听之权则操之在朝廷。②

报人以士大夫自居,以报纸参与国政的责任心和使命感跃然于纸上。

2. "以报论政"与士人的清议传统

报人以"辅成国家政事"作为职业政治使命,"辅成国政"的手段主要依赖报纸论说,即"以报论政"。在报人对报纸的认知视野中,报纸能够有利于国家兴旺的关键,在于报纸能够承载并向"当国者"传达民间民意或舆论,或建言建策,或直陈利弊。虽然报人在阐述报纸之政治责任时,不免受到西方新闻自由思想的影响,但是报人在对"以报论政"的理解上仍然秉承了中国士大夫的清议传统。

---

① 申报.论日本禁止新报[N].申报,1876-02-23(01).
② 申报.论新闻纸之益[N].申报,1886-08-11(01).

在 1886 年《论新闻纸之益》中，报人认为"报馆之体例第一在于尊王"。报人的言论就如"古者輶轩之使，采风问俗，求下情之上达"。①报人认为，当政者应当对报纸论说保持包容的态度，因为这些言论就如"清议"，"言之而不当则存，而不论置而不议，亦足以见王者无外之规兼容并包之度，盖清议所在"。②

在《英国新报之盛行》一文中，报人认为，被自己"仰慕"的西人报馆主笔之所以阴持其政柄，英名远扬，就在于"总主笔之所持者，清议也。清议之足以维持国是"。③在报人心目中，西人主笔所依赖的职业手段就是报刊论说，而报刊论说就是在行使士大夫的"清议"之责。

王韬在为庆祝《申报》主笔何桂笙五十大寿所作的文中称赞何桂笙道："西人久闻先生名，以重币延主笔政，先生力持清议，作中流之砥柱，一褒一贬，严于衮钺，悉秉之公而已矣，无所私也，古之所谓蓄道德能文章者，其在先生欤，先生于是可以不朽矣。"④虽然有应景赞誉之意，但当时《申报》报人以报论政，以论说行清议之责的理念和实践是得到了王韬的肯定的。

在 1901 年《本报第一万号》中，《申报》报人在回顾办报的艰辛历程之际感叹道：

> 或婉言罕譬、敷陈曲畅以冀为朝野之鉴戒，则诗人之微讽婉辨，春秋之主文谲陈也，或指陈利弊、直言无隐，以冀动上下之观听，则贾生之痛哭流涕，苏子之嬉笑怒骂也，而要其宗旨则惟开人之智慧，广人之见闻，揭上下蒙蔽之情，通内外隔阂之弊……所望中国惩前毖后，竭力维新，有利皆兴，无废不举，下采庶人之清议，聿成强国之规模。⑤

①②　申报.论新闻纸之益[N].申报，1886-08-11(01).
③　申报.英国新报之盛行[N].申报，1873-02-18(01).
④　王韬.味纯园公祝何桂笙先生五秩寿文[N].申报，1890-05-08(01).
⑤　申报.本报第一万号记[N].申报，1901-02-14(01).

在文中,主笔是将自己"指陈利弊,直言无隐"的报刊论说视为士人清议,目的是为了"揭上下蒙蔽之情,通内外隔阂之弊",促成国家强盛。

在中国传统政治生态中,士大夫"干济政治"的方式,除了做官参政外,激浊扬清,建言进谏,形成清议,则成为重要的手段。在明代,士大夫的清议也叫公论,公论被看作是维系人心之本和国家之元气。赵园认为:"'清议'是个不易界定的概念,'清议'强调的是言论的合道德性,非即'士论',也非众论。但清议在通常的运用中,确又略接近于'士论',于道德性外,还往往突出其非官方性质。'清议'所议不限于政治,但有关政治的议论,是其重要部分。或者可以说,'清议'应指其时被认为公正的议论政治、评骘人物的言论。或许应当说,'清议'是一种由士人(已仕与未仕之士)议论构成的言论场。"①"清议"是"民间身份的士人议论政治、品评人物的言论,其主要经由影响具官方身份的士,间接进入朝廷议论,对政治实行干预。"②

清议之所以受到士人和朝廷的重视,是因为它被假定为一种能够评断是非的公论。"公论之所以为'公',是因为被认为是从公共的利益立场或江山社稷的延续着眼的,是天下为公的议论,是不具有私心的。"③

由此可知,士人"清议"具备几个关键要素:第一,清议的主体是民间士人,言论者的非官方身份被认为有助于保障"公正性";第二,清议是一种士人的舆论,直接对象是官员,间接目标是朝廷;第三,清议的目的是为了维护国家利益,以利于"治"。与此对照,我们可以看出,《申报》报人在对报纸和报人角色的理解中,无不渗透着士人清议的元素:报人对士人角色的坚持;《申报》被报人自我定位为民间报纸,在一定程

---

① ② 赵园.明清之际士大夫研究[M].北京:北京大学出版社,1999:209.

③ 唐小兵.现代中国的公共舆论——以《大公报》"星期论文"和《申报》"自由谈"为例[M].北京:社会科学文献出版社,2012:33.

度上与官方对立①;报人参与国政的政治自觉。只不过,报人引导的是民间的舆论,而不仅仅是士人公论,其传播的速度与广度更非只是靠口头士人清议能比。正是这些秀才主笔在对现代报刊认知和理解的过程中,自觉地利用报刊,开创了儒家知识分子"干济政治"的传统同现代报刊结合的尝试,在这个过程中,《申报》报人将清议这种士人参与政治的方式转化为报刊上的论说,通过以报论政的方式,践行着报人和报纸"辅助国家政事"的政治使命和责任。

3. 以首论"辅成国政"

从创刊起,《申报》报人就通过报刊论说即首论开启了他们"辅助国政"的历程。作为沪上第一批报人,他们得西方思想文化之先,同时又胸怀谋求富国强兵、救亡图存之志。以报刊论政,传播西方思想、鼓动洋务、呼吁改革是他们积极参与中国早期近代化运动中的重要手段,其目标就是寻求摆脱国家"内忧外患"之术,促进国家"富强"。同时,报人又对国家及地方政务评点针砭,以求警醒当政,促进国家之大治。

《申报》从1872年5月4日第三号就开始刊登论说(后来为评论,清谈),以后几乎每天至少一篇,而且置于报首或者第一版,这种办报传统一直延续到1905年2月8日②,前后达30余年。在报首和重要版面刊登论说,而不是刊登大量广告,这是连后来被誉为"开创政论性报刊先河"的《循环日报》也没有做到。论说文字在早期《申报》中篇幅最大,初创时期,一般为五六百字,以后逐年增多,到19世纪80年代,文字屡屡在1 300字左右。

再看其文体,《申报》重视新闻,其论说也不尚空谈,主要是针对时事而议,类似于现代新闻业务中的新闻述评,一方面以新闻通上下情,

---

① 邵志择.近代中国报刊思想的起源与转折[M].杭州:浙江大学出版社,2011:72.

② 1905年2月8日,《申报》发布《本馆整顿报务广告》进行改版。开始招登前告白:本馆前章告白皆登于新闻后幅从未有刊列论前者。兹特改订新章,各绅商欲登本报论前告白快人先睹,当以百字为率,多则以五十字递加,按日每字暂取洋银一分,并备出号大字专刊题目且可代镶花边,务求易于动目。特此广告请早赐登诸希惠鉴。改版后,广告放在论说前。论说一般置于2版或三版,而且篇幅急剧萎缩。

一方面结合新闻以言论建言建议,针砭时弊。文笔充满强烈的感情,大量运用各种口语词、排比、寓言、谚语等①,增强论述力度以吸引读者。主笔黄协埙认为这种报刊论说文体是一种创新,此言不虚。芭芭拉·米特勒在《一份为中国的报纸?——上海新闻媒体的权力,认同和变化(1872—1912)》中就认为,梁启超的报刊散文一般被认为是"新文体"的起点,但是,梁启超的新文体中许多被人称道的要素早在《申报》的论说中就屡屡被使用,在"新文体"的形成方面,梁启超所起的作用被夸大了,商业报纸例如《申报》在形成新文体方面的作用不比梁氏小。而梁启超只是将其完善。②

为了更好地对《申报》报刊论说进行分析。笔者从 1872 年—1910年的《申报》中每隔一年抽取一年同一月份(五月份)的报纸作为样本,对其论说主题和内容进行分类、分析(见附录 2)③,设计成表 1。根据表 1,598 期样本共有 607 篇论说,平均每期报纸有 1.2 篇论说。涉猎主题可谓是天南地北、包罗万象、古今中外、无所不谈,对国家大政外交进行建议者有之,关心民生日常生活者有之,宣传道德、教化民风者有之……其中政论文章分量最重。通过表 1 我们可以看出,介绍西法、鼓吹洋务、对国家政务建言建策的论说占 22.24%,对中外关系及战事进行评论建议的占 12.19%,评论当地官员及其政务的占 11.04%,涉及社会管理及民生大计的占到 15.15%,仅这几项关涉到国家重大外交军事、国计民生及地方行政事务的论说就占论说总量的 62.04%。更无论大量关心民瘼、献策赈灾的言论。《申报》报人们胸怀天下,心系苍生,以报论政,以利国是的使命感和责任感跃然纸上。现仅选其鼓吹洋务、批评官员政务这两类论说以析之。

---

　　①　例如在 1894 年 5 月 12 日的论说《论奏报工程》中,作者对官员利用工程中饱私囊进行抨击:"估计承办工程之人则无不因此而骤富,故俗谚有之曰要发财黄河开。"

　　②　Mittler, Barbara. *A Newspaper for China? Power, Identity, and Change in Shanghai's News Media*, 1872—1912 [M]. Cambridge, MA: Harvard University Press. 2004:108—113.

　　③　具体来说是 1872、1874、1876、1878、1880、1882、1884、1886、1888、1890、1892、1894、1898 年、1900、1902、1904、1906、1908、1910 五月份的报纸。

表1：1872年—1910年抽取的20个月的报纸论说的主题分布

年、期 \ 主题	介绍西法、鼓吹洋务、呼吁宪政、对国家政策建言建策	救灾之策	评论、批评官员及其政务	道德教化、端风化俗励	社会事务管理、公共设施建设、民生（赋税、漕运、河工、治安等）	国家形势、中日、中法、中俄等外交关系及军事冲突	军事防务	介绍自然科学	人才选拔、官吏制度、教育	禁毒、禁娼	其他	合计
187205（25）	6		2	7	6			3	1	3	3	31
187405（24）	2		4	3	3	8				2	3	25
187605（27）	2		6	2	1	4	3		3		9	30
187805（27）	2	12	5	4	1					1	1	26
188005（31）	2		11		7	5			3	1	2	31
188205（31）	5			1	8	14				1	2	31
188405（31）	5		1		2	13	5				5	31
188605（30）	4		2	2	10	6			1		5	30
188805（31）	7	5		3	6	1	1			3	5	31
189005（31）	3	1	2	3	6	1	2	3	3	1	6	31
189205（31）	5	1	1	6	4		7	1	1		4	31
189405（31）	5		4	2	6	2		3	3	2	4	31
189605（31）	9		5	3	4		1	1	4	1	3	31

续表

主题 \ 年、期	介绍西法、鼓吹洋务，呼吁宪政，对国家政策建言建策	救灾之策	评论、批评官员及其政务	道德教化、端风励俗	社会事务管理、公共设施建设、民生（赋税、河工、漕运、治安等）	国家形势、中日、中法、中俄等外交关系及军事冲突	军事防务	介绍自然科学	人才选拔官吏制度、教育	禁毒禁娼	其他	合计
189805（31）	9		4	3	5				4	1	5	31
190005（31）	5		4	2	4	5	2	1	2		6	31
190205（31）	7		6		7	4	3			2	2	31
190405（31）	8		4	1	7	4	4		2		1	31
190605（31）	13		2	2		2	2	1	6		3	31
190805（31）	18		2		3	2	1		1		4	31
191005（31）	18		2		2	3	3		3			31
共598期	135	19	67	44	92	74	34	13	37	19	73	607
	22.24%	3.13%	11.04%	7.24%	15.15%	12.19%	5.6%	2.14%	6.1%	3.13%	12.04%	100%

鼓吹洋务，建言建策

　　大肆鼓吹和宣传中国学西法、办洋务，是《申报》报人言论的主打内容，这个传统伴随着清廷洋务运动的兴衰，贯穿于其早期的办报历程，①而其思想基础就是："仿效西法崇尚西学，务求裨补中国所不足者，不遗余力，月异日新以为中国之富且强可翘足而待。"②

　　1872年4月刚刚创办，《申报》便接连推出《水雷说》《开矿论》《拟建铁路引》《轮船论》等介绍西方技术、鼓吹办理洋务的论说。在鼓吹洋务中，《申报》的论说往往紧扣时事，通俗务实，不高谈阔论，常以中国传统伦常名教为引，循循善诱，颇具"中体西用"的意味。洋务运动中，洋务派与顽固派之间争论较大的有三次：一是关于拟建铁路的争议。二是关于设厂造船靡费太重而无实用的争论。三是关于士人学习洋务与"重理义，轻艺事"传统观念之间的交锋。③关于铁路争议，顽固派反对的理由是："山川之神不安，即旱潦之灾易召"，怀疑铁路对农业的影响。在鼓吹建设铁路的必要性时，《申报》由铁路利于农开始："古人有言曰：贵农以富国。盖民以食为天而食以农为本，故农不可不重，尤不可不勤，但有农而无载运之道则农反之所得不能流通，而农亦仅足以糊口实无大利也，此理固人人知之矣。"④随后，《申报》又举出法国战后迅速复兴以及美国西北部人口迅速增加的案例并辅以大量确凿的数字，证明"则火车之举岂非国家之大利乎"。⑤这种由小到大，由利民到利国的阐述较之单纯地谈有利于富国强兵更具有说服力，更适合报纸所面对的大众的接受心理。

　　针对顽固派对洋务靡费太重的指责，《申报》强调办洋务的迫切性：中国列强环伺，"中州大势固四千年来之创局也"。特别是报人敏锐地发觉了东邻日本学习西法的动作，并隐隐觉察出中日之间在学习西法

---

①　从《申报》初创一直到甲午之后戊戌变法之前。

②　申报.论中国贫弱[N].申报，1895-06-15(01).

③　陈旭麓.近代中国社会的新陈代谢[M].北京：中国人民大学出版社，2012：119.

④　申报.火轮车为富国之举[N].申报，1874-07-15(01).

⑤　申报.火轮车为富国之举[N].申报，1874,7(15).

方面存在不同:和中国"中体西用"不一样,日本"顿革平昔因循之弊而概法泰西"。除了"造船铸炮练兵训士"外,日本更是"改冠裳文字居屋之制"。①这在当时的中国是非常难能可贵的,因为当时多数中国人对日本的了解,往往是存防祸之见,有轻视之心,更别说去冷静地正视而研究它了。《申报》提醒国人:"但以势殊时异而论,自宜大为之防而不得仍安于无事",而"深明制治之道,周知通变之宜。"《申报》驳斥那些"以为靡费也多事也,无益于上而徒损于下也"的言论是"固坐井窥天之论"。②

在摇旗呐喊的同时,报人们也逐渐开始对洋务运动的局限性进行着反思,特别是在中日台湾事件、中法战争一挫再挫的颓势下,报人已意识到,解决中国的贫弱不能只靠开矿山、造机器、购买铁甲利舰,而在于改革上层建筑的政治体制。其言论已经明显具有寻求改革变法的特征。1892年5月16日,《申报》发表《论治国必先安民》一说,直陈洋务运动之徒有其表:"特虑其始勤终怠而不能持之以恒久也,徒袭皮毛而不能进探其奥奥也,虚事矜张而不能深核其实际也,但知粉饰而不能历求其功效也,因循而不能振作事,在创始而怠惰之气已乘之矣,略有端绪即自炫耀,而虚娇之气已中之矣"。③笔者认为:"欲强兵富国者不专在练士卒、制船舰、精器械而已,也不专在通商贾、兴制造、萃货物而已",而在于"变法自强"。④

1895年4月7日中日《马关条约》刚刚签订,《申报》就在6月15日发表论说《论中国贫弱之源》,激愤之情跃于纸上。报人认为,国家积弱原因不在于器物不精,"岂枪炮之不精欤,兵轮之不坚欤,海军之未练欤,统帅之未得其人欤,募勇之不足恃欤,抑彼壮而我老欤,彼勇而我怯欤而不知。皆非也"。⑤三十年的洋务运动并没有使得国家兴旺,因为洋务运动没有医治中国贫弱的病根。中国的问题在哪里?作者列出六大病原:"中国之病原果何在哉? 一曰朝野不通,二曰学校不修,三曰鸦

---

①② 　申报.时势论[N].申报,1873-03-24(01).
③④⑤ 　申报.论治国必先安民[N].申报,1892-05-16(01).

片盛行,四曰虚文太多,五曰工商不重,六曰智慧不足,此六者皆中国贫弱之原也,其患之深非一朝一夕之所致,其所由来者渐矣,然此六种病原苟不治之而欲求富强,是犹却行而求前,缘木而求鱼,徒劳而无功也。"①这六大病因已经触及了当时中国的政治体制弊病。治病良方在哪里,作者认为:"患朝野不通者可设议院以察民心之向背,患学校不修者可立书院以培郡邑之人才,患鸦片盛行者可先禁种而后徐及余,患虚文太多者可先黜浮华而后力崇朴实,患工商不重者可先立保护之法而振兴之,患智慧不足者可先行发蒙之法而陶淑之,六病即去,自然百利并兴,百废俱举,官民相亲,上下同心,奋发有为精神振。"②设议院,开学校,立法以振商,包括启蒙民众。这些改革主张即使和后来的维新派相比也是不落伍的。

仅仅在这一月中,报人就连续发表了《中国宜行新政论》《救时四策》《中国办理洋务之难》《论变法自强当从考试始》等系列论说,向当政阐述自己的变革之策。其中对改变人才选拔和培养制度着墨最多、论述最详。甲午新败,报人痛定思痛,究其病原,直指科举制度,大呼"变法自强当从考试始",作者对科举制度及其培养的所谓"人才"冷嘲热讽:"三尺童子,不分五谷,不辨鹿马,不知天地为何物。"入私塾后,"取其文而观之竟不知其所云"。应举后"夸耀乡里,倚势陵人,甚至包揽词讼,抗欠钱粮无所不为,或入赀而宰百里,则尽情剥削,民不堪命"。一旦入官则"金银财帛旦夕可致"。③作者慨叹如此人才于国何用。④于是,作者大声疾呼:"为今之计而欲变法请先从考试始,欲变考试之法请先废时文而改从西学始。"⑤报人痛斥科举之弊端,呼吁废除科举取士制度而代之以西学考试制度,其言论之激烈,在当时足以令人瞠目。一年后,梁启超在《时务报》发表《论变法不知本原之害》,提出"变法之本,在育人才,人才之本在于开学校,学校之立,在变科举,而一切要其大成者,在变官制"。⑥两者不

①② 申报.论中国贫弱之源[N].申报,1895-06-15(01).

③④⑤ 申报.论变法自强当从考试始[N].申报,1895-07-20(01).

⑥ 梁启超.论变法不知本原之害[A].见:童秉国.梁启超作品精选[M].武汉:长江文艺出版社,2005:13.

谋而合,尽有异曲同工之意。

评点官政、关心民生

作为一份商业性报纸,《申报》初创时期以生存为本,在寻求自身存在合法性的同时,如何平衡与朝廷、官员、租界的关系自然成为《申报》必须要考虑的事情。在《申报》创立之前,无论是教会报刊还是在华英文报纸,很少触及地方官员、评点政事的,双方相安无事。

1876 年,《万国公报》第 363 期刊出《上海新闻纸日见其多》一文:"新报之设贵乎流通,愈多愈有益于人也,报中所录关乎国政者勿轻言而不知忌,关乎名节者勿妄论而有误前程,此本馆立报之本意,欲为新报振聋发聩之名师也。"①这篇文章所针对的对象就是《申报》,主要是对《申报》刊发民报的举动表示钦佩,但这句话却又是在敲打《申报》:不要妄谈国事政事官事。这篇文章反映了当时报刊对政治一种普遍的回避的态度,同时也是对《申报》诸多出格言论的一种警示。显然,《申报》是了解当时清廷苛刻的言论环境的,而且相信美查在创报之初也是打算循着"贵乎流通"这条路子走的。然而,随着《申报》这一极具现代新闻纸特征的新生事物锲入到闭塞落后的中国社会生态中,其所引起的官员与报纸的冲突还是出了乎双方的意料。最为典型的便是左宗棠、郭嵩焘与《申报》的冲突。有学者认为:"对社会新闻的报道和评论是新闻纸的一种自然功能,并在无意中使之成为报纸介入地方政务的一个重要平台,虽然这种介入并不是报纸主笔或幕后的老板设定的。"②当然,仅从《申报》对社会新闻的"有闻必录"来看,对官员和政事的介入看起来是自然或者是无意的,但是从论说这一具有强烈的感情色彩的文体来看,《申报》报人对官员和政务的评论甚至于批评就有着有意的或者说主观方面的动机了。

且看表1统计的结果,在1872 年至1910 年的报纸论说中,直接评点官员及其政务的论说就占 15.15%,而且在以漕运、赋税、河工、赈灾等关

① 万国公报.上海新闻纸日见其多[N].万国公报,1876,(363).
② 卢宁.早期申报与晚清政府[M].上海:上海科学技术文献出版社,2012.

系到国计民生为主题的论说中，大部分也牵涉到对官员政务的评论。虽然不少论说对官员还是比较谨慎，但是对官员及政务给予负面评价甚至进行批评的也不在少数。根据统计，《申报》对官员政务进行点评的高峰出现在 1880 年以后，这也正好与清末"清流派"崛起，大展清议之能事，"台谏生风，争相弹击，凌厉无前"的风头相契合。这种对官员政务进行评议特别是对官场弊病进行针砭的批判色彩一直贯穿于《申报》早期 20 年的办报历程，虽然有时较为委婉，有时颇为激烈，但是无论如何，在当时也是开风气之先的，只是在甲午之后，当议论时政成为风尚时，《申报》这种批判色彩却不断褪色，从而也为自己贴上了言论保守的标签。

创刊不久，《申报》便触涉官事，对上海当地大员进行点评。针对上海县令叶廷眷未加审讯即对烟馆老板施以重刑的行为，《申报》在 1873 年 2 月 15 日刊发《听讼论》对其进行了"委婉"的批评："刑固不可偏废也，而办不能专恃，故必平其心以察之，静其气以思之，心平则法自公，气静则虑自明，公且明而情自无能匿，即有抵赖，亦少加之鞭辱已耳，况案情中诬控嫁罪者百出不穷，苟不细为研鞫而竟卤莽灭裂，轻信轻怒重加惨刑将置此犯人于何地乎。"①客观地讲，《申报》对地方大员的批评并不只是"质直"②，而可谓激烈了。

经历过与地方官府的冲突后，报人的言论有些收敛，同时更多地将批评的对象转到异地，类似于现代媒体的异地监督。其涉及的政务、针对的官员也更加多元化。有对地方严刑酷法的质疑，有对民生工程腐败现象的揭露，有对官员赈灾反应迟钝、不恤民瘼的批判，所批评的政务人员下至胥吏这一级别的办事人员，上至封疆大吏甚至是李鸿章。③

① 申报.听讼论[N].申报，1873-02-15(01).
② 言见申报 1874 年 5 月 23 日《论杨月楼发郡复审》："则我国以一县之行而见辱于天下，使各国讪笑我国家以审民无例之言者其可乎，本馆今述此事言辞或太质直，然以恤民瘼之切切。"
③ 中法战争中，《申报》一直主战，对主和的李鸿章不时露出不满。1884 年 5 月 11 日，《申报》首论转发《曾袭候致李中堂书》，曾纪泽在书中建议李鸿章对法采取强硬姿态。《申报》于书信后又加评论"(曾)义正词严，思深虑远，所谓语从血性中流出，字字从天平上称过……众人言和而一于和，曾纪泽亦未尝不言和而欲以战为和之地，其识见之卓越岂仅加人一等而已哉"。对曾纪泽大加赞赏，对一味求和的李鸿章则显颇有微词之意。

在对官员政务的批判中,关心民瘼、代言民意成为其批判的基调。

在中国传统农业社会,赋税、漕运、河工、赈灾等是关系到国计民生的大事,芝加哥大学学者苏珊·M.琼斯、菲利普·A.库恩就认为:"清王朝衰落的根源在于人口压力、教育、漕运、税收制度的混乱与腐败。"①以"辅成国家政事"为己任的《申报》,自然将这些国计民生事务作为自己论说的主要话题。据图表 1 我们可以看出,关于赋税、漕运、河工、赈灾等重点国家政务的评论占有相当大的比例。其中,对这些重大公共事务中的腐败问题进行抨击的不在少数,这些秀才主笔对当时国家存在弊端的认识还是颇有眼光的。

从创刊开始,报人就对河务等重大工程进行建言建议,并对其中的腐败问题进行了持续的批评。1884 年 10 月 4 日,《申报》在《论官场积习》中直指当时官场几大弊端,其中之首就是官员利用赈灾中饱私囊:"(遇到天灾,皇帝免除地方租赋)蠲(免)除租赋煌煌谕旨早已颁行,而地方官故意迟延,或相隔半年数月,然后始将誊黄刊发,而此数月中之敲比而得者已不知其凡几,此积习无一处不然。"②对于官员腐败,作者忧心忡忡:"以上积习虽曰官场痼疾牢不可破,要不过贪利而求幸免余罪,于国家则尚无所大损也。若夫军兴之际,强敌方张开战之时,为胜为负,此则国家兴衰之所关,天下安危之所系,中国官场积习至于如此而犹欲力图自强,其道安在哉。"③1894 年 5 月 12 日,《申报》在《论奏报工程》一文中更将河务腐败揭露得淋漓尽致。针对一位给事中(言官的一种)给光绪帝一份关于派人勘察各大工程所用之处的奏折,报人指出,这些工程款"大半归于经办者","山东之河工无止境无尽期,年年报销,计银若干无论,数十万数百万无异乎投雪于沸汤,自古迄今莫不如是不待言矣,而永定大清诸河近年以来亦岁有所修,决溃之患几无已时,此则不过山东河工中十分之一,而估计承办工程之人则无不因此而

①　[美]苏珊·M.琼斯,菲利普·A.库恩.清王朝的衰落与叛乱的根源[A].见:[美]费正清.剑桥中国晚清史[M].中国社会科学出版社,1985:112—120.
②③　申报.论官场积习[N].申报,1884-10-04(01).

骤富,故俗谚有之曰要发财黄河开"。①作者提醒当政者注意腐败有可能造成民变的危险："夫以厘金之足以取怨于人,而悉数用于工程而民亦不怨,若知其到工者无几,大半皆以饱经办者之私橐,则将有纷纷以起者矣,盖国帑者亦民间之脂膏所积而成焉者也。"②

在现代社会,媒体往往被称为政府的"看门狗",自诩为立法、行政、司法之外的"第四权利",行使对政府的舆论监督当然是天经地义。然而,在晚清社会,民众公开评点官务则是不可想象的。即使是士大夫上层阶层的冯桂芬,其针砭清廷腐败、呼吁改革弊政的《校邠庐抗议》也只能在其去世后出版。③君尊臣卑、君贵民贱、官民有别的思想,造成了君臣之间、军民之间的巨大鸿沟。官民之间,甚至不同的地位的官员之间,也是等级森严,即使内外诸臣,也不敢妄言政事,民间报纸斗胆论政已属违例,更何况对官员评头论足,引起清廷官员的意外和憎恶也在情理之中。

4.《申报》和中国近代报刊"文人论政"的传统

中国早期报人虽然托身洋报商报,但在对现代报刊认知和理解的过程中,自觉地利用报刊,开创了儒家知识分子同现代媒体相结合的尝试,在这个过程中,报人将清议这种传统的士人参与政治的方式转化为报刊论说,通过"以报论政"的方式,践行着报人和报纸"辅成国家政事"的政治使命和道德责任。

从论说内容来看,《申报》论说中的政论文章份量最重,内容涉及广泛,主要包括鼓吹洋务、改革维新和立宪,国家重大外交军事、国计民生及官员政务等。报人对洋务运动的鼓吹,对西方先进思想的传播,对国家政务的建言献策,可以说是推动了中国近代化即洋务运动的进程。学者徐载平就认为,《申报》报人积极参与了洋务运动兴起之际的舆论论争,"若没有近代化报纸来宣传,洋务运动的开展,恐怕还要延迟几年"。④

---

① ②　申报.论奏报工程[N].申报,1894-05-12(01).

③　冯桂芬著《校邠庐抗议》,虽曾有过朋友数度请求和几经催促,出于某些考虑,他始终没有同意将这部书稿赴梓,直到其去世后的1876年,该书才得以出版。

④　徐载平、徐瑞芳.清末四十年申报史料[M].北京:新华出版社,1983:44.

　　《申报》报人笔锋所及,已经触及当时中国落后之根源,其观点之深刻与犀利,即使与后来维新思想相比,也是不落后的。特别是报人敢于以论说对清政府弊政与官员腐败进行揭露和批判,显示了报人们力持清议的本色与勇气,是引领近代报刊批评时政之先的。"早期《申报》所实践过的自居于对立面的批评精神。经过立宪时期民主思想的引介,西方的第四权、舆论政治等关于报刊独立性的观念终于引入报界,民国报人基本上都奉行独立于官方的揭露、批评政府以及政府官员的立场。而《申报》早在19世纪70年代就已经开始将这一精神付诸报端了。"①这一点和王韬不同,王韬声称办报为"立言",旨在"强中以攘外,诹远以师长",在其报刊生涯中,"对上书特别重视,而从事报纸则是降而为之"②,对报刊政论其实并不十分重视。王韬积极同官僚高层保持接触,其论说文章少见评骘政务得失的内容。可以说,《申报》报人是中国近代新闻史上第一批与现代报刊相结合,通过报刊论政的儒家知识分子。

　　当下研究者大多认为,"文人论政"的取向是中国近代以来文人办报最为显著的特征,其内在精神来自中国传统的士的议政传统。新闻史家公认王韬是文人论政最初的典型,《循环日报》则为政论报纸之始。中国新闻史的开山之作戈公振的《中国报刊史》写道:"当时该报(循环日报)有一特色,即冠首必有论说一篇,多出自王氏手笔。取西制之合于我者,讽清廷以改革。《弢园文录外编》,即集该报论说精华成之。其学识之渊博,眼光之远大,一时无两。"③方汉奇先生赞誉《循环日报》:"它在创办10年间所达到的思想水平和为推动社会改革所做的努力,一时无与伦比,成为我国第一个以政论著称的杰出报纸。"④卓南生也认为:"《循环日报》的上述风格,毫无疑问地开创了文人论政的政论报纸的先河。"⑤

　　①　邵志择.近代中国报刊思想的起源与转折[M].杭州:浙江大学出版社,2011:85.
　　②　邵志择.近代中国报刊思想的起源与转折[M].杭州:浙江大学出版社,2011:102.
　　③　戈公振.中国报学史[M].北京:生活·读书·新知三联书店,2011:114.
　　④　方汉奇编.中国新闻事业通史(第1卷)[M].北京:中国人民大学出版社,1992:322.
　　⑤　卓南生.中国近代报业发展史(1815—1874)[M].北京:中国社会科学出版社,2002:200.

然而，和王韬同时期，并和王韬颇有渊源的《申报》报人群体"以报论政"的鲜明特色却被后人所忽视，尽管从 1872 年创刊伊始，报人们就用报刊首论开始了他们的论政之旅，尽管《循环日报》与当时的香港商业性报纸没有区别，其经营方针亦为"以服务商业为重，以营业为先"，①尽管《申报》的影响力要远大于《循环日报》。我们不能认为托身洋报的秀才们只是为"为稻粱谋"，主动办报和被动就业与对新闻事业的认同和责任感之间存在的必然关系的逻辑也是值得商榷的。其中更为关键的是，对洋报和华报、对商报和为政治办报的区别对待，应该是影响研究者们"另眼"看待《申报》的重要因素。正如有学者所言："抬高《循环日报》和王韬在新闻史中的地位，有意无意地抑低《申报》以及忽视《申报》主笔群的现象所透露出来的思想轨迹是值得我们深思的。"②

当然，我们不能贸然说《申报》报人开启了近代报刊文人论政的先河。但是，报人这种以报论政、辅成国政从而践行"义"的新闻实践，为后来政论报刊蜂拥而起起到了探路者和拓荒者的作用。同时期的《字林沪报》和后来创办的《新闻报》在办报模式上几乎与《申报》亦步亦趋，直至梁启超之《时务报》掀起了政论报刊的创办热潮。民国时期《大公报》《独立批评》《观察》等，无不具有鲜明的"文人论政"特色。中国知识分子抱着"以天下为己任"的精神，企图以文章报国，符合"立德、立功、立言"的三不朽。康梁、胡适、陈独秀、李大钊，同辈众多论友，以及后辈的储安平，都像接力棒一样不绝如缕继承了以言论报国的传统。

对于《申报》第一代报人的以报论政、"辅成国政"的情怀，清末诗人易顺鼎曾在其《上海感怀今昔示申报馆诸人六首》诗中大加赞赏：

> 昔见钱侯③已老苍，
> 万言落纸挟风霜。

---

① 赖光临.中国近代报人与报业（上册）[M].台北:台湾商务印书馆,1980:117.
② 邵志择.近代中国报刊思想的起源与转折[M].杭州:浙江大学出版社,2011:85.
③ 钱候指主笔钱昕伯。

扬州何逊①为俦侣，

江夏黄童②与颉颃。

薄海人知公论任，

中华气赖此贤昌。

匹夫言可法天下，

努力尊周师素王。③

二、以报纸舆论教育启蒙民众

"在中国传统社会，社会教化是统治阶级维护封建政治秩序的需要。"④"所谓教化，就是古人所说的'以道教民''以教化民'，即通过道德教育感化人民，转移世间的人心风俗。"⑤其中，儒家伦理教化是核心。而士人则承担着民间教化的重要责任。士人是连接皇帝和民众的桥梁和纽带，通过上情下达、下情上闻传递着皇帝和民众的信息，他们以文化权威的身份，辅助国家"出治"，承担教化责任，维持统治者的统治秩序，这被认为是士人阶层价值和道德责任的体现。

早期报人虽然托身洋报，但是他们仍坚持以士人角色自居，虽然接受了西学熏陶，但他们与传统的文化道德仍血脉相连。与这种传统的价值观相对应，他们认为报纸肩负有以文化权威，通过职业活动"教化民间"的责任。只不过教化引导的舞台从地方乡里变成了报纸这一舆论载体，教化民间的方式诸如乡约、社学、宣讲、功过格、戏曲、资助教育等变成了通过报刊舆论维护和宣传社会主流伦理价值等新闻活动。对报人们来说，承担士人"教化民间"的社会责任，维持统治者的统治秩序，自然是报人们践行"义"中的重要内容，自己责无旁贷。王韬认为："新报可以辅教化之不及也。乡里小民不知法律，子诟其父，妇诟其姑，

---

① 何逊指主笔何桂笙。

② 黄童指主笔黄式权。

③ 易顺鼎、王飘.琴志楼诗集[M].上海：上海古籍出版社，2004：574.

④ 王有英.清前期社会教化研究[M].上海：上海人民出版社，2009：1.

⑤ 张锡勤.试论儒家的"教化"思想[J].齐鲁学刊，1998(2)：75.

甚或骨肉乖离，有朋相诈，诪张为幻，寡廉鲜耻。而新报得据所闻，传语遐迩，俾其知所愧悔，似亦胜间胥之觝挞矣。"①针对民众有违社会道德之行为，报刊可以将之公布于众，通过舆论迫其悔改，以维护社会伦理秩序。陈蔼廷提出报刊"大之可以持清议，小之可以励人心"。所谓"励人心"就是报刊要通过舆论倡导道德、鼓舞风气，维护社会公序良俗。

商业性报纸以营利为要，然而最早赋予社会新闻和言论以道德教育和启蒙功能的却是《申报》报人。

1. 教化民众："吾儒分内事也"

对于自己职业的教化责任，《申报》报人有着清楚的认识。这种认知和实践一直贯穿于早期《申报》的新闻活动中。

在《论字林新报言中国必能盛行新报事》中，报人认为："夫新报之作也，苟有可以劝善除恶、兴利除弊之事，有闻即书而后可称新报也。"②所谓新报，就要承担劝善除恶之责。劝善，就是对民间道德伦理的宣传和引导，除恶，就是对离经叛道行为的批评和揭露。不仅如此，报人还将报纸的道德教化与国家兴旺结合起来。在《论日报之功用》中，报人言：

> 然取其（报纸）功用之大，足资为正世之慈航、扶风之宝筏。当此人趋诡谲谲世习譎诼，有心以端风励俗者，尤宜树道德为磬，遗机日报以作金声玉振，俾斯世亦有以藉为中流砥柱，庶几得以挽回夫既倒之狂澜。日报不可无，忠言尤不可失，其如是则刚忠之气日著，诡谲之风日迁，民知趋义，世道自然蒸蒸日上，加之接纳天道则富强之机可期拭目以待。③

作者认为，报人应该通过日报以道德作"金声玉振""端风励俗"，从而改变颓废的世风，鼓励淳厚的民俗，使民众的行为趋向道义，国家富

---

① 张之华.中国新闻事业史文选[M].北京：人民大学出版社，1999：15.
② 论字林新报言中国必能盛行新报事[N].申报，1875，8（24）：1.
③ 申报.论日报功用[N].申报，1875-12-02（01）.

强可待。

对于教化民间的社会责任,报人认为自己责无旁贷。1896 年,《申报》主笔在《日报论略》中表示:

> 吾人所当言者在乎当今之急务耳。吾儒在今日即不获功名震世,援水火于斯民,则且将口舌规人寓劝惩于果报,举凡诱善惊愚,劝忠教孝,警后惩前,铎在手而旬宣,棒当头而猛喝,固吾儒分内事也,岂可诿之他人,此亦当仁所不让者也。①

在报人的心目中,报人承担的"口舌规人、诱善惊愚、劝忠教孝"等教化责任,正如以铎向民间宣布朝廷政令法纪、以棒喝催人警醒,这是报人分内之事,当仁不让。

2. 以教化为责的伦理文化溯源

在清代,士绅在地方享有特权,一般被视为可与地方官平起平坐。士绅犯罪不会上刑,可免受一般的行政处置,只能由上级教官审判,平民如有冒犯士绅,法律必将严惩。即使士绅最低一级的生员也是如此。士绅还享有一些十分重要的经济特权,对他们的赋税和徭役均有特殊规定,若遇灾荒,需赈济的生员所得到的待遇也不同于一般百姓。

当然,和士绅所享有特权相对应的是其在地方应承担的社会责任和义务。在清代,正式的行政管理体制只到县一级,知县为一县数十万人口中唯一的行政官吏,但因其任期短暂且对地方不熟而难以治理,县以下的大多地方社会管理事务大多依赖当地士绅。士绅充当了政府官员和当地百姓之间的中介人。他们代政府做事,但不是政府的代理人,完全在自愿的基础上行事,视自己家乡的福利增进和利益保护为己任。"他们承担了诸如公益活动、排解纠纷、兴修公共工程,他们在文化上的领袖作用包括弘扬儒学社会所有的价值观念以及这些观念的物质表

---

① 申报.日报论略[N].申报,1896-07-27(01).

现,诸如维护寺院、学校和贡院等。"①在清代的一段地方官的必读手册中,有一段地方官员如何适当对待士绅的话:

> 为政不得罪于巨室,交以道,接以礼,固不可权势相加。即士为齐民之首,朝廷法纪尽喻示于民,唯士与民亲,易于取信。如有读书敦品之士,正赖其转相劝戒,俾官之教化得行,自当爱之重之……②

这则话一是强调士于四民之首的地位,二是明确了士人在乡里的教化责任,即士人具有代替官员传达朝廷法纪、教化其他三民,将正统的儒家思想推向基层民众,从而统一思想,稳定社会的义务和职责。这种教化民间、化民成俗的责任,历来是封建朝廷和地方官员对士绅阶层的道德要求。

士绅之所以能够在地方社会中起到领导的作用,其根本原因在于其具有的文化权威,这种文化权威表现在两方面:一是文化本身所具有的规范性;二是士绅能够通过对文化资源的垄断从而获得对地方社会事务的解释和支配权,换句现代的语言,就是掌握着地方事务的话语权。文化的规范不一定就是强制的,它主要是通过价值判断、社会舆论来不断地濡化、影响人们的思想和行为。两千年来,儒家文化因其强有力的伦理规范功能而受历代封建王朝利用。经由科举而晋身为士绅行列的读书人,垄断着儒学文化,从而获得了以传承道统、教化万民为己任的特殊权利。"士绅正是通过对知识的占有以及与政治特权的结合,从而形成了一个特殊的知识阶层,在明清两代充当着社会权威、文化规范的角色,对于传统社会秩序的稳定和延续发挥了重要作用。"③

---

① 张仲礼.中国绅士——关于其在 19 世纪中国社会中作用的研究[M].李荣昌.上海:上海社会科学院出版社,1991:48.

② 张仲礼.中国绅士——关于其在 19 世纪中国社会中作用的研究[M].李荣昌.上海:上海社会科学院出版社,1991:29.

③ 徐茂明.江南士绅与江南社会[M].北京:商务印书馆,2004:23.

需要特别强调的是,士绅承担这些社会事务完全是在其自愿的基础之上,千百年的传承使得士绅阶层这种教化民间、引导社会的责任担当已经融入他们意识观念的血脉中,成为一种文化和道德的自觉。虽然在清初,清廷对士绅的一些活动进行了限制,但是儒者强烈的社会责任感和积极的入世意识促使他们不会总处于消极的状态。19 世纪 50 年代和 60 年代,清政府为镇压太平天国和战后重建,放手发动地方士绅从事团练、赈济、教化等重任,江南士绅权利全面高涨,自觉地承担起社会文化秩序重建和维护的角色。

这种文化与道德上的自觉同样也在《申报》报人的新闻职业伦理实践中留下了深深的烙印。虽然他们脱离了传统乡村,失去了领导地方的权力和地理空间,但这些从事文化事业的士人仍是社会的精英。浓厚的士大夫情节和责任感,使得报人自觉地承担起以文化权威通过道德教化民间、引导社会的责任。

3. 新闻、论说与报纸舆论的教育启蒙

倡导道德、鼓舞风气,是士人领导乡里的责任和传统,特别是在社会动荡、风气混乱的时候,也是士人教化民间积极性最高时期。

开埠以前,上海所在的江南地区,在经济结构、社会文化、生活方式等方面就有着鲜明的特点,具备了一些近代性因素:商业经济较为发达,商人地位有了很大的提高;市民文化也有一些发展,反映追求声色获利的小说、传奇、歌谣、戏曲长盛不衰;生活方式偏离正统,较为奢华。开埠后的上海,在传统的道德文化方面同样也呈现出颓废式微的态势。晚清上海"一市三治"①,为不同文化的共处、交流、融合提供了良好的环境。西方人将西方的物质文明、市政管理、议会制度、生活方式、伦理道德、价值观念等都带到了这里,如细雨润物般地影响着上海人,加之上海是一个移民城市、商业社会,人口异质化、文化商业化、世俗化程度不断加大,于是,"上海变成传统精英文化空缺、近代精英文化尚未确

---

① 近代上海,华界、公共租界、法租界,都在经营自己的上海。三个区域各自为政,互有矛盾,也有相互配合。

立、没有文化霸权的城市"。①随着商业的繁荣发展、娱乐业的兴盛，辅以西洋的价值文化和生活方式的汹涌而入，金钱在人际关系中地位上升，中国社会传统的道德伦理受到冲击，享乐奢侈之风弥漫在各个阶层，也刺激着各种丑恶的社会现象和恶风陋俗的发生。正如《上海小史》所言："吾邑自通商后俗渐骄奢，婚嫁宴会，多尚虚礼，迎神演剧，会首敛钱，甚至花鼓淫词，村台淫戏，引诱子弟游荡废业。且虹口之赌风甚炽，城内之烟馆如林，一失足，即有丧身倾家之祸，可不惧哉！"②

在中西文化的对撞和激荡中，上海或成为一些冒险家心中的天堂，或成为某些人心中的道德堕落的地狱。李伯元《文明小史》中描述了一个内地青年想到上海去开眼界，却遭到亲人的坚决反对；吴趼人的《二十年目睹之怪现状》就记述了主人公到上海居住了十余年，跟着一班浮荡子弟，逐队嬉游。过了十余年后，"少年狠狠地遇过几次阴险奸恶的谋害，几乎把性命都送断了。他方才悟到'上海不是好地方'。一心要离了上海，自家起了一个别号，叫做'死里逃生'"。③刘光第 1883 年路过上海，感叹于上海的奢华，说道："不到上海，是生人大恨事情；然不到上海，又是学人大幸事。"④

在西方文化涌来之时，上海县城的士绅们也曾努力重振中国传统文化与西方文化相抗衡。在 19 世纪 60—70 年代，一些士绅们先后兴办了龙门书院(1865 年)、求志书院(1875 年)、诂经精舍等机构以研究传统学问。对于开办书院精舍，《申报》曾不遗余力地大力宣传。同时，不少上海的士人也希望扮演精英文化对平民文化控制的角色，他们对种种有悖传统的行为表示忧虑和批评。

面对西风日盛、"世风日下"，《申报》报人自觉地以教化民间为己任，积极地运用报纸舆论的力量，通过新闻报道和论说倡导传统道德以

①　马厂林.租界里的上海[M].上海：上海社会科学院出版社，2003：51.
②　胡祥翰、李维清等.上海小志·上海乡土志·夷患备尝记(卷 10)[M].上海：上海古籍出版社，1989.
③　吴趼人.二十年目睹之怪现状[M].北京：新世界出版社，2013：1.
④　刘光第.南旋记[A].见：刘光第.刘光第集[M].北京：中华书局，1986：84.

维护传统社会的伦理道德秩序。

作为商业性报纸,《申报》尤其重视社会新闻的报道,包括地方的轶事传奇、风土人情、民间纠纷、司法诉讼,乃至谈狐说鬼、乡野杂谈,无所不包。稍晚著名"杨月楼案""杨乃武与小白菜案",都在《申报》连篇累牍的报道下,在上海以至江南一带轰动一时。1872 年 6 月,《上海新报》为了与《申报》竞争,将报纸售价降低到与《申报》相同。《申报》得知消息后,在《申报》上刊登《本馆自叙》:

> 窃思新闻纸一事欲其行之广远,必先求其法之简、价之廉,而后买者以其偿无多,定必争先快睹。奇闻异事遍为搜罗,崇伦宏议,兼收并蓄,有奇共赏,有疑可析,此同事之佳话也。[①]

申报馆坦率地告诉《上海新报》,扩大报纸销量,除了价格实惠,还必须在新闻报道上要选择"奇闻异事",做到"有奇共赏",也就是多多报道社会新闻,可惜《上海新报》对《申报》的忠告置若罔闻。可见《申报》老板和报人已深谙商业性媒体营利之道,社会新闻无疑是引起读者兴趣,从而获得销量和广告的最佳"商品"。只不过,《申报》并没有把社会新闻仅仅作为纯粹的消费商品,而是赋予了社会新闻以道德教育的功能和色彩,社会新闻不仅为民众提供了信息和娱乐,也传达了价值观,同时也成为这些报人履行自己社会义务的新的工具。

首期《申报》的第一条新闻就是《驰角马胜》,第二则是《完人夫妇得善报》,述直隶某人救助他人而免于火灾的逸闻。此类报道仅从题目上就可以看出强烈的因果报应式的道德教化色彩,仅选几例:《雷击不孝》(1872 年 5 月 23 日)、《逆子被谴》(1873 年 1 月 22 日)、《作践街道示罚》(1874 年 5 月 12 日)、《救人得子》(1876 年 5 月 19 日)《吞赈灾惨报》(1878 年 8 月 7 日)、《淫戏害人》(1882 年 7 月 17 日)、《悍妇剪发》(1882 年 10 月 2 日)等等。

---

① 申报.本馆自叙[N].申报,1872-06-28.

在叙事方式方面，此类社会新闻或在文首冠以一些和报道事件有关的警世箴言、道德警句，或在文后对所录之事进行诉诸道德的点评，或将故事赋予因果报应的色彩，用事实来说话。例如，1873 年 2 月 19 日，《申报》报道一则街头冲突：一对夫妻因为家庭矛盾在一茶馆前互骂，女子突然掌掴男方。主笔对此行为颇为震惊，遂在文章之首说道："君臣谊，父子亲，夫妇从，是之谓三纲，天下皆然，唯上海租界风俗浇漓，君臣父子且不必论，即夫为妻纲之说似亦竟可废矣。"所谓"三纲五常"乃封建礼教所提倡的人与人之间的道德标准，面对这对夫妻的争执和女方有违妇道的行为，主笔旗帜鲜明地向大众表明自己维护传统伦理的态度，在批评之余作者也对沪上风俗浇漓的现状表示无奈。

1873 年 3 月 20 日，《申报》记载了一则由笔友投寄的故事：一余姓迎娶一妇，妇人虐待公公，"事事苛减老父之饮食衣履"，其公公不久去世，妇人"绝无哀戚之容反有欣喜之色"。不久，妇人突发怪病痛苦而亡。主笔借妇人自己的忏悔之语告诫世间："妾以不孝于翁致遭冥谴，后悔莫追矣。君倘念结发情幸广为传播，使天下逆妇闻妾之事而皆化为孝妇，则妾之罪庶可稍减耳。"最后，主笔进行点评："想某生以妇言告予嘱为传之，予始得悉其颠末因援笔记之以戒，夫逮事翁姑者咸知所警焉。"[1]这种类似于《世说新语》《太平广记》等传统笔记小说的奇闻轶事和新闻相结合，赋予了现实真实世界的现世现报、善恶有报的道德教育效应。为了提高影响力，仅过了 5 天，《申报》又刊发论说《论逆妇人禁狱悔过释放事》，对上述新闻进行深度挖掘评论。在文末，主笔呼吁："上海近来风俗浇漓，苟不遇事严加整顿，恐江河日下伦常之间将有不可复问者，挽颓风而励薄俗是在为民上者矣。"有意思的是，在 47 年后的 1920 年 3 月 26 日，申报馆在《老申报》一专栏中专门选择了这一篇论说，以轶闻的形式再次刊登以飨读者。在浩瀚文章中编辑独选这一篇文章，盖因这一则新闻及评论在当时产生了较大影响力，也反映出《申报》对媒体道德教育功能的一贯重视。

---

① 申报.记逆妇惨报[N].申报，1873-03-20.

　　19 世纪 80 年代以后,《申报》更重视新闻真实和报道的规范化,早期志怪传奇类的信息大为减少,报人主要通过报道题目、新闻选择、新闻倾向等方式寓道德教育于新闻之中。典型如 1882 年 7 月 17 日,《申报》连刊三则社会新闻——《孝思不匮》《因忿破家》《淫戏害人》,标题的新闻要素突出,同时具有强烈的道德褒贬色彩。在报道方式方面,主笔一般是在文后稍加点评,点到为止。在《淫戏害人》中,主笔报道了一则少年因看淫戏而铤而走险的故事,在文末,主笔进行点评:"夫花鼓淫词艳曲最足坏人心术,各省均经禁止,何武昌禁令之宽耶。"

　　《申报》还有意识地通过新闻选择,即突出报道遵守伦理道德规范的"善人善事"进行道德宣传,此类报道常常冠以"可风"之题目,所谓"可风"即可以作为民众学习风范、榜样的意思。有记录乐善好施的"好善可风",有表彰坚守传统伦理气节的"节义可风",有报道亲朋好友互帮互助的"友爱之风",有报道恪守孝道的"孝善之风"等等,被表彰报道的对象有妇女、官员、士绅、商人,占比最多的是普通民众,甚至还有不少处于社会最底层的乞丐①。

　　这种典型报道方式从《申报》创刊开始一直延续到民国初立。据统计,1882 年仅以"好善可风"为题名的报道就有 6 则,其中有一篇写道:"皖垣某甲,年在三十左右,自为银匠生理,家有一母一妻一子一女。甲于去年夏间抱病迄今一载有余,医药罔效而囊中又不名一钱,母于中元节后逝世,募棺成殓。未及数日,子又患痢殁,七月妻又病殁。甲无以成殓,因昔与某局委员打造首饰,令人往某局乞贷,某委员之太夫人悯其穷困,当令家丁送洋十元以救其急,亦可谓好善也已。"②在《申报》的引领下,《万国公报》《益闻录》《新闻报》《时报》甚至是诸如《采风报》《游戏报》《花天日报》等小报,都大量刊登标榜善人义事、曝光违反道德的新闻。1911 年 3 月,《时报》在第四版版面核心位置报道一则题为"孝养祖母可风"的图画新闻,画面绘有一少年赡养祖母为老人喂水端饭,

---

①　例如 1877 年 2 月 2 日的《孝丐可风》、1878 年 2 月 8 日的《廉丐可风》。
②　申报.好善可风[N].申报,1882-10-2.

图画配有文字,报道济南有一名为王承基的十五岁少年,在父亲去世后自己打工赡养祖母的故事。这篇报道有时间、地点以及人物的姓名,为了增加可信度和影响力,编辑特在图画旁边突出三个大号字——"纪事画",①这则图文并茂的新闻体现了《时报》在新闻报道风格上的创新,亦显示报人对报刊道德教化的重视。

　　除了社会新闻,媒体道德教育和启蒙的责任亦由论说承担。《申报》论说置于报纸头版头条,篇幅大,多围绕重大新闻进行述评,既有强烈的倾向性又有一定的新闻性,教育效果更佳。

　　根据上文表 1 统计,在所有报刊论说中,道德说教的论说占所统计论说总数的 7.24%,再加上劝导民众禁食鸦片、禁止娼妓的论说,其以道德教化为主旨的论说共 63 篇,占抽样论说总量的 10.8%,比例仅次于政论类文章。为进一步研究,笔者根据论说内容对 63 篇文章进一步细分,制成表 2。

表2：1872 年—1910 年抽取 20 个月报纸的道德教化类论说主题分布

主题	批判陋习恶俗,提倡移风易俗	劝人为善、乐于助人等	揭露鸦片危害,规劝戒烟	宣传礼义廉耻、恪守家庭伦理,劝诫沉溺淫乐	批评民间奢侈之风,提倡节俭	批判娼妓成风,规劝妇女守妇道	规劝戒赌	劝善捐款赈灾	曝光士人败类,规劝恪守士林之风	禁看淫戏,揭露淫戏之害
篇数(63)	20	7	7	7	2	6	3	6	2	3

　　从主题分布可以看出,《申报》可谓关照到社会道德风化的方方面面。其教化内容主要为几个方面:一为批评奢靡之风,重振尚俭美德。二是揭露娼妓之害,呼吁严禁娼业。三是痛斥鸦片之毒,规劝远离毒品。四是劝人为善好施,乐于捐款赈灾。其思想核心就是倡导以儒家学说为主要内容的传统社会伦理,这种传统伦理以"仁"为核心,即重视人与人之间的社会关系;以"孝""悌"为准则,即强调尊长敬上的等级秩序;以"礼"为行为规范;以道德修养为基本方法,即提倡节制欲望,修身

———————————
①　时报.孝养祖母可风[N].时报,1911-10-3.

养性。千百年来,这些传统社会伦理观念一直被传统中国社会遵循为主导的正统伦理。

这里要强调的是,以上所介绍的正统伦理是统治者倡导的,是自上而下进行思想灌输的一种教化伦理,这种教化伦理和民间生活相渗透,产生了一种更加生活化、平民化的"民间生活伦理",即存在于民众实际生活中的,人们主要根据生存方式和实际需要,由生活经验中得来并实际应用于生活的规则和观念。这种民间生活伦理扎根于大众的生活中,更具现实合理性和灵活性,其切合于人们的实际利益,更具实践性和普遍性。①《申报》论说虽然坚持传统文体,但是其毕竟是一份商业性报纸,尽管报纸首要的目标受众群体是官员士人,但是生存的压力促使他们更加主动地接近普通民众。和其他类似于鼓吹洋务、干预政务的论说不同,道德教育的论说文少了些"正襟危坐、高谈阔论"的面孔,多了些引用民间生活伦理的"苦口婆心、反复规劝",以引起普通民众的认同和共鸣。

例如,沪上松江一带经常发生以摆渡为生的民众溺水死亡的事件,"家无升斗之需,而一丝已斩,则两代之骨殖尽葬鱼腹之中,老少之寡居行将坐以待毙",报人呼吁民众"乐善仁人探补救生之不足",言称:"救人一命胜造七级浮屠,厚种福田必生贵子。"②面对北方水灾,《申报》竭力呼吁民间捐款救灾,为鼓励民众乐善好施,报人大谈善有善报、因果报应的民间俗理:"天之报施有迟有速,所谓为善无不报而迟速有时,此理之常也……至于大善不报非不报也,欲知天道先观地道,地之为道也,种瓜得瓜,种豆得豆,种麦得麦,种穀得穀。"③在劝诫奢侈,提倡节俭时,作者引用在民间普及甚广的启蒙读物《格言联璧》④中的话进行劝导:"粒米必惜,富之基也。"称节俭就是惜福:"事事如此,则人生饮食

---

① 李长莉.晚清上海社会的变迁[M].天津:天津人民出版社,2010:9.

② 申报.拟请筹补救生方略[N].申报,1874-05-17(01).

③ 申报.谈天[N].申报,1888-05-06(01).

④ 《格言联璧》为清代金兰生所著,将流传于世的格言,分为学问、存养、持躬、摄生、敦品、处事、接物、齐家、从政、惠ं、悖凶等11类进行收集。1861年成书问世后即为宫廷收藏,流传民间,远播海外,成为影响深远、读者众多,历久不衰的蒙学读本。

日用之间无有罪过而天赐以福。"①谈到赌博对于传统伦理的伤害时,作者引用"赌场无父子"②等民间流传的俗语加以警示。

报人批判最为着力的恶风陋习一为奢、二为娼、三为烟。

开埠以来,上海消闲娱乐业一派兴旺,烟馆、妓馆、戏馆、茶楼等娱乐场所鳞次栉比。无论富商大贾、士人才子还是走卒贩夫,多挥金买乐,沉溺其中,争逐享乐之风,在 19 世纪 70 年代达到高峰。对享受奢侈之风、沉溺娼烟陋习,报人的批判可谓不遗余力,主要方式是加以曝光,陈以厉害,以形成批判的舆论力量。1872 年 4 月 30 日,《申报》甫一创刊,便在一个月内接连刊出《奢检论》《为善论》《论孽缘》《鸦片说》《论不禁子弟浮荡至罹大辟事》《伤风化论》《拟请禁止野鸡设立夫头议》《拟请禁女堂倌议》等论说,批评奢侈之风,揭露娼妓食烟危害,呼吁禁烟禁妓。

对于奢侈之风,报人以中国传统的礼制进行训导。中国传统的礼制,对于人们的衣食是有着规定的,特别是衣饰穿戴,向来有尊卑贵贱身份的区别。如《清会典》规定:"奴仆优伶皂隶只准服茧绸毛褐葛布梭布貂皮羊皮。其纺绸绢缎纱绫罗及各种细毛俱不得用。庶民男女衣服不得僭用金绣。"③如果有人穿戴违制僭越,不合身份,会遭到舆论的谴责。民众服饰的混乱僭越,被认为是礼俗衰坏的重要现象。以士人自居的报人们频频以论说对僭越之风进行批评,自觉地维护传统社会的道德法则和等级秩序。如《奢检论》(1872 年 5 月 9 日)、《服色辨》(1890 年 10 月 18 日)、《贵贱倒置说》(1890 年 10 月 7 日)、《论服式不宜过于奢华》(1891 年 12 月 10 日)、《论服色宜正》(1894 年 3 月 16 日)等等。

对于禁娼禁烟,报人更是不遗余力,要求禁戒的呼吁贯穿于《申报》整个清末时期的言论。上海娼妓之盛令人惊叹,可谓妓馆成千、妓女累万。除了妓馆外,各种娱乐场所特别是烟馆为了招揽生意,竟招募妇

① 申报.劝惜福说[N].申报,1878-05-15(01).
② 申报.枭博说[N].申报,1890-05-28(01).
③ 熊月之.上海通史(第五卷)[M].上海:上海人民出版社,1999:497.

女,名为从事端茶递水的堂倌,实为从事色情服务,烟妓结合,危害更大。据1873年3月3日的工部局董事会会议录称:"英租界内现有鸦片烟馆246家,其中52家有大约150名女招待,这些人无疑是妓女。"①在《伤风化论》中,《申报》对这种隐蔽的娼妓行为进行披露:"尤可虑者,将来贪利之徒见烟馆如此获利,于是互相效尤,愈出愈奇,遂至茶轩酒肆亦从风而起改用妇女,此端一开,其流弊可胜言哉。且夫世间最易动人者女色也,最易犯者邪淫也,最难戒者鸦片烟也。今一烟馆中而三者备焉,是何异设陷阱以待人,其毒计亦太甚矣,伏望仁人君子设法救其弊俾,不至男女混杂淫风流行,其功德莫大焉。"②在《申报》的舆论推动下,上海士绅积极要求禁烟禁娼,依托《申报》形成了一个公共论坛,显示了报纸的舆论力量。1873年初,因为利益受损,上海商人联合起来向上海官宪公禀"请禁烟馆女堂倌",同时又于1873年2月4日投书《申报》将"公禀"予以刊发,希望用报纸舆论向当局施压。③在舆论的压力下,对查禁堂倌态度本来消极的法租界当局联同上海道宪严令取缔女堂倌。

《申报》虽然通过道德文章维护中国传统的伦理文化,但是这些报人和那些保守顽固的迂儒是不一样,他们受到了西方文化价值以及生活方式的影响,对传统伦理中一些糟粕所引起的恶风陋俗进行了批判,对某些社会现象进行了较为客观的分析,推进中国传统社会移风易俗,在一定程度上,起到了近代启蒙的作用。

封建社会的中国女性没有任何政治经济地位,"三纲五常""三从四德"这些男权文化以及抑女贬女的思想导致了女人成为男人的玩物、奴隶、工具、私用品,也产生了一些伤害女性的恶风陋俗,其中最为重者一是缠足、二是虐待女性。缠足陋俗虽经清初禁止,但民间缠足风气屡禁不止,西方传教士在19世纪60—70年代通过倡办女子学校来禁止缠足,但因为多是从基督教义的角度进行规劝,所以影响有限。率先通过

---

① 上海市档案馆编.工部局董事会会议录(第5册)[G].上海:上海古籍出版社,2001:613.
② 申报.伤风化论[N].申报,1872-05-23(01).
③ 申报.论女堂烟馆亟宜禁止事[N].申报,1873-02-04(01).

报纸这一新式媒体对缠足习俗进行批评的则是《申报》，1872年5月14日，《申报》刚刚创办两周，就刊出《缠足说》，力陈缠足对女性身心的危害："方缠之际，筋骨受困已有寸步难移之势，既缠之后，筋骨受伤更有移步不便之时，又或动则赖人扶掖，否则如病疯瘫……然残自己之筋骨，以供他人之观瞻。"①这篇《缠足论》虽然没有维新之际康梁将缠足与国家兴旺联系起来的"高义"，但是在民风未开之际，也是值得肯定的。报人反对缠足的论说，比《万国公报》的《裹足论》②要早六年，比康有为、梁启超变法时提出禁止缠足要早20余年。

随着上海商业化发展和妇女社会活动方式的变化，妇女独立谋生的机会增多，加之西方国家男女平等思想的影响，男女平等的观念在沪上民间开始萌发。1880年2月27日，《申报》在《论中国妇女之苦》中，大胆抨击传统礼教对妇女的桎梏，公开宣传男女平等，文章通过对西方男女平等事实的比较，列举了中国妇女诸如缠足、穿耳等苦事，认为："夫男女之分中国自虚虞以来数千百年，于今为烈，必欲举从前之风气，一翻其旧案，使之视男女为一体，而不得高下轩轾于其间。原知无从为力，第以中国近来禁止妇女之事政令益多，窃以为但当禁男子萝皂滋事，不当禁妇女之出外娱游。因为之反覆论列以见中国之妇女其苦有如此者。"③70年代中期以后，社会兴起了兴女学的呼声，《申报》则起到了重要的舆论推动作用。1876年，《申报》曾就女学问题展开过一场讨论，人们纷纷投稿，表达自己的看法。1878年，《申报》发《扶阳抑阴辨》一文，引用一些西方知识，对中国重男轻女的传统进行了批评，作者认为："既以男子为阳、女子为阴，则并重、并用、并生、并育而已，何为教男子者不以教女，一似世上女子绝不足用。"④1893年，《申报》刊登《论振兴女学》一文，力陈振兴女学的必要："中国之贫贱女子，既不使之读书，富贵女子虽亦出外就傅，然狃于女子无才便是德一语，往往草草敷衍，

---

① 申报.缠足说［N］.申报，1872-05-24(01).
② 该文刊登于《万国公报》1878年8月。作者为花之安。
③ 申报.论中国妇女之苦［N］.申报，1880-02-27(01).
④ 申报.扶阳抑阴辨［N］.申报，1878-07-15(01).

不求甚解,何怪乎中国之巾帼之才,旷世罕见而让西人出人头地也。夫坤柔之美,女子之才,不亚于男子,果使训迪有方,栽培至当,安见中国女子不可与西国女子相颉颃耶。故振兴女学,亦为当今不可缓之计,愿与识时务者共商之。"①

甲午战争之后,梁启超以办报宣传变法,强调报馆为国家"耳目喉舌",可以"去塞求通",其在《论报馆有益于国是》中提出"上下不通,故无宣德达情之效"。"上有所措置,不能喻之民,下有所苦患,不能告之君,则有喉舌而无喉舌。"②梁启超强调报人报馆的重要职责之一就是承担沟通朝廷和民众的中介,将朝廷的恩德和政令法规宣达给民众,以达到教化民众之效果。戊戌变法之后,梁启超认识到改造国家的当务之急是造就新一代的国民。他将办报视为开发民智、启蒙国民的重要途径,试图通过办报传播新知、反映社会以"向导国民"。1910年,梁启超在《〈国风报〉叙例》中提出对"举动有不入正道的","皆当竭吾才以规正之",对"向上欲善"的国民要"掖而进之,先觉之责也"③,即报人要担当起以先觉觉后觉的重任,对民众进行智慧和公德的启蒙。和《申报》重在以民间伦理维护社会的公序良俗相比,梁启超更强调报人应承担的启蒙国民以进化之责。梁启超所继承的,仍然是士大夫教化百姓、移风易俗的精英传统,希望能够通过领导舆论来改造社会。

民国时期,报纸承担向民众进行道德宣传和启蒙教育之责成为报人和学人的共识。1919年,徐宝璜在其《新闻学纲要》中将"提供道德"作为报章的职能之一,徐氏言:"新闻纸应立在社会之前,导其入正当之途径,故提倡道德,亦为新闻纸职务之一。虽不必发生严如斧钺,或荣如华衮之力量,然足以惩恶励善。"④1923年,邵飘萍在其《新闻学总论》将报刊指导国民之责归于教育功能,他说:"新闻事业之特质之一者,则新闻纸有普遍的指导国民之效果,即教育的特质是也。"除了满足民众

①　申报.论振兴女学[N].申报,1893-01-20(01).
②　张之华.中国新闻事业史文选[M].北京:中国人民大学出版社,1998:47, 19.
③　李华兴,吴嘉勋(主编).梁启超选集.上海:上海人民出版社,1984:561—563.
④　徐宝璜.新闻学纲要[M].上海:上海书店出版社,2011.6.

的新知识需求之外,"新闻从业者要供给正确值观念,当群众意见失之武断、流于偏激时,新闻纸负有指导纠正之责,根据事理,挽救群众之谬误,使其回复于正轨"。①1930年,张静庐在《中国的新闻记者与新闻纸》一书中写道:"(新闻记者)常常居于先觉地位,来指导社会,来启发人心。民众的思想往往是落后的,民众的行为往往要流于非礼的。新闻记者便有启发和指导的义务和责任。"②从道德宣传到教育启迪,从维护社会伦理秩序到启蒙国民,梁启超、徐宝璜、邵飘萍与早期《申报》报人一脉相承,具有浓厚的士大夫以"先知先觉"教化民众的色彩,虽然在观点上产生了国民意识或公众意识,但是这些报人仍然抱有强烈的精英主义情怀,将自己看作是拥有道德使命或先知精神的特殊人物,相信只要坚持不懈,便可以领导舆论、改变风气。

三、慈善报道和服务社会

服务社会是近代报刊特别是商业性报纸职业道德活动的重要特征之一。在中国近代报业发展史上,正是《申报》首创了商业性报馆参与"办赈""劝捐"的慈善报道和公益活动,开创了媒体参与公益事业、服务社会的基本模式。参与"办赈",历来被中国传统社会认为是"义"举,以报"办赈"也被报人认为是践行"义"的重要内容。这种通过媒体经办社会公益事业的道德实践,来自士绅在"乡里空间"③以服务地方公益事业、领导乡里的道德自觉,客观上起到了治理社会的作用,也使得《申报》成为民众眼中"有道德的报纸",报纸的公信力也得到提高。

1. 报人热衷慈善事业的伦理自觉

主办地方公益是传统士绅群体的社会义务。除了化民成俗外,士

---

① 邵飘萍.新闻学总论[A].肖东发、邓绍根(主编).邵飘萍新闻学论集[M].北京:北京大学出版社,2008:109.

② 张静庐.中国的新闻记者与新闻纸[M].光华书局,1930:14.

③ 乡里空间的概念出自沟口雄三的《中国的历史脉动》,是指以士绅为领导的以劝善、互助、举办善举等道德实践为内容的地方自治场域。在这个空间里,士绅享受政府的特殊待遇,同时也担负着教化、劝善、办善的责任,通过诸如此类的道德实践,使得中国传统地方社会具有一定自治功能。

绅通过兴修水利,举办善堂、善会组织进行救灾、募捐等慈善活动来维持地方社会稳定。这种善举来自士人们"平生忧乐关天下"的道德自觉。在明代以前,慈善机构由官府举办,明末善会、善堂兴起,社区保障体系由官办逐渐向民办过渡,在明清各类善会、善堂的创置人中,士绅是主导力量。善会、善堂种类繁多、功能丰富,有育婴堂、普济堂、栖流所、施棺局等,士绅群体还承担着兴修水利桥梁、饥荒年岁赈灾、施舍贫人衣物食物、遇时行瘟疫聘请名医开局施药等公益保障事业。在江南,许多士绅家族都是行善世家,善会、善堂分散于城乡各地,与宗族义庄共同构成了士绅阶层对基层社会的保障和控制网络。沟口雄三将这种以士绅为领导的维持地方公益事业的民间社会生态称为"乡治"。他认为,随着中国传统社会的转型,乡里空间仅仅在形态上趋于瓦解,但是中国的乡治运动却吸纳了传统社会缺少的某些现代因素,在不同的多元性空间获得再生。对于身处租界的一些士人来说,虽然失去了传统体制内法律上的政治和社会的特权,但是他们仍然具有着传统士人担当社会责任的道德自觉,承担着民间教育和慈善等公益活动。典型如晚清教育家张焕纶,虽然脱离了乡里空间,但还是秉承着士绅服务乡里的伦理传统,于1878年在上海自己投资创办了中国人自己开办的第一所新式小学,戊戌时代成为上海著名的新式教育家。[①]在晚清上海、苏州的40处义赈组织中,开办者具有"绅"身份的共有33人,绅士阶层是办赈的主力。

正如沟口所言,对于身处租界的报人来说,虽然失去了传统体制内政治和社会的特权,但是传统的道德角色和责任并不会因为脱离乡里空间而消失,而是和作为现代社会代表的媒体相结合,典型地体现在具有现代色彩的新闻职业活动中。在新闻职业实践中,以募捐救灾扶困为目的慈善报道、劝募宣传以及对公共事业的深度参与,就成为报人和媒体参与社会治理和服务的主要的也是最为典型的方式。典型如《申报》第一任经理席子眉,他热心办赈,在商界似无建树,但是在慈善界颇

---

① 熊月之、张敏.上海通史(第6卷)[M].上海:上海人民出版社,1999:470.

受推崇,参与社会公益倒成为《申报》经理的"主业"。有人称赞主笔何桂笙热心慈善:"好善孜孜不倦,历年各直省饥馑,荐臻先生与诸善士和衷协力、劝赈筹捐,笔墨因是枯向,唇舌几于焦敝而不以为劳,且务其实而不求其名。"①报人以慈善报道和参与公益为自己的义务,但凡遇到水旱天灾,皆"悉心筹画,竭力劝募,惟有广为劝募、厚集巨资方足以分润各处,以是尽本馆之力,竭本馆之心而已"。②

2.《申报》以报"办赈"的职业活动——以"丁戊奇荒"为例

早在1874年,申报馆就开始零星地进行救助弱势的慈善报道。例如,沪上松江经常发生摆渡人溺亡事件,《申报》屡次进行报道,并呼吁民众进行捐款救助。直到1876年"丁戊奇荒"发生,《申报》的慈善报道才开始规模化和模式化。在具体的以报"办赈"的职业道德活动中,新闻报道、告白、公启、清单公示都属于报人竭力"劝募""经办赈务"的职业活动。

"丁戊奇荒"是清晚期遭遇的最大的灾荒,赈灾期间,申报馆自创刊起开启了其第一次大规模以劝捐救灾为目的"义赈"报道活动,这也是中国近代商业性报纸首次大规模的具有公益性质的报道和公益性活动。③《申报》在丁戊奇荒中的义赈报道活动规模最大,所起的作用也最为突出,对中国近代的义赈活动的兴起,起到极大的推动作用。当华北的大旱沿自下而上的奏报惊动朝廷的时候,发刊于东南的《申报》的通讯和报道,已经在奏折和诏书之外自成一种播送的路径,将"迩来天灾迭见,秦燕晋豫饥馑相仍"④的种种景象非常具体地传到远离华北的地方。由于这种传播与丁戊奇荒相始终,因此,在传播所到的地方,灾民和饥民便始终处于千万人瞩目之中,并以其苦难唤出人心中的"怦怦不能自已者"⑤。于是传播的过程又很容易转化为社会动员的过程。本小节即以《申报》在经办丁戊奇荒中的"办赈"活动为例进行阐述。

---

① 味纯园公祝何桂笙先生五秩寿文[N].申报,1890,5(8).
② 申报.本馆经办赈捐议[N].申报,1889-10-19(01).
③ 参考靳环宇.晚清义赈组织研究[M].长沙:湖南人民出版社,2008.
④ 申报.原荒[N].申报,1878-07-13.
⑤ 申报.开办秦赈[N].申报,1878-06-12.

以大规模新闻报道通灾情民隐

"中国灾荒之多,世界罕有,就文献可考的记载来看,从公元前 18 世纪,直到公元 20 世纪,将近四千年间,几于无年无灾,也几乎无年不荒。清朝统治中国,共二百九十六年,灾害总计达一千一百二十一次。"①

光绪二年至光绪五年(1876 年—1879 年),北方山东、直隶、山西、陕西、河南等五省发生了中国历史罕见的特大旱灾,史称"丁戊奇荒"。虽然灾情最重的年份为 1877 年和 1878 年,但是这场大灾从光绪二年(1876年)就初现端倪。②媒体敏锐地捕捉到了这一大灾前的征兆并发出预警。1876 年春,《申报》便连续刊文《瘟疫流行》《津门求雨》《牛庄待泽》《北地旱干情形》,对京师、山东、天津等北方各地的旱情予以关注。

随着北方五省大灾越发严重,《申报》也开始大规模地进行以劝赈筹捐为目的义赈报道活动,这也是该报创刊以来第一次有计划地、大规模地、连续性地围绕某一事件和主题进行的报道。这次报道从 1876 年开始,前后达 4 年之久,在 1877 年 1878 年达到顶峰。为进一步研究,笔者抽取了 1878 年单月份③的报纸文本进行分析,对涉及义赈和劝募救灾的报刊文本进行统计,制作成表 3。

表 3：1878 年 1—12 月涉及"丁戊奇荒"义赈报道活动的报刊文本分类统计

月份 ＼ 类别	论说（劝赈、救灾之策等）	救灾、募捐新闻	募捐、劝捐公启、告白（官方、善堂、行会等）	捐款、捐物明细公示	公告	诗词	小计	期数
一月	7	14	3	0	0		24	26
三月	13	27	8	2			50	26
五月	25	51	22	13	5	2	118	27
七月	19	59	36	27	2		143	27
九月	7	50	19	30	7		113	25
十一月	7	23	9	25	4	1	69	26
合计	78	224	97	97	18	3	517	157

① 邓云特.中国救荒史[M].北京:商务印书馆,2011:33.
② 山西省史志研究院编.山西通史(第 6 卷)[M].太原:山西人民出版社,2001:75.
③ 笔者抽取了 1878 年 1 月、3 月、5 月、7 月、9 月、11 月的报纸文本。

如表 3 所示:《申报》劝捐办赈的报刊文体类型可谓五花八门,包括论说、新闻、公告、公启、告白、公示、诗词等,几乎囊括了当时报刊所有的文体类型。主要内容包括:1.对灾区民众受灾惨状的报道。2.对民众进行劝善捐赈的论说和报道。3.各善堂、民间组织的募捐公启。4.各善堂募捐款项明细公示。5.官方和民间关于劝捐的各种公告。信息量方面,在抽取的 157 份报纸文本中,涉及义赈的宣传报道共 517则,平均每天有 3.29 篇,在 5 月、7 月、9 月北方灾情最重的时期,《申报》平均每期关于灾情和义赈的报道文本达到 4.37 篇、5.3 篇、4.52 篇,《申报》高度地参与到对义赈的宣传报道中。

《申报》能够大规模地进行义赈报道活动,首先依托于其较为广泛的信息采集以及发行网络。据统计,19 世纪 70 年代末,申报馆在全国30 多个城市聘有访事人并设有报纸发行点。[①]很多灾情信息都来自天津、北京、营口等地访事人的收集。但是,各访事人所处城市并不处于灾区的核心区,对灾情和救灾的情况了解也非常有限。为了能够为民众和当局提供更多真实的受灾情况,申报馆在 1877 年和上海各善堂达成合作关系,委托各善堂派遣到灾区了解灾情、经办放赈的人员代为采录消息。这些深入救灾第一线的善堂人员客观上成为申报馆派往灾区的"特约记者"。他们通过信件生动地记述了自己目睹的灾民惨状,详细地介绍了自己在灾区救灾的情况。《申报》主笔则为这些信件加上题目,或附上本馆附录(评论)、或直接照录原信登于报上。据统计,在1878 年抽取的 6 个月的报纸文本中,来自灾区的通信新闻就达到 26篇,平均每个月为 4.33 篇。这些通信为读者提供了更为翔实的灾情,更为重要的是,这些报道发自救灾现场,对读者产生了强大的现场视觉冲击力。正如桑德斯所言:"比宣传和鼓动更加有效的是新闻记者见证的力量,正直而富有同情的见证是最具有说服力的。"[②]这些来自现场的通信正是发挥了记者见证的力量,对唤起民众的同情怜悯之心,劝服

---

① 宋军.申报的兴衰[M].上海:上海社会科学院出版社,1996:38.
② [英]卡伦·桑德斯.道德与新闻[M].洪伟,高蕊,钟文倩译.上海:复旦大学出版社,2007:137.

民众积极捐款起到了极大的鼓动作用。

1878 年 2 月 27 日,前往河南救助的人士就发来信件详细记述了灾区惨象:

> 十三日稍起风信,竟死数百人,并无棺木,开一深坑男女俱堆其中……六七月间卖男鬻女竟致成市,房屋大半拆卖,其依恋故土者树皮草根罗掘净尽,新死之人争相取食。①

作者眼看饥民甚众而赈款杯水车薪,不由得一再祈求:"弟等承诸君之重托,抛离室家、不远千里而来,总想多救一命是一命,务祈诸君踊跃集捐,赶紧汇寄,多寄千文,多活一命,早寄几日,多活几命……"②

这些来自灾区的现场报道通过报馆遍布较广的信息网络迅速地传达给各地的民众,有效地起到了诸如诉诸感情的劝服效果,很多民间组织以及各色人等都是因为这些报道才获悉灾情之惨烈,随即积极地参与到劝捐和捐助活动之中。1878 年 5 月,浙江商人经元善创办协赈公所,起因就是看了《申报》的灾情报道。③1878 年 3 月,上海一些士绅在阅《申报》得知灾情后随即成立公济同人会公开劝赈。④1878 年 7 月 9 日,一位名为海滨高目人的士绅投书《申报》呼吁上海各地应停止举办梦兰盆会以便赈灾,并对《申报》的公益之心进行了夸奖。⑤1878 年 4 月 11 日,《申报》记载了一位苏州妇女捐赈的善事,其善行的起因便是"近阅各报章,知豫晋两省饥民朝不及夕"。⑥正因为《申报》在沟通灾情民隐方面的关键作用,使得救灾行为深入民间,从过去仅以官方和士绅为主的救灾行为成为一种全民的行动。

这些救灾报道特别是来自灾区现场的通信报道,通过跨区域的传

①②　申报.河南助赈局来函[N].申报,1878-02-27(01).

③　经元善.沪上协赈公所溯源记[A].经善元集[M].武汉:华中师范大学出版社 1988:326.

④　申报.劝赈灾豫饥[N].申报,1878-03-15(01).

⑤　申报.拟移醮作赈说[N].申报,1878-07-09(01).

⑥　申报.闺妇赈灾[N].申报,1878-04-11(01).

播网络,将灾情远播中国各通商大埠、省会城市,甚至于海外。商业性报馆跨区域的信息传播网络,为打破传统限于一地的救济模式提供了便利,也为近代中国义赈事业的发生起到了积极的推动作用,"《申报》的创办以及对慈善事业的参与是近代义赈组织产生的一个重要前提"。①

以报刊舆论劝善赈灾

《申报》一方面通过大规模的救灾报道通达民隐,另一方面结合捐款公启、劝捐论说、捐款明细公示甚至是竹枝词等形式,形成了一个以劝善募捐为主题的舆论场。在继杨乃武案后,《申报》再一次显示了其对社会舆论进行把控、聚集、引导的力量。这种力量便是道德舆论的力量。

中国传统关于善的道德话语几乎贯穿于《申报》每一篇劝善救灾的论说以及募捐公启之中,然而对人们刺激最大的莫过于《申报》对西方人士慈善行为的正面宣传。1876 年,以英国传教士李提摩太为代表的在华外交官、传教士和商人群体就开始对北方灾区进行考察并实施办赈。相反,当时国人对于山东等地的旱灾则较为漠视。《申报》对西人办赈的行为大加称赞,并对中国士绅施以道德上的压力。《申报》认为外国人救赈中国灾荒符合中国传统"古之道",是"义举",而批评国人的漠然态度,希望激发起绅商救民扶困的天良,"未有他国之人捐赈救饥而本国之人反漠然视之者……中国饥民与西商何与,而为此急公好义之事。则中国绅商宜如何激发天良,以救此同在版图之穷黎哉"。②在随后的救灾报道中,《申报》连篇累牍地报道西人赈灾义举并附加一些评语,不断地增强刺激效果。在《申报》反复刊登西人办赈的启事和报道下③,江浙一带的士绅开始被鼓动起来,以上海果育堂为代表的中国传统民间慈善组织,开始效仿西人在《申报》上发启劝捐,"传统的慈善救赈模式和具有现代的新报结合起来,这标志着中国近代义赈组织的产生"。④随后几年,上海同仁辅元堂、保婴局、苏州桃花坞

①　靳环宇.晚清义赈组织研究[M].长沙:湖南人民出版社,2008:50.
②　详述青州教士书致西字报论饥民情形[N].申报,1877,3(9).
③　1877 年 3 月 10 日、3 月 14 日、4 月 9 日,申报分别刊登西人团体的劝捐启事。
④　靳环宇.晚清义赈组织研究[M].长沙:湖南人民出版社,2008:119.

等传统善堂纷纷效仿西人发起劝捐。随着铺就全国的民间赈灾活动的深入,《申报》以其强大的信息沟通和舆论宣传功能参与社会治理的作用也越来越凸显。

劝服的力量莫过于"事实",《申报》在通过论说循循善诱之时,还刊登了大量助赈得报的"事例"。在一篇赞扬一位军人设粥厂施赈的论说里,作者声称这位军人正因为平日多行善事,才得来善果:"军门官至一品,荣封四代,父母康健,儿女贤肖。时承堂上之欢常叙天伦之乐,若非平日之广积阴功多行善事,天未必相待如是之厚也。"①从1878年12月份起,《申报》开始设置一个以"助赈愈病"为主题的新闻报道"专栏",这个系列报道专栏竟然一直延续到1893年,长达15年。例如,在1879年7月至11月,《申报》就连发9篇题为"助赈愈病"的报道,内容大致相同:"南汇县大团镇邵君爱棠,素为善刻,因妻病危,急叩天默祝,愿助晋赈英洋三百元,病即渐解,可知一念之诚即能感格也,闻其洋已交邑庙保婴局汇解,亟宜登报以昭激劝。"②"六月十六日李周氏因已病危急,愿捐规银一千两寄山西助赈,次口气顺即有转机,实感神佑,其银已如数交晋赈公所解往山西矣。"③1879年9月10日,《申报》甚至把各种类似的新闻以"助赈愈病类志"为题集合刊出。这些所谓的新闻,时间、地点、人物,要素齐备,有的还是来自各善堂发来的信件,但其真实性仍值得商榷,其中不少应该是捕风捉影的宣传或者是一种基于美好愿望的应景想象,但是这种现世现报的案例借着报纸的广为传播,还是起到了很大的效果的。④不少读者阅报后纷纷来稿,就助赈愈病进行讨论,并劝说民众行善积德。⑤甚至一些慈善组织也效仿《申报》,在其劝捐公启中加入这些因果报应的元素。

---

① 申报.好善不倦[N].申报,1878-03-06(01).

② 申报.助赈愈病[N].申报,1879-07-26(01).

③ 申报.助赈愈病[N].申报,1879-08-10.

④ 随着报人对新闻真实性认识的深入,"助赈愈病"作为新闻从19世纪80年代就已经消失。之后,其存在只是以赈灾公启的宣传形式出现。

⑤ 见1880年9月25日申报《来信照登》、1880年11月30日《助赈来函汇录》、1881年12月20日《助赈愈病》等等。

　　除了以因果报应的民间伦理进行劝服外,《申报》还在新闻报道中注重树立一些助赈榜样来鼓励民众从善,这些榜样一方面来讲是一种激励和鼓动,从另一方面说,又对民众形成了一种道德上的压力。在中国传统社会,官方对捐赈数额较大的人员给予的褒奖主要是御赐匾额、在家乡建坊或者是批准记入地方志,民间对从善的奖励大多通过口头传播,在社会和世人中营造出其乐善好施的舆论和口碑。士绅对为地方造福、为乡从善的口碑是相当重视的,但是,能够得到政府奖励的一般也只是士绅中的少数人,大多数民众甚至一般士绅没有这样的机会,乐善好施的口碑多是靠人际传播,范围有限而且传播不广。激励机制的不完善,在一定程度上限制了民众对公益事业的参与热情。《申报》积极参与到慈善事业中,则完全打破了中国传统社会慈善事业激励机制的局限性,传播理论认为:“大众媒介具有社会地位赋予的功能,大众媒介授予社会问题、个人、团体以及社会运动以地位,经验和研究证明当个人或社会政策获得大众媒介的好评时,他们的社会地位就提高了,大众媒介使个人和集体的地位合法化,从而给他们以声望并提高他们的权威性。”①报纸通过将救赈的个人和事迹以论说或者新闻的形式公诸报端,并大篇幅连续性地公布捐户的明细清单,起到了提高个人名誉度和社会地位的赋予作用,这种名誉度通过报纸的传播,突破了人际传播的束缚,产生非常大的示范影响。

　　《申报》赋予个人和组织以名誉度的方式有两种:一是在报上刊登捐户清单。1877年4月9日,宁波官商在《申报》刊登劝赈捐启后,又附录他们劝募的各处捐户的明细清单,这是《申报》首次刊登捐户清单。在1878年,《申报》开始吸引更多的个体和组织刊登捐户清单,据图3所示:1878年的六个月中共刊登捐户清单97条,平均不到2期就刊登一条,特别是在7、9、11月中,几乎每天都要刊登捐户清单,而且捐户清单所占版面越来越大,1878年3月以后,几乎每一条清单都占2/3

---

　　① 　[美]保罗·拉扎斯菲尔德,罗伯特·默顿.大众传播的社会作用[A].见:中国社会科学院新闻研究所,世界新闻研究室编.传播学(简介)[M].北京:人民日报出版社,1983:164.

的版面。报纸版面代替了传统社会口碑的功能,施善者的美名通过报纸的广泛发行在地方被读者传颂传播,甚至传至全国各地,报纸将这种扬名和示范效应大大地放大了。其后,每逢大型赈灾,刊登捐户清单就成为报纸的一种宣传传统。二是通过新闻、论说等形式报道"好人好事"。在《申报》的好人好事中,有士绅、政府官员,也有妇女、孩童、乞丐等所谓的"弱势群体"。1878 年 3 月 15 日,《申报》在《阅河南奇荒铁泪图书后》一文中记载了一地方士绅绘制灾区惨状之图以感人募捐的善事。随后,《申报》又多次在论说中或通过其他形式对该乐善行为进行刊布或表扬。①这一善行经报纸挖掘放大后无疑对民众的救赈行为起到了极大的鼓动作用,不少读者来书对此善行进行表彰,为救赈从善鼓与呼。②铁泪图这一行善行为,经过《申报》的大规模报道,其影响效应甚至一直延续到清末。如果说对士绅、官员劝善行为的报道起到了所谓正面榜样示范效应,那么《申报》对妇女、儿童、乞丐等弱势民众施善行为的报道则另外还有对他人进行道德压力的意味了,其中以对妇女行善行为的报道最为典型。1878 年 1 月 18 日,《申报》对在沪的一些中外妇女聚资赈恤的新闻进行报道,并在文尾加一评论,颇有对某些迟疑落后的士绅进行讽刺的意味,评论言:"在沪中外各信女零凑而成者也,夫女子而勇于为善若此,宜各绅商之输将恐后已。"③1878 年 4 月 11 日,《申报》报道苏州一妇女"慨将箧余英洋十一元由苏寄沪附赈"的新闻,文末不忘对一些"须眉"的"吝啬"加以微词:"夫以历年针业之余资作一旦赈银之小补,数虽未钜而心自可嘉。彼须眉男子视一钱如箕大者愧何如之。"④1878 年 5 月 8 日,《申报》在《拔钗施赈》中对一些男人的批评讽刺更为直接:"夫巾帼中能慷慨好义如此诚所难得,彼须眉

---

① 参见 1878 年 4 月 26 日申报《论近日赈捐情形》、1878 年 5 月 14 日申报《书同仁辅元堂设桶劝赈启后》、1878 年 4 月 9 日申报《拟办河南保婴劝捐启》、1878 年 4 月 13 日申报《拟筹豫赈新章来书》、1878 年 5 月 11 日申报《收买灾民择配说》。

② 参加 1878 年 5 月 27 日《急劝助赈启》、5 月 22 日《照录北关公所同人启》。

③ 申报.聚资赈恤[N].申报,1878-01-18(01).

④ 申报.闺妇赈饥[N].申报,1878-04-11(03).

丈夫挟巨赀而不破悭囊者能无汗颜乎。"①

以公益组织身份参与办赈

依靠广泛的信息传播网络，《申报》通过新闻报道、论说评述、刊发公启和捐户清单等职业传播活动深入地参与到丁丑奇荒的救灾事务中，为赈济救灾提供了沟通信息、宣传动员、舆论引导等支持。除此之外，《申报》并不满足仅仅作为一个信息收发和宣传鼓动的平台，还以一个公益组织的身份承担起了办赈救灾的具体事务。

在赈捐救灾的过程中，申报馆一项重要的办赈活动就是作为中转站集中各方善款并进行移交。在大规模的劝捐救灾的报道中，《申报》自身的公信力、影响力大为提高，很多捐户甚至将款物直接寄到报馆。1878 年 5 月 21 日，一位妇女得知到河南荒象后"合凑十元，函致本馆代交善堂"，报馆"随即送至仁元钱庄，取讫归入果育堂以作豫赈"。②1878 年 9 月，湖北一绅士"近知豫省奇荒，特亲至汉皋，托人代寄漕平纹银二十两来申，嘱交办赈公所"，报馆即饬送仁元庄取回收据，仍由原局寄交汉口。③甚至还有人拿着酒楼的酒票托申报馆兑换成款项捐款，报馆也毫不怠慢，"其意良佳，俟收洋后即交善堂寄往灾区"。④捐户五花八门的捐赈方式有时候也让报馆叫苦不迭，1878 年 7 月，有位胡姓捐户寄给报馆一幅画，嘱托报馆代为售卖捐赈，报馆代售得一元后转入转为赈款，在得知这位善人还有百余张画需要义卖施赈时，报馆只得登报婉拒。⑤虽然应接不暇，但是申报馆并没有就此停止捐赈款项的接收转移工作，随着类似事件的增多，聚集转移捐款就成为了报馆一项长期的办赈活动。实际上，从 1878 年开始，申报馆就开始承担义赈组织的赈灾救济工作了，1889 年 11 月 19 日，报人在感叹集款工作的难处和不易时说道："远处多有将赈款寄交本馆，嘱为散放，或由信局交来或由

---

①　申报.拔钗施赈[N].申报,1878-05-08(02).
②　申报.妇女施赈[N].申报,1878-05-21(03).
③　申报.助赈新闻[N].申报,1878-09-11(03).
④　申报.酒票助赈[N].申报,1878-05-25(03).
⑤　申报.火画代赈[N].申报,1878-07-10(03).

辗转寄到本馆,惟有代为转送各赈所为之掣取收条,盖实以办赈一事集款固难,查户散放尤为不易,非有干济之才、耐劳之士,综理微密才绪开展,不足以济事。"①申报馆拥有广泛的发行网络以及通过赈灾报道而积累起来的公信力,成为各省筹办赈捐的"集款之所"也是理所当然。

随着对办赈事务的深入参与,申报馆开始运用自己在印刷方面的专业以及技术力量,以独立姿态办赈。1878年5月—7月,申报馆和果育堂合作效仿西法印制馈贫粮一书二千部进行义卖,售款全部捐赈。②此外,申报馆还和一些个人合作开展书籍印刷义卖活动。

"丁丑奇荒"后的十几年,申报馆历经各种冲突,艰难办报,却坚持办赈,其中甘苦报人也有记载:"自历年办赈以来,义粟仁桨遍给于齐鲁蓟豫诸省,是皆东南诸善长劝集散放之力。然至于今日则亦舌敝唇焦、筋疲力尽矣……以故数年来但为各赈所刊列收解清单,凡有关于赈务者莫不一一备录,以是尽本馆之力,竭本馆之心而已……。"③但是,报人对此并不满足,在其心目中,只有亲自"经办赈捐"才能"以行实惠",刊列清单报道灾情无异于"空言之无补"。④在中国传统社会,留名青史、显亲扬名、光宗耀祖,是绅商们的追求,通过办赈,义赈组织和个人也获得了莫大的荣光和较高的社会地位。1878年,和申报馆关系密切的上海同人辅元堂、果育堂、上海保婴堂等义赈组织获得朝廷御匾奖励。1881年,苏州桃花坞又上禀李鸿章请代为请奖,朝廷颁饬匾额17方。在民间,个人和组织能得到朝廷以及地方督抚的嘉奖,都将被视整个家族莫大的荣誉,并可以传之数代。1889年,高邮慈善机构的主持人丁镜斋去世后,上海各义赈组织联名在《申报》发启致哀,连续多日刊载各地人士的挽联。这些都是寻常地方士绅所难以企及的。⑤这种荣誉的获得,至少需要两个条件:一个是捐款或募捐数额巨大,另一个就是获奖组织本身需是义赈组织。虽然申报馆实质上已经长期在承担着办赈的义务,但毕竟不是独立的慈善组织。从这个角度,我们就不难理

---

①③④　申报.本馆经办赈捐议[N].申报,1889-10-19(01).

②　本馆告白.蒐印馈贫粮[N].申报,1878-05-10(01).

⑤　靳环宇.晚清义赈组织研究[M].长沙:湖南人民出版社,2008:263.

解为什么报人如此热衷于以义赈组织的名义"经办赈捐"了。

光绪十三年（1887年）九月间，黄河决口，郑州以下黄河正河断流，漫口之水淹及豫、皖、苏三省，牵动朝野视听。光绪十五年（1889年）夏，黄河又在章丘、历城、齐河境内决口。秋间，浙江及江苏南部地区发生大面积水灾。[①]灾害再起，江浙沪义赈组织闻风而起，开办赈灾。在社会各界多方要求下和建议下，申报馆于1889年10月19日决定开办协赈所，以慈善组织的身份开始办赈：

> 乃允客之所请，即在本馆设立协赈所，经收各处善士捐款，即日开办。所收之款无论多寡，立即掣付收条，随时登之报牍以昭信实。集有成数即汇解灾区，派妥干之友前往相机散给或随同现办，浙赈诸君到彼散放，一切经费均自备，资斧不耗公款分文。[②]

从此，申报馆开始以义赈组织的身份直接办赈。1891年2月29日，报馆协赈所经过多方筹措，共为江浙两省大水灾灾区募得银一万九千两并解往灾区。

在《申报》的带动下，其他报馆也开始进行慈善报道。1893年，《新闻报》在创刊后开始报道灾难新闻，并刊登募捐广告，但在慈善组织中的影响力无法与《申报》相比。1898年改名的《中外日报》、1904年创办的《时报》也纷纷效仿。[③]从《申报》始，参与社会公益事业、服务社会成为沪上报纸一项重要的道德实践活动，姚公鹤赞道："各地方水旱偏灾募集捐项，此为沪上各报向所热心者。凡属公共事业，其性质便利于公众者，或录入新闻，或送登广告，均认为报纸之义务而代任传播之责。此不得谓非沪报之进步也。"[④]

---

① 王春霞、刘惠新.近代浙商与慈善公益事业研究（1840—1938）[M].北京：中国社会科学出版社，2009：108.
② 申报.本馆经办赈捐议[N].申报，1889-10-19（01）.
③ 杜涛.晚清申报的灾害新闻[J].社会科学辑刊，2015（3）：134.
④ 姚公鹤.上海报纸小史[A].见：杨光辉等.中国近代报刊发展概况[M].北京：新华出版社，1986：274.

　　民国时期,史量才治下的《申报》以"社会服务为职志",除了继续坚持慈善报道及募集捐项外,还积极开办各类社会公益事业,推进社会大众福利,诸如创立《申报》新闻函授学校、支持创办《申报》职工业余学校、《申报》妇女补习学校和《申报》流通图书馆、出版《申报》年鉴等。1920年,史量才创办时疫医院用以防治疫病,并捐资中山医院兴建高级护士学校。吴鼎昌、胡政之、张季鸾主持时期的《大公报》以"营业与事业并行"为经营理念,将《大公报》称之为"公共机关",以社会服务为"天职"。除了以文章报国、在版面上开辟各种为读者服务的专业性副刊外,还多次为各个时期的重大自然灾害和地方性的不幸事件发起公益报道和募捐活动。据不完全统计,从1928年至1936年中,《大公报》发起的社会募捐服务活动有20多次。1937年以后,这种募捐活动更广泛。抗战期间,《大公报》发起劳军募金活动11次,赈灾募捐活动10次。大公报馆常常带头出资,经常发表社论,论述意义,代为请求,言辞恳切,感人至深。①

　　慈善报道、服务社会依然是现代中国新闻媒体的一大特色。特别是以中央电视台、《南方周末》等为典型的主流媒体,涉及救灾及救助贫困学生、疾病、弱势群体的慈善新闻和公益活动屡屡见诸报端荧屏,甚至出现了公众对媒体的过度依赖和有困难找媒体的现状。关注平民百姓的生活(衣食住行)、生计(民生)、生存(生存权利)、生命内容的"民生新闻"曾经风靡一时,亦是媒体服务公益的典型模式。不过,随着新媒体时代的到来,网络媒体的公益报道和公益活动迅速崛起,各大门户网站纷纷设立公益栏目,爱心筹、轻松筹、水滴筹等自媒体公益平台的公益传播活动更是风生水起。相反,传统媒体的公益报道却日渐沉寂,无论是作为传统媒体不可推卸的社会责任还是作为一种商业竞争的利器,公益报道都必须得到传统媒体的重视。

---

　　①　方汉奇.《大公报》百年史[M].北京:中国人民大学出版社,2004:316.

第三节　商业性报馆行"义"与得"利"

报馆通过媒体行"义",也在客观上为自己带来了"利",当然,这里的"利"不能仅仅限于利润,更包括官方、士绅和普通民众对报纸在文化和公信力上的认同。在某种程度上,这种认同比单纯的"利"更为重要。可以说,这种来自社会民间的认同,也奠定了《申报》成为一份真正意义上的"大众媒介"的基础。

因为传统思想的禁锢,清地方政府对初创时期的《申报》不接受、不欢迎,社会也普遍对托身商业性报馆的报人抱有偏见,尽管报人对于介入地方政务较为小心,但是"官场的反应还是远远出乎申报的预料,难逃两遭查禁的尴尬"。①因此,能够获得官方民间对报纸及报人的认同,对于报纸来说,就是最大的"利"。

在获得官方民间的认同方面,商业性报纸及报人在职业活动中的道德表现无疑是起到了非常重要的推动作用。

第一,从创刊起,《申报》就走出了一条"非典型性"的商业性媒体办报之路,这些投身新式媒体的知识分子以家国天下为己任,自觉地利用媒介重构自己新的精英身份,开拓出传统士儒向"公共知识分子"转型的全新路径。尽管《六合丛谈》《教会新报》《上海新报》等早期的宗教报刊和"洋人"主导的商业性报刊都零星地出现关涉时局和变法的讨论,但就政治讨论和批评监督的公共性、日常性及影响力而言,这些报刊都和《申报》不可同日而语。报人在商而言政,赋予报纸及自身职业"辅成国家政事"的政治和道德色彩,通过论说和新闻,报纸就变法和国家及地方政策建言献策,设置和引发众多热门"议政"话题,并由此"形成体制内言路和体制外言路的交汇,使大批学士、大夫关注《申报》并成为其读者群"。②《申报》的政治讨论和批评,悄然改变着中国政治的传统模

---

① 参见卢宁.早期申报与晚清政府[M].上海:上海科学技术文献出版社,2012.

② 王维江.清流与申报[J].近代史研究,2007(6):64.

式,报人通过手中之笔拥有了一种传统政治体系之外的舆论力量,将普通公众卷入了一个可以讨论政治的公共空间,从而"培养"了读者对自己的依赖,聚合了巨大的受众群,这不仅是商业的成功,更逐渐改变着普通士绅民众对商业性报刊唯利是图的偏见,促进社会对商业性报纸在文化上的接受。

第二,从 19 世纪 50 年代起,中国传统价值观在上海就已开始受到冲击,在地方官员看来:"社会不安似乎是工业化和近代化带来的不可避免的副产品,西方化、商业化和道德败坏是三者合一的。"①因此,丁日昌、应宝时任上海道台时都实行了强化传统教育和儒家道德的政策,丁日昌甚至发起"禁止政策",用严厉惩罚来解决道德沦丧问题。②面对中西文化的激烈冲撞以及社会传统伦理式微现状,报人虽然托身洋报,但却自觉地肩负起以报刊舆论,引导、宣传统社会伦理以教化民众的责任。在响应官方宣传要求方面,《申报》也是责无旁贷,积极响应后来任江苏布政使丁日昌的要求,在报纸刊登《圣谕广训》,响应浙江官方要求,发布《谕劝三事》。③《申报》这种教化活动显然是符合地方官员和士绅的要求的。特别是《申报》关于查禁烟娼的舆论引导,引起了士绅们的响应和广泛的社会影响,并起到了维护社会传统价值观和秩序的效果。报馆能够承担教化民间的社会责任,维护社会秩序,这也是官方和传统士绅们所最为看重的。

第三,《申报》积极参与"办赈",在推动民间义赈活动、缓解灾情方面,起到了重要的作用。在"丁戊奇荒"的赈灾活动中,以民间为主导的义赈组织和义赈活动对缓解灾情起到了决定性的作用。当时晚清政府面临着财政匮乏、吏治腐败、仓储空虚等困境,已无力负荷其救赈灾民的责任,"仅拿募集到的善款来说,浙江商人经元善为赈济'丁戊奇荒'而成立的上海协赈公所,就曾先后解往直隶、河南、山西、陕西四省赈灾

① 梁元生.上海道台研究——转变社会中之联系人物 1843—1890[M].陈同译,上海:上海古籍出版社,2003.
② 姜振逵.晚清上海女性职业角色与传统伦理的冲突[J].甘肃社会科学,2012(3):117.
③ 浙江补用道特授严州府正堂宗.谕劝三事[N].申报,1878-03-05(01).

款共四十七万余两。而据《清史稿》记载,为这次灾荒清王朝正式用国家财政拨给的赈款,有数字可计的也不过七十余万两。两相比较,义赈所起的作用就不言自明了"。[①]可以说,"义赈的出现对于天灾人祸不断而吏治败坏不可依靠的晚清政府是一剂强心剂"。[②]而作为义赈活动的发起者、报道者、组织者和参与者的《申报》,倚靠其"强大"的信息传播和舆论宣传的功能,在辅助统治者维持社会秩序稳定与参与社会治理方面的作用得到了突出体现。

积极参与到劝赈救灾的社会公益事务中,本身就是一件令社会认同的道德活动,在劝赈筹捐的新闻活动中,《申报》自身也被赋予了道德上的光环与制高点。如果说,初创时期的《申报》是依靠对重大社会新闻诸如杨乃武案的报道而赚足了民间眼球的话,那么《申报》在赈灾报道中的表现则使《申报》在士绅和民众心目中的公信力得到了大幅提升。通过以报办赈,《申报》也成为一个在民间看来"有道德的报纸"。1886年,上海文报局就禀请李鸿章颁发给申报馆一匾额,[③]对其在赈灾公益事业中的道德活动给予表彰。

《申报》社会地位的提升,也在官方对《申报》的态度中得到证明。1878年11月21日,《申报》罕见地照登曾国荃发给为山西经办赈务的姚伯雄的两封信函。[④]这两封信函显然是曾国荃授意姚氏在《申报》公开刊登的。之所以以曾国荃私人信件的形式公开,应该是为了显示曾国荃对在沪劝赈事务的高度重视。曾国荃身为朝廷重臣,一等伯爵,山西一省最高军政长官,能够主动要求在《申报》公开自己的函件,这在《申报》办报历史上还是第一次,足见以曾国荃为代表的清政府高级官员对《申报》的重视,对《申报》影响力、公信力的认同。

创办初期的《申报》,历经杨乃武案、披露左宗棠借款事件、郭嵩焘

---

① 李文海.晚清义赈的兴起与发展[J].清史研究,1993(3):32.

② 王春霞,刘惠新.近代浙商与慈善公益事业研究(1840—1938)[M].北京:中国社会科学出版社,2009:115.

③ 申报.赠匾鸣谢[N].申报,1886-02-13(04).

④ 申报.照录九月十四日接到八月二十八日曾宫保致督办江浙晋捐姚观察来函[N].申报,1878-11-21(01).

画像案、江苏学政要求查办等危机,却屡屡化险为夷且发展壮大,一般研究认为原因在于身处洋场的报馆受到了租界的庇护。但是,学者鲁道夫·瓦格纳通过研究认为,当时的《申报》并没有受到租界英国当局更多的保护,英国政府并不支持和保护英国人在日本、印度等地的办报活动,也不支持美查等人在上海的办报活动。在1879年郭嵩焘与《申报》发生冲突以后,英国驻沪总领事达文波不但不支持美查,反而要求对《申报》予以严惩。美查作为个人是受治外法权保护的,但他的报纸是不受保护的。《申报》能度过"郭嵩焘画像危机"的原因在于《申报》与国人的文化上的认同。①

能够得到官绅民间的认同,这才是申报馆通过践行"义"能够得到的最大的"利",这也是《申报》作为一份商业性报纸,迅速融入社会的关键所在,也是促进《申报》成为一份真正意义上"大众媒体"的重要推手。正如有学者所言:"(申报)初创时在市场利益与社会正义之间的微妙平衡,奠定了它在理论和民间经验中成为真正'大众'媒体的基础,从而使行世77年的《申报》比其他近代媒体有着更为突出的社会认识意义。"②

本 章 小 结

戈公振在《中国报学史》中通过转述老报人之语对早期商业性报刊进行评价:"彼时报纸所摭拾,大率里巷琐闻,无关宏旨。国家大政事大计划,微论无从探访。开报馆者,唯以牟利为目标,任笔政者,唯以省事为要诀。"③这种评价在当时颇具代表性,也符合社会对商业媒体之商业属性的直觉和刻板成见。但是,客观来讲,此类观点有失偏颇,忽视了《申报》等早期报纸在开创中国商业性报纸办报模式方面的价值和意

---

① [德]鲁道夫·G.瓦格纳.申报的危机:1878—1879年申报与郭嵩焘之间的冲突和国际环境[A].见:张仲礼.中国近代城市发展与社会经济[M].上海:上海社会科学院出版社,1999.

② 范继忠.晚清申报市场在上海的形成[J].清史研究,2005(1):101.

③ 戈公振.中国报学史[M].北京:生活·读书·新知三联书店,2011:96.

义,这种办报模式就是——义利兼顾。报人办报不只谋利,且追求实现传统知识分子的社会责任和道德使命,通过职业活动,赋予了中国近代商业性媒体强烈的道德色彩。

首先,在履行"义"的新闻职业活动中,《申报》报人以"辅成国家政事"为己任,通过报刊论说履行士大夫以清议参与国政的使命。通过报刊论说,报人评点国政、针砭时弊,为国家政务建言建策,报纸的独立性和主体性不断凸显,报纸的政治言论空间不断拓宽,这也为后来政论报刊的蜂拥而起起到了探路者和拓荒者的作用。

其次,通过媒体舆论教育启蒙民众也是报人践行"义"的重要内容之一。在传统社会中,士之阶层除了参与国政外,还承担着教化乡里以维护统治者秩序的社会责任,浓厚的士大夫情节,使得报人自觉承担起通过报刊舆论教化民间的社会责任。针对开埠后的上海社会传统道德文化日益式微的态势,报人自觉地、积极地运用报纸舆论的力量,宣传传统伦理道德,促进移风易俗。报人的道德宣传和舆论引导活动显然产生了两种效果:第一,起到了辅助地方教化社会的作用,从而缓解了在政治上新报和官方的一些冲突,促进了士绅和民众对报人在文化上的认可和接受。第二,报刊通过公开的意见市场,聚拢了大规模的民情众议,成为社会舆论新兴的代表者,俨然成为社会民众的代言人。这种舆论的代表关系赋予了报人类似于传统社会"天心民意"的合法性以及新的精英话语权。于是,不同于传统士人凭借政治特权和文化垄断获得社会权力,这些报人凭借媒体开始重构一种新的社会权力——媒体权力。

其三,在中国近代报刊发展史上,商办报业首创了一种商业性报纸参与"办赈",即以劝赈筹捐为目的慈善报道和深度参与活动。参与办赈,历来被中国社会认为是"义"举,以报"办赈"也被报人认为是践行媒体道德的重要形式。这种通过报纸办赈举善的道德实践,来自士绅在"乡里空间"以服务地方公益事业、领导乡里的道德自觉,客观上起到了维护社会稳定的作用。从早期《申报》到后来的《新闻报》《时事新报》《时报》《大公报》等,报人从"坐而言"到"起而行",力图通过慈善报道和社会服务深度参与到社会秩序维护与改革中。因为掌握舆论,从 20 世纪 20 年代至 30 年代,报纸和报人群体逐渐成为社会治理中不可忽视的独立力量,史量才更是在 1932 年淞沪会战期间以报人的身份担任具有公益性质的上海地方维持会会长、上海临时参议会会长等职务,成就了报人罕有的"高光时刻"。

报人通过报纸践行"义",也在客观上为报馆带来了"利",正是报人在职业活动中对"义"的践行,促进了官方民间对《申报》的接受和认同,也在某种程度上,奠定了《申报》成为一份真正意义上的"大众媒介"的基础。

第四章 据事直书：职业品质、
规范与史家之德

从社会学角度讲，当个体达到一定的社会化程度，总要担当一定的职业角色，职业角色则进一步意味着一个人要遵守一定的职业道德规范。所谓职业道德规范，就是人们适应特定职业的要求所应该遵守的行为规范的总和，及其表现在特定职业工作中的道德品质状况。①在通常情况下，人们在三个层面讨论新闻道德问题：一是新闻职业道德观念，二是新闻职业道德规范，三是新闻职业德性。对于新闻从业人员来说，职业道德规范是外在的制度性存在，职业道德观念既可能是外在的也可能是内在的存在，新闻职业德性则是内在的存在，是主体的道德属性、品质。"规范的落脚点在于成德。道德规范本身没有独立自为的特性，其作用就是对行为进行规范，进而涵化心灵和情感。"②新闻活动最终要落实在每一具体从业人员的新闻行为中，因而新闻职业活动是否符合道德，最终直接取决于新闻活动主体是否有德性，是否按照道德规范进行新闻活动，新闻职业规范是一个集职业品质德行与规范为一体的一个概念。因此，本章所讨论的内容既包括近代商业性报馆报人在职业活动中形成的对自身新闻职业品质的认知和理解，又含括在此基础之上对从业者应遵守的最为基本的职业伦理规范的理解和实践。

新闻职业伦理规范的形成既体现、反映新闻职业主体的现实利益和道德需要，也体现和反映着职业主体的职业价值观、职业追求和职业理想。首先，中国近代商业性报纸发轫之始就面临着双重压力。一是

---

① 王荣发.现代职业伦理学[M].上海:华东理工大学出版社,1998:17.
② 胡林英.道德内化论[M].北京:社会科学文献出版社,2006:9.

竞争和营利的压力,二是政治权力和社会文化权力的压力。和部分休闲性小报不一样,《申报》《新闻报》《时报》等大报追寻的是一种"可持续发展的"生存状态,因此,在职业活动中必须要建构属于行业的职业品质和规范,只有如此才可以保证报纸发展的"有物有恒"。其次,新报虽然移植于西方,但是因为浓厚的士大夫情节以及本身的知识视野,这些秀才主笔们对于报纸性质、职业规范和从业者职业品质的理解,更多的是从中国传统文化中寻找根源。虽然每一个行业都有各自的伦理规范,但是彼此之间可以相互包容、相互影响和相互吸收,在具有某些相似点和共同点的职业之间,就必然会出现道德的相互影响和融合。中国史学对中国文化的影响巨大,"取鉴资治、垂训道德"的史家传统也深深影响了中国儒家文人,"中国的知识分子'特别执着于历史',导致'历史意识的发达'"。[1]史学是一种以求真为鹄的的学问,史家纪史忠于史实与报纸传播新闻务求真实的目标和规律基本相符,史家所体现的直书直录、不畏权御精神,也是报人在新闻实践中履行参与国政、教化民间之"义"所认同并需要的。传统的"史家精神"或称为"史德"与新闻职业道德"犹如一对孪生兄弟,蕴有天然的血缘"。[2]在新闻实践中,以《申报》为代表的商业性报馆报人敏锐地发现了新闻活动与史家治史记事内在规律的相通之处,并将史家"据事直书"的史家精神援引为基本的新闻职业规范和职业品质,并影响了中国近现代新闻思想的发展脉络。

第一节　援引"据事直书"的内外因素

一、"据事直书"的内涵

"据事直书"是中国传统史学的优良传统之一,也是备受史家所推崇的良史精神,它坚持"直笔",反对"曲笔",要求史家著史必须公正无私,忠于事实,秉笔直言,尽可能做到客观、真实,不隐讳事实,不歪曲历

---

① 董天策.史家办报思想研究[J].新闻大学,2006(2):21.
② 徐新平.新闻伦理学新论[M].长沙:湖南师范大学出版社,2001:33.

史。早在中国史学开始兴起之时,"据事直书"就是史家所遵循的著史原则。为中国史学开创求实传统的董狐精神,时至今日仍是史家撰史所追求的境界。①据《左传》记载,晋灵公十四年,晋卿赵盾"亡不越竟",其堂弟赵穿弑灵公于桃园,晋太史董狐书曰:"赵盾弑其君",虽屡责而不易。孔子称赞他"董狐,古之良史也"。②齐庄公六年,齐臣崔杼指使其下属弑庄公,"太史书曰'崔杼弑其君。'崔子杀之。其弟嗣书,而死者二人。其弟又书,乃舍之。南史氏闻太史尽死,执简以往,闻既书矣,乃还"。③董狐、齐太史兄弟、南史这些不畏权力、秉笔直书的典型事例,被后世史家当作效法的典范,直书被尊为史家的规范和美德。司马迁继承了直书直录的精神,敢"述汉非",不怕触犯当代皇帝,被班固赞为"有良史之才","其文直、其事核,不虚美,不隐恶,故谓之实录"。④文直、实录被认为是良史之才的主要标准。唐代刘知几在《史通》中专著《直言》《曲笔》两篇,反对史家出于个人私利而歪曲事实,趋于权势而"曲笔阿时""党附君亲",站在本朝本国立场上,不能对前朝和敌国做出如实记载和公正评价。他提倡直书,要求史家"具有无私无畏的道德良知,超越现实政治的厉害,凌驾于任何人、任何集团的利益,站在至公大义的儒家伦理道德立场上,去认识、评判历史"。⑤

至清代乾嘉年间,考据之风盛,乾嘉学派继承了前辈史家传统,恪守"直书"信念,反对"曲笔"修史,将"据事直书、实事求是"作为自己治史观念的核心,在继承直书直录的史家精神的同时,乾嘉学派更加强调史家著史"实事求是"的宗旨和目标,"史非一家之书,实千载之书……史为传信之书"。⑥在具体纪史的规范上,乾嘉学派认为"据事直书"能够起到褒善贬恶的作用,反对以书法予夺手段褒贬毁誉历史。王鸣盛主张:"作史者宜直叙其事,不必弄文法寓予夺;读史者宜详考其实,不

① 邓鸿光、李晓明.史学理论与史学史[M].武汉:崇文书局,2002:17.
② 左丘明.左传(春秋经传集解)[M].上海:上海古籍出版社,1997:541.
③ 左丘明.左传(春秋经传集解)[M].上海:上海古籍出版社,1997:1024.
④ 谢保成.中国史学史[M].北京:商务印书馆,2006:28.
⑤ 江湄."直笔"探微——中国古代史学求真观念的发展与特征[J].史学理论研究,1999(3).
⑥ 罗炳良.清代乾嘉历史考证学研究[M].北京:北京图书馆出版社,2007:47.

必评意见发议论。"①钱大昕认为："史家纪事,唯在不虚美、不隐恶,据事直书,是非自见。"章学诚认为史家的职责是客观记事,反映真实历史,而不能对历史强立眉目,主观褒贬："夫据事直书,善恶自见,《春秋》之意也。"②乾嘉学派重在事实考据,目的在于弄清历史真相,谨慎对待历史的褒贬评论。但是他们也不反对历史评价,而是主张历史评价应该建立在历史事实上,反对脱离史实抽象地议论褒贬。

二、援引"据事直书"的动机和客观需要

1. 报人的内在职业动机

职业规范本身和主体的价值选择和价值倾向有关,"道德规范本身就是价值原则,是对相关道德价值观念的规则化,反映了规范主体的价值追求和价值理想"。③因此,考察报人对职业规范的认知,必须要结合报人从事职业的价值追求和职业动机进行分析。

这些秀才主笔或是因为生计"坠入"报馆,但仅仅将他们的从业动机定性为"为稻粱谋"显然是不符合事实的。他们虽然身为"社会游士",但对士人角色的执着却是根深蒂固的。创刊伊始,报人就将"义"作为自己从事报业的职业价值选择和追求,认为应通过报纸干济政治、维护社会文化秩序,一句"总主笔之所持者,清议也。清议之足以维持国是"④,无疑坦露了报人以士大夫自居,承担"士"者在野,"清议"国是之责任。

中国史家治史具有强烈的经世传统,史家"寓褒贬于序事","以修史作为挽救世道衰微的手段",⑤通过历史事实对现实政治生活进行影响干预。史家著史以利于镜鉴与经世的特征和报人们以报论政、兴利

① 罗炳良."予夺褒贬"与"据事直书"—中国传统史学的两种治史理念及其演变趋势[J].学术研究,2006(6):85.

② 罗炳良.清代乾嘉历史考证学研究[M].北京:北京图书馆出版社,2007:49.

③ 杨保军.新闻道德论[M].北京:中国人民大学出版社,2010:173.

④ 申报.英国新报之盛行[N].申报,1873-02-18(01).

⑤ 罗炳良."予夺褒贬"与"据事直书"—中国传统史学的两种治史理念及其演变趋势[J].学术研究,2006(6):83.

除弊、利于国家兴旺的目的相契合。在新闻实践中，报人又面临着官方对政务信息的控制以及对新报触涉官政的诸多限制，理想与现实的矛盾使得报人必须从"史学探索办报之路"①，从史家治史所体现的不畏强权、直笔实录的精神中寻找道德依归、精神动力。刘知几认为史家要有"仗义直书，不避强御"的勇气和品德，中国历代良史不仅被士人尊为楷模，他们身上所体现的据事直书的精神与美德也被社会所敬仰，援引"据事直书"，使之成为新闻职业的伦理规范与道德品质，无疑会赋予职业行为的合法性和正当性，提升报人的社会地位。

2. 商业需求和读者需要

除去报人内在的职业动机外，商业性媒体的市场压力、盈利需求以及读者的信息需要必然要求报纸和报人在新闻实践中要涉及国家大事、地方政务。鸦片战争后，谋求富国强兵、救亡图存，议论时政、抨击时弊、要求改革之风在士绅阶层大涨，获得国内外军情政情及洋务等"时务"信息并能够发出自己的声音就成为士大夫及士绅阶层的一大需求。而处于上海租界的《申报》就成为士绅们获取此类信息和代为言政的重要载体，例如，"清流"派就及时发现了《申报》这一新的言论载体，"不读新报，就无法懂洋务和谈洋务"。②此外，在太平天国战后的地方重建中，"地方绅权大为伸张，久蛰而起的绅权在放开手脚的时候，便常常要伸到本属官府的范围里去。而由此形成的彼此交错则一定会颉颃地方官的权力并侵入地方官的公务"。③士绅一方面以通过《申报》获得时务信息，一方面通过新报触涉地方政务，典型之如光绪初年余杭杨乃武案件，浙江士绅正是通过《申报》形成舆论，引得地方官场震动。以士绅为重要读者群的《申报》，常常成为地方士绅品评时政、批评地方的论坛，而《申报》也可以通过成为士绅的言论载体而接近士绅阶层，在商业上获得更多的竞争力。士绅获取信息和言政的需要以及商业性报刊在商业上的需求，客观上要求《申报》报人们能够突破各种权力的束缚，在

①　董天策.史家办报思想研究[J].新闻大学,2006(2):21.
②　王维江.清流与申报[J].近代史研究,2007(6):63.
③　杨国强.衰世与西法·晚清中国的旧邦新命和社会脱榫[M].北京:中华书局,2014:67.

获取更多信息的同时能够直言无隐、针砭时弊，承载和引导士绅的舆论，这也使得史家敢于直言的精神和道德成为报人办报的客观需要。

3."实用理性"与"新闻真实"的矛盾

"职业道德除社会道德中共通的要求之外，还包括基于职业专门逻辑的特色道德要求，因而区别于大众的生活逻辑，具有鲜明的职业特点，有着许多大众道德不能涵盖的内容。"①也就是说，职业道德规范的形成来自于职业实践，必须符合职业特点和职业规律的特殊要求。报人援引史家之德作为新闻职业规范，也是新闻传播规律的客观要求，这个客观规律就是新闻传播的真实性原则。

虽然从创刊起，报人就提出报纸要"真实无妄"②，但是因为生存的压力和对新闻传播规律认识的模糊，使得报人在报纸初创时期对新闻真实性的理解产生了偏差，根源就在于新闻真实性与新闻实用性的矛盾。

商业性报纸要义利兼顾，当然要谋"利"，生存是《申报》自创刊起就面临的最大问题。为了最大程度地吸引读者阅报，《申报》内容生产的首要原则就是突出新闻的"实用性"。无论是报纸可以使人"多见博闻"，"览者皆不出庭而知天下矣"，③还是可以提供"一切可惊可愕可喜之事"④，无论"政治风俗之变迁，中外交涉之要务，商贾贸易之利弊"⑤，还是可以"有益于国者也"⑥，《申报》报人不厌其烦、反复宣传的就是报纸的"便民益国"的"实用性"。

"实用性"是中国传统文化尤其是儒家文化的重要特征，具有鲜明的务实事、戒空谈的特点，李泽厚先生将中国传统文化这种特征概括为"实用理性"，即"关注于现实社会生活，不作纯粹抽象的思辩，也不让非理性的情欲横行，事事强调'实用'、'实际'和'实行'"。⑦这种"实用理性"反映在普通民众层面，则是追求生活上功利性，"普通民众既要'谋

---

① 黄瑚.新闻法规与职业道德教程[M].上海：复旦大学出版社，2011：289.
②③④⑤　申报.创刊告白[N].申报，1872-04-30(01).
⑥　申报.申江新报缘起[N].申报，1872-05-06(01).
⑦　李泽厚.中国现代思想史论[M].北京：三联书店，东方出版社，2008：342.

其利'，更需'计其功'，他们需要的是一种不离人伦日用，切合人生需要，朴素平实的生存智慧。这种意义上的智慧强调的是一种工具性、实用性、技巧性的能力"。①反映在知识分子群体层面，则是在个人修养、学术研究、价值理想上的经世致用，即关注现实的、此岸的价值，以解决社会、人生的实际问题为出发点和归宿，热衷于对与国计民生密切相关的问题的研究与探索。这种求致用、求善的实用性，是中国伦理思想中的基本特点之一。

民众对实用性的客观需求以及报纸生存的压力，使得在报人在新闻选择时出现了倾向：新闻真实往往成为实用性的"附属"，真实性常常成为实用性之后的第二选择。

典型如，为了招揽读者，初创时期的《申报》常常刊登一些"妖异之事、神鬼之说"，西文报纸《德臣报》因其内容子虚乌有斥责其为"妄"。《申报》主笔驳斥的主要理由就是此类内容"可取"的"实用性"："遇有奇迹异谈，但使事有可取，亦即为之登录。盖录此类事件，华人固疑信参半，即便全诧为妄，亦姑喜具新异。"②在报人的理解中，报纸提供的鬼怪之说，只要具有使得人"惊喜"的实用性就是符合道德的善，至于其真实性如何，则不在首要考虑的范围之内。这个典型案例，反映出初期报人对新闻传播规律理解的模糊。早期《申报》面临着生存还是死亡的境遇，内容的实用性和使用价值是其首要要求，"实用"和"善"也成为报馆新闻失实的借口和托词，其中，传播内容有益于民众和天下，成为报人在新闻选择中最为重视的"善"，维护新闻的真实性同样重要，但是并非报纸的首要需求。

《申报》注重对社会生活实际的反映，来自民间的"奇闻轶事"给报纸带来了读者群，但奇闻和真实的矛盾也随之出现，对报纸的责难纷至沓来，或责持论不平，或骂新闻失实，有人到报馆吵闹，有人写揭帖揭发，报馆还遭到官厅干预。例如，1873年7月9日，《申报》刊登一异闻

---

① 贺斌.论民间伦理的特征[J].中州学刊,2006(2):123.
② 申报.驳香港西报论申报事[N].申报,1874-12-25(01).

《墙上有血》,①一时间在民间闹得沸沸扬扬。后经官方核查,乃有人故意造假。在此次谣言的传播中,《申报》表现得并不光彩,有故弄玄虚之嫌,这引起了官方的不满。随后,官方对《申报》的报道动辄斥之为"谣言"。官府第一次对申报馆进行查禁的理由就是"捏造谣言,煽惑人心",这固然是因为徐壬癸案中《申报》对政府的严刑峻法提出了质疑,也与《申报》的几起涉及官员的失实报道有关。《申报》之所以得罪上海道台冯焌光,原因也是在报道庭审案件时"胡言乱语"。封疆大吏左宗棠之所以厌恶《申报》,是因为其报道新疆兵务时,"公造谣言,以惑视听"。《申报》涉及官事已经惹得当政非常不满,因为新闻失实而让官员再抓"小辫子"兴师问罪自然是报馆和报人所不愿看到的。

此外,来自同业者的质疑也给了《申报》极大的压力。1874 年 6月 6 日《汇报》创办,着力对《申报》进行攻击,新闻失实常常是该报攻击《申报》的把柄。面对官方民间和竞争对手的压力,报馆苦于应付,开始逐渐注重新闻的真实。

随着新闻实践的深入,报人逐渐发现新闻真实不只是对报纸的束缚,同时也是媒体影响力所在和竞争力之源。1874 年,日本借口中国台湾生番杀琉球人及日本人,派军进攻台湾,《申报》派员亲赴探访消息,发掘真实消息"以真情载之报章,从此读者知道新闻的有益,争先购阅"。②1875 年,《申报》对杨乃武一案进行了连续而又真实的报道,这次报道使得《申报》在民间"声名大噪、深入民心",③报纸销量从初创时期的 3 000 份,一跃升至 1877 年时的七八千份。④随着杨乃武的官司打到了北京,在京的浙江籍京官开始参与此事,媒体舆论与士大夫舆论就解决杨乃武事件中产生了良性互动,两种舆论的叠加效应使杨乃武与葛

---

① 申报.墙上有血[N].申报,1873-07-09.

② 胡道静.上海的日报[A].见:杨光辉等.中国近代报刊发展概况[M].北京:新华出版社,1986:311.

③ 卢宁.早期申报与晚清政府[M].上海:上海科学技术文献出版社,2012:79.

④ 1877 年 3 月份,有读者来信言:"试思每日出执一张,苟不访时事数千言之,何能日售八九千之纸。"申报予以刊登。见:1877 年 3 月 28 日申报《选新闻纸成书说》。申报在 1877年 2 月 10 日登《论本馆销数》,自称日销近万,虽有自我夸张之嫌,但是八九千份是应该有的。

毕氏得以平反,《申报》借此也将其影响深入到士大夫阶层中。这一成功报道直接带来的市场效益,使得报人认识到了新闻真实的对市场的正向推动力量。

在认识到新闻真实对商业和生存之重要性的同时,报人也认识到,只有做到了新闻真实,报人才能真正地履行自己"辅成国政"和教化民众的社会责任。

1875 年,在《论字林新报言中国必能盛行新报事》一文中,报人认为报纸兴盛有利于国家的前提必须是新闻真实:"夫新报之作也,苟有可以劝善除恶兴利除弊之事,有闻即书而后可称新报也,如不待事事皆有实方行胪列,又安能谓为新闻哉。惟于国家之事必须确有所据始可敷陈。"①对于国家大事,报人认为务必要"事事皆有实,确有所据",对于官务政事,报人认为同样也要做到新闻真实:"至于关涉官吏之事,作报者亦须确有见闻,否则言美则近于谄谀,言恶则近于毁谤也。"②

第二节 报人、行业、社会对"据事直书"的共识

强调"据事直书"的职业品质和规范可以说贯穿于整个早期《申报》报人的办报历程,报人也在不断的新闻实践中不断加深着对"据事直书"的理解,在长期的职业活动中,报纸报人需严守"据事直书",逐渐成为行业内乃至社会的共识。

一、新闻之体例

创办不到 10 天,《申报》报人就在言论中对报人应具有的职业品质提出了自己的观点。1872 年 5 月 8 日,《申报》在《本馆自述中》评价担任香港《华字日报》的主笔王韬与《华字日报》:

> 其主笔为黄平甫及王君紫诠,飞毫濡墨,挥洒淋漓,据案伸笺,

---

① ② 申报.论字林新报言中国必能盛行新报事[N].申报,1875-08-24(01).

风流蕴藉,盖二君留心世事,博通中外之典章,肆力陈编,宏备古今之渊鉴,政刑措置,尽托闻谈,朝野见闻,总归直笔。①

该文以本馆自述为题,是借评论他报来阐述自己的办报观点的。虽然王韬在其相关论述中并没有刻意强调主笔应该具有"良史之才",但《申报》报人仍以"直笔"赞誉王韬,作者认为王氏学识博大,下笔酣畅,但一句"总归直笔"表明,在报人眼中,王韬办报纪闻立论最为突出的特点就是"据事直书"。请注意,《申报》初创,报人已经认识到"据事直书"于执笔者与新闻报道的重要意义,不过此时报人以"直笔"所赞誉的只是个人,还尚未扩展至整个行业,当然,以王韬和《申报》关系之密切,王韬办报"据事直书"当然对《申报》报人具有强烈的示范作用。

在随后的《采访新闻启》中,报人对作者来稿和新闻采访提出了"据事直书"的要求:

> 或录令甲之颁,不求其旧;或载其乙之事,务求其详;或丙鉴深贤,长言兴叹;或丁桥驰誉,短什遥吟;或辄戊吉,以诘尔戎兵;或择己孚,以志其改革;或经拜庚逢,博稽典籍;或事符辛秘,罗列笑言。②

作者征求各方君子赠文诚心可鉴,但是在文末,主笔还是对采集新闻的君子们提出了一定的标准:"近事贵详其颠末,远代尤藉以表彰,庶几赠芍低吟,犹据事直书之旨。""此文引经据典,具体列出可以作为新闻的十大事项,从甲到癸,巧妙地组织在文字内,这些文字很可能出自蒋芷湘、何桂笙、钱昕伯等之手。"③虽然采访的内容可以包罗万象,但是《申报》对采集新闻职业活动提出了一个基本要求——以"据事直书"为要旨。

---

① 申报.本馆自述[N].申报,1872-05-08(01).
② 申报.采访新闻启[N].申报,1872-05-28(01).
③ 孙恩霖.早期《申报》的新闻蒐集者[J].新闻大学,1982(3):78.

在随后的办报实践中，《申报》屡屡因为触涉官事和清地方政府发生冲突。在争取自身新闻权利、履行清议之责以直言当政的同时，报人越来越重视报人职业活动中"据事直书"的重要性。在《论字林新报言中国必能盛行新报事》中，报人在述及新报之益时，强调主笔"直书"的不可或缺：

> 盖新报一端尝有远方之事而国中君官尚未得知者，新报业已言明，且较使人探听者为更确。何也，国家使人探事，有窒碍之处而使人未敢尽言者。作新报者固不必有所阋惑，可以尽情直书也，故时政之得失，臣工之贤愚，地方之治忽，与国之诚伪，皆可于新报反复详参而全悉其梗概者，自不必再事侦探也。"①

作者认为，相对于他人未敢尽言，主笔能够秉承史家"不隐真相，据事直书"的精神，言他人不敢言，只有如此，新报才可以做到针砭时弊、兴利除弊。

进入 19 世纪 80 年代，中国处于多事之秋，《申报》也进入了它一个非常重要的发展时期，在探求新闻事实的压力下，报人也愈加强调主笔的据事直书的"直笔"精神，并开始有意识地宣传"据事直书"，并将其建构为新闻行业最为基本的职业品质和规范。

1884 年 1 月，报人和《沪报》发生了一场关于新闻报道原则的争论，《沪报》对《申报》"有闻必录"式的新闻报道提出了强烈的质疑。《申报》立刻撰文《立言有体说》进行回击，并明确提出："新闻纸何独不然，据事直书、有闻必录，信者传信疑者传疑，此新闻之体也，不独本馆恪守此体，即中西各报亦莫不共守此体。其有以已为是以人为非者，不知新闻纸之体例者也。"②在 1884 年 1 月之前，申报馆大肆宣传新闻纸"有闻必录"的职业权利，将"有闻必录"式的新闻采录活动统统冠以"新闻

---

① 申报.论字林新报言中国必能盛行新报事[N].申报,1875-08-24(01).
② 申报.立言有体说[N].申报,1884-01-02(01).

体例"的光环,在此次冲突后,《申报》开始有意地将"据事直书"纳入新闻体例之中,足见报人对报道真实的重视。随后,"据事直书""直笔""实录"被报馆和报人反复宣传为"新闻体例"的核心要素。在 1884 年2 月的《论法人添兵》中,报人面对纷繁复杂的各方信息,在"有闻必录"的同时特别强调"据事直书":"然军情瞬息千变,固不可以执一不化,事有反覆则亦但据所闻者而据事直书而已。"[①]1886 年 4 月,《申报》报道一案,批评租界地方治安管理问题,声明:"本馆不敢措一词,惟据事直书以符新闻体例云尔。"[②]1891 年 7 月,《申报》报道一人道德败坏之事,称此人"多方设法,百计专营,务求隐去姓名",并以谣言污蔑主笔,申报馆刊发首论,宣称:"新报之例自宜据事直书,每当雀鼠纷争,蒲伏申诉,报馆中自应备录确情,于报既不能扬彼而抑此,亦不能拗曲而作直,务求真实决不轩轾从心。"[③]1890 年 11 月,报人呼吁"中国宜振兴日报",声称报纸应该做到"无论相臣将臣苟有失德,则报馆即直言指斥,无稍隐瞒,甚至帝王之尊亦有被日报中讥"。报人批评中国报纸"多粉饰","惟是颂扬官长","是非曲直无所发明",报人认为这种行为"恐难遵报章之例矣"。[④]体例,有成规、惯例之意,又有纲领制度的意思,"新闻体例"则指新闻职业活动应该具备的基本原则、应遵守的专业规范,与 20 世纪新闻话语将"报纸体例"理解为版面安排、内容设置、发行周期等偏于著述"格局""格式"等意项的认知不同,19 世纪相关表达囊括了更多内容。它主要关乎"新报应当如何操办"这项整体命题,与该名词泛指内涵更为接近,指向报纸的实践规则和道德规范。[⑤]在报人的论述中,遵守这一体例的职业活动主体也从个别主笔扩展到整个新闻纸行业。"据事直书"俨然成为新闻行业新闻采访、立言论说的核心要求。在《危言可以自警说》中,报人还对主笔"据事直书"所应该遵守的立论

---

① 申报.论法人添兵[N].申报,1884-02-06(06).
② 申报.拆梢可恶[N].申报,1886-04-26(01).
③ 申报.劝人勿入诉庭以免名登日报说.申报,1891-07-05(01).
④ 申报.中国振兴日报论[N].申报,1890-11-15(01).
⑤ 操瑞青.早期《申报》"体例"与 19 世纪新闻人的伦理观[J].国际新闻界,2020(07):158.

规范提出了要求："立言之体大抵必以持平为贵,畸轻畸重皆失也。力观各报立论往往务求精当、一秉至公,是非绝无偏见而据事直书。"①在19世纪80年代,《申报》报人屡屡以"据事直书"表明自己对新闻活动应遵守的职业规范的要求,②期间,几场战争为报纸的发展培养了大批读者,但不能忽视的是报人职业道德理念对报纸发展所起到的指导和引领作用。

二、秉笔者的职业精神和品质

进入19世纪90年代,中国危机四伏,洋务运动以自强起兴却难奈旧弊时病,维新变法图强之风随之大炽,此间,《申报》刊发不少关于新报以利于图治的论说,例如《新闻纸缘始说》(1890年1月26日)、《中国振兴日报论》(1890年11月15日)、《中国宜开西文报馆说》(1891年12月29日)、《新闻纸当持正议论》(1891年7月12日)、《论图治宜戒粉饰》(1893年4月14日)、《日报略论》(1896年7月27日)、《与西友论报纸体例》(1897年10月17日)等,这些论说集中体现了《申报》主笔们历经20年新闻实践积累所生发的新闻思想,对理解报人的新闻职业伦理认知颇有意义,但是在中国新闻史的研究中却付诸阙如。这些论说一方面结合中国时弊,疾呼报纸可以图强,呼吁报纸参与政治与批评政治的权力,另一面则向社会反复宣传报纸报人应具有的"据事直书"的职业品质。

---

① 申报.危言可以自警说[N].申报,1882-03-01(06).

② 19世纪70年代—80年代,申报屡屡以"据事直书"表达自己的报道思想。相关文本有:《械门宜治具本说》(1880年11月21日)、《危言可以自警说》(1882年3月1日)、《赘谈》(1882年6月17日)《沪上典质押三铺利弊说》(1883年4月27日)、《台基宜禁说》(1883年7月28日)、《法领事告示》(1884年8月27日)、《论责已责人显分厚薄》(1885年7月10日)、《来函节录》(1884年12月16日)、《沪江安堵说》(1884年12月16日)、《译西报论口子事》(1885年12月18日)、《税司接新》(1886年4月19日)、《旧案翻新》(1886年4月22日)、《阅申报浙宁海关事书后》(1875年4月21日)、《杭垣卖报人来书》(1876年11月14日)、《观察秉公》(1877年1月3日)、《拾遗苦况》(1877年9月17日)、《论不究台基》(1878年7月30日)、《局骗》(1879年1月9日)、《控追逃多案续闻》(1879年4月17日)、《答客问德人占胶州》(1898年1月11日)、《论图治必先求其通》(1895年12月14日)。

在《论图治宜戒粉饰》中，报人直斥当时国中粉饰太平、阿谀颂扬之风。甲午中日战争以前，中国虽两败于鸦片战争，再败于中法战争，但就整个国民社会心理而言，并未切实感受到民族危机，"内外人情，皆酣嬉偷惰，苟安旦夕，上下拱手，游宴从容……大厦将倾而处堂为安，积火将燃而寝薪为乐"。①报人批评道："粉饰之天下，纲纪安得而不紊，政教安得而不衰，世道人心安得而不惰且偷也，上即以粉饰相高，下即以粉饰为事……"论者认为欲戒粉饰，日报秉笔者须具备据事直书的职业品质：

> 日报秉笔者例得据事直书，无论士农工商咸得以一纸流传，闻所欲闻，见所欲见，而临其上者以为此固民生应有之利益，未尝以其泄漏机缄而使之箝口也，其不尚粉饰也如是……②

在《论新闻纸当持正议》中，论者认为"新闻纸颁布乎国中也，原贵乎下情得以上达，使民间之疴痒疾病无不上闻，政治之宽严、众情之爱恶无不咸知，国家而能采取舆评推求众论，利者兴、弊者除，可者行、否者止，以浃治乎众人之心，皆新闻纸之功也，是新闻与国政相关也。"③新闻纸有如此之功，关键在于主笔当持正议，作者借泰西报纸阐述报馆主政者之品质，认为报馆主政者应为"才高望重者为之"，"举凡朝章之得失、执政之贤否、官方之邪正、闾阎之利弊，听其悉心记载振笔直书，或褒或贬无所忌讳，此与古者告善之旌、诽谤之木、周礼肺石之制名异而实同，所以达下情重清议也"。④论者认为那种徇于私碍于情，"曲笔深文，称人之恶而损其真，扬人之善而过其实，有褒而无贬"的行为都违反主笔"据事直书"的职业道德要求，"皆不得谓之董狐之直笔也"。论者认为主笔应该"平日之以正自持"，排除任何权力甚至王权的干扰，"此犹秉

---

① 郑大华、彭平一著.社会结构变迁与近代文化转型[M].成都:四川人民出版社，2008:255.

② 论图治宜戒粉饰[N].申报，1894,4(14).

③④ 申报.论新闻纸当持正议[N].申报，1891-07-12(01).

史笔者头可断、手可斫而笔不可屈也，然则作新闻主笔又何异于作史官哉"。①这篇新闻学论说内容丰富，既涉及媒体功能，又关乎媒体和舆论，更强调了职业活动中的道德问题，报人明确报馆主笔务必要像史官一样敢于担责，具有良史直书著史之精神，敢于批评当政、直言无隐。

在 1895 年所发的一则讣告中，《申报》报人评论一西人主笔的职业行为"媲美董狐"，做到了"据事直书"：

> 罗弼符理沙士蔑，乃香港参理卡剌辅即士蔑西报馆之东主也，于本月十五晚七点四十分钟病终寝室，定于十七日下午四点四十五分钟殡葬。查士蔑君性情耿直、学问渊深，自创报馆以来据事直书、毫无讳饰，而于中倭之事尤能立论持平，不肯私心偏袒，与世之颠倒黑白、皮里阳秋者独存直道之……②

虽然评论的是西人，但是在报人眼中，这位西人的职业行为是符合主笔应该具有的据事直书、董狐直笔的职业道德品质的。

戊戌之后，黄式权执掌笔政，其"昧于时势，犹牢守其往昔成见，对于戊戌政变则斥康梁为叛徒。于是《申报》渐为阅者所不满"。③几年内报纸销量不断下降。为挽颓势，报馆在 1905 年 2 月 8 日宣布改革，改革举措共 12 条，主要目标就提高新闻生产质量，包括更新宗旨、扩充篇幅、专发电报、搜罗商界要闻等，其中第 9 条"广延各省访事"，要求："省会要区名郡大邑，上自官弁，下逮士农，人事纷纭，多有可采，是非所在，秉笔直书，备录无遗，以听舆论。"④

1911 年 8 月 24 日，《申报》进行自 1905 年后的第二次改革，主要目标是提高编辑质量，改变严肃古板之面目，增加"活泼""有趣"之风格以贴近读者。报馆称："本报素以严重正当见称者也。然而近时之人心

---

① 申报.论新闻纸当持正议[N].申报，1891-07-12(01).
② 申报.媲美董狐[N].申报，1895-02-18(01).
③ 姚公鹤.上海闲话[M].上海：商务印书馆，1917：183.
④ 申报.本馆整顿报务广告[N].申报，1905-02-08(01).

则趋活泼,夫严重正当则不能活泼,活泼则又不能严重正当,二者又不可得兼者也,而本报改革之本意,又欲得二者而兼之。新闻之中,举事直笔,不染时下浮滑之习,而游戏解颐之文章记事,亦不可尽无,别以门类,各分界限,使人不至视办报如儿戏而,亦无乾缩无味之嫌。"①

前后两次改革,一为改变落后观念,更新宗旨,扩大篇幅,提高报道质量以挽回报纸颓势;二为改良报纸形式,详简相宜,庄谐兼得,以求符合读者需求。但是,无论怎么改,在对新闻报道的要求和对从业者职业道德品质方面都没有变化,即要求从业者能够"秉笔直书",于新闻报道与评论务必"举事直笔"。

三、行业、社会对"据事直书"的共识

在晚清中国报坛,《申报》无疑影响最大,这种影响不仅限于其读者众多、发行量大、营利能力强,还在于其诸多办报理念、新闻业务、经营创新在行业内的辐射和示范效应,在《时务报》《时报》创办之前,《申报》一直被其他报刊模仿,从来也没有被超越。在这种示范效应和行业内反复的讨论下,"据事直书"作为报纸行业的职业道德规范及从业者的职业道德品质逐渐被业内所认同。

王韬和《申报》关系密切,是中国新闻事业的开创者,他非常重视新闻从业者直书直笔的职业品质,在《论各省会城宜设新报馆》中,王韬认为:"上无其事而故诬之,此罪人也。若直陈其事,举其利弊,不过欲当局者采择而已。"1885年9月29日,《字林沪报》在《论日报之有裨政事》中提出:"(报纸)上而政事之得失,下而风俗之美善,无不一一标举而罗列之,无偏颇无忌讳,据事直书……吾固以庶人传语为心,尤愿当事者以不毁乡校之义默赐。"②在19世纪90年代末20世纪初,梁启超、何启、郑观应、陈炽等报人学人都明确指出新闻行业应具有"据事直书"的职业伦理规范和品质。何启认为:"盖据事直书者,必无齐东野人

---

① 无名.本报改革要言[N].申报,1911-08-24(01).
② 字林沪报.论日报之有裨政事[N].字林沪报,1885-09-29.

之语,实事求是者,岂有子虚乌有之谈。"郑观应则言:"盖秉笔者有主持清议之权,据事直书、实事求是,而曲直自分,是非自明。"梁启超于1902年在《敬告我同业诸君》中指出从事报业者"不可不有史家之精神"。①1902年7月7日,创办不久的《大公报》在《论阅报之益》中认为报纸只有"据事直书"才会对读者有价值和帮助:"今阅报则言事如朋友之启告,言学如朋友之讲习,据事直书发为议论,言者无罪,闻者足戒,则又诤友之风也,直谅多闻一举而得。"1906年12月,有一读者投书报馆质疑报纸新闻失实,《大公报》经派访事人反复核实后刊发《声明》直抒胸臆:

> 夫敝馆自开幕以来他姑不论,而独于直言之天职自谓无亏,即所关系之大百倍于此项问题而义在必言者,敝报即据事直书无所规避、无所畏葸,但有裨于社会虽牺牲生命财产而有弗惜,然非事有根据调查翔实者,则不敢诬妄捏造以乱听闻而损价值,此当为海内外同胞之所公认。②

《大公报》将"据事直书"作为报业之天职及从业者最为重要的道德品质,指出这种理念和认知不仅在行业内已成为共识,更是被社会所公认。

1908年9月,清廷宣布立宪,上海各大报包括《申报》《时报》《中外日报》《同文沪报》《南方报》等联合举办庆祝会,到会的有上千人,马相伯、郑孝胥等发表演讲。③马相伯赞颂报馆在宪政中的作用。他认为,报馆有三大天职:一为扶持政教,二为清议公论之代表,三为天下之机关部。他宣称:"通国之裁判所苟能以照片照天下之奇奇怪怪,以电话听天下之是是非非,则其值何如。一国之中。所作所为皆据事直书,非

---

① 徐新平.中国新闻伦理思想的演进[M].北京:北京大学出版社,2020:39—42.

② 大公报.闲评特别之来函[N].大公报,1906-12-9(01).

③ 傅国涌.无语江山有人物[M].广州:广东人民出版社,2015.

裁判所乎,则其地位之崇高又何如。"①在马相伯的眼中,报纸、报人只有做到"据事直书"才能够体现出它的价值所在。

第三节　对"据事直书"的要求与实践

"据事直书"是史家治史的基本原则和职业标准,中国早期新闻从业者特别是商业性报纸报人在复杂的新闻职业活动中,将新闻传播规律和"据事直书"灵活地结合起来,丰富了中国近代商业性报纸新闻职业伦理理念及实践,推动了中国新闻事业职业化、专业化的进程。

一、"实事求是为宗旨"

"实事求是"是中国史家治史的一项重要原则,包含于史家"据事直书"的职业道德之中,被认为是"直录"和"实录"之"信史"精神的继承,也是史家著史追求历史真实的内在要求。"实事求是"语出汉代班固《汉书·河间献王刘德传》,他评价河间献王刘德对待历史文献"修学好古,实事求是"。唐人颜师古注曰:"务得事实,每求真是也。"②

至清代乾隆、嘉庆年间,乾嘉学派继承了汉代学者注重实证的治学观念。他们反对程朱理学空衍义理之虚,"大力提倡史实考据,把考证历代章程制度和历史事件悬为鹄的,形成注重证实而慎言褒贬的'实事求是'观念"③,蔚然成为一代风气,成为一种独特的学术形态。在实事求是的治学理念下,乾嘉学派强调史学贵在证实,以求真、求实为史学的本质属性和最高目标。

正如上文所言,生存竞争的客观需要以及对新闻规律认知的深入,使得《申报》报人在19世纪70年代末80年代初,将史家"据事直书"中的"实事求是"确立为报馆以及自身新闻传播活动的基本原则和要求,并付诸于新闻实践中。

---

① 时报.马相伯观察演说词[N].时报,1908-09-18(01).
② 王玉樑.中国古代哲学中实事求是思想[J].天府新论,2015(4):77.
③ 罗炳良.清代乾嘉史家的"实事求是"理论[J].宁夏社会科学,2006(11):90.

在伦理学的视野中，新闻媒体是一种伦理实体或者道德实体，[1]作为道德实体的新闻媒体，必然拥有自己的伦理道德原则，它会要求组织内所有工作人员按照这样的要求在各自岗位上开展工作。[2]"实事求是"作为媒体基本职业活动原则，无疑是约束包括报人和访事者所有工作人员的最为根本的职业要求。因为申报馆特殊的"洋人出钱、秀才办报"的办报模式，报人们实际上主导着报纸新闻报道的理念，所以，组织层面即报馆确定的原则要求，实际上也代表着报人对其自身职业活动的原则要求。

自创办以来，《申报》失实报道频发，报馆屡屡通过更正和自我纠错的方式来表明报纸和报人忠于新闻事实的"实事求是之心"和"实事求是之意"[3]，对于读者特别是竞争对手对自身报道真实性的质疑，《申报》重视新闻核实，如若自己的报道属实，《申报》必登报辨正，屡屡以"实事求是"为名自证清白，同时也宣传自己报道"实事求是"之特色。

1877 年 1 月，一名钱塘读者发信质疑《申报》一则新闻的真实性，经过调查后，《申报》刊发《谰言无据》，对质疑进行回击："日前有钱塘除秀生者由嘉禾舟次寄来一函，开附节略述禾中巨绅置产造屋一事，本馆博采旁求、实事求是……"[4]1879 年，一地方组织发来公函，希望《申报》对一则新闻进行核实，"以符贵馆实事求是之心也"。这也从读者的一方证明，报馆对"实事求是"的强调和重视。

如果说在 19 世纪 70 年代，"实事求是"只是报馆为自己报道真实性进行辩护的日常话语，那么到了 19 世纪 90 年代，报馆开始有意地将"实事求是"作为报馆的宣传标签乃至职业活动的基本原则。1880 年

---

　① 杨保军.新闻道德论[M].北京：中国人民大学出版社，2010：314.

　② 杨保军.新闻道德论[M].北京：中国人民大学出版社，2010：316.

　③ 此类更正或辩诬还有：1877 年 1 月 25 日《谰言无据》、1879 年 6 月 27 日，《女师构衅辩正》、1880 年 1 月 28 日《更正讹传》、1884 年 6 月 7 日《传言正误》、1888 年 10 月 28 日《冒名得贿》、1889 年 8 月 20 日《更正误字》、1891 年 6 月 1 日《实事求是》、1893 年 1 月 4 日《上案确情》、1898 年 11 月 24 日《并无土匪》、1899 年 3 月 7 日《实事求是》、1900 年 1 月 3 日《实事求是》、1900 年 8 月 24 日《正误》、1900 年 10 月 3 日《实事求是》等等。

　④ 申报.谰言无据[N].申报，1877-01-25(02).

初,《申报》发表一则更正,宣称有错即纠符合报馆办报之本意:"前报温州典妻奇闻一则,实因访事人得自传闻。今为更正,以符本馆实事求是之意。"①1884 年 6 月,福建官方发来一信批评《申报》失实,《申报》坚持自己新闻无误,并刊发《传言正误》,对自己先前报道的新闻公开征求证据:"本馆喜实事求是、无毁无誉,因亟登之以质诸知此事者。"②1889 年 8 月 20 日,《申报》针对上日过刊的文字错误主动发布更正,"昨日申报执笔者已经三次校雠,目问不致,仍多讹误矣,以致鲁鱼亥豕,袭缪承讹,为特声明以存本馆实事求是之意……"③1899 年 10 月,有名为"不平人者"的读者投书质疑《申报》前报新闻的真实性,《申报》馆随即另派访友前去"侦访",在确实事实无误后,《申报》随即告白辨正:"而本馆实事求是之意可以昭然共明矣。"④这样的辨正固然有自证清白之意,同时也有广告自己特色之心,这个特色,就是《申报》反复强调自己新闻报道的"实事求是"。⑤

1901 年 5 月 24 日,美租界公廨谳员给各报发函,要求各报对前日所登一外交冲突谣言予以更正。《申报》将此函公布于报,证明自己没有刊登此谣言,并声明本馆报道之宗旨:

> 惟本馆素以实事求是为宗旨。以上情节不特报中从未登过,即可访事人亦断不许其以讹传讹。⑥

① 申报.更正[N].申报,1880-01-28(03).
② 申报.传言正误[N].申报,1884-06-07(02).
③ 申报.更正[N].申报,1889-08-20(02).
④ 申报馆主人.谢绝干求[N].申报,1899-10-19(01).
⑤ 这类典型还有:1893 年 1 月 4 日《上案确情》:"前报日来此事传闻不一,本馆惟实事求是,不敢摭捃浮言。"1902 年 8 月 17 日《录本馆采访友人所报学生肇祸始末》:"而采访友所报情形与前报译登者不谋而合,足见本馆实事求是略无偏倚于其间,因削牍备登,以相印证。阅者幸毋笑为水复山重也。"1908 年 5 月 22 日《本馆特别广告》:"本馆延请访员均择稳妥之人,以束身自爱相戒勉,嗣后如再有人在外招摇,可不问是否访员,一体禀官查究,以符本馆实事求是之宗旨。幸甚幸甚。"
⑥ 申报.无稽勿听[N].申报,1901-05-24(03).

在具体的新闻实践中，报馆以"实事求是"为原则对新闻从业者进行约束。1884 年 8 月，《申报》特派访友报道中法之战，为了证明自己忠于事实之态度，声明："本馆职司记载务求实事求是。"①"职司记载"不仅指的是负责新闻报道的人员，同时也代表着作为组织层面的报馆对新闻报道的原则要求。从这则声明可以看出，报馆对访事人的最为基本的要求就是"实事求是"。海战发生后，访事人随时将战况报给报馆。面对来自各方纷乱复杂的消息，主笔倍感压力，"深恐访事人失报"。当访事人访得新闻得到证实时，主笔悬着的心终于放了下来，认为访事人"尚能实事求是"。②

到了 19 世纪 90 年代，"实事求是"成为报馆约束访事者的职业道德红线，在具体的约束性规范方面，《申报》严禁雇员谎报、捏造、虚报新闻，对访事人违反"实事求是"的职业行为处理非常严格。1891 年 8月，九江访事人发来一考生被舵工打死的消息，后经知情人反映又反复查询，报馆发现此消息"实无此事"，随即登报更正，宣布立即将访事人辞退，并对"诳报"行为表示"殊深痛恨"。③1896 年 8 月 16 日，《申报》刊登一则启事，声明辞退一名访事人，并警示所有访事者严格遵守报馆"实事求是"的职业原则：

> 本月初七日所登明神卫业一事，实系城中访事人误会听浮言，但本馆素以实事求是为心，从不稍存私意。是以已将访事人辞歇，并遍告本埠及各外埠访事诸友务当共体本馆之意，此后慎之又慎，再勿误蹈覆辙也。④

虽然访事人访得信息并非捏造，而是误听误信，但是报馆还是将其辞退，辞退的原因是访事人违反了报馆的"实事求是"之规定。同时，报

---

① 申报.信音歧异[N].申报,1884-09-01(02).
② 申报.续述福州战事[N].申报,1884-08-28(02).
③ 申报.传言有误[N].申报,1891-08-29(02).
④ 申报.实事求是[N].申报,1896-08-16(04).

馆还将报馆"实事求是之意"遍告本外埠访友,要求大家务必遵守,"实事求是"已然成为申报馆约束从业者的职业纪律。

无论是以"实事求是"为"心"、为"意",还是以"实事求是"为"宗旨",无不体现着《申报》报人在长期的新闻实践中,对传播信息必须符合客观事实认知的不断深入。

《申报》以"实事求是"为新闻报道的基本原则,还体现在判断和验证新闻事实的方法方面,"实事求是"理念的另一项重要内涵,就是探讨"求是"的方法论。在探求历史事实的方法和手段方面,清代乾嘉学派形成了一定的规范,即"'无征不信'、'孤证不立'的论证规范,'以经证经、去古为远'的用证原则,征引文献资料必须引用原文、注明出处的引据规范"。①特别是"无证不信、孤证不立"的规范,是乾嘉考据学派区别于其他学派最为重要的标识。报人作为新闻传播的把关人,在判断事实的手段方面,也受到了"无证不信、孤证不立"规范的影响。

首先,对于访事人提供的信息,特别是官场消息,报人判断是否确切的第一个原则为是否有"明文"。例如,1884 年中法之战,《申报》获得双方议和之消息,但只是存而不论,原因就是"并未见有明文",②明文就是相关电报和文书佐证。因为没有明文佐证,主笔只好将消息冠以《议和臆说》。1895 年,《申报》得到一官员委任消息,未敢确定为真,原因也是没有明文,"然未见明文,纪之究未敢信以为实也"。③

其次,判断事实需要多方信息的印证。1884 年中法在越南宣泰展开激战,《申报》确信一则消息之真实,认定的标准就是多方信息能够互相印证,"因亲至宣泰遥见破堞颓堭黑旗飘漾,现知恢复宣泰是实,特诣本馆报信客即去,又有数人诣馆报信亦与相同,三人成众,知

---

① 郭康松.论清代考据学的学术规范[J].清史研究,1999(3):65.
② 申报.议和臆说[N].申报,1884-11-25(02).
③ 申报.云津雁影[N].申报,1895-10-12(02).

其言非虚"。①关山万里,主笔不能亲赴现场,判断新闻真假的重要依据
就是多方信息的互相印证,颇有实事求是"孤证不立"之意。

第三,重视目击证据。1884 年中法之战,关于宣泰失守的信息众
说纷纭,在得到访事人一则报道后,报人最终确信无疑,原因就在于
"(访友)信中称为目睹情形……(访友)之信言之凿凿,宛然目击,情形
足以破前言之惑"。②1898 年 12 月,杭州发生火灾,但是《申报》杭州访
事人却"未见只字函报",主笔随即飞函严诘,要求采访"详细情形",并
声称"执笔人素以实事求是为心,决不任其以模糊影响之词,潦草塞责
也"。③显然主笔是非常重视访事人在现场的目击报道,不允许其含糊
其词。

新闻真实是一个古老的伦理问题,中外皆然。几乎所有的新闻伦
理准则都首先要求新闻记者在任何情况下讲明真相。④

1858 年,处于宁波的传教士报纸《中外新报》就标榜"序事必求实
际,持论务期公平"。⑤1868 年,位于广州同样为传教士报纸的《中外新
闻七日录》也强调自己"凡有送新闻纸来谷埠丕思善堂者,必再三访问
街上之店客,与街上之端人,非众口一词,断断不肯付刻"。⑥《循环日
报》在其《本馆日报略论》《本局告白》中言:"所言者必确且详"⑦,"必原
原本本本务纪其详,勿使稍有所遗漏"。⑧万国公报在《本馆主人自叙》中
说:"(作者)以求因事之是者录之,非者去之。"⑨大公报在 1902 年 6 月
17 日《大公报序》中说:"事实务取远大精确,俱以广见闻增学识
为的。"⑩

---

①　申报.宣泰恢复近闻[N].申报,1884-01-10(03).

②　申报.再书本月初四日河内近报后[N].申报,1884-02-20(01).

③　申报.药栈奇灾[N].申报,1898-12-20(02).

④　[美]克利福德·G·克里斯琴斯.新闻伦理:案例与道德推理[M].孙有中译.北京:中
国人民大学出版社,2014:42.

⑤　赵晓兰、吴潮.传教士中文报刊史[M].上海:复旦大学出版社,2011:129.

⑥　方汉奇.中国新闻事业通史(第 1 卷)[M].北京:中国人民大学出版社,1992.

⑦⑧　循环日报.本馆日报略论[N].循环日报,1874-02-04(01).

⑨　万国公报.本馆主人自叙[N].万国公报,第 322 卷.

⑩　大公报.本馆章程[N].大公报,1902-06-17(01).

　　和其他各报相较,《申报》是第一家明确将"实事求是"作为自己报道原则的报纸,其意义不仅限于对新闻真实的重视,更在于体现出《申报》强烈的"新闻本位"意识。正如史家著史以求得客观史实为著史的本质属性和最高目标,报人已经认识到,追求并传播客观事实是报纸和报人新闻报道活动最为重要的目标之一,已经隐约具有了"事实第一性、新闻第二性"的认识。正是基于对新闻真实性原则的认知,使得《申报》在传播新闻事实方面较其他报纸更为突出,并以之为自己竞争的利器。

　　在诸多客观条件限制下,报纸能否做到新闻真实,很大程度上和报人对新闻真实的认知观念有关。正如学者杨保军所言:"一种观念层面上的认识一旦形成,不管它是正确的还是错误的,合理的还是不合理的,便有非常重要的功能,对于人们相关领域的活动具有十分重要的指导作用。"①《申报》报人以"实事求是"为新闻报道的基本原则,当然有商业方面的考虑和需求,商业报馆将新闻作为商品,物美价廉当然是商业营利最基本的规律,但作为一种稳定的新闻观,对报人的新闻实践就有着重要的意识形态方面的指引作用,这一点突出表现在面对新闻事实同其他诸如"实用性"因素之间的取舍之际,报人还是能够做到以报道事实为重、以报道事实为先,特别是在军事报道中,《申报》在维护新闻真实方面的表现尤为突出。

　　战争讯息也许是最引人关注的新闻题材,往往促进报纸发行量大增,但是战争新闻却是报道失实的高发区,正如 1917 年美国议员希拉姆·约翰逊的著名评论:"战争时,首先损失的是真实。"②战争对媒体和记者的压力是巨大的,这种压力更多来自于新闻传播本身之外诸如商业需要、权力控制、宣传要求等因素,这种压力使得新闻记者和报纸"抛弃真实性义务的诱惑会非常强烈"。③1897 年,当远赴古巴寻找战争

---

　　①　杨保军.新闻真实论[M].北京:中国人民大学出版社,2006:29.
　　②③　[英]卡伦·桑德斯.道德与新闻[M].洪伟,高蕊,钟文倩译.上海:复旦大学出版社,2007:194.

的记者向美国著名报人威廉·伦道夫·赫斯特电告"一切平静,此处无骚乱,不会有战争"时,赫斯特回电:"请留下。你提供图片,我提供战争。"结果,"提供战争"的这期《纽约新闻报》销量将近 100 万份。①1884年,位于大洋彼岸的《申报》也因为一次战争报道而声誉日增,但是它的成功所依赖的并不是类似于赫斯特"提供战争"式的捕风捉影,而是对战争"实事求是"的报道。

1884 年中法之战爆发,《字林沪报》和《申报》卷入了一场新闻大战,在这场战役中,《申报》面临着诸多困难:首先是信息获得困难。法方控制着越南通往中国的唯一的电报线路,而且对军报秘而不宣,中国方面也对战争消息忌讳莫深。其次是竞争。《申报》的竞争对手《字林沪报》以《字林西报》为靠山,借助路透社,直接翻译外电,在信息获得方面得天独厚。战事报道的优劣直接决定市场的得失。面对竞争,申报馆一方面不惜重金在北京专门驻派访员,以专电形式报道"本馆自己接到电音";另一方面加强采访力度,在新闻调查和真实上做文章。

《申报》面临的另一个困难,则是新闻之外来自民众舆论和其他媒体"讳败喜胜"的压力。中法战争引起中国民众强烈的关注,"诸人盼望消息,道路相逢群应问讯"②,希望中方大胜者更是舆论滔滔,《申报》真实记载了当时民众亢奋的情绪:"有喜于轻听之耳即有善于妄造之口,而大意莫不恶法人,而欲其大败,前日闻知法人全军覆没闻者称快,而不知真信之无此捷速也,此不过如街头所卖宣泰克复图绘刘军大胜情形。"③面对"华人往往祖华"的民众舆论,《申报》希望民众保持"理性",劝导民众"有心越事者少安无躁焉可也"④,"平心静气,仔细猜详,理势二者之中"。⑤显然,报人是感受到了民众的压力的。这种压力在《申

① [美]迈克尔·舒德森.发掘新闻——美国报业的社会史[M].陈昌凤,常江译.北京:北京大学出版社,2009:53.

②③④ 申报.论越信难闻[N].申报,1884-03-14(01).

⑤ 申报.再书本月初四日河内近报后[N].申报,1884-02-20(01).

报》报道马尾海战前后达到了高潮。

1884 年 8 月 23 日下午,法国海军突袭中国福建水师,福建水师全军覆没,第二天,《申报》迅速报道:

> 昨日叠接福州警电,本馆以事关军务当发单张。不料晚十一点钟一刻上海电局又接福州来电。悉法人本约定今日八下钟开仗,讵昨午一下钟出我不意突开炮击,坏我杨武兵船,致我军水师船七号均被击沉。船政局亦被轰毁。噫,福州之事竟若见之一败涂地哉。书竟不禁掷笔三叹。①

这一快讯,新闻要素准确、齐全,语言简洁明了,而且饱含感情,即使用现代新闻业务的标准进行衡量,也不失为一则优秀的消息。正是这一则真实的报道却引起了中国民众的质疑。战事发生第二天,很多报纸"皆讳败为胜,以掩一时之耳目",②或言"法军见势难撼动旋即收兵败去",或言"法被穆将军击沉大铁甲一兵轮",甚至还有报称"法人全军覆没,仅逸去小兵船二艘"。③于是,在各媒体高亢情绪与错误信息鼓动下,民众纷纷指责《申报》"所述福州战事有未相符或加妆点","反谓偏袒法人,几以《申报》为集矢之鹄矣"。④

对于这种现象,古斯塔夫·勒庞的论述入木三分:"群众从来就没有渴望过真理,面对那些不符口味的证据,他们会拂袖而去,假如谬误对他们有诱惑力,他们更愿意崇拜谬论。"⑤民众此时所需要的不是真相,而是中方大胜之消息。很多报纸包括《沪报》之所以"讳败为胜",就是为了迎合民众的这种"口味","笼络阅者",以扩大销量。面对舆论压力和阅者之需要,报人坚称自己据事直书的正当性。报人也承认希望

---

① 申报.华军败绩[N].申报,1884-08-24(02).

②④ 黄式权.本报最初时代之经过[A].见:申报五十年[M].申报馆,1922.

③⑥ 申报.信音歧异[N].申报,1884-09-01(02).

⑤ [法]古斯塔夫·勒庞.乌合之众[M].冯克利译.北京:中央编译出版社,2005:91.

能够通过报道"商务共沾利益"并"亦深愿华军得利",但是报人认为:"若仅腾其口说,以图听者一时之悦耳。呜呼,吾谁欺欺天乎?"⑥ 显然,在报人眼中,提供确实的信息比只图一时痛快的"宣传效应"更为重要。1884 年 8 月 27 日,《申报》对中法海战进行了更为详细、准确的报道,其中包括"交战只半点钟之久,中国兵船被法击坏九艘,两艘虽已逃避然受伤甚重,法方只损失一水雷艇"① 等细节信息。此新闻同样遭到了外界指责,认为清军击沉法舰三四艘,虽然申报馆坚持自己消息准确"无容疑拟",但也倍感压力,"深恐访事人失报"。②

战后,随着多方信息的浮现,《申报》实事求是的报道终于被证实,甚至连双方损失对比数字以及法军只损失一水雷艇的消息也非常精确。这让主笔悬着的心终于放了下来,"始知本馆所延之访事人尚能实事求是,而两月来之疑遂因之而涣然冰释矣"。③

经过马尾之战的报道,《申报》因为能够"实事求是"地提供真实的新闻而获得广泛好评,"《申报》之冤大白于天下。是时《申报》销量益旺,求登广告者,户限几为之穿,篇幅有限,则扩增附录"。④

实事求是,要求以事实为本。现代新闻理论认为,以事实为本,就是尊重事实,坚持事实的至上性。它意味着其他一切都在事实之下,只能服从事实。⑤19 世纪 80 年代的《申报》,在职业化和专业化方面,都远远没有达到现代新闻事业的标准和要求,在报道环境方面,也常常面临诸多束缚,但是,《申报》报人还是较好地在新闻报道和商业需求以及其他诸如舆论需求、权力影响等因素之间取得了平衡,在以事实为本、重视传播新闻事实方面做出了努力。作为商业性报纸,《申报》敢于突破商业营利的束缚,重视真相事实的传播而独立于读者及社会情绪的影响,堪属不易。

---

① 申报.详述福州战事[N].申报,1884-08-27(01).

②③ 申报.闽战释疑[N].申报,1884-10-23(02).

④ 黄式权.本报最初时代之经过[A].见:申报五十年[M].申报馆,1922.

⑤ 杨保军.新闻精神论[M].北京:中国人民大学出版社,2007:60.

二、从业者"第一要在敢言"

史家"据事直书",贵在不畏权力,敢于记录和评判人物特别是权重位高之人的功过是非,非褒则贬。刘知几说:"盖史之为用,记功思过,彰善弹恶,得失一朝,荣辱千载。苟违斯法,岂曰能官。"[①]歌颂善美,抨击恶丑,是史家的责任,如果史家做不到这一点就是失职。因此,史家要有"仗义直书,不避强御"的勇气与品德,在书写历史时,不粉饰,不掩恶,甚至敢于直言帝王的过失,以引起其警醒。无论是董狐、齐太史兄弟、南史还是司马迁,他们作为良史而被后人称颂的典型品质就是不畏强权,敢于惩恶扬善、激浊扬清。

史家治史不畏强权、据事直书、彰恶扬善的目的是什么?一言以蔽之,即是"经世",也就是治世,经国济世之意。历史是现实的昨天,史学本来就是一门"经世"的学问,向来都是与现实社会有密切的联系。司马光奉旨编撰《资治通鉴》,目的就是"鉴于往事,有资于治道",即以历史的得失作为鉴戒来加强统治,资治就是"经世"。士人以"治国平天下"为己任,史家不畏强权、秉笔直书正是他们实现自己政治理想的一种手段。

《申报》报人以"据事直书"为己志,其最为强调的是从业者要具有不畏权力,敢于针砭时弊、直言无隐的勇气。目的就是实现自己干济政治、维护社会秩序的责任和使命,从而实现自己职业"义"的价值目标。1890年11月15日,《申报》报人发表首论《中国振兴日报论》,直言一位合格的主笔首先要具备"敢言"的职业道德品质:

> 今苟欲振兴日报,使中国人咸知日报之有益,无人不奉为指南,第一要在敢言。文自宰相以迄州县丞倅,武自提镇以迄千把外委,苟有过失务必侃侃而谈,格其非心,咸归于正,而于地方之利弊,人才之盛衰,风俗之浇淳,制作之良窳,精心考核、罗列报章,庶

---

① 刘知几.史通[M].上海:上海古籍出版社,2008:144.

乎国家能日盛月新,旧规顿改矣……①

对于"敢言"的职业品质,《申报》借评论泰西报纸,阐述了自己的理解:

> 泰西报馆之权甚大,无论相臣将臣,苟有失德则报馆即直言指斥,无稍隐瞒,甚至帝王之尊亦有被日报中讥其不韪者。是以由朝廷以迄,士庶罔不规行矩步,不敢为非。非惧宪章,实惧日报,用能使励精图治、日上蒸蒸、国富兵强为五大洲之冠。②

这篇论说阐述了报纸报人敢言的对象、内容和目的。所谓"敢言"就是直言无隐,敢于通过新闻报道揭露批评,主笔敢言的对象包括国家、地方政务之利弊、人才选拔任用之盛衰、民间风气之善恶等,直言无隐的对象下自庶民士人,上至王公大臣。在报人的新闻理想中,主笔甚至对最高权力者帝王也有批评的权利和责任。作者认为,报人要敢于对各种弊政现象包括官员的"失德"进行批评,要做到"直言指斥,无稍隐瞒"。只有这样,国家才能"日上蒸蒸、国富兵强"。作者批评中国报纸阿谀奉承、粉饰太平的不良风气,同时对官方限制报纸言论的行为表示不满,直言"中国则事多粉饰。报馆中惟是颂扬官长以博其欢心。其或官长办事不公,日报略加讥讽则即向之饶舌,刺刺不休,直使执笔之人箝口结舌,是非曲直无所发明,虽有报章恐难遵报章之例矣"。③和19世纪70年代和80年代相比,《申报》报人的新闻观颇为激进,而报人勇于针砭时弊的目的也很明显,就是为了改革弊端、有利于治。需要注意的是,报人将直言批评归于"报章"和"新闻体例",足见当时商业性报纸有意识地建构媒体舆论监督的正当合法性。

对于"敢言",报人一再阐明主笔要有不避强御的精神,"此犹秉史

---

① 申报.中国振兴日报论[N].申报,1890-11-15(01).
②③ 申报.中国振兴日报论[N].申报,1890-11-15(01).

笔者头可断、手可斫而笔不可屈也"，"主笔苟能秉正百折不挠，其所陈当存主文谲谏之风，宁攻其失，勿加谀词，宁出直言，勿讥其隐，可者可，否者否，直道自存于天壤"①，"吾儒在今日即不获功名震世，援水火于斯民，则且将口舌规人，寓劝惩于果报，举凡诱善惊愚，劝忠教孝，徵今证古，警后惩前，铎在手而旬宣，棒当头而猛喝，固吾儒分内事也"。②对于外部权力的压力，报人认为，主笔要如良史一般头可以断，但笔不可屈，百折不挠；主笔敢于直言批评，是主笔的分内职责，正如木铎在手警戒世事，棒当头喝催人惊醒。

《申报》践行"敢言"的职业表现主要是批评报道和言论。自创刊始，《申报》报人便以清议为己任，抨击时政之弊，屡触官事，甚至得罪地方官吏乃至封疆大吏。典型如徐壬癸案、杨月楼、杨乃武案，《申报》报人敢于突破清地方政府的压制，对地方官员滥施刑罚之弊进行了揭露与批评。特别是杨乃武案，"《申报》历经三年的不懈努力，发表消息类54篇，评论类24篇，谕旨公文类25篇共103篇报道"③，突破了官府审讯的关防严密，使得杨乃武案在浙江省官员"泰山可移，此判必不可改"的因循回护下突围而出最终昭雪。在报人敢于直言的报道下，报纸舆论监督的功用初步彰显，从而一举奠定了《申报》在民间的影响力与根基。

历经19世纪70年代初期与清地方政府的冲突后，《申报》报人笔锋所指更加多元，屡屡突破"慎勿品评时事、臧否人物"的底线，有时较为委婉，有时颇为激烈。为了进一步讨论报人敢言、勇于批评的新闻职业活动，笔者在图表1的基础上，对《申报》论说中的批评言论进行了分析统计，制作成表4④，结果如下：

① 申报.论新闻纸当持正议[N].申报，1891-07-12(01).
② 申报.日报略论[N].申报，1896-07-27(01).
③ 徐忠明，杜金.谁是真凶：清代命案的政治法律分析[M].桂林：广西师范大学出版社，2014.
④ 即在1872年——1910年的《申报》中每隔两年抽取一年同一月份（五月份）的申报作为样本，对其论说主题进行分析。

表 4：1872 年—1910 年选取的 20 个月的揭露、批评性论说主题分布

主题\年期	介绍西法、鼓吹洋务、呼吁宪政、对国家政策建言献策	批评官员及其弊政	社会风化、道德习俗、经济活动	关系国计民生的公共事务（赋税、河运、赈灾等）	国家形势、中日、中法、中俄等外交关系及军事冲突	军事、防务、兵政	人才选拔、官吏制度、士人风习	批评性质论说篇数	论说篇数合计
187205(25)		3	6	1				10	31
187405(24)		5	2	2				9	25
187605(27)		6	1			2	1	10	30
187805(27)		6	1					9	26
188005(31)		13	3		1		1	18	31
188205(31)		3	2		3			8	31
188405(31)	1	2	2	1	3	2		11	31
188605(30)	1	2	2				1	6	30
188805(31)	1		5					6	31
189005(31)		3	5			3	2	13	31
189205(31)	2	2	2	1		4	1	12	31
189405(31)		4	3	1			1	9	31

续表

主题＼年期	介绍西法、鼓吹洋务、呼吁宪政、对国家建言建策	批评官员及其弊政	社会风化、道德习俗、经济活动	关系国计民生的公共事务(赋税、漕运、河务、赈灾等)	国家形势、中日、中法、中俄等外交关系及军事冲突	军事、防务、兵政	人才选拔、官吏制度、士人风习	批评性质论说篇数	论说篇数合计
189605(31)		3	3				2	8	31
189805(31)		4	1		1		2	8	31
190005(31)	3	4		2	2		1	12	31
190205(31)	4	3	1	2	2	1		13	31
190405(31)	5	2		2	1	1		11	31
190605(31)	9	2		1		1	2	15	31
190805(31)	10	1		2				13	31
191005(31)	9	2		1	1		1	14	31
共598期	45	70	39	16	14	14	15	213	607
所占比例	3.65%	40.87%	27.73%	5.83%	5.83%	8.06%	8.03%	32.54%	100%

如表 4 所示：598 期样本共有 607 篇论说，平均每期报纸有 1.01 篇论说。其中批评性论说高达 213 篇，竟占论说总数的 35.09％。批评的主题广泛，官吏腐败弊政有之、社会道德风气有之、国计民生大政方针有之、人才培养官制士气有之、洋务军务国家外交有之，可谓民事、官事、天下事，事事关心。这些秀才主笔不避强御，"直言无隐"，敢于揭露积弊、批评时政的勇气跃于纸上。

从批评主题变化的趋势看，19 世纪 70 年代，《申报》主要是在批评社会风气及地方弊政上着力。进入 19 世纪 80 年代后，随着清廷在一系列战争中的失利，国家内忧外患，积弊难返，所谓的同光中兴犹如肥皂泡一捅即破，报人敏锐地嗅出了危机的味道，直指洋务运动、官吏制度、军事兵政等在制度根本上存在的弊端，颇有所谓"盛世危言"的味道。鸦片战争以来，变革思潮大兴，诚如梁启超所说："志士扼腕切齿，引为大辱奇戚，思所以自湔拔，经世致用观念之复活，炎炎不可抑。"①经世派人物以匡济天下为己任，揭露社会时弊，抨击时政，主张更法与改革，改革的内容一是改革漕、盐、河诸大政之积弊。二是要求改变吏风士气，造就有用人才。认为士习衰恶，吏风不正，廉耻颓丧，人才危机，是清王朝面临的严重问题。②洋务运动的强兵富国之梦被甲午之败惊醒，维新人士以爱国相砥砺，批评洋务之弊，在政治、经济、军事、文化和习俗方面力倡改革。可以说，《申报》的批评论说不仅把握了历史脉动，切中了时代弊病，而且其一篇篇批评洋务之弊、军事兵政之弊以及吏制之弊的言论对于陷于同光中兴大梦中的国人来说不啻为一针清醒剂。

从数量来看，《申报》在批评官员恶习弊政、官吏制度弊端以及民生大政之弊问题上可谓不遗余力，这方面主题的论说达到 70 篇、15 篇和 16 篇，共占批评性论说总数的 47.14％。这些言论直指地方官员的苛政乱政、官吏制度的陈腐以及官员在赋税、漕运、河务、赈灾等民生大政

<hr>

①　梁启超.清代学术概论[M].北京：人民出版社，2008.
②　郭汉民.中国近代思想与思潮[M].长沙：岳麓书社，2005：136—139.

中的不作为和贪腐,在一定程度上代表并维护了底层民众的利益和意愿,具有强烈的民本思想。除去一般的宏图大论,《申报》更多地是以其新闻眼深入地方乡里民间,通过放大一件件新闻事件,揭示地方弊政,以小见大,以微见著。

1880 年 4 月中旬,浙江巡抚谭中丞委派官员赴嘉兴查勘荒田,官员抵嘉后与当地农民发生冲突,查勘官员向巡抚报告后,巡抚即派兵捉拿当地农民。《申报》派人采访后,在一个月内连发 5 篇言论,对浙江当政进行批评,认为此次冲突原因"由于官而不由于民"①,"委员及地方官不免办理不善之咎,而变后所闻嘉兴肇事之由则委员尤不能辞其罪"。②报人指责官方负有不通上下情之责,"惟此事不能不先晓喻,体宪意而通民情,地方官之责也",③激起民变的根源在于地方苛政、官吏籍垦荒之名中饱私囊所致,报人在文中指出"特设捐款名目,而于认佃认垦之户,岁纳捐项仍不减于漕粮,且反有浮于钱漕,而此外又需索各费者,是以上年某乡有客民滋事与土著械斗伤人之案,可知垦荒收捐之银,惟其为地方之用,不入报解款内,以致结怨于客民而全郡指为苛政也……县中官吏上下其手,以历来成熟之田为死丁绝户之产,藉垦荒之名为匿粮之举,十余年来报解亦复缺额,官幕丁婿通同作弊,无有发其覆者"。④在揭露地方弊政后,报人对浙江巡抚以强硬手段对付民众进行批评:"省宪听委员一面之词而大发雷霆,欲与百姓为难,则将来之事又恐不堪设想矣,夫钱粮为国课正供,乡人而欲求免升科殊为藐法,然其中或实有所不便于民者,则亦当妥为区别,逐细查明,从容咨访,而奈何以卤莽而激变于前,又欲议剿办以贻患于后,委员之耻雪矣。"⑤揭露所辖地方弊政,已是对浙江巡抚的大不敬了,主笔仍不忘用"卤莽"抨击大宪,报人们可谓"敢言"。

清代言禁至酷,文网极密,乾隆朝大兴文字狱,对民间言论的钳制

---

①⑤　申报.论民变[N].申报,1880-05-23(02).

②　申报.论杭嘉湖三郡民情[N].申报,1880-05-29(01).

③　申报.论杭州调兵入禾[N].申报,1880-05-22(01).

④　申报.嘉湖两属勘荒清粮情形不同说[N].申报,1880-05-14(02).

达到了封建社会的顶峰。思想言论的钳制给思想文化、士人风气带来恶劣影响。知识分子动辄因言获罪，为求自保，只得禁锢思想，抛弃气节，死抱八股程式，背诵圣贤教诲，唯图科举入仕；言论的钳制也败坏了官场之风。清朝官员大多数为科举入仕，作为文人，他们有可能被文字狱所戕害；作为官员，他们又是文字狱的主导者。他们不敢触碰文网，家破人亡，又不愿因为贯彻统治者严令不力，不能严查文字之责而获罪。于是他们只能愈加谨小慎微，成为没有思想、没有节操的"木偶"。龚自珍曾对整个社会士人官吏的丑态进行入骨三分的针砭："官愈久则气愈偷，望愈崇则诌愈固，地愈近则媚益工。"①在清廷对言论的高压态势下，官员士子大都"多磕头、少说话"，敢于直言者甚少。《申报》报人虽然身处洋界，但是触犯官政是要冒一定风险的。在严苛的言论环境下，报人敢于突破权力的压力和束缚，其针砭时弊、直书"敢言"的精神与品质还是难能可贵的。

需要注意到的是，《申报》毕竟是商报，也面临着生存的压力，报人既要伸"义"，还要得"利"，因此，《申报》报人的批评性言论也是讲究一些策略的。对于当地或者周遭地方的批评，言辞较为委婉，例如，文上列举的浙江嘉兴查勘官民冲突案，报人就没有直接攻击浙江巡抚，只是字里行间迂回批评了一下，而对于距上海较远的地区，报人言辞就较为激烈。

《申报》报人虽然身居洋报，但他们还是奉行传统价值观的文人，他们的批评也没有超出传统士大夫清议的范畴，虽然在其新闻理想中也认为报纸有批评帝王的责任，但是其针砭时弊的目的是为了改革弊端、有利于治，以求富民强国，绝不是否定君权。在对清廷最高统治者的态度上，《申报》报人还是非常尊敬的，其批评性言论及报道也多属建设性性质。正如学者王敏所言："《申报》议论时政，多属建设性意见，不会冷嘲热讽，不会直接攻击政府，这是《申报》自创办起就坚持的办报路线。"②

① 冯天瑜、黄长义.晚清经世实学[M].上海：上海社会科学院出版社，2002：133.
② 王敏.政府与媒体——晚清上海[J].史林，2007(1)：80.

但是,报人的批评绝对不是迂回无力、浅尝辄止,报人们敢于直面矛盾,直言无隐的职业精神还是较为突出。

三、报道"不加论断、是非自见"

中国古代史学家坚持秉笔直书,一则为了存信史,一则为了明鉴诫,①从而具有鲜明的经世致用的特点,形成经世、鉴戒与褒贬的统一。尽管治史的重要目的是褒贬善恶,但中国治学传统始终强调史家著史以资镜鉴的前提必须是据事直书、求得客观历史事实。典型如司马迁著《史记》,在尊重事实的前提下,将自己的见解和是非评议寓于对事实的叙述之中。顾炎武在《日知录》卷二十六评价道:"古人作史,有不待论断,而于序事之中即见其指者,惟太史公能之。"

这种"寓论断于序事"的著史笔法被乾嘉学派进一步发展。乾嘉学派治史大力提倡事实考据,形成了注重历史事实证实而慎言褒贬的"据事直书"的学风。主张弄清历史事实的真相,维护历史的客观性,反对人为设置类例记载历史,认为"据事直书"就能够起到褒善贬恶的作用。王鸣盛认为:"凡史欲据事直书,不必下褒贬。"钱大昕认为:"史家纪事,唯在不虚美、不隐恶,据事直书,是非自见。"②乾嘉学派认为史家只要搞清历史事实,直书善恶,后世自会有公论,无须另外再画蛇添足。

《申报》报人显然受到了中国传统史家特别是清乾嘉学派据事直书、褒贬自见的治史原则的影响。报人以"义"为职业价值目标,积极通过报纸建言建策、针砭时弊,以维护国家利益和统治者的统治秩序,在新闻实践中,报人认识到,除去言论外,通过客观陈述事实,不加论断而是非自见的报道方式,更能有效地体现自己所要表达立场。这种报道方式,在形式和手段方面类似于现代新闻理论和实践中的客观性原则,在本质上更接近"用事实说话"。

早在19世纪70年代中后期,《申报》报人在新闻报道中就开始有

---

① 邓鸿光、李晓明.史学理论与史学史[M].武汉:崇文书局,2002:27.

② 罗炳良.清代乾嘉历史考证学研究[M].北京:北京图书馆出版社,2007:49.

意识地强调"据事直书,不加论断而是非自见"的报道方式和报道理念。这种报道理念的选择,一方面是出于报人们谨慎论断以自我保护的考虑,一方面是由于报人对新闻传播规律认识的深入。

《申报》初创,因为屡触官事以及报道失实,惹了不少麻烦,生存的压力以及新闻报道规律要求报人必须认真对待新闻的真实性问题。在严苛的言论环境下,采取史家的治史传统,强调传播事实而慎加论断,无疑是能够给自己披上一层保护外衣。

随着事实力量的逐渐凸显,新闻真实成为《申报》得以发展之根本和引以为荣的标榜,报人们认识到,通过不加论断的报道方式比单纯的言论更具有说服力,更具有彰善弹恶的效果。典型如 1896 年 7 月 27 日《申报》在《日报略论》中所论述:"日报一事,实足以警动人心、挽回风气,维持世运,有彰善瘅恶之权焉,一褒一贬严于衮钺,所赖者董狐之直笔耳。"[①]对于如何报道以示褒贬,作者认为:"或曰天下有道则庶人不议,自日报一出实开处士横议之风。或明斥官常或隐讥时局或寓言骂世或借事诬人,得毋非直道而,此皆非日报体例之所宜有也,日报一道不独无深文曲笔,是者著其是,非者著其非,但述其所由,而是非曲直自见且也。"[②]在作者眼中,那种利用言论造谣生事、激烈痛骂、冷嘲热讽等都不符合主笔的职业规范和报纸的体例,主笔最有效的报道方式应该是"据事直书",忠实地记录和传播事实,是非曲直就自然地体现在事实中。

1876 年 10 月 23 日,《申报》刊登《杭垣近事》,报道杭州驻营官兵违反营规,外出扰民的事情。这一篇报道随后引起了官方的质疑,认为报人报道不公正,并托人到报馆寻求更正。《申报》随即在 11 月 14 日刊发《杭垣卖报人来书》,一方面强调自己报道有据有实,一方面声明自己的报道方式符合公正标准:"本报新闻据事直书,并无成见。纵有未尽详确处,然事关大局从不敢以传闻无据之词率尔登报,所谓谁毁谁誉,无非行其直道而已"。[③]对于质疑,报人辩解自己只是陈述新闻事

①②　申报.日报略论[N].申报,1896-07-27(01).
③　申报.杭垣卖报人来书[N].申报,1876-11-14(02).

实，并没有刻意地去褒贬。在这里，报人已经有意识地将报道和观点有所区分，强调事实而非主观论断，显示自己报道的真实与公正。

"不加论断、是非自见"的报道方式，在1877年9月17日一篇题为《拾遗苦况》的新闻中表现的最为典型：

> 昨捕禀公堂云，前有西人驰马遗失时辰表一只，金链一条，查系张阿纪拾取，卖于王德茂银作，因并送案，张称金练条系在途拾得，卖洋九元。王称将金链卖洋拾二元。奥翻译陈司马会商，以张阿纪拾遗不还，宜押六月。王德茂贫买便宜，罚洋一百元作为闽省赈款。于是张王不敢措一辞矣。按：陈司马每日所断之案奇思迭出，本馆纪不胜纪，议不胜议，此事尤属出人意表，今特据事直书之，所谓不加论断、其失自见也。①

拾遗卖钱，本是小事一桩，却因为拾到的是"洋人"的东西，就重判羁押六个月，实属过重。更令人诧异的是，在不知情况下，王姓商家购买实属正常，却也连带受罚。报人面对如此媚洋判决，并没有大肆评说，只是加了个"按"，寥寥几语，并强调自己"据事直书"的报道原则，"所谓不加论断、其失自见也"。虽然没有直接褒贬，但是明眼人一看便知报人批评的立场和态度。

在19世纪70年代至80年代，报人屡屡强调据事直书、不加论断的报道规范和理念，例如，1873年7月，报馆为自己的报道辩白："本馆胪列新闻登之日报，不过据事直书，未敢饰无为有，亦不敢颠倒是非间于篇末，窃耐已意亦不失就事论事之意，以期准乎情当乎理而已。"②；1879年4月，报馆报道一则新闻，并加上评论："昨报录控追逃妾一则，本馆悉照堂供据事直书，并无半字添砌。"③；1883年4月，报人和客户进行对话，介绍自己采择新闻之心得："余曰，诺，已知之矣。过耳秋风，

---

①　申报.拾遗苦况[N].申报,1877-09-17(02).

②　申报.论不究台基[N]申报,1878-07-30(02).

③　申报.控追逃多案续闻[N].申报,1879-04-17(03).

置之不论不讥。兹以论次典质押铺连类及之据事直书,曲直是非固自有在矣。"①

　　1884 年是《申报》发展史上极为重要的一年。对中法战争真实详尽的报道使得"《申报》销量益旺"。②同时,报人也发现,在对中法战争及双方交涉的新闻报道上,西方报纸屡屡出现对中方进行歪曲报道和评论不公的情况。《字林西报》经常为法国侵略辩解、袒护。当《申报》据实报道黑旗军和清军主动退出北宁,法军得一空城时,《字林西报》在刊登这一消息时略带讥讽地说:"得此信息者必然快慰。"中法议和未成,英国报纸批评中国"弃好寻仇,而且言之有无限怅惜"。③不仅是西报,华字报在报道中也出现因倾向己方而失实之处,当《申报》报道清军在马尾海战中失利的事实时,不少华字日报"讳败为胜",对《申报》进行质疑。《申报》报人认为,这些报道与评论的不实与不公原因之一,在于双方主观上各自有所袒护而罔顾事实:"西字报则详于法事,华字报则详于华事……法国军情其有胜则张扬败则讳饰……官场信息亦不免有所隐讳"④,"西人则无不观西报者,恐西报倘有袒于法人"。⑤对于这些问题,报人们显然是有所思考的,在报道方式上,作者认为主笔必须据事直书,用事实说话而寓观点于其中,1892 年 12 月,《申报》呼吁中国应该自办西字日报,加强对外宣传和传播,在报道方式方面应该"据事直书,不必加臧否,褒贬于其间。务使公是公非,灿然大白于天下,则彼求全责备之心不烦言而自解,国家或于此得转圜之力"。⑥可见,《申报》报人已经意识到只陈述事实,不加论断,是非自见的报道规范和报道方式在沟通中西、在国际舆论环境中有效表达自己意见方面的功效。如果说在 19 世纪 70 年代,报人采取据事直书、不加论断的报道方式还是有规避风险的考虑的话,那么到了 80 年代和 90 年代,报人对这种报道

　　①　申报.沪上典质押三铺利弊说[N].申报,1883-04-27(01).
　　②　黄式权.本报最初时代之经过[A].见:《申报》馆.申报五十年,1922.
　　③　宋军著.申报的兴衰[M].上海:上海社会科学院出版社,1996:44.
　　④　申报.论军报不易灼知[N].申报,1884-04-10(01).
　　⑤　申报.立言有体说[N].申报,1884-01-02(01).
　　⑥　申报.中国宜自设西字日报论[N].申报,1892-12-16(01).

方式的理解已经达到报道技巧和传播策略的层次了。

　　从形式上讲,报人秉承的"不加论断、是非自见"的报道理念在形式上颇具有现代新闻理念中客观性报道的特征。"客观性是指意识到新闻报道中'主观',从而要求事实与价值分开的一种专业信念和道德准则。"①19世纪90年代,第四等级说在欧美已失去了地位,让位于"客观的"新闻业之说。在操作层面,客观性原则的核心是把事实与意见分开,"以一种公正、超然以及不含成见的态度来报道新闻;反对在新闻中夹叙夹议,不能参与个人见解"。②

　　在中国近代,首先萌发新闻客观性观点的是著名报人黄远生。民国初年,派系间你死我活的争斗遍及各地,报人毫无自由可言,因此,建立一种不介入政党政治的新闻业的想法,对报人们有着极大的吸引力。③早期就此发表见解的人物之一是黄远生,他的言论代表了主张使新闻业摆脱政治的观点。在一定程度上可以说,是他在中国建立了"硬新闻"学说,他为《庸言》撰写的《本报之新生命》一文曾言简意赅地说:

　　　　吾曹以后将力变其主观的态度,而易为客观。故吾曹对于政局、对于时事,乃至对于一切事物,固当本其所信……吾曹有所主张以及其撷取其他之所主张之时,其视综合事实而后下一判断之主张,较之凭恃理想所发挥之空论,尤为宝贵。若令吾人所综合事实,尚未足令吾人下笔判断之时,则吾人与其妄发主张,贻后日之忏悔,不如仅仅提出事实……④

　　1918年,徐宝璜又为这种萌生未久的观念注入了新的活力,他明确提倡提出新闻报道要将"事实"和"意见"分开,他主张编辑新闻时,须

---

　　① 黄旦、孙藜.新闻客观性三题[J].新闻大学,2005(夏):12.

　　② 吴飞.西方新闻报道方式变革的内在动力[J].现代传播,1999(2):6.

　　③ [澳]特里·纳里莫.中国新闻业的职业化历程米——观念转换与商业化过程[J].新闻研究资料,1992(06):182.

　　④ 黄远生.本报之新生命[N].庸言,1914-02-15(1—4).

"心地开放,毫无成见,所述者仅为事实。尤不可显然夹入好恶赞斥之词,以表其意见"。①其所表述的思想就是客观性原则。

在现代新闻理论中,客观性原则最为直接的目的是确保新闻的真实性,是实现新闻真实的基本途径,是确保新闻报道可信和公正的核心手段。《申报》报人以据事直书为规范,其"不加论断、是非自见"的报道方式的重要目的之一是寓是非褒贬于新闻事实的陈述之中,也就是通过陈述事实表明价值判断。这无疑和中国近代报纸强烈的实用理性和经世致用思想有关,其动力来自报人内在职业道德理想和目标。尽管这种报道方式和报道思想来自于报人对中国传统史家"据事直书"的精神和原则的理解,其目的还在于通过事实的报道来表达自己意见,但是在维护新闻报道的真实性和公正性的客观效果方面却与现代新闻理论的客观性理念"殊路同归"。

从新闻报道的目的和理念角度看,报人这种报道模式更接近于现代新闻实践中的"用事实说话",所谓的用事实说话,是指通过选择事实、表现事实、解读事实,使受众不仅能了解事实,还能按照事实选择者即新闻传播者的思路来认识事实。用事实说话,关键在于不是通过新闻传播者直接的评论,而是经过精心选择的事实,运用事实本身的逻辑说服力,充分地表现出传播的倾向和观点,新闻要用事实说话,即新闻传播者不是简单地罗列事实,而是选取最能反映本质、体现主题、说服人、打动人的事实本身来说出传播者想说的话。②近代中国商业性报纸自发轫起,就带有强烈的政治和教化色彩,早期报人也将自己包括自己的职业视为维护社会秩序不可或缺的一部分,甚至是权力系统的派出或辅助机构,这和西方媒体追求的绝对分立于行政、司法等权力机构的所谓"独立"性不一样。报刊报人将史家著史"寓论断于序事"的基本原则和媒体报道规律结合起来,颇具中国现代新闻报道中"用事实说话"的精髓和特质。

---

① 徐宝璜.新闻学纲要[M].上海:上海书店出版社,2011:42.
② 童兵.新闻传播学大辞典[M].中国大百科全书出版社,2014:5.

四、言论"持平公允、绝无偏见"

史家治史以"取鉴资治、垂训道德、固国安邦"为目的,立言评论是史家实现自己以史为鉴的重要手段。乾嘉学派主张将褒贬寓于据事直书中,并非反对历史评价和价值判断,而是坚持在历史事实的基础上进行公正的评论,"论史主于示褒贬,然不得其事迹之本末,则褒贬何据而定?","苟无事迹,虽圣人不能做《春秋》;苟不知其事迹,虽以圣人读《春秋》,不知所以褒贬"。①乾嘉学派判断褒贬正确与否的标准,关键在于它是否符合历史事实。在尊重事实的基础上,乾嘉学派认为评论应该结合事实的历史环境,反对脱离历史而主观议论褒贬,"立论持平、褒贬允当"是史家应该具有的史德。

《申报》报人重视报刊论说,论说亦是报人履行自己"义利兼顾"使命最为倚靠的职业手段。19世纪70年代《申报》初创,报人忙着鼓吹新报"益国、益民"的功能,宣传新报可以"持清议、代谏章"的政治合法性,对具体职业活动包括报道和论说的职业规范方面着墨不多,在报人的认识中,报纸只要做到"采录正经信息,博论重要事务","如此即不差新报之设意"。②到了19世纪80年代,随着报纸发行和影响力日增,报人开始重视职业活动的规范性问题。报人对报刊论说应该遵循原则和标准的认知明显受到了乾嘉学派对"据事直书"之认知的影响,即报纸立论要做到从事实出发,坚持客观的态度,持平公允。

1882年3月1日,《申报》发表论说《危言可以自警说》,对报馆主笔立言这一职业活动进行了具体规范和要求,强调要"据事直书":

> 立言之体大抵必以持平为贵,畸轻畸重皆失也。历观各报立论往往务求精当,一秉至公,是非绝无偏见而据事直书,案而不断或微不断语总以公允为准。③

---

① 永瑢.四库全书总目[A].见:罗炳良.清代乾嘉历史考证学研究[M].北京:北京图书馆出版社,2007:110.

② 申报.论新报体裁[N].申报,1875-10-08(01).

③ 申报.危言可以自警说[N].申报,1882-03-01(01).

报人认为，新闻论说应该如史家治史一般据事直书，以持平为贵，"绝无偏见"。报人认为，各国报纸为了本国利益皆"直陈利弊以冀当道"，他也希望中国报纸在点评他国事务时也能够公正公平，不能"信口讥评，意存貌玩者"。

1885 年 7 月 10 日，针对《字林沪报》对自己的攻击，《申报》发表《论责已责人显分厚薄》一文，特别提出日报立论要"公平正直"，"公平正直"符合日报之例，而带有私心和偏见去立论则违背了日报之例，所谓公平就是"公者无私"，"平者无偏"，只有这样才能像"董狐"一样符合良史的要求：

> 日报之例必以公平正直为要，公者无私，平者无偏，正者无邪，直者无曲，此乃不愧乎董狐之笔。而行之愈远足以餍阅者之心，若一有私心，一有偏见，一杂邪念，一涉曲笔，即有违日报之例而不足观矣。[①]

进入 19 世纪 90 年代，商办报业屡屡出现主笔、访事者报道失实、藉公报私、以报勒索等职业失范现象，在诸多论说中，《申报》不断阐明自己对从业者职业道德的要求，包括公正清廉，事理通达，一秉至公，"不能隐挟嫌怨，私肆谤讥"等等，在诸多规范和要求中，《申报》强调立论要"据事直书"，不偏不倚、公平正直。在 1891 年 7 月的《论新闻纸当持正义》一文中，主笔提出：

> 君谓主笔苟能秉正，百折不挠，其所陈当存主文谲谏之风，宁攻其失，勿加谀词，宁出直言，勿讦其隐，可者可，否者否，直道自存于天壤，问其国家政事，据实言之。亦无不然，若使铺张扬厉，徒饰外观，殊失新闻之体裁又何取乎。[②]

---

① 申报.论责已责人显分厚薄[N].申报，1885-07-10(01).
② 申报.论新闻纸当持正义[N].申报，1891-07-12(01).

实际上,在《申报》创办初期,报人就注重言论要从事实出发,立论持平。1872年,初创时期的《申报》因为屡屡为华人利益发声,备受西报诟病,《申报》在《论西字新报屡驳申报事》直言自己"所以供华人之耳目者也"。①一般学界认为,是梁启超首次将报刊喻为"耳目""喉舌",认为报刊的基本功能在于"去塞求通"。实际上,最早明确提出报纸为民众"耳目"的是《申报》报人。对于言论的倾向,《申报》也不回避,在涉及两方利益相悖的事件时,《申报》认为所持言论应该"至其事有两相悖两相反者,则以理辨正之,以义折中之,而仍不使有所偏倚焉斯己耳,大概而论,则两边各宜持平,各宜克己"。②涉及双方利益冲突,《申报》认为所发言论应该考虑双方的利益及表述,以义理标准进行讨论,做到持平公正。所谓以理服人,当然也包含了以客观事实发论的意思。在涉及中外交涉的新闻报道与评论中,《申报》这种据事直书、立论持平的特点尤为突出。

1874年5月3日,上海爆发四明公所事件。事情缘起于法租界工部局欲在宁波同乡会义冢上筑马路,并无视上海宁波人正当的请求和反对,从而爆发冲突血案。案件发生后,法国总差声明法人是向空中放枪并无意杀人,同时,西人也不相信法人有预谋开枪。1874年5月5日、6日,《申报》连发两篇论说,揭露法人残暴:"凡据中西众旁观之人所云,(法租界巡捕)皆过于肆恶,遇不在事者或以剑戟击之众,在逃者则从其背后放枪,中枪死者五人,弹不中而散走者甚多,即于四明公所墙上而有弹迹可证也。"③通过对现场确实详尽的报道,《申报》表明了自己的态度,直指主要责任在于法方,"法人必欲伤拂众心以行其志,其意亦何取乎,试思其事实由不悉民心,若果知众怒难犯,亦必俯顺兴情,何至两相为难,今以偶逆舆情遂尔构成大衅"。④值得注意的是,在这两篇论说中,报人并不是一味地指责法人,对宁波人一些过激举动也给予了批评:"而华人之违例滋事,其咎不可辞也,而即出于无谋自是

---

① ② 申报.论西字新报屡驳申报事[N].申报,1872-12-13(01).
③ ④ 申报.总论四明公所事[N].申报,1874-05-05(01).

躁急之时，激而走险，按诸情形则愿在上者其恕以办理，务期中外两得其平可也。"①事后，法国领事葛笃不愿引起更大的麻烦，迫使工部局放弃这项筑路计划。对于法方事后的处理，《申报》也给予了正面的评价："民心之所以陡然平静者，盖由于法国葛总领事所出告示故也，若非如此，真有城门失火延及池鱼者正未可知，是皆赖法领事能服众……"②这两篇论说，《申报》虽然倾向于中国民众，将责任归咎于法方，但并没有一味地袒护或指责一方，而是根据当时情形事实具体而论，不因华人而隐其弊，不因西人而藏其善，客观而论，基本上做到了自己所提倡的立论持平。

1883 年 12 月，中法战争爆发。战争期间，围绕着中法"当战"还是"当和"的问题，清廷内部形成了"主战"和"主和"两大派别，民间也众说纷纭，"战"与"和"舆论交织。从整体来讲，《申报》报人是主张积极备战、援越抗法的，但是报人没有只执一端之辞，而是给两种意见以平等的舆论空间，或兼顾双方意见或在论说时对彼方观点进行客观分析。早在法国入侵越南北圻、窥伺中国西南边疆开始，《申报》便围绕和战议题，有意识地掀起了关于越事的大讨论。山西之役后，《申报》对外宣称，它已发表文章"言战、言和、言守不下数十篇"。其目的"非逞才而好胜口说也，第中法开衅大局攸关"。③经统计，1884年，《申报》共刊发《论法人劫地索赔之谋》《再论中法和战大势》《论目下情形唯有一战》《论中国不可不一战》等主张坚持抗战的论说 15 篇，在分析了彼此利弊后，认为面对法人的步步紧逼、欲壑难平，中国不得不战。同时，《申报》又发表《论中法皆有愿和之意》《读新闻纸中法宜和宜战各条书后》《战和利害书》等讨论"言和"的论说 12 篇，阐述赞同和方的观点。战争期间有一种主战舆论很是流行，认为中国积贫积弱，需要外力刺激以图自强，"中国积弱已久，正当厉兵秣马、激励将士以与之决一胜负，幸而胜则可以大挫法人之气而一伸中国之威，不幸而败则中国

---

①② 申报.复论衅平后情形[N].申报，1874-05-06(01).
③ 申报.防战客谈[N].申报，1883-12-19(01).

从此必将格外加意于整军经武之事,不敢再似从前之玩愒因循以至相沿成习"。①面对这种脱离实际的"空论",报人虽然主战但也不苟同,报人接连发问:"试思中国此时其能筹此巨费乎? 中国而果奋厉无前,率其精锐直走巴黎斯,以攻其腹地,则法人自保之不暇,何能出而攻人? 中国之兵船水师用之以守御则尚足恃,用之以攻人,则未见可操必胜之权。"②《申报》兼顾两方观点,并非骑墙,而是根据战事情况具体分析,其战与和的言论都是为己方取得最大利益而服务的。《申报》这种兼顾双方,视具体情况具体议论的言论,一方面使得报纸更为客观、全面,"一方面能在众声喧哗中帮助公众厘清乱局,给公众营造一个自由思考的空间"。③

中法之战对上海的贸易往来及民众生活产生了影响,《申报》对战争形势的报道和分析也有效地影响了当地的舆论。尽管《申报》对"言战""言和"的观点并无明显偏袒而是论及两端,但是其援越抗法的主导观点还是引起了法租界的嫉恨。1884 年 8 月,法国驻上海领事发布公告,指责《申报》"言和言战歧论百出,如火益炽,骇人听闻",造成租界居民"或凭华字新闻各报咸视上海为畏途","人心惶惑纷纷迁徙"。④《申报》对这则告示照登不误,并发文驳斥:"试问去年所登法人屡败,李威利授首安南果谣言乎,抑实事乎? 近日所登基隆法人大遭挫衄,华军夺得法旗一面、法炮四尊,果谣言乎,抑实事乎? 其云言战言和歧论百出,试问所谓歧论者系法人有是事而报中照录乎? 抑报中臆说法人未尝有是事乎? 法人今日攻基隆明日攻马江乃不自以为骇人听闻,而谓据事直书之日报转骇人听闻乎。"⑤面对法方指责,《申报》据理力争的一大法宝就是"据事直书",声明自己言和言战的言论都是根据"事实"而发,公平公正,无可非议。

正如我们在上文所论及,《申报》创办伊始就确立了"义利兼顾"的办报方针,利是生存基础,"义"则是报人们从事新闻事业的理想和目

---

①② 申报.和战利害说[N].申报,1884-05-06(01).
③ 朱晓凯.申报与中法战争研究[D].合肥:安徽大学,2015:52.
④⑤ 本馆.法领事告示附议[N].申报,1884-08-27(03).

标。《申报》从一开始就偏离了商业性报纸的轨道,报人没有模仿香港商业报纸的办报模式,而是以立论为首,创办不久便屡屡指点国事、品藏人物、触及官事,甚至与地方政府官僚为敌。这种对"义"的追求同样也为报人们探索遵循新闻规律、提高言论质量提供了内在动力。

但是,《申报》毕竟是商业性报纸,报人据事直书,论说力求持平公允、不偏不倚也是报馆营利生存的现实需要。作为商业性报纸,《申报》要尽可能地争取受众,要在新闻选择上顾及各个层次的读者,在言论倾向方面也要兼顾各方。经济上的压力以及报人对立论持平的内在要求所形成的合力,使得《申报》在报纸言论倾向上不仅要求不偏不倚、谨慎褒贬,在言辞态度上也渐趋于"中庸","贵乎持平疾恶,虽严不宜过激,夫众怒难犯人言可畏"。①诸多合力促成了《申报》的整体特色和办报风格的形成,1890 年 1 月 26 日,《申报》在《新闻纸缘始说》中将自己办报的原则和风格归纳为"褒贬必秉乎至公,论断悉衷于一是,无偏无党,有物有恒"②,可谓非常贴切。

1895 年至 1898 年,山东发生天灾、饥馑及横征暴敛,外国传教士在不平等条约的保护下大量侵占土地,和当地农民产生矛盾,加之百姓对基督教的反感和猜忌日增,导致教案层出不穷,接着发生了义和团运动。在评论教案和义和团运动的起因时,《申报》的观点较为"平和",看似各打五十大板,一方面指责"中国乱民不知厉害,煽惑乡愚",将义和团运动爆发归咎于东西方文化冲突所导致的人民与洋教之间的水火不相容,一方面认为当地官员在处理纠纷时"非但不能使民教相安于无事,反以意气之故致绅士义愤难申,联合大刀会、义和拳匪人激成变故",虽然报人并没有看到民教失和下隐藏着民众与西方列强日益尖锐的矛盾,但是纸面上还是没有过于倾向于一方,于各方都有褒贬。1900年春夏,义和团势力迅速蔓延并打出"扶清灭洋"的口号,清廷由镇压转而招抚,利用义和团向外国列强宣战。义和团进入京津一带后,攻击对

---

① 本馆.日报略论[N].申报,1896-07-27(01).
② 申报.新闻纸源始说[N].申报,1890-01-26(01).

象从原先的教会、教堂扩大到外国人、教民,拆毁铁路、电线,演变为一场盲目的排外运动。在当时极端情绪的裹挟下,绝大多数新闻纸都对义和团运动采取支持态度。据上海广学会1898年的年报说,上海等城市剩下的19家报纸据说都被中国政府收买了,"他们有些观点是与义和拳十分相似"。《清议报》对义和团运动给予了高度评价,认为"义和团之崛起也,唱灭洋之议……夫义和团岂不知寡不敌众,弱不可敌强哉!然出于爱国之心,忍无可忍,故冒万死以一敌八,翼国民之有排外自立之一日也"。[1]在全国上下一时间同仇敌忾支持义和团的气氛下,《申报》这份在中国报刊史上具有举足轻重地位的报纸毅然提出了截然不同的观点,自始至终对义和团运动持否定态度,反对清廷招抚义和团,反对向列强开战,支持东南互保,要求和列强停战议和,坚持要从教育开始进行改革,向西方学习,培养新式人才,以求富强。为什么《申报》能够在当时发表一些与主流思潮背道而驰的言论呢? 一是政治倾向所然,早期《申报》一直致力于洋务运动的宣传,报人认为极端排外于国家利益有害无益,自然不希望清廷及民众与西人水火不容;二是作为商业性报纸,自然需要一个稳定的商业环境,同时还要顾及自己核心读者受众群的利益。上海开埠之后西方思潮大量涌入,随着洋务运动的兴起,民族资产阶级作为一个新兴的市民阶层崛起,而随着官督商办的经营模式的推广,上海官员的思想也开始发生改变。利益的驱使,使得国家利益与个人利益的分量在他们心中发生倒置。义和团运动爆发之后,《申报》所提出的种种建议措施就是这些人的心声,他们不希望战争降临自己身上。[2]

　　客观来讲,历史的进程证明《申报》的诸多观点和预测都是正确的。《申报》报人在当时没有一昧地跟风迎合国人情绪,能够结合实际兼顾各方进行发声,仅从新闻职业活动角度来看,还是基本上能窥出《申报》

---

①　邵雍、王惠怡.《申报》对义和团运动的舆论导向[J].安徽大学学报(哲学社会科学版)2011(02).134.

②　邵雍、王惠怡.《申报》对义和团运动的舆论导向[J].安徽大学学报(哲学社会科学版)2011(02).136.

报人在"独立性"和"理性、客观"方面做出的努力。

姚公鹤曾对《申报》在义和团运动中的报道给予过评价,他认为戊戌政变之后,各报纸纷纷关闭,"资格稍旧之申、新各报,于营业上既深感苦痛,而词锋亦稍稍敛抑矣。至庚子夏间,京津团乱蜂起,报纸所得消息,已奄忽无复生气,然持论严正,不为排外潮流所激,实亦全国真正舆论之所寄,中国一线不亡之机,庶乎在是"。①

第四节 从"据事直书"到"史家办报"

早期《申报》报人对史家之德的援引与实践深刻地影响了中国近代新闻事业的发展,新闻从业者要秉持"据事直书"的职业精神和职业品质逐渐成为业内外的共识,及至民国史量才主持《申报》时期,"据事直书"被弘扬光大为"史家办报"和"独立办报"的理念。

何启(1859—1914)和胡礼垣(1847—1916)都是长期生活在香港的改良派知识分子。他们在《新政论议》中强调报人要有直笔、公平的职业道德品质。胡礼垣说:

> 日报之设,为利无穷,然必其主笔者、采访者有放言之权、得直书己见,方于军事、政事、风俗、人心有所裨益。若唯诺由人,沉浮从俗,遇官府旷职则隐而不言,持此一念,势必至失人心。曾亦思《春秋》之笔褒贬之心,南董之风斧钺不惧乎?
>
> 盖言必能直于日报,方为称职,言而不直于日报,则为失职也。中国日报之设,盖亦有年,而不能得其利益者,由秉笔之人不敢直言故也。②

所谓春秋之笔,是指孔子修《春秋》的写作方法。所谓"南董之风",

---

① 姚公鹤.上海报纸小史[A].见:杨光辉等.中国近代报刊发展概况[G].北京:新华出版社,1986:266.

② 胡礼垣.胡翼南先生全集[M].台北:文海出版社,1974:477—478.

是指春秋时齐国史官南史和晋国史官董狐的著史精神。胡礼垣认为，主笔要继承中国传统史家优秀的道德，敢于直笔直言，否则就是失职。

何启同样也指出了报人在职业活动中要遵守"实事求是"和"持论公平"的规范。他们向最高统治者建议："凡有志切民事、不惮指陈、持论公平者，天子宜特赐匾额以旌直言也。""盖据事直书者，必无齐东野人之语，实事求是者，岂有子虚乌有之谈。使大开日报之风，尽删门面之语，而主笔者、采访者各得尽言，则其为利国利民之件实无以尚。"①

郑观应(1842—1922)是近代著名的爱国民族资本家。他常常为《申报》《香港华字日报》《循环日报》等报纸撰写文章。他认为"盖秉笔者有主持清议之权，据事直书，实事求是，而曲直自分，是非自见。必无妄言谰语、子虚乌有之谈，以参错其间，然后民信不疑"。他在《创办上海汇报章程并序》中说："持论必须公平，择言务求精当，方足以开民智而服人心。唯不得贡谀，不得毁谤，据事直书，以存直道。"②

对报人应具备"据事直书"之品质，梁启超阐述得最明确、最充分。他在 1902 年《敬告我同业诸君》中提出：

> "报馆者，现代之史记也。"故治此业者不可不有史家之精神。史家之精神何？鉴既往，示将来，导国民以进化之途径者也。故史家必有主观客观二界，作报者亦然。政府人民所演之近事，本国外国所发之现象，报之客观也；比近事、察现象而思所以抽绎之，发明之，以利国民，报之主观也。有客观而无主观，不可谓之报。主观之所怀抱，万有不齐，而要之以向导国民为目的者，则在史家谓之良史，在报界谓之良报。"③

在这段话中，梁启超对史家精神的内涵进行了阐释。在他看来，史家精神体现在两个方面：客观方面，要如实记载事实；主观方面，要从这

①　胡礼垣.胡翼南先生全集[M].台北:文海出版社,1974:417.
②　夏东元.郑观应集[M].上海:上海人民出版社,1982:350.
③　张品兴.梁启超全集(第二册)[M].北京:北京出版社,1999:970.

些事实中，发掘出正确的思想观点来向导国民。

史量才（1880—1934），中国近代新闻史上杰出的新闻实业家。1908 年任《时报》主笔。1912 年购入《申报》，大刀阔斧进行改革，实行企业化经营，使得这张商业性报纸迅速成为国内最为著名的大报。史量才办报理念的核心就是——史家办报、独立办报。他认为报人应该遵循史家纪史的职业道德，他说："日报负直系通史之任务"，要求《申报》同人"以史自役"。这种史家精神，包含三层含义：一是报道真实，二是记录历史责任，三是独立办报。1932 年，史量才在《申报六十周年发行年鉴之旨趣》中写道：

> 日报者，属于史部而更为超于史部之刊物也。历史记载往事，日报则与时推迁，非徒事记载而已也，又必评论之、剖析之，俾读者惩前以毖后，择益而相从。该历史本为人类进化之写真，此则写真之程度，且更超于陈史之上，而其所以记载行迹，留范后人者，又与陈史相同。且陈史研究发扬之责，属之以后人；此则于记载之际，即同尽研究发扬之能事。故日报兴而人类进化之记载愈益真切矣。①

史量才将报纸真实记录历史的功能置于优先位置，认为报纸的本质就是就是"史家之别裁，编年之一体"，明确提出自己办报的本意："慨自十七年中兵争俶扰，而国家文献荡然无存，一旦政治清明，朝失而求之于野，此戋戋报纸或将为修史者所取材乎？"他期待着一旦"政治清明"之时，报纸能为修史者提供原始材料，报纸可以成为记录"小康世""大同世"的重要载体。这句话体现了史量才强烈的记录历史的责任意识以及"新闻救国"的理想。为了记载历史，史量才要求求购旧《申报》建立档案馆、出版具有重要历史价值的《最近之五十年》，出版《申报》年鉴、《申报》月刊、《申报丛书》、《中国分省地图》等。《申报》也被誉为"中国的大百科全书"。

---

① 朱春阳.关于史量才与申报三个问题之思考与追问[J].国际新闻界，2008(9)：89.

　　史量才要求记者有史家记录史实的自觉意识,坚持"不虚美,不隐恶",评论主张公正,新闻力求翔实。做到"主义而不为感情所冲动,事实而不为虚荣所转移,力争自存而不任自杀,充天地四大之力,能变化之而不能消磨之也"。正因为如此,史量才主持的《申报》对国内外大事无所不报。1914年,一手遮天的袁世凯颁布《报纸条例》,意在钳制舆论。《报纸条例》一出台就遭到激烈反对。《申报》时评称:"报纸天职有闻必录,取缔过严非尊重舆论之道,故应取宽大主义",并陆续报道了北京新闻界反对该条例的消息,称"自新报律颁布以后,中外报纸评论纷纷,多表反对"。①1919年五四运动发生后,《申报》连续发表报道,并发表时评赞扬学生的爱国热情,反对当局镇压手无寸铁的学生,提出"国人共奋,万众一心,尚何国事不可挽救者"。6月11日,陈独秀被捕,17日,《申报》发表杂评《北京之文字狱》,抨击北洋当局。

　　史量才史家精神的另一个核心就是"独立办报"。1920年,史量才在接待美国密苏里新闻学院院长、世界报界大会会长威廉博士和美国新闻家、万国报界联合会新闻调查委员会委员长格拉士一行的招待会上说:虽七年来政潮澎湃,《申报》的宗旨从未改变。孟子所谓:贫贱不能移,富贵不能淫,威武不能屈,和格拉士所说的"报馆应有独立之精神"与本报宗旨正好符合。他郑重表示自己"誓守此志,办报一年,即实行此志一年也"。史量才坚持独立办报,包括经济上的独立,不接受任何政治势力、军阀的津贴,政治上的自主,不听命于任何一个政治集团,不受官方或军阀操纵。1915年7月,袁世凯授意的帝制闹剧甚嚣尘上,自称"臣记者"的薛大可携十五万巨款南下运动报界,影响举足轻重的《申报》当然是他们首选的目标,遭到了史量才的断然拒绝。史量才还在9月3日的《申报》上发布启事:"本馆同人,自民国二年十月二十日接受后,以至今日,所有股东,除盈余外,所有馆中办事人员及主笔等,除薪水分红外,从未受过他种机关或个人分文津贴及分文运动。此次即有人来,亦必终守此志。本报宗旨以维持多数人当时切实之幸福

————————

　　①　庞荣棣.史量才[M].上海:上海教育出版社,1999:436.

为主,不事理论、不尚新奇,故每遇一事发生必察真正人民之利害,秉良心以立论始终如一,虽少急激之谈,亦无反覆之调。"①1916 年袁世凯正式称帝,要求全国各报馆以洪宪纪年。上海各报虽不再沿用民国纪元,却也没有改用"洪宪纪元",只用西历及旧历纪元。《申报》直到 1 月 26 日才被迫作如下编排:上行用正常字体排印:西历、星期,中间一行是旧历,下面以极小字标明"洪宪纪元",印刷模糊,表示对袁世凯复辟的反对态度。1927 年 4 月 13 日,《申报》详细报道了"四•一二"惨案的真相,为历史留下了可信的实录。国民党政权在血泊中浮起,试图保持独立发言地位的报纸面临着新的更为严峻的考验,新闻自由首先遭遇了一党的检查,从此"开天窗"抗议成了家常便饭。仅 1930 年 2 月至 10 月,《申报》就开了九次天窗。在那样的年头,《申报》却成为望平街(上海"新闻一条街")上惟一拒绝国民党官方派员进驻的报纸。史量才的理由是《申报》从未接受政府分文津贴,没有接受派员的必要。他说半个多世纪以来《申报》从来没有政府派员指导,照样深入人心,以致人们将报纸称为"申报纸"。他顽强拒绝强权介入他心爱的报纸,与他最终被暗杀的命运不是没有关系的。②

　　史量才 1912 年接受《申报》时,发行量只有七千份,五年后(1917年)达到两万份,此后稳步上升,1920 年是三万份,1925 年突破十万份,1926 年突破十四万份,1932 年超过十五万份,创造了《申报》的黄金时代。1921 年,《申报》被来访的英国报业大亨北岩爵士称赞为中国的《泰晤士报》。史量才的成功,和他秉持的史家办报的精神是分不开的。这种精神和早期《申报》报人秉承并践行的"据事直书"的职业道德品质和规范是一脉相承的。

本 章 小 结

　　中国近代报馆的组织结构简单,报人无疑是决定报纸品质高低的

---

①　申报馆经理部主笔房同人.本馆启事[N].申报,1915-09-03(01).

②　傅国涌.报有报格:史量才之死.书屋[J].2003(8).

灵魂,主笔不仅负责撰写论说,还承担着对各方新闻稿进行审查、编辑、决定其是否进入传播渠道的"把关人"功能,报纸宗旨之纯正,记载之真确,与主笔自身的职业素质与职业道德须臾相关。研究报人对自身应具有的职业道德品质的理解认知,无疑是探讨其新闻伦理观念的核心内容之一。

史家记史忠于事实的特点与新闻纸传播新闻事实的职能存在着天然的"血缘"关系,史家所体现的精神也被报人所敬仰并需要。报人的职业价值追求、职业角色自我认知以及他们的知识视野,决定了他们从史家治史的精神中寻找自己的职业道德之源。在新闻实践中,史家"据事直书"的良史之德就被《申报》报人援引为报人应该具有的职业品质。

虽然与史家治史关系密切,但新闻传播活动自有自身的规律,《申报》报人在新闻职业活动中,赋予了"据事直书"更符合新闻职业特点的理解并付诸于实践。一是报道新闻要以"实事求是为宗旨"。"实事求是"要求新闻媒体和从业者尊重事实,坚持事实的至上性。在新闻职业活动中,报馆和报人屡屡以"实事求是"为标榜,以"实事求是"为职业红线严格管理访事人,这固然有商业需求,但客观上督促《申报》在新闻传播中较好地做到以传播事实为本,在维护新闻真实方面取得了效果;二是从业者要具备"敢言"的职业美德,要不避强御,敢于"直言无隐"。在长期的新闻实践中,《申报》报人通过论说与新闻报道揭露社会时弊,抨击时政。当然,和现代新闻事业的舆论监督相较,报人的批评没有超出传统士大夫清议的范畴,其目的是为了有利于治,其批评性言论及报道也多具建设性特点;三是在报道方式方面,要"不加论断"而"是非自见"。尽管其目的是为了寓观点于序事,达到经世之目的,但这种强调只陈述事实而"不加论断"的报道理念客观上起到了维护新闻客观、公正的效果;四是立论要从事实出发,"持平公允、绝无偏见"。这种言论原则一方面出于商业报纸迎合各个受众群体以营利的现实考虑,一方面源自于报人提高言论质量的内在动力。

在中国近代报刊发展史上,《申报》报人首次将"据事直书"的史家之德融入到对新闻人职业道德的理解之中并付诸于实践,对中国近代新闻伦理思想发展所具有的开拓意义和引领作用不可忽视。清末特别是民国以后,新闻从业者应具有史德的观点得到了报人的肯定和提倡,史德成为新闻记者道德修养的重要内容。1902 年,梁启超提出报人要具有"不可不有史家精神"。1912 年,章太炎认为报人要承担"匡国政而为史官所取材"①的职责。1919 年,蔡元培在为徐宝璜的《新闻学纲要》所作的序言中说:"余惟新闻记者,史之流裔耳。虽谓新闻之内容,无异于史可也。"②报业大家史量才将史家办报思想发扬光大,认为办报等于记载历史,报纸是"史家之别载,编年之一体"③,主张报人应"负直系通史之任务,同人则以史自役"。④为践行史家办报之精神,史量才甚至付出了生命。

①　章太炎.新纪元报发刊词[A].见:章太炎政论选集[M].中华书局 1977.
②　徐宝璜.新闻学纲要[M].上海:上海书店出版社,2011:1.
③　胡太春.中国近代新闻思想史[M].太原:山西人民出版社,1987:271.
④　徐新平.新闻伦理学新论[M].长沙:湖南师范大学出版社,2001:254.

第五章 "有闻必录"：报人争取的 新闻职业权利

在现代社会,新闻从业者一旦从事了新闻报道这一行业,就要进行一系列的工作活动如采、写、编、播等。他们所进行的新闻活动也是一种社会活动,记者也应该是社会活动家,他们要求从每天生活的人和事中发掘出有报道价值的事实,进行加工、整理,然后再告诉人们,所以社会公民、团体、机关等都承担着保障从业人员权利不受侵犯的义务,否则新闻工作是不可能正常进行的。这些权利又被称为"搜集新闻资料权""对事实的证明权""独立判断新闻价值权"①,简而言之就是从业者要拥有"采访权、写作权、编辑权、传递权",这种最为基本的新闻职业权利在现代社会受法律的保护,也是社会文明进步的一个标志。

这种新闻职业权利对晚清中国的新报和报人来讲无疑是一种奢求。中国近代报纸皆为舶来品,初创时期,清政府视报纸为异端,报人所面对的是作为主要信息源的官方对报纸的抵触与不理解,动辄视报人的职业活动为"谣言""泄密",社会士绅百姓对新报不了解、不认同,在文化上藐视这些托身洋报、商业报馆的主笔。报人也认识到,报纸只有能够"上下相通,远近相达",才能履行"义"之责任;报纸只有将"足以新人听闻者"的信息"靡不毕载",才能够"多销报张",求得生存,以求其利。因此,无论是义还是利,报人都要将争取自己报道权利的"合法性",即被社会特别是官绅所认同,作为报馆的第一大要务。

在新闻实践中,以《申报》为代表的近代商业性报纸"巧妙"地援引中国传统文化中史官"有闻必录"的记事原则和职业权利来阐释报纸报

---

① 陈绚.新闻传播伦理与法规教程[M].北京:中国人民大学出版社,2016:130.

道新闻的职责,在反复的实践和"磨合"中,"有闻必录"在19世纪80年代逐渐成为报人"合法"的即被社会所认同和接受的职业权利,并在20世纪初被新闻业奉为"报馆天职"。更为重要的是,"有闻必录"的兴起标志着中国近代报人为了争取新闻职业的社会话语权,开始有意识地建构属于自己职业的知识和理论体系,迈出了初步探索中国新闻职业化的重要一步。然而,近代以来,在对"有闻必录"的相关研究中,"有闻必录"首先是作为一个新闻职业道德问题而存在,其作为报刊业所争取"新闻权利"的重要一面,却往往被忽视。

第一节　作为"职业道德"问题的"有闻必录"

研究中国近代新闻史,"有闻必录"是绕不过的一个关键词。

"有闻必录"是中国近代第一代报人在新闻实践中,发掘、总结并精炼出的对新闻规律的理解和认知,它既糅杂了报人对西方新闻理念的理解,又具有中国传统文化的底色,既具有操作性,又具有理论性,是一个多层次、多维度的新闻理念,毋庸置疑,研究"有闻必录",对研究中国近代新闻思想的源起和发展脉络,无疑是一把重要的"钥匙",在中国新闻思想史的研究领域内应该占有重要的地位,但是,围绕"有闻必录"进行的思考却相对不足、缺乏深入,例如,在一般学术观点中,"有闻必录"往往是作为报馆报道失实的"护身符"和"挡箭牌"而存在。

该观点始于徐宝璜,在其《新闻学纲要》中,徐氏对民国初年报纸动辄以"有闻必录"为名,为新闻造假和新闻失实开脱的行为进行"道德"上的批评：

> "报纸有闻必录",此吾国报纸之一极普遍之口头禅,且常引为护身符者也,其实绝无意义。因若信一二人之传说,而不详加调查,证其确否,径视为事实而登载之,将致常登以讹传讹之消息,且有时于不知不觉成为他人播谣之机械,此亦为以伪乱真,又乌乎可? 即假定所闻者全为事实,亦不能尽行登载,因事实之非新鲜或

非阅者所注意者,仍无新闻价值。若"必录"所闻,则报之新闻,与街谈巷议无别矣。况新闻纸之篇幅有限,又安能"必录"所闻之全部耶?然吾国报纸,则恒引此不通之六字以为护身符,对于所登之新闻,纵使错误,亦不负责任,因按"有闻必录"之原则,本无调查所闻确否之必要也……此为吾国新闻界幼稚之明证,亦一亟应纠正之事也。①

实际上,最早对报纸"有闻必录"进行质疑的是 19 世纪 80 年代的《字林沪报》和 90 年代的林乐知。在 1883 年的中法之战的报道中,《字林沪报》对《申报》"有闻必录"的职业行为斥责为"讹言"。②1897 年,林乐知针对 1894 年甲午战争期间中国报纸报道失实的情况,批判"华字诸日报,多执有闻必录之说,不问事之真伪"。③

当然,徐宝璜的观点对后来研究者的影响更大。

宁树藩先生在对"有闻必录"这个独特的新闻现象进行梳理后认为"有闻必录"始作俑者是《申报》,"'有闻必录'的思想兴起于十九世纪七十年代中期。到了八十年代,这一思想逐步凝聚为'有闻必录'这个固定用语"。④"所谓'有闻必录',乃是当时报纸处理新闻真实性问题的一种原则,它的含意可概括如下:只要是听到有人讲过的事实,报纸就可以报道,至于真伪如何,报馆不负责任。长期以来,'有闻必录'就是以这样的含意作为报馆的护身符、挡箭牌而流行起来的。"⑤也有学者认为:"'有闻必录'实际上是道听途说的翻版,反对记者对事实进行调查,碰到什么报什么"。⑥

近年来,对"有闻必录"的解读和评价更为多元。有学者认为:"'有闻必录'不能完全被当做一种负面观点,报人将其作为自我保护的手

---

① 徐宝璜.新闻学纲要[M].上海:上海书店出版社,2011:7.

② 申报.立言有体说[N].申报,1883-01-02(01).

③ 转载刘建明."有闻必录"论的起源与发展[J].新闻知识,1996(12):11.

④⑤ 宁树藩."有闻必录"考[J].新闻研究资料,1986(1):98.

⑥ 刘建明."有闻必录"论的起源与发展[J].新闻知识,1996(12):10.

段,客观上推动了新闻自由的发展。"①类似的观点还有："有闻必录既是《申报》记录时事的原则,也是其规避言责的传播策略","成为报界对抗清廷钳制、争取舆论自由的一件利器"。②近有学者操瑞青对"有闻必录"的含义进行了全面的总结,认为源自《申报》的"有闻必录"最初以"全面"为核心,此后"有闻必录"转而纳入"真实"和"客观"两要素,在民国成立前后,"有闻必录"成为了呼吁"言论自由"的代名词。③特别是在《政治干预下的职业抗争》一文中,作者指出："戊戌"之后,政权当局开始强势干预新闻界各项职业活动,从业者日益感受到政治势力的压迫。面对此景,"有闻必录"被新闻界极力呼喊,意在争取"有闻"就可以"必录"的自主性运作空间。加之彼时西方"言论自由"观的传布扩散,更使新闻界此番抗争增添了思想上的正当性基础。该时期,"有闻必录"实际上转变成了"言论自由"的操作性表达,较大程度上实现了以"职权"对抗"政权"的行业诉求,并由此迫使清季民初的政界力量有所收敛④。学者马光仁也指出："'有闻必录'在当时条件下有积极的意义,成为报馆抗争外界势力干扰报务,维护自身利益的护身符"。⑤

无疑,这些研究特别是"客观上推动新闻自由"的论说打开了对"有闻必录"理解的另一个面相,已经触及"新闻职业权利"这一层面的理解了,但是这些观点和上文所谓的"护身符"论有一个共同的特点,就是就"有闻必录"业已存在的功能论功能、效用论效用、结果论结果,而就其"为什么"会具有这样的功能、效用和结果,也就是对"有闻必录"兴起的合法性及其内在原因倒是触摸不多。

例如,"有闻必录"这一充满"负能量"的新闻理念,何以从 19 世纪 80 年代开始在中国报界流行,竟然绵延半个多世纪之久? 何以成为近

---

① 汤天明."有闻必录",媒介世界的另一种声音[J].传媒观察,2007(9).

② 卢宁.早期《申报》新闻传播策略初探[J].编辑之友,2013(4).

③ 操瑞青.建构报刊合法性:"有闻必录"兴起的另一种认识——从《申报》"杨乃武案"报道谈起[J].新闻与传播研究,2015(3).

④ 操瑞青.政治干预下的职业抗争—清季民初新闻业"有闻必录"理念的奠定[J].新闻与传播评论,2018(7):104.

⑤ 马光仁.《申报》与新闻学研究[J].新闻大学,2009(2):57.

代报人的口头禅,堂而皇之标榜于口头报端,成为处处宣扬的"新闻体例"? 最为重要的是,"有闻必录"为什么可以作为"护身符",其内在的涵义到底是什么? 我们仅从逻辑上就可以提出疑问:在清政府严苛的信息和言论环境下,随便找个时髦的借口,例如以"有闻必录"为自己的新闻失实推脱搪塞,官绅民众会认可么? 如果"有闻必录"不是作为一种被社会认可的一种的"权利",其会被当作"挡箭牌"而被报人所用么? 有学者认为"全面性"建构了"有闻必录"的合法性基础,但这一点早就被宁树藩予以否定:"这第三种含意所提出的报道思想与原则,对报馆来说不过具有一般的宣传意义(标榜新闻广博充实),并不能为报馆的报道活动起辩护作用,也就是说不能作为护身符加以利用。"

正如有学者所言:"如果为了规避言责而倡导并践行'有闻必录',读者又能否接受? 如果读者不能接受,报刊又将如何生存? 为规避言责而遗失了读者,似乎并不十分明智。"①

因此,我们有必要回到当时的历史语境中,用历史分析的方法,对"有闻必录"的内在涵义及其应用实践进行溯源,从而挖掘出报人"精心设计"这一新闻理念的内在动机及其内涵。

第二节　争取新闻"职业权利"的迫切需要

报人之所以争取自己的新闻职业权利,官绅民众对新报的不理解特别是清政府官方对报人职业行为的控制,是重要原因。

学者杨天石的《晚清史事》记载了一份现陈列于伦敦档案馆的一份照会。内容为1873年上海道台给英国驻上海领事发公文,内容是要求查禁《申报》:

> 查上海英国租界由英商于上年创设申报馆,所刊之报,皆为汉

---

① 操瑞青.建构报刊合法性:"有闻必录"兴起的另一种认识——从《申报》"杨乃武案"报道谈起[J].新闻与传播研究,2015(3):107.

文,并无洋字。其初原为贸易所见,怠后将无关贸易之事逐渐列入,妄论是非,谬加毁誉,甚至捏造谣言,煽惑人心,又复纵谈官事,横加谤议,即经职道函致英领事饬禁,未允照办。①

事情的缘由是《申报》通过社会新闻干涉官事,引起了上海地方官府的反感和愤怒。从查禁《申报》的公文中可以看出,对于开在租界的洋报,上海地方官府对其刊载商业消息不加控制,但是对其涉及"官事"却十分敏感。清代文字狱酷烈,对民间言论的钳制登峰造极,官事政务被视为机密,关防严密,对所谓的邸报、小报"拽漏"行为,动辄以重罪。《大清律例》将"造妖书妖言"归为"其恶已极,其罪至大"的"十恶"之一,规定:"凡造谶纬、妖书、妖言及传用惑众者,皆斩;各省抄房,在京探听事件,捏造言语,录报各处者,系官革职,军民杖一百,流三千里。"②清初清廷一度禁止普通百姓阅读邸报,小报、小抄在乾隆年间严格禁止,并发生了新闻传播史上几次著名的处罚事件:雍正四年,传报雍正游园细节不实,何遇恩、邵南山被处决;雍正五年,四川按察使程如丝在奉旨被处斩的前五天,因得见"小抄"而提前自缢。虽然嘉庆、道光年间,清廷的高压政策有所缓解,士大夫力促清议,但是这种言路的基础"是建立在脆弱的道德规范上而非坚实的制度保障上;其主体局限在依附于皇权的少数士大夫阶层而非独立的新兴阶级和广大民众"。③对信息的控制并非中国独有,而为前现代社会所常见,不过中国尤为突出,这种控制由于清廷统治者"异族"身份的不安进一步强化。

作为现代意义上的报纸,新报所承载的内容非当时邸报可比,对这一新生事务,清政府一开始是不适应的,对其采集传播涉及官事的职业行为,动辄斥责为"泄密""谣言",并加以控制。同时,鸦片战争后,清廷对中西外交之事谨小慎微,对于洋报,则更为敏感。例如,1874 年 10

① 杨天石.晚清史事[M].北京:中国人民大学出版社,2007:94—95.
② 张之华.中国新闻事业史文选(公元 724 年—1995 年)[M].北京:中国人民大学出版社,1998:141.
③ 路鹏程.晚清言论自由思想的肇始与演变[D].武汉:华中科技大学,2009:33.

月 15 日,《申报》通过转抄省辕门抄,刊登巡抚委员赴广州购买军火之事,浙省大员认为报纸泄露了本省的军情机密,派人指斥并要求《申报》禁止刊登相关信息。辕门抄同邸抄一样,并无保密一说,《申报》转载辕门抄却遭到官方的打压,是不合理之举。清地方官员的用意很明显,控制信息渠道,让《申报》无从报道。不仅上海,清政府各地各级官员都针对报章施以种种控制手段。在广州,1883 年的《循环日报》刊载的《迭禁谣言》指明:"省中官宪前出有告示,严禁造谣滋事之徒,不准刊刻新闻,沿途贩卖。"还述及南海、番禺两县会衔发布告示:"如有关碍大局及军务者,不准刊刻新闻纸。"①邝其照 1886 年在广州创办的《广报》因1891 年发布某大员被参的消息,也引得两广总督李翰章大怒,斥责该报"妄谈时事。淆乱是非,胆大妄为,实堪痛恨",并责成番禺、南海两县"严行查禁","不准复开"。

何启、胡礼垣在 1895 年发表的《中国宜改革新政论议》中指出:"日报之设,为利无穷,然必其主笔者、采访者有放言之权,得直书己见,方于军国政事、风俗人心有所裨益。"所谓"放言之权"就是新闻从业者自由采写报道新闻的职业权利,在何、胡眼中,新闻从业者获得报道权是报纸存在价值的前提,也是报纸有益于天下的迫切需求。

商业报馆必须以丰富、广博的信息以吸引读者,并以此与他报竞争,求得生存与发展,同时,对于这些以"义"为责的报人来讲,报纸还有通过论说新闻参与国事、官事、政事的责任,这些国务政事的信息在商业上也是报纸最为重要的"卖点"之一。无论是"利"还是"义",都要求报人在采集和传播信息时,必须采取无所不录、备录无遗,即"有闻必录"的方式,也就是能够自由地获取各方面的信息。对于官方来说,报纸信息的广和博可以接受,②但是对于涉及官事的信息的传播,则是忌讳莫深。尽管申报馆受到租界的保护,但是作为商业报纸,《申报》发行的范围不仅限于沪上而是面向全国,其所采录的新闻更多的是来自各

---

①　章清.清季民初时期的"思想界"[M].北京:社会科学文献出版社,2014:63.
②　这一点可以从 1873 年上海道台给英国驻上海领事发公文要求查禁《申报》的缘由得知。

地特别是江浙地区,当地政府对报纸信息源的限制将直接影响到报纸的生存。因此,如何劝服官方民间认可和接受报馆这种"有闻必录"式的采录方式特别是采录官方信息的权利,则是报人所面临的首要问题,而不是以某一个托词为自己的新闻失实做借口。

第三节 报人的新闻职业权利观

对自己新闻职业权利的争取,早期商业性报纸报人无疑也受到了西方新闻自由思想的影响,报纸一般开在租界,报人处于西方价值观与中国传统文化激烈碰撞的前沿,较早地受到西方出版自由思想的影响也是自然。在他们关于报刊理论的论说中,有不少观点可以窥出背后西方出版自由思想的影子,这也反映出报人寻求新闻职业权利一种内在的动力。在广州创办的中国领土上第一份近代中文报刊《东西洋考每月统记传》(1833 年 8 月 1 日)就将西方近代政治哲学理念传入中国,而这其中谈到最多的、论述最为详细和完整的还是言论自由思想。《东西洋考每月统记传》在第七期刊登《新闻纸略论》一文,介绍了西方国家出版自由的理念、制度和现状:

> 在西方各国有最奇之事乃系新闻纸篇也。惟初系官府自出示之,而国内所有不吉等事不肯引入之,后则各国人人自可告官而能得准印新闻纸,但闻有要先送官看各张所载何意,不准理论百官之政事,又有的不须如此,各可随自意论诸事但不犯律法之事也。①

随后,传教士经办的《遐迩贯珍》《六合丛谈》也屡次提及西方的出版自由制度和理念。《六合丛谈》在 1857 年第 6 号和第 13 号介绍了西方一些新兴的资本主义国家保护和鼓励报刊言论自由的状况:

---

① 路鹏程.晚清言论自由思想的肇始与演变[D].武汉:华中科技大学,2009:35.

奥地利帝至威尼斯伦巴多时,邻国撒丁部辟门新闻纸中有言其不法者。帝闻之,令大臣寓书于撒丁王云:贵国中新闻纸上有言我君之不善者,当惩之。撒丁王亦令大臣答云:新闻纸乃野官稗史所为,王不设禁,若其论有不公处,可遣使至本国官衙诉陈颠末。苟有不法,国有常刑。帝闻其言怒,即饬令其公使在撒丁者归。

西班牙大臣俱行罢政。代为相者,水师提督墨罗也。民间想望新政,喜国相之得人,以许新闻纸局,开设无禁也,是夕局中张灯结彩庆贺。

出版自由思想的理论基础是西方自由主义理论,"自由主义理论其发端可远溯到 17 世纪末期,而真正牢固地奠定其思想和政治哲学地位,却是 18 世纪中叶;这一理论大规模地付诸社会实践,特别是全面普及到西方的政治体制和报刊实践当中应该是在 18 世纪末 19 世纪初"。①其核心思想是言论与出版自由。体现在媒体的新闻自由方面,就是媒体及媒体从业者拥有自由采访、传播信息和表达言论的自由,这种自由不受政府控制,而要受到法律保护。

当然,因为本身知识视野所限,早期报人的出版自由思想,明显呈现出中西糅杂的特点。

1874 年 10 月 15 日,《申报》报人因为报道浙江官方购买军火之事,而受到浙江官方罪责。1874 年 11 月 7 日,报人发表《论日报》,对浙江官方控制信息的行为进行抨击,并借西人之口阐述了自己的出版自由思想:

适有西友在坐,闻之慨然而叹曰,奇哉! 中西人心之不同竟至如此乎,若吾西国君臣每日所办之事,无论妥否,均令录送报馆,使人传阅,人之见之者,妥者无言,否者必详论,其是非曲直,亦列于报。欲使君臣见之,以便更正,必使均合人心而后已。至于他人传

---

① 张育仁.自由的历险—中国自由主义新闻思想史[M].昆明:云南人民出版社,21.

述官府之事列于报者,若有不合之处亦惟人所辩论令报更正,断不禁止日报之不刊列也。①

其核心观点就是,日报有采录刊登国家大事的自由,不能禁止,若言论有所不妥,可以自由辩论。报人认为官府所谓的"军情秘密"是"国事非家事也,一国之事当令一国皆知,何为秘密不宣乎?"②当然,习惯了旧有政治治理方式的各级官员,要区分"国事"与"家事",谈何容易。在报人的解释中,报刊获得采录新闻的权利是为了国家振兴,"盖新闻纸之所述,上则国政之是非得失皆准其论列,下则民间之善法美器亦准其胪陈,故能互相采用互相匡救以成其振兴之道焉"。③

在《论各国新报之设》中,报人认为新闻纸只一篇就能致国家兴旺,原因在于报纸承担了沟通上下的功能,"朝廷立政,小民纵欲有言,未免君民分隔,诸多不便,一登于新闻纸内则下情立即上达"。④对于民众参政的方式,报人认为"民之为此纸也,上则朝廷广大之利弊端,下则闾阎纤小之善恶,无不可以畅论。操政柄者藉以得悉时事,兴利除弊裕国便民"。⑤这些表述已经颇具西方自由主义"观点公开的市场"的含义了,报人希望允许报纸能够给提供一个平台,民众可以通过媒体自由发表观点,只不过公开言论的目标并非西方一般探究真理,而是求国家之"大治"。报人"希望"中国各衙门能像西国各衙署一样"皆以日行公事,尽付新闻纸馆,令新报皆据实录载,以免传闻之贻误失实也"。⑥

报人力倡新闻自由,"(西人)不患人之多言而特患人之不言,是以博采舆论以见政之善否,其所善者则行之,其所恶者则改之,故每遇可行可止之事,得以抒所见闻,直陈议论"。⑦报人认为,正因为这种自由的缺失,导致中国报业的落后,"新闻日报之馆,盛于泰西,而不行于中国,盖泰西各国,上下一体,不但官与民不甚悬殊,即君与民亦不相睽

---

① ② 申报.论日报[N].申报,1874-11-07.
③ 申报.书同治十三年申报总录后[N].申报,1875-02-04(01).
④ ⑤ ⑥ 申报.论各国新报之设[N].申报,1873-08-18(01).
⑦ 申报.上海日报之事[N].申报,1874-05-12(01).

隔,故每遇事,可以尽情议论,直陈无隐,言虽出自民间,意可达于君上,君即不以直言为逆耳,民自不因直言生戒心,至于官吏无论矣"。①

除了《申报》报人群体,同时期其他报人也多有关于新闻职业权利的言论,通过他们的观点我们同样能体会到他们争取自己职业权利的急迫感。王韬在《论各省会城宜设新报馆》中说道:

> 新报之设,始于欧洲,继而及于通商口岸。上自朝廷之措置,下及闾阎之善恶,耳闻目见莫不兼收其论。欧洲各国也,凡夫风土人情,山川险要,政令之沿革,技艺之短长,纤悉言之,若烛照而数计。其论中国也,则四方之水旱,货物之盈虚,讼狱之是非,民情之苦乐,备书其事以动当局之听闻。其睹一善政也,则忻舞,形诸笔墨,传布遐方;其或未尽善也,则陈古讽今,考镜得失,蔼然忠爱之诚,故言之者无罪而闻之者足以戒,由是言之,即新报亦未尝无益也。②

王韬以古制为例,以西方报纸为参照,论证了实施出版自由的必要性。强调"新报指陈时事,无所忌讳",无论是自然灾害、经济贸易、司法诉讼、民情民意,新报有权"备书其事",当局实施善政,报纸可以进行宣传,施政不力,报纸可以监督。

通过这些闪烁着出版自由思想的论说,我们可以看出,报人在希望官方民间接受新报的同时,也希望着自己能像西报报人一样,获得自由采录信息的权利。但是,西方出版自由的思想,绝不会成为当时中国传统社会接受报人新闻职业权利"合法化"的理由。原因很简单,尽管随着西方传教士在华的办报活动,西方新闻自由思想就已经渗入到中国,③而后在洋务运动思潮中,还被包括王韬在内的一些开明士大夫所接受,但是"这些尊崇和追求言论自由的知识分子所宣扬的思想根本还

---

① 申报.论新闻日报馆事[N].申报,1874-03-12(02).
② 王韬.论各省会城宜设新报馆[N].申报,1878-02-19(01).
③ 张育仁.自由的历险—中国自由主义新闻思想史[M].昆明:云南人民出版社,2002:39.

无法为保守的社会主流思想所接受"。①

正因为如此，报人争取自己新闻职业权利，虽然有着出版自由思想的内在动机，也只能从中国传统文化中寻找合法性根源，"有闻必录"因其史学渊源被报人们精心设计为"新闻职业权利"。

第四节 报人对"有闻必录"合法性的阐释和宣传

晚清新报为西方舶来品，报人托身洋报，地位不高，被讽为落拓文人，哪里有天生的特权，自由采录传播信息的职权只能靠报人们自己去争取。在劝服的过程中，报人将新闻采录活动定位为中国古代太史采风、史官记事，将"有闻必录"援引解释为新闻活动的一种职业权利和叙事原则，寻求在文化上被官方士绅所认同。当然，这个过程的前提是"有闻必录"本身必须具有丰富的史学内涵，才具有说服力。

一、"有闻必录"的史学内涵

在 19 世纪 70 年代之前，渗透"有闻必录"思想的类似词语已大量分布在浩瀚的古代文献中，诸如"有闻必书""有闻必告""有闻必陈"等，这些词语虽然出现年代不一，但具有丰富的史学内涵。

在中国历史上，设立史官记录帝王言行、国家政务、民情民意，是一种古老的制度和传统。中国古代史官的名称不一，有太史、小史、内史、外史、御史等。先秦时期，统治者命太史陈诗以观民风，"王者不出牖户，尽知天下所苦，不下堂而知四方"。②天子、诸侯、大夫、邑宰也皆置"史"，"天子之侧，诸侯之旁，盟会之时，谦私之际，皆有史官，及时记载"。③其职责与记事原则就是"实录"，"实录"，顾名思义就是据实而录，有闻必录。④班固编撰的《汉书》中说得很清楚："古之王者世有史

---

① 路鹏程.晚清言论自由思想的肇始与演变[D].武汉：华中科技大学，2009：89—92.
② 阮元.十三经注疏(清嘉庆刊本)[M].北京：中华书局，2009.4965.
③ 杜维运.中国史学史(第一册)[M].北京：商务印书馆，2010：4.
④ 傅刚.略说中国上古的史官传统[J].中国典籍与文化，2011(2)：7.

官,君举必书,所以慎言行、昭法式也。左史记言,右史记事。事为《春秋》,言为《尚书》。"①帝皇以及影响力大的人物,他们的一言一行,无论巨细,史官都会随时记录在案,备录无遗,所谓"君举必书""君言必录""书法不隐"就含有"有闻必录"之意。

南宋理学家真德秀于嘉定六年(1213年)二月请辞起居舍人(中书舍人)一职。在其请辞状中,专门对起居舍人的"有闻必录"进行阐述:"古者设载笔之官,分记言之职,推原本指,盖以人主出言之善否,实治乱荣辱之枢机,遴选端良,置在左右,操觚执简,有闻必书,庶几非道不言,纳君德于无过之地,膺是任者不其重欤?"②

真德秀提到的起居舍人乃隋唐官职,唐代为史官一种,分为左右对立于殿,记载皇帝言行,故有时也曾称为左右史,其所撰起居注送交史馆,以备修史之用。真德秀认为起居舍人之职不只是记录君王之言行,更是关系到国家荣辱安危,其职责就是手执木简"有闻必书"。关于史官记事"有闻必录",史学学者萧鸣籁在《四库提要中关于汉书古本问题之附注》一文中进行了确认:"其实姚思廉梁书,载之于前,延寿仅负转载之责耳。况史官有闻必录,汉书古本既为梁时文献上重要之事件,姚乌得不书,李又乌得不录哉?"③

除记言记事外,"有闻必录"的另一个重要来源为古代的御史制度。御史乃史官一种,约自秦朝开始,御史专门作为监察性质的官职负责监察朝廷官吏,一直延续到明清。御史的职权就是对官员失职腐败行为进行"有闻必告"。明万历四十年,陕西道御史宋槃向皇帝上疏:"有闻必告,臣子所以效忠尽也。臣小臣也,既已有闻,宁敢隐情自匿而不一敷陈乎。"④康熙十八年七月,左都御史魏象枢上书康熙帝,弹劾刑部主事刘源违法乱纪:"臣职司风纪,有闻必告。"⑤为保障御史职权的正常

---

① 杜维运.中国史学史(第一册)[M].北京:商务印书馆,2010:209.
② 真德秀.辞起居舍人状[A].曾枣庄、刘琳(编).全宋文(第312册)[M].上海:上海辞书出版社,2006:412
③ 萧鸣籁.四库提要中关于汉书古本问题之附注[J].学文,1931,(04):34.
④ 施沛.南京督察院志(卷三十奏疏四),明天启刻本,第734页
⑤ 魏象枢.寒松堂全集[M].北京:中华书局,1996:119.

履行，统治者给予御史风闻奏事权。《清史稿·职官志》记载："（清）初沿明制，设都察院。天聪十年……定左都御史、左副都御史、监察御史许风闻言事。"①所谓的"风闻言事"，就是无论是什么小道消息、街头巷闻、花边八卦，如果御史本人认为有必要奏达天听，都可以大胆进言，即便最终证明传闻不实，自己也不应为此受到处分。民国时期，学者任白涛、王拱璧都认为"有闻必录"的历史根源是"中国的御史制"，认为大多数的报纸上的新闻记事，还是承袭着十七八世纪的东方御史的"有闻必录""言者无罪"的旷典、陈俗。②任白涛和王拱璧关于"有闻必录"来源的判断是正确的。

可见，"有闻必录"具有丰富的中国传统的史学内涵，是古代史官记言记事及御史监察风纪的职责、原则和手段。也正如此，"有闻必录"才会被近代报人发掘、宣传并援引为新报自由采录新闻的职业权利。

二、太史陈风、史官记事：报人对新报"有闻必录"的定位

新报初创，官民对其不理解不接受。为了寻求自身新闻报道的合法性，在创刊伊始，报人就将报刊自由采录新闻的职业活动定位于太史陈风，太史即古代史官的一种。1872 年 5 月 6 日，报人宣称新报之所以能够"便民益国"，就是"揆诸古者采风问俗之典"，采集民意"达于上"。③1878 年 9 月，报人强调自己报道河南旱灾是履行太史采风之责："本馆责在采风，不可以不识。"④1879 年 2 月，《申报》收罗各方有关日本扩充水师的消息，称"本馆职在采风，望有主持国事之责者防患于未然"。⑤

诸如此类的用语在早期《申报》的报道和评论中比比皆是，最为典

---

① 赵尔巽.清史稿（卷一百一十五）（职官二）[M].北京：中华书局，2003：3304.
② 王拱璧.写在任著新闻学的上头[A].王拱璧文集[M].开封：河南大学出版社，2014：121.
③ 申报.申江新报缘起[N].申报，1872-5-6（01）.
④ 申报.江浙捐租充赈续闻[N].申报，1878-9-24（01）.
⑤ 申报.综论中东时事[N].申报，1879-2-11（01）.

型的是报人在 1872 年 7 月 13 日的对新报的阐释：

> 邸报之制,但传朝廷之政事不录闾里之琐闻而已,故阅之者学士大夫居多而农工商贾不预焉,反不如外国之新报人人喜阅。也是邸报之作成于上,而新报之作成于下,邸报可以备史臣之采择,新报不过如太史之陈风,其事虽殊其理则一,其法虽异,其情则同也。①

报人认为新报和邸报区别在于"邸报之作成于上","只录朝廷之政事",常常导致"言路"受阻,而"新报之作成于下,如太史之陈风",因此,新报必需"上自朝廷下及闾里,一行一言一器一物,无论美恶精粗备书于纸"。所谓"无论美恶精粗备书于纸"就具有"有闻必录"之意。在报人的宣传中,邸报的目的是"备史臣之采择",为官史做素材,新报所录则具有鲜明的"民间"特征,但两者"其事虽殊其理则一,其法虽异其情则同也"。在报人的解释中,两者记言记事的权责及遵循的原则相同,从行动的主体看,两者也是一样的,"都来自官方,如果邸报为帝王喉舌,采诗则是当政者的'耳目'之延伸——派人走访、体察、了解民情的一种做法"。②报人如此宣传,目的很明确:为新报"有闻必录"寻找合法性的文化依据。采风制度是周代设置专门机构对反映平民舆论的诗歌、谣谚进行采集、整理、呈现的一项制度。作为史官的一种,太史承担着收集传播民间信息民意的职责,《礼记·王制》记载"天子五年一巡守(狩)……命太师陈诗以观民风"。太史陈风当然要备录无疑,有闻必录。

将太史陈风宣传为新报的源头,始于《申报》报人,经过《申报》的大力宣传,这种观点迅速被民间认同,不少读者投书提供消息要求《申报》刊登,称报纸为"采风者"。王韬、郑观应、陈炽、梁启超、孙家鼐等士绅

---

① 申报.邸报别于新报论[N].申报,1872-07-13(01).
② 黄旦.耳目喉舌:旧知识与新交往—基于戊戌变法前后报刊的考察[J].学术月刊,2012(11):139.

官僚都曾表达过类似观点。1898 年 7 月 26 日，大臣孙家鼐奏请光绪帝"改上海《实务报》为官报"，在陈述理由中，也提到报刊具有太史采风之功："采风问俗，三代之隆规。自古圣帝明王，未有不通达下情而可臻上理者也。"①可见，将新闻采录活动之源归于太史陈风很容易得到官民之认同。虽然这种解释无助于揭示现代报刊的特殊意义，但却具有较强的贴近性和劝服性。报人的这种比附，用意也很明显：在文化上获得社会对新报自由采录新闻职权的认同和舆论支持。

从 19 世纪 80 年代开始，报人开始将"太史采风"之职责具体阐释为"有闻必录"，报馆不仅"职在采风"，还要"职司记载有闻必书"。②

1880 年 4 月 15 日，报人宣称报纸"有闻必录"就是在履行太史采风之责，将"有闻必录"归为报人分内的义务和职权：

> 中俄交涉事件本馆每有所闻，即行登录，其实军国大事，朝廷自有懋衡，非草茅所能窥测，特有闻必录采风使者之责也，为虚为实有识者自能辨之，且事之实系子虚者，本馆必附数言以辟其谬。③

进入 19 世纪 90 年代初期，报人在宣传"有闻必录"时，更多地赋予其史家(官)著史直书实录的道德色彩。在《新闻纸缘始说》中，明确将报人的"有闻必录"解释为史官的责任和权利：

> 采访失实，纪载多夸，新闻之通弊，时所不免，惟愿期于无过时，益加勉学诸葛之谨小慎微，师古人之存心忠，故尊王法春秋也，有闻必书志良史也，传闻异辞连类并载昭其实也，或有所讳以圣贤

---

① 孙家鼐.改上海《实务报》为官报折[A].张之华.中国新闻事业史文选[M].北京:中国人民大学出版社,1999.26.

② 申报.捐务述闻[N].申报,1889-1-21(02).

③ 申报.局外人论中俄事[N].申报,1880-04-15(01).

之心为心也，言之无罪、闻之足戒，所怀微志如是而已。①

　　报人认为报纸采录事实就是效法孔子作春秋，报人"有闻必录"就是如"良史"一样在履行的自己工作职责，"有闻必录"乃为史官记事、史家著史之权利，所以报人"有闻必录"正如史家著史一样，"言者无罪"。

　　在《论新闻纸当存正义》中，报人直呼："举凡朝章之得失、执政之贤否、官方之邪正、闾阎之利弊，听其（新闻纸）悉心记载、振笔直书……此犹秉史笔者头可断、手可斫而笔不可屈也，然则作新闻主笔又何异于作史官哉。"②报人明确报馆主笔承担就是史官之责，要敢于直言无隐，有闻必录。

　　无论是史官记事、史家治史，都具有"通古启今""鉴往知来"，有利于"治"的功能，因此史官和史家是受到统治者以及官员士绅重视和尊重的，中国传统文化亦有"尊史"之风尚，史与经一起都常常被视为"治国安邦"的教科书。因此，"史官遂成为一种清高荣耀的职位"。③史官记事，"有闻必录"乃古代统治者赋予史官的职责抑或说一种特权，这种权利甚至连最高统治者也不能干涉，例如，唐太宗和唐文宗都曾想观看《起居注》，但都被史臣拒绝。④史官所以能如此，其原因正如梁启超所言："国家法律尊重史官独立，或社会意识维持史官尊严，所以好的政治家不愿侵犯，坏的政治家不敢侵犯，侵犯也侵犯不了。"⑤将新闻纸采录新闻赋予史官"有闻必录"的职责，无疑是为报人行使"有闻必录"的新闻职业权利披上了一件合法的外衣，从而争取在文化上能够得到官绅民间的认同和接受。

　　此外，在报人的论说中，《申报》反复陈述"有闻必录"能够如史官记事、史家治史一样有利于维护国家和统治者利益，更是加重了"劝服"的

① 申报.新闻纸源始说[N].申报，1890-01-26(01).
② 申报.论新闻纸当持正议[N].申报，1891-7-12(01).
③ 刘隆有.我国古代的史官制度[J].贵州文史丛刊，1984(1)：4.
④ 谢贵安.中国实录体史学研究[M].武汉：武汉大学出版社，2007：185.
⑤ 梁启超.中国历史研究法[M].上海：上海人民出版社，2014：259.

"砝码"。

在 1875 年的《论字林新报言中国必能盛行新报事》中，报人言：

> 新报盛行则中国必能振兴矣。惟望设新报馆者，居心公正、持论通达，使人易悉，使人悦服，而后新报方能久远而传播也。吁！此事岂易言哉，夫新报之作也，苟有可以劝善除恶、兴利除弊端之事，有闻即书而后可称新报也，如不待事事皆有实方行胪列又安能谓为新闻哉……国家使人探事，有窒碍之处而使人未敢尽言者，作新报者固不必有所阂惑，可以尽情直书，也故时政之得失、臣工之贤愚、地方之治忽、与国之诚伪，可于新报详参，而全悉其梗概者，自不必再事侦探也，如此大事尚可藉新报以得知，至于初产之物、新制之器皆能不胫而走不翼而飞，均已先悉其底细，犹其末焉者而已矣，甚矣！新报之大有益于人世也。①

报人认为，报纸能够利于国家振兴，前提是报纸必须拥有"有闻必录"的新闻权利，"有闻即书（有闻必录）而后可称新报也"，因为只有报纸做到"有闻必录"，才能提供各种有关"时政、臣工、地方"的信息，使得统治者能够通过新报"详参"，新报才可以"大有益于人世也"。特别需要强调的是，报人将报纸是否做到"有闻必录"作为报纸是否符合新报要求的条件，也表明了报人并不是仅限于为新闻失实而找借口的层次，而是将"有闻必录"视为新报不可或缺的权利。

当然，报人关于"有闻必录"的宣传并不具备系统性，"有闻必录"的含义也愈加丰富和复杂，作为报馆"有闻必录"的结果——提供全面信息也成为《申报》对"有闻必录"进行合法性宣传的理由之一。②但是，报人对"有闻必录"最为基本或者作为出发点的理解和阐释还是从史官记事、史家治史之精神和原则援引而来，其目标则是为了争取自

---

① 申报.论字林新报言中国必能盛行新报事[N].申报,1875-08-24(01).

② 关于"有闻必录"具有全面性含义的解释,可以参见学者操瑞青的研究。

己"有闻必录"作为新闻职业权利在文化上被社会特别是官绅群体的认同。

晚清社会,清政府对新报的态度是蔑视甚至是敌视,并以封锁消息为能事。面对官方的封锁以及民众的不解,报人首先要做的是向各方解释新报从事新闻活动的合理性。对此,报人援引借用史官记事、史家治史"有闻必录"的原则和方法,作为自己采录新闻的权利。因为史官记事"有闻必录"具有"天然"的合法合理性,将"有闻必录"作为新报固有的权力和职责,报人的新闻职业权利也就具有存在和被接受的理由。这种"合法性"从文化上也是最容易被官方和民众所接受并认可的。当然这种"天然"的"合法性"并不会被读者天然的接受,需要由报人提出并在读者特别是官绅中不断灌输与劝服。《申报》报人未必没有受到西方言论自由思想的影响,然而,囿于这一批士子的认知视野和清政府的保守与落后,《申报》报人在陈述报人获取传播新闻的权利和职责时,只能从中国传统史家精神中找出根据,以求得官绅的认同。

三、"疑者传疑":报人对"有闻必录"存在短板的弥补

报人将"有闻必录"援引为自己采录传播新闻的正当权利,力争在文化上与官僚士绅及读者发生共鸣。

但是,新闻报道活动有其特殊性,因为时效性压力及客观条件限制,报人不可能如史官史家一样有时间去考证信息的真伪,如此难免有不确实信息被录,这也是报人在宣传"有闻必录"时难以自洽的瓶颈问题。1877 年 4 月 7 日,《申报》在一篇文章中,为它所登一新闻做了一番解释,称它之所以登出这篇新闻,是"因见众口一词,始为录列于报,并非一有所闻即为列报也"。[①]这段表白清楚地说明,报馆在宣扬只要一有所闻便可登报这个报道原则时,是感到心虚的。变化始于 19 世纪80 年代特别是中法战争期间,报人开始理直气壮地大量以"有闻必录"和"新闻体例"为由进行报道和宣传,其原因就在于报人将史家"信以传

---

① 申报.书邸抄王御史奏请省大吏承审要案疏后[N].申报,1877-4-7(01).

信、疑以传疑"的原则引入了对"有闻必录"的宣传和解释中,并在职业实践中有效地弥补了"有闻必录"的一个最大"短板"。

早在1876年,《申报》就开始尝试用"疑以传疑"来解释"有闻必录",但是尚未能够自圆其说。1876年2月,有读者来信指责《申报》对云南"马嘉理事件"的报道不确切。《申报》遂将来信原文录入报端,附上报馆的解释:"就近之事固当访问明确然后叙入,若事在数千里之外往返须经数月,既无可以查明,亦只有随闻随录,所谓信以传信、疑以传疑也。"①

进入19世纪90年代,报人对"疑以传疑"的应用趋于成熟。报纸"有闻必录"如太史采风,难免录入不能确定的信息,遇到这种情况,报人会进行必要的"把关",具体方式为"事之实系子虚者,必附数言以辟其谬"②,即在文后加上按语进行质疑。

1883年12月27日,《申报》在报道中法桑台之战时,在一张报纸上同时刊登了两则消息。一则转自香港报纸,一则来自访事人,内容大致一样,但是两则消息关于法军伤亡数字偏差甚大。对于两厢矛盾的数字,《申报》是按照"有闻必录"之例"实录"入报端的。但是,作为竞争对手,《字林沪报》指出两则信息前后不一,斥责《申报》"所述为讹言不可入报"③1884年1月2日,《申报》刊登《立言有体说》对《字林沪报》进行回击,对"有闻必录"和新闻体例进行了详细的陈述,这篇论说对于我们研究商业性报纸报人的新闻思想具有极高的参考价值,④兹摘录如下:

> 立言各有其体,不可以强同,此古今不易之理也……据事直书、有闻必录,信者传信、疑者传疑,此新闻之体也,不独本馆恪守此体,即中西各报亦莫不共守此体……本报明言一系香港报所录,

---

① 申报.来扎[N].申报,1876-2-21(01).
② 申报.局外人论中俄事[N].申报,1880-4-15(01).
③ 申报.立言有体说[N].申报,1883-01-02(01).
④ 该文本对研究《申报》的新闻伦理思想有着重要的价值。

　　一系本埠传言,本馆不敢谓后之七八千数目为真,亦不敢谓前之一千八百数目为伪,安得因港报有法兵一千八百名一语而遽将传闻之七八千改作七八百乎? 又安得因传闻有七八千之说而遽将港报之一千八百改作一万八千乎? 两存并录,所谓信以传信、疑以传疑,按语着以疑词亦正恐阅者之有所误会也。①

　　在这篇论说中,《申报》认为所谓的新闻体例应该包括据事直书、有闻必录、"信者传信、疑者传疑",据事直书指的是新闻要真实,"信者传信、疑者传疑"无疑是为"有闻必录"又加上了一个补充和解释性注脚。("信者传信、疑者传疑"的含义就是"信以传信,疑以传疑",作者在同一文中末端又加了解释,"两存并录,所谓信以传信、疑以传疑")

　　"信以传信,疑以传疑"是古代史家处理历史材料的基本原则,②同时也包含于直书实录的史家理念之中。其含义是:"史家在撰写史书时,遇有不准确、不可靠,值得怀疑的史料时,即使一时不能释疑,宁可传疑、存疑,也不主观臆测,不武断曲解,而是留待后人去解决。"③这种治史思想和叙事原则源于孔子著春秋。孔子治学,多持有审慎态度,"多闻阙疑,慎言其余"。孔子著春秋,记录"甲戌、己丑,陈侯鲍卒"。④将陈侯鲍死亡时间的"异辞"同存并录,并不贸然删除。这种谨慎对待史料的方法被评价为"春秋之义,信以传信,疑以传疑"⑤。也就是:"用可信的词句记载可信的事实,用怀疑的词句记载可疑的事情。"⑥"信以传信,疑以传疑"的治史原则对后世史家治史影响极大。司马迁著史记所遵循的也是"信以传信,疑以传疑"的原则。在《史记》卷十三中,司马迁针对诗经与其他传记对契、后稷有无父亲记述的相异,说:"一言有父,一言无父,信以传信、疑以传疑,故两言之"。⑦他评价孔子的著史原

---

①　申报.立言有体说[N].申报,1883-01-02(02).

②　许殿才.古代史学的"求真"与"致用"传统[J].史学史研究,2008(2):2.

③　刘重来.试论司马迁的怀疑精神[J].西南师范大学学报,1997(6):98.

④⑤　范宁注,杨士勋疏.春秋谷梁传注疏[M].上海:上海古籍出版社,1990:30.

⑥　承载.春秋谷梁传译注[M].上海:上海古籍出版社,1999:66.

⑦　司马迁.史记(卷13)[M].郑州:中州古籍出版社,2015:436.

则:"或颇有然多阙,不可录。故疑则传疑,盖其慎也。"①

　　《申报》报人将两则信源不同的信息照录于报端,是循着"有闻必录"体例的,类似于史家的"异辞"并录,但是客观上造成了信息前后矛盾的现象,这也是"必录"难以避免的问题与弊端,也往往容易给读者造成判断上的偏差。《申报》为"两存并录"给出的理由是:因为"道途遥远"不能立即核实各信之真假,不能因为彼此数字不同就判定一个是"真",另一个是"伪",自己只能按闻照录。对于不同信息,《申报》报人处理的方法是"信以传信、疑以传疑",通过加"按语","着以疑词",明疑录入,也就是"用可信的词句记载可信的事实,用怀疑的词句记载可疑的事情"。

　　其实,早在1880年,报人就对"有闻必录"所包含的"疑以传疑"之意进行了解释:"特有闻必录采风使者之责也,为虚为实有识者自能辨之,且事之实系子虚者,本馆必附数言以辟其谬。"也就是说,报纸"有闻必录"正如太史采风,难免有些不能确定的信息,遇到这种情况,报人必然会进行必要的"把关",把关的方式就是——质疑。这一次,报人只不过又进行了强调并明白地指出。可以理解,在对"有闻必录"进行对外阐述、解释的过程中,报人也有一个不断深入理解的过程,当然,这也可以体现出《申报》报人在争取自己新闻职业权利过程中的"精心设计"。

　　就此,在新闻实践中,报人又将史家治史对待史料的"信以传信、疑以传疑"的原则融入对"有闻必录"的理解中,为"有闻必录"赋予了更为全面的含义,只不过录的对象由史料变成了瞬息即逝的新闻,由后人鉴别变为由报人二次把关,阙疑录入后交给读者权衡。这一含义的说明,等于是向外界阐述:报人"有闻必录",并不是不问真伪、不加选择、机械地有闻照录,而是对不能确定的信息进行质疑录入,其最为鲜明的特点就是"明疑"。报人通常的做法是加按语提出疑词,"两存并录所谓信以传信,疑以传疑。按语着以疑词亦正恐阅者之有

---

　　① 张大可注释.史记新注.[M].北京:华文出版社,1999:279.

所误会也"。①在战争报道中,战事瞬息万变,报人们一方面面临着信息匮乏的窘状,一方面又面临着所得信息不能完全核实的困难,面对一个不能确信的消息,不加判断地贸然删除,那是不是另一种不问真伪、对新闻真相不负责任的选择呢？因此,加以阙疑而后"有闻必录",是当时报人获取信息的同时,又避免新闻失实的一个较为现实而较为有效的选择。

在中法之战的报道中,《申报》报人屡屡阐述自己对待不确定信息进行"阙疑录入"的态度。例如1884年4月16日《论越南军信》：

> 越南军务中外诸人无不同深翘盼,欲期早得确音。然道远途迂,殊苦不便,传闻之词又言人人殊。故本馆前曾著有论说,言法越军情未能灼知,中西各报亦多未尽真确,本馆惟有照有闻必录之例。无论传言,无论电音,无论中西各报,但有关于法越军情者一概登录,以供众览。其消息之真假则不能臆断,故亦不便强为区别,任意弃取。想阅者自能辨之。然所登各信实亦不能无疑……②

从19世纪80年代特别是中法战争后,用"疑以传疑"的方式进行"有闻必录",成为《申报》新闻报道的常态③。典型如：

> 此事传说纷纷,未必子虚乌有,然事关重大不敢妄赞一词,姑节录报端以符有闻必录之例云尔。④
> 兹接苏州潲局从事人来函,颇觉歧异,兹将原函附录于左,孰

---

① 申报.立言有体说[N].申报,1884-01-02(01).
② 申报.论越南军信[N].申报,1884-04-16(01).
③ 在19世纪70年代,《申报》以"有闻必录"为名录入新闻只有2次,而进入19世纪80年代后,使用"有闻必录"的次数陡然增多,达到60次,从1872年到1900年,报人使用"有闻必录"的文本达到108次,其中以"疑以传疑"为名"有闻必录"的达55次,含有"全面、详尽"之意的只有13次。可见对"有闻必录"的应用,"疑以传疑"为主流。
④ 申报.劫杀传闻[N].申报,1888-10-18(01).

是孰非本馆所不敢知，第自循有闻必录之例而已。①

　　昨日本埠传言有闻得高丽近有扰乱之说，文汇西字报亦载有此信，其如何扰乱之处则不言其详，但高丽现在驻有中国商务大臣且有防营在彼，倘有乱耗可由烟台传电报，官场中绝对无所闻，正不知此信何自而来，姑录之以符新闻体例而已。②

　　这些用法有一个共同点，就是主笔对所录信息颇有疑虑，在录入之余，加上自己的疑问和判断，以提醒读者裁断。这种用法符合"疑以传疑"的原则，而并非"护身符"或"挡箭牌"式的推脱之辞，更非所谓符合现代新闻业客观报道的要求。③

第五节　"有闻必录"的兴起：文化认同和实践实用的合力使然

　　报人援引"有闻必录"这一史官记事的职责以争取官绅对自己自由采录传播新闻职业权利的认同。这种认同需要两方面条件：一方面，在文化上，能够让官绅民间接受。报人们以史官、太史自居，将自己的"有闻必录"的新闻活动比作史官记事，目的就是在文化上能够被思想保守的官绅们接受；另一方面，史官记史、史家著史能够经世致用，可以"关国家盛衰、系生民休戚"。报纸"有闻必录"既然承担着史官之责，就必须能够在新闻实践中给官员民众带来利益，从而"有益于天下"。作为媒体，报纸的基本功能就是传播信息，能给官绅民众带来最大的"益"就是提供全面真实的新闻，特别是关乎自己利益的重大事件的新闻，例如灾荒、战争、中外纠纷等。

---

　　①　申报.获匪续闻[N].申报,1887-1-6(02).
　　②　申报.高乱传疑[N].申报,1884-12-13(02).
　　③　对"有闻必录"具有客观性意义的论述详见操瑞青刊于《新闻界》2016年第9期的论文《"有闻必录"的流行与现代新闻观念的萌生——以〈申报〉为中心的考察（1872—1912）》。所谓客观性，即只陈述事实而不加主观判断，而主笔在"有闻必录"时，屡屡加入自己的判断，和客观报道没有关系。

　　《申报》初创，报人践行"有闻必录"，但是由于对新闻规律认识的模糊以及生存的压力，在发掘新闻的同时，各种街谈巷语、小道消息，甚至鬼怪志异的东西也录入报端，新闻失实屡屡发生，这引起了官方的不满，也常常被竞争对手抓住把柄。随着对新闻规律认识的深入，特别是在19世纪70年代末80年代初，《申报》报人以"实事求是"为旨，对"有闻必录"所录消息的真实性也更加重视，"（主笔）将报中信笔点缀的资料一概淘汰。于是《申报》的事业更为振兴"。①"新闻与虚构划清界限，新闻与失实逐渐分离，报纸开始从单纯的传布信息进而转向注重信息内容的真实准确"②。作为重要的信息提供者，《申报》日益受到官僚士绅的重视，这必然带来了报纸公信力的提升，同时也影响了官员对《申报》以及其宣传的"有闻必录"的态度。

　　例如，据瓦格纳研究，"京城负责对外事务的总理衙门公费订阅了《申报》，翰林院似乎订了一份《申报》"。③从19世纪70年代末期，《申报》因为刊载大量关于洋务信息和中法之战的新闻，受到了清官员中"清流"人物的重视，"清流看《申报》，是一种政治需要，目的在于能够跟上官场上的洋务话题。体制内外的两种言路互动互利，实现双赢：《申报》获得了稳定的订户；而官员扩大了消息渠道，充实了洋务新知"。④不仅是清流人物，洋务人士对《申报》所提供的新闻也是非常重视，"中法战争前后，处在洋务第一线的官员，不管愿意不愿意，不得不面对洋务、了解洋务、谈论洋务。《申报》不失时机地为愿意了解洋务的官员提供了详尽易读的洋务读本；官员也很快发现，阅读《申报》，是安全而快速地'通晓'洋务的捷径！"⑤1882年，湖北粮道恽莘农在看《申报》，寄居其府准备科考、年仅20出头的侄儿恽毓鼎也借助《申报》了解中法危机

　　①　黄式权.本报最初时代之经过[A].见:《申报》馆.申报五十年,1922.
　　②　卢宁.早期《申报》新闻传播策略初探[J].编辑之友,2013(4):116.
　　③　[德]鲁道夫·G.瓦格纳.申报的危机:1878—1879年申报与郭嵩焘之间的冲突和国际环境[A].见:张仲礼.中国近代城市发展与社会经济[M].上海:上海社会科学院出版社,1999:297.
　　④　王维江.清流与申报[J].近代史研究,2007(6):62.
　　⑤　王维江.清流与申报[J].近代史研究,2007(6):66.

的进展。①"1884 年,一直以游幕和坐馆为营生的落魄文士欧阳昱也发现,处在中法危机漩涡中的'闽省大吏'皆看《申报》。"②

不仅是高级官员,地方各级官员和士绅也读《申报》。包天笑在其回忆录中就记载,他八九岁的时候,③家里就已经定了一份上海的《申报》,是向信局里定的。其舅祖清卿公是定着长年的《申报》的。④

在当时信息封闭的环境下,随着《申报》作为重大新闻提供者的身份被社会认同,《申报》报人所争取的"职业权利"——"有闻必录"也必然逐渐被官僚士绅们所接受。笔者认为,关键点或者说转折点,是《申报》关于中法之战的报道。

在中法战争的报道中,《申报》倚靠"有闻必录",大规模地、连续地对战事进行报道,提供了大量较为真实全面的新闻,在满足官员民众获知战况信息的渴望方面,起到了极大的作用。中法战争报道,是《申报》发展壮大的重要契机,也为"有闻必录"提供了一个展示其便民益国之效果的舞台,这无疑对改变官绅态度,促进官绅认同报人"有闻必录"的新闻职业权利起到了积极的推动作用。

正如上文所言,"有闻必录"是报人所争取的采录新闻的权利,同时它又是一种叙事原则和手段,本节就以《申报》对中法之战中的山西之战的报道为案例,分析在发掘新闻事实方面,"有闻必录"所起到的作用。

一、以"多闻""必录"接近新闻真相

美国著名新闻评论家李普曼批评 20 世纪 20 年代的美国媒体所鼓吹的新闻真实其实并不是真实而只是事件,他认为:"新闻的作用在于突出一个事件,而真相的作用则是揭示隐藏的事实,确立其相互关系,描绘由人们可以在其中采取行动的现实画面。"⑤孤立的新闻报道充其量只能引起人们对某一事件的关注,并不能提供全部的真实。真相是

---

① ② 王维江.清流与申报[J].近代史研究,2007(6):66.

③ 包天笑生于 1876 年,其八岁时应为 1884 年左右。他们家也是士绅。

④ 包天笑.钏影楼回忆录[M].北京:中国大百科全书出版社,2009:106—108.

⑤ [美]沃尔特·李普曼.公众舆论[M].阎克文,江红译.上海:上海人民出版社,2006:256.

一个有机联系的事件的整体,构成真相的基础就是多元全面地获取信息。晚清中国,民众获取信息的方式不多,主要有官方信息渠道(邸报等)、民间信息渠道(人际间的相互传播,包括流言、传闻等)以及媒体信息渠道(主要是报刊)。商业性报纸若要生存,必须能提供比官方信息、民间信息和其他报纸更为丰富的新闻,才可以获得民众的眼球。在信息闭塞的传统社会,谁掌握着更加丰富全面多元的信息,更能满足民众的信息需求,谁就代表着权威。

同时,在讯息渠道极其短缺的环境下,新闻本身已很难获得,"真实"的信息则更难发掘,只有以"多闻"从而获得相对全面而又多元的信息,才会更接近新闻真相。现代新闻理论认为:"全面既是新闻报道的一种观念,也是实现新闻真实的理念和基本方法。"①从一般意义上讲,所谓全面就是从历时和共时的两个向度上,"提供各方面的事实、情况、意见,不片面报道和隐匿事实"。②在晚清封闭的信息环境下,能够最大限度做到"多闻"的"有闻必录"就成为《申报》在新闻报道特别是军事报道中接近新闻真相最为有效的手段。

报道中法战争,《申报》面对的最大问题就是信息缺乏与读者对于"确音"需求之间的矛盾,正如《申报》主笔所言:"法越之事大局攸关,无论中外诸人皆欲得一确信以为快然,而殊未易言也。"③上海距越南战场关山万里,信息收集与传播困难重重,"军报自由广西来者极快须二十日以外,由云南来者极少须一月左右"。④在信息源方面,法人因据有越南当地电信公司而对战事消息严加封锁,对于《申报》特派的记者横加阻拦。通过官方或商家私信途径传递信息,编辑们又担心"官场信息亦不免有所隐讳,私家信件则商务所系无不切己"。⑤军报难得且军情变化万千,使得报人为求得"确音"只能也必须"有闻必录"。面对现实,主笔叹道:"而犹欲得一确信难乎不难?故本馆于法越军事只能就所闻者而录之。西贡有电报则不能不录,西商有传闻则不能不录,中国官场

---

① 杨保军.新闻活动论[M].北京:中国人民大学出版社,2006:314—320.
② 童兵.理论新闻传播学导论[M].北京:中国人民大学出版社,2000:84.
③④⑤ 申报.论军报不易灼知[N].申报,1884-04-10(01).

有消息则不能不录,各处有邮信则不能不录,华商私家之函报亦不能不录,香港中西各报之记载亦不能不录。"①这当然可以理解为报人在为"有闻必录"鼓与呼。

为做到"有闻必录",申报馆不仅转录大量信息,更是聘请欧洲与香港西友"遇有法越交涉事件,凡与中国有关系者,迅发电音,专达本馆"。②在不惜重金派遣"友人亲赴海防采访实事"的同时,申报馆"设法重托在越南之中西友人有确实信息随时发信知照,而滇粤两处亦托妥友详加采访随时速寄"。③

山西④战役于 1883 年 12 月 11 日打响,法国远征军总司令孤拔分两路进发,攻击黑旗军大本营——山西(桑台)。黑旗军与部分清军被迫迎战,在孤立无援的情况下,与法军激战三天,于 12 月 16 日主动撤出山西。由于山西之战的关键性,《申报》对该战役进行了全面报道。为了分析"有闻必录"在发掘新闻事实方面的效果和内在机理,本书选择了《申报》从 1883 年 12 月 13 日至 1884 年 2 月 20 日所有关于山西之战的报道(包括论说)进行分析(见附录 3)。根据报道中信息来源制成表 5。

表 5:《申报》关于山西之役报道信息源分布统计(共 43 篇)

(1883 年 12 月 13 日—1884 年 2 月 20 日)

消息源分布 消息源总数	香港、越南等地西字报	各地中文报	访事人信息(友人电报、信件、口述等)	中外电报	传言	其他
52	13	9	15	3	8	4

根据统计,《申报》关于山西战役的报道高达 43 篇,除了 1884 年 2 月份补录的 3 篇外,在战争开始到 1 月 22 日的 40 天内,《申报》共有 40 篇报道,平均每天一篇。这 43 篇报道共包括信息源 52 个,大致可以分

①③ 申报.论军报不易灼知[N].申报,1884-04-10(01).

② 申报馆主人.新购电信[N].申报,1884-02-07(01).

④ 越南山西省省会山西城,位于河内西北的红河南岸,距河内仅 35 公里左右。法国的军事行动第一个目标确定为山西。山西的防军主要是黑旗军,同时也有七个营正规的桂军和滇军。法军于 1883 年 12 月发起攻击,中国驻军被迫实行了军事抵抗。

为 4 类:来自报纸的 22 个,占信息源的 42.3%,其中西字报 13 个,中文报 9 个;申报馆聘请、委托友人通过口述、信件、电报等发来信息的信源有 15 个,占信息源的 28.8%;国内电报信息源 3 个,占 5.7%;来自本埠、香港、广东等地的各类传言有 8 个,占 15.3%;其他来自诸如访客、轮船旅客等信息源有 4 个,占 7.6%。

《申报》转录的信息源中以西字报最多。中国的外报,尤其是英语报刊对中国国内外舆论产生了重大影响,报纸的外派通讯员和记者主要依赖其祖国在该外派国的通讯社来获取信息资料。外报也是中国人获悉外国信息的唯一来源。①因此,外报在信息真实性方面具有权威,因而成为《申报》最为依赖的信息源。除此之外,《申报》在派驻访事人采访新闻方面也不遗余力,虽然山西之战,法方拒绝华报记者进入战场,但是《申报》还是委托聘请了不少西人在海防、河内等距离战场较近的地方收集自己的"第一手信息";除此之外,包括官场内部消息、各地传言、访客消息等等统统没有放过,真正做到了"有闻必录"。

战场形势瞬息万变、扑朔迷离,《申报》得到的消息也是结果不同、胜负各异。实际上,《申报》在战斗结束的第五天以及第七天已经报道了山西城失手的消息,"桑台已为法军所围,势颇危殆,俨在法人掌握之中"。②只是这些消息没有进一步得到确定。随后,各种黑旗军大胜、"法军败北"③的传言和消息纷至沓来,甚至还有"法人进攻桑台之兵全军覆没"④的消息,其中关于黑旗军首领刘永福生死的消息也是模棱两可、飘摇不定。正如马尾之战,华人普遍讳败喜胜,这些欢呼中方胜利消息有的来自上海、广东等地的口口相传,甚至有的来自香港等地的华文报纸。⑤对于民间小道消息和各种舆论,主笔没有回避,一一照录。因为在信息纷杂的环境中,任何信息都可能是真相,例如有些关于黑旗

① 赵敏恒.外人在华新闻事业[M].王海译.广州:暨南大学出版社,2011:3.
② 申报.桑台被围[N].申报,1883-12-21(02).
③ 申报.法军败北[N].申报,1883-12-27(02).
④ 申报.法军覆没传言[N].申报,1883-12-27(02).
⑤ 传说纷如(申报,1884 年 1 月 1 日),军信再述(申报,1884 年 1 月 7 日)。

军战斗胜利的消息也不是完全失实,《法军败北》这则胜利消息实际上反映的是黑旗军在防守战中的一次局部胜利。①对于这些不确定性较大的消息,主笔选择和报道方式是"阙疑",正是这种质疑的做法使得主笔没有偏离探求真相的轨道。在报道中,各种来源的信息诸如西友来信、传言②和官场消息③,甚至从越南回航的轮船海员的消息④,相互印证,逐渐指向真相,使得各种不实传言一一被攻破。除了西字报这一最为权威的信息源,其他来自各种渠道的多元消息貌似碎片,却包含着大量的事实要件,包括最早报道桑台开战⑤、黑旗军主动撤离⑥、法军暴行⑦、平民伤亡⑧、法军缴获巨资⑨等,这些信息与《申报》转载的中西报纸信息相互补充,逐渐构成一个完整、确实的新闻事实。正如学者杨保军所言:"新闻的具体真实本身也常常是一种'碎片化'的真实。对任何一件新闻事实,不仅需要一家媒体、一个记者的全面观察和认知,更需要多家新闻媒体、多个记者从不同角度进行反映。"⑩战事结束后,《申报》没有停止报道,而是委托一西人到战场现场,再次确信了一些事实,并挖掘出越军清军先逃,导致黑旗军孤立无援的内幕,这些事实也被后来经历战争的官兵所证实。⑪可见《申报》的报道还是较为准确的。

在信息闭塞的传统社会,媒体探求新闻真相有效的手段就是"多闻"和必录。在新闻实践中,《申报》正是以"有闻必录"为记事原则和手段,极力拓展自己获取信息的能力,努力接近、发掘新闻事实并取得了一定效果。

---

① ⑪　参考廖宗麟.中法战争[M].天津:天津古籍出版社,2002.

② 包括 1883 年 12 月 28 日的《桑台续闻》,1884 年 1 月 3 日的《桑台失守余闻》,1884 年 1 月 8 日的《黑旗败耗》。

③ 包括 1884 年 1 月 2 日的《越事电音》,1884 年 1 月 4 日的《论桑台失守事》

④ 例如 1884 年 1 月 6 日的《桑台续信》

⑤ 申报.战事传闻[N].申报,1883-12-18(02).

⑥ 申报.论海防近势[N].申报,1883-12-26(01).

⑦ 申报.论法军残暴[N].申报,1884-01-10(01).

⑧ 申报.西信译录[N].申报,1884-01-11(02).

⑨ 申报.桑台续信[N].申报,1884-01-06(02).

⑩ 杨保军.新闻真实论[M].北京:中国人民大学出版社,2006:48—49.

二、"阙疑"录入：对"必录"弊端的弥补

"有闻必录"作为一种探求新闻事实的有效手段，其前提在于保证所"闻"信息的真实。但是对于清末报纸来说，"闻"的真实是一个难以解决的瓶颈问题。因为缺乏信息渠道以及发掘新闻的能力，《申报》等报纸大量依赖对中外报纸新闻的转录，这种转录新闻实质上是一种"间接话语新闻"，"话语所依托的客观事实，它是间接的、不确定性的，也是短时间内难以证实的。如果话语背后的新闻事实不存在，这样的新闻就变成类似'流言'的东西"。①虽然《申报》等报纸也通过在各地招聘大量的访事人，建立属于自己的信息网络，但是因为缺乏专业素质和技能，这些访事人的采访也大多是耳闻而不是目击，在某种程度上也是一种间接话语新闻，正如美国学者门彻所言："当记者只依赖他人的消息来源，而忽视了要求消息来源对其陈述提供证据时，他有时会误入歧途。"②间接话语新闻的可信度本来就低，再加上因为客观条件限制导致新闻核实的困难，对"闻"的"必录"也就必然增加大量失实信息录入报端的风险。

对于"有闻必录"难以克服的弊端，《申报》以史家著史"信以传信、疑以传疑"即"阙疑"录入的原则来进行弥补，这是当时媒体避免新闻出现大规模及严重失实现象的一个最为有效的选择。

"疑以传疑"在《申报》中法战争的报道中屡屡使用且颇有效果。在中法山西之战 40 天的系列报道中，主笔通过这种方法录入新闻就有13 条③。事后证明，《申报》谨慎的报道态度还是取得了效果。桑台之战结束不久，《申报》就接到双方开战、桑台失守的消息，但是《申报》遵循"孤证不立"的原则，并没有确认而是质疑录入"以俟续闻"，在录入

---

① 杨保军.新闻真实论[M].北京:中国人民大学出版社,2006:92.
② ［美］梅尔文·门彻.新闻报道与写作[M].展江译.北京:华夏出版社,2004:56.
③ 战事传闻(1883 年 12 月 18 日)、桑台被围(1883 年 12 月 21 日)、法军败北(1883 年
12 月 27 日)、法军覆没传言(1883 年 12 月 27 日)、桑台续闻(1883 年 12 月 28 日)、确耗未至
(1883 年 12 月 29 日)、桑台失守余闻(1884 年 1 月 3 日)、译东京西人书(1884 年 1 月 8 日)、
黑旗败耗(1884 年 1 月 8 日)、论法军残暴(1884 年 1 月 10 日)、河内传闻(1884 年 1 月 10
日)、西信译录(1884 年 1 月 11 日)、西信译登(1884 年 1 月 19 日)。

新闻后主笔加以评论："以上由来信而摘具大略如是，其确与否则非所敢知，姑述之以符新闻体例。"①随着其他信息不断披露，主笔对战局的判断开始向华军战败的方向倾斜。但是，这显然不是主笔们乐见的结果："此信若确则而法人之势愈炽，越事如此岂有心人所乐闻哉？"②因为从主观上讲，主笔是盼望着桑台胜利结果的出现的。但是当12月27日，《申报》接连接到三则中方大胜的消息时，主笔却没有喜出望外而随声附和，而是加按语进行分析和质疑："此信息则是法军先胜后败，似非无因矣，信乎？军情瞬息千变，其不可自恃也如是夫。"③根据文本，主笔显然是对于三则消息中自我矛盾的地方产生了疑问。特别是关于"法军全军覆没，死者则有七八千人"和另一则法军"一千八百人"的说法相差悬殊，《申报》虽然"有闻必录"，但是在《法军覆没传言》这则消息后加了质疑按语："此信言者凿凿，然询之西人则咸云不知。如果属实则法军为无人矣。"④对这个按语，主笔随后又进行了解释："本馆亦明知法军队不至死亡若是之多，夺得法船断无若是之易，但传言如此不得不照录于报，而后面仍着疑词语，此系各报之通例。"⑤可见，对于各方消息，主笔虽然照录，但是也进行了调查核实，并通过主观思考和判断给予"阙疑"，等待更多的信息进行确实。另外，主笔还将这种报道方式归于"各报通例"，说明不仅是《申报》，其他报纸亦多认同并采用"阙疑录入"的报道方式。正是这种"阙疑"的态度，使得主笔没有受到外界舆论的干扰，没有偏离探求新闻事实的轨道。不只是"阙疑"，主笔也综合各方信息，根据自己的经验对"阙疑"的信息给予分析判断。在桑台之战中，黑旗军将领刘永福的下落备受关注、众说纷纭。1884年1月8日，《申报》照录一则消息："言法军夺得桑台之后黑旗仓卒不能尽退，多为法军截击，死伤无算。刘永福亦受弹伤，不能往来驰骤，致为法

---

① 申报.桑台被围[N].申报，1883-12-21(01).
② 申报.桑台失守电音[N].申报，1883-12-23(02).
③ 申报.法军败北[N].申报，1883-12-27(02).
④ 申报.法军覆没传言[N].申报，1883-12-27(02).
⑤ 申报.确耗未至[N].申报，1883-12-29(02).

军所获。"虽然照录，但是主笔在文后加了很长的按语进行质疑："但刘永福百战之将，此前屡挫法军，人皆以智勇许之，其弃桑台也，逖听者尚谓其别有深算，断不至仓卒溃走遭法人之毒手，且香港信息较近何以中西各报皆不言永福就擒，此书所言安知非好事者妄造黑白耶，本馆但照有闻必录之例译之亦深冀言之不中也。"①主笔判断此消息可能存在问题的根据：一是对各路信息的综合分析；二是根据常识判断。交战之地越南与香港咫尺之遥，这个消息却没有得到香港中西各报的印证。事实证明，主笔的判断是正确的，"当时黑旗军在法军的围攻之下，一无弹药、二因为军内矛盾无法坚持，在条件有利时及时全师而退"。②

　　新闻报道中，往往不得不包含一些当下报道时刻还无法确证的所谓事实信息，这样的信息与事实的实际情况之间存在着"可能符合关系"，但正因为只有符合的可能，新闻作者必须在新闻报道中清楚地说明哪些信息还没有得到证明，是什么样的新闻源提供了这样的信息。如果没有这样的说明，新闻在一定程度上就等于包含了流言或者谣言的成分。③通过"有闻必录"，《申报》在为读者提供了一个更为完整全面的事实图像的同时，将没有得到确认的信息进行质疑，在一定程度上减少了失实报道的可能性，弥补了"必录"带来的弊端；另一方面，主笔将自己的判断融入存疑之中，给读者提供了一个选择、思考和判断的空间，通过自己的主观判断积极推动新闻事实的实现。《申报》主笔在新闻实践中对"有闻必录"、疑以传疑的理解和实践，在协调"必录"和真实两者矛盾方面起到了关键作用。在清末苛刻的媒介环境中，《申报》之所以成为以新闻取胜的报纸，在新闻真实性方面成为业界的佼佼者，其主笔在"有闻必录"中对信息的质疑起到的作用是不可忽视的。

　　综上所述，在当时的信息环境下，"有闻必录"作为一种叙事原则和手段，在探求新闻事实方面，还是具有一定的作用和效果的。报人通过

---

① 申报.译东京西人书[N].申报,1884-01-08(02).
② 廖宗麟.中法战争[M].天津:天津古籍出版社,2002:231.
③ 杨保军.新闻真实论[M].北京:中国人民大学出版社,2006.

“有闻必录”，竭力拓展信息渠道，通过全面多元的信息，努力地接近并报道新闻真相。对于“有闻必录”难以克服的弊端，即不确实信息的录入，报人“信以传信、疑以传疑”，即通过“阙疑”录入的方式来进行弥补。

中法战争报道的成功，为《申报》带来发展契机的同时，也为“有闻必录”提供了一个最具有说服力的典型案例。在中法之战的报道中，《申报》大量地以“有闻必录”“新闻体例”①为名录入新闻，这起到了为“有闻必录”的合法性进行宣传的作用。我们也有理由相信，正是在中法战争中，《申报》倚靠“有闻必录”获得的成功，使得“大约自这时起，这一用语（有闻必录）很快流传开来，自上海扩及广州和其他城市”。②作为报人报馆职业权利的“有闻必录”在业内外也逐渐获得了认同，这一点可以从中法战争后陡然增加的读者反馈获知。例如，1888 年 6 月 14 日，有读者来信“点赞”《申报》称：“贵馆笔具春秋，遵有闻必书之例，仆察精毫末呈一讹。”③在读者的眼中，报馆“有闻必录”就是在履行史家著史之职。1887 年 4 月，《申报》揭露江西一粥厂放硝事件，一位读者虽然来信质疑报道的真实性，但也承认：“贵馆不过有闻必录，善则褒恶则贬，初无私意存乎其间。”④1886 年 2 月 20 日，上海北市丝业会馆筹赈公所来信登于《申报》，对报馆助赈善举进行感谢：“申沪两报馆诸君子又复有闻必录，所托皆登”。⑤1899 年 1 月 12 日，杭州、嘉兴、松江三个地区的盐商公所的主事人公开登报，要求报馆要实事求是：“在馆主笔诸君凭访事函报并旁人投简有闻必录，不暇考其真伪，但遇事关大局者似宜郑重出之。”⑥

19 世纪末 20 世纪初，“有闻必录”在业内外成为一种流行话语。1903 年，上海商务印书馆编译出版日本人松本君平的著作《新闻学》，译者用“有闻必录”来指代媒体职权：“盖有闻必录，新闻社之义务，如是

---

① 在对中法战争进行的报道中，报人仅以“有闻必录”为名录入的信息就有 21 则。
② 方汉奇.中国新闻事业通史（第 1 卷）[M].北京：中国人民大学出版社，1992：290.
③ 申报.来信照登[N].申报，1888-6-14(04).
④ 申报.来信照登[N].申报，1887-4-11(03).
⑤ 申报.上海北市丝业会馆筹赈公所施少钦来书照登[N].申报，1886-2-20(10).
⑥ 申报.阅报须知[N].申报，1899-1-12(04).

而已。善恶与否,以待读者自定评也。"①

1902 年,初创的《大公报》"但循泰西报馆公例,知无不言,以大公之心,发折中之论"。1902 年冬,清政府某道员条陈"严设报律,以肃观听",反对报刊监督政府。11 月 25 日,《大公报》发文据理反驳的武器就是"有闻必录":"夫庶人市谏本有集思广益之条,采访陈诗素具有闻必录之例,录者不任咎焉。"②此处,《大公报》亦将"有闻必录"归于太史采风之例。试想,如果"有闻必录"不被当时社会认可为报馆之职权,大公报馆能够以之为己辩护么?

显然,《申报》报人以史官记事、史家著史的原则,努力争取社会在文化上对"有闻必录"的认同,同时,在发掘新闻事实过程中,向官绅民众们展示了"有闻必录"在提供全面真实新闻方面的作用,从而进一步在新闻实践中寻求社会对"有闻必录"的接受。可以说,"有闻必录"被社会所认同,《申报》报人的努力"功不可没"。

第六节　从"新闻体例"到"报馆天职":
"有闻必录"成为意识形态

经过二十余年的反复宣传和争取,到 19 世纪末,作为新闻体例的"有闻必录"业已成为报业特别是商办报业的一张朴实管用的名片。此时,恰逢西方现代报刊思想通过梁启超等新兴精英引入,于是,在 20 纪初期,西方出版自由思想和中国传统"有闻必录"的理念终于殊路同归。在报业争取媒体"出版自由"的活动中,"有闻必录"被业内外奉为"报馆天职",所谓天职,即"天授予的职分",这种职权的履行天经地义、不容置疑。"有闻必录"从 19 世纪 80 年代的"新闻体例"成为 20 世纪初流行于社会的一种意识形态。

19 世纪末 20 世纪初,在新闻界广泛呼吁下,"出版自由""言论自

①　松本君平.新闻学[M].北京:中国传媒大学出版社,2018. 36.
②　大公报.严设报律问题[N].大公报,1902-11-25(01).

由"至少在话语层面逐步赢得了清季民初官方的认可。梁启超于 1899
年在《清议报》上率先使用"言论自由"的概念。①在 1902 年《敬告我同
业诸君》中,梁启超大声疾呼:

> 西人有恒言曰:"言论自由,出版自由,为一切自由之保障。"诚
> 以此两自由苟失坠,则行政之权限万不能立,国民之权利万不能完
> 也。而报馆者则据言论出版两自由,以实行监督政府之天职者也。
> 故一国之业报馆者,苟认定此天识而实践之,则良政治必于是
> 出焉。②

但是,"戊戌"后,清政府开始镇压报界。民国初建,政治权力时刻
没有忘记对媒体的管控,特别是袁世凯独揽大权后,制造出了报刊史上
臭名昭著的"癸丑报灾"。面对政治权力对媒体愈演愈烈的打压,"有闻
必录"成为报人频频呼吁的"报馆天职",成为媒体反抗政治干预、争取
言论自由的合法性来源。这一做法和 19 世纪 80 年代报人用史官之职
权来争取"有闻必录"的合法性一样,只不过,"报馆天职"并非"有闻必
录"的"内涵转变或再次扩充",③而是其本来已经成为业内外约定俗成
的媒体职业权利。

1905 年 1 月 22 日,《申报》1905 年在介绍俄国工人罢工时,指出了
俄国百姓向政府争取的几项权利,其中便包括了"教育自由、报纸言论
自由、信教自由"等。同年,汉口的报馆涉讼,《申报》在 10 月 14 日就此
发表评论,认为"言论自由,素为文明国公认,观此不能释然"。自此之
后,"言论自由"之说在《申报》上便不时出现,影响日甚。立足这样的背
景,"有闻必录"的实际内涵再次扩充,开始容纳"言论自由"思想。作为
一个已经活跃数十年的口号,以"有闻必录"来指代"言论自由",无疑有

---

① 周光明.中文"新闻自由"概念考略[J].国际新闻界,2014(10).
② 张之华.中国新闻事业史文选(公元 724 年—1995 年)[G].北京:中国人民大学出版
社,1998:47.
③ 操瑞青.政治干预下的职业抗争[J].新闻与传播评论,2018(07):106.

助于"言论自由"的观念赢得人们的认可①。1909 年 1 月 5 日,《申报》刊发《张督覆葡领函》一文,内称"报馆有闻必录,许言论自由",将后者作为前者的题中之义予以阐发。1910 年 10 月 15 日,北京报界公会起草《北京报界公会上资政院陈请书》,对清廷新订报律进行发难,请求修改。《申报》对此发表意见,既抨击了晚清政府的舆论压制,也号召了"有闻必录"式的"言论自由"。文章认为:"今日各项法律,有可以援照日本法者,无不一一以抽象的方法采用之。此新订报律,所以制限加苛,而至有摧残舆论之事也",因而在《申报》看来,彼时的中国社会"正宜悉心监察,有闻必录"②,从而以"有闻必录"之名维护了报纸的自由言论。作为"言论自由"的代名词,"有闻必录"逐步被报界指称为"报馆之天职"并获得了外界认可,其社会地位亦随之陡然提升。这一阐释,较早地集中体现在《申报》的《论温肃反对报馆之荒谬》一文中:

> 自报纸风行以来,率以秉笔直书,为政府所忌嫉。故所订报律,一再加严,至于不能遵守,而烦资政院之议驳⋯⋯报馆天职,有闻必录。以见其事之是非,非可任好恶以为毁誉也。其所持论说,必合乎公理、本乎事实,非可逞私见、执异说,以淆乱人听也。政府腐败,而报纸揭载之;人民受制,而报纸欲持空言以扶助之。此无非本于喁喁望治之心,岂有可以诋諆者。③

《申报》认为,政府一直以报律钳制报刊舆论,然而,"有闻必录"本就是报纸的天职,只有在宽松自由的言论环境下,报纸才能更好地发挥自身的社会功能。以"有闻必录"的方式来呼吁"言论自由",在晚清社会形成了较大的影响力。"报馆天职,有闻必录"的说法赢得了广泛的社会认同。《申报》1910 年前后所刊登的多篇读者来函中,大多对该说法表示了认可。诸如"有闻必录,自是新闻记者应尽之天职""报界天

① 操瑞青."有闻必录"的流行与现代新闻观念的萌生[J].新闻界,2016(9):18.
② 申报.北京报界公会陈请书书后[N].申报,1910-10-30.
③ 申报.论温肃反对报馆之荒谬[N].申报,1910-11-19.

职,有闻必录""报馆有闻必录,固其天职"之类的说法俯拾即是。"报馆天职,有闻必录"的说法赢得了广泛的社会认同。1910年,湖南省咨议局曾致函各报馆,承认"有闻必录,自是新闻记者应尽之天职"。①1913年6月17日,《政府公报》刊登内务部布告第六号,称:"有闻必录固新闻界之责任,然亦当审度其事之影响"。②在"民国暂行报律风波"时期、袁世凯颁布《报纸条例》时期,面对一系列舆论压制,报纸每每抛出"有闻必录"的说法来呼吁"言论自由"。

当然,西方的出版自由、言论自由和"有闻必录"还是有很大的区别。建立在市场自由基础之上的出版自由隐含在坚决要求保护个人免受专制权力迫害的共识之中,因此,媒体常常以政治权力的制衡者与监督者自居,强调独立于政治的控制而成为政治权力的一种制衡力量。而"有闻必录"的合法性则来源于中国传统的史学文化,在报人的宣传话语中,并不突出媒体对政治权力的制衡,更强调"有闻必录"在促进"上下相通、远近相达"有利于国家之"大治"的功效。文化根源的不同也造成西方出版自由思想和"有闻必录"在中国近现代社会的不同境遇,前者在中国水土不服,而"有闻必录"却在20世纪初现代新闻理论引入中国后仍然具有强大的影响力、生命力。此外,"有闻必录"重在维护新闻从业者自由报道和传播新闻的权利,属于具体的技术和操作层面,更为实用,要求也更具体明确。在学界和政论报人群体中,他们对西方的出版自由皆为推崇,而在商业化媒体和普通群众中,"有闻必录"似乎更受认同。

正如西方媒体在"不受限制的自由主义"的保护下,报道内容会常常危及社会公德和个人隐私,对"有闻必录"的滥用也必然会导致报业各种腐败现象和失范行为的发生。无论是报人、学人抑或其他人士,他们所批评指责的多是从业者滥用"有闻必录"的行为和现象,但在报刊应该享有的职业权利层面,他们大都持支持态度。典型如邵飘萍,其在

①　杨鹏程.湖南咨议局文献汇编[M].长沙:湖南人民出版社,2010.589.
②　政府公报.内务部布告第六号[N].1913-6-17(01).

北京大学及平民大学讲授新闻学时,曾对"有闻必录"一语再三攻击,而在具体的职业实践中,邵飘萍亦以"有闻必录"为正当权利。1916 年,邵飘萍为《申报》撰写"北京特别通信"时,在一篇报道中写道:"政界又有一传说,言五百万借款之义,内中当有一段秘密……吾人固不愿果有此种污辱国家之事,唯依有闻必录之例,姑为志之,以待他日之证明可耳。"①

第七节 "有闻必录"存在的问题

在以《申报》为代表的商业性报纸报人的"精心设计"②和推动下,"有闻必录"作为媒体和从业者的"新闻职业权利"渐渐被官绅及民众认同并接受。"自'有闻必录'一词在十九世纪八十年代出现以后,就很快在新闻界流传开来,到九十年代,已流行很广。"③同时,我们也需要强调的是,正如"有闻必录"是史官不可剥夺的权利,同时也是史官记录事实的方法和手段,"有闻必录"首先是作为报馆和报人"新闻职业权利"而存在,同时它又是报人所倚靠的采录传播信息的叙事原则和手段。

但是,随着中国近代新闻事业的发展,"有闻必录"本身的缺陷也日益凸显,在新闻实践中存在的问题也愈来愈严重。

第一,对"有闻必录"的片面理解和滥用使得"有闻必录"成为新闻失实的"护身符"。初创时期的商业性报纸,时刻面临着生存和竞争的压力,争取自由采录信息的权利是其第一要务。"有闻必录"也被商业性媒体宣传为"新闻体例"④和"日报体裁"⑤。史官记事要求事无巨细、备录无遗,报纸也就有了不加选择、罔不毕录的权利,但是史官记事要求的是"确"事,也就是客观存在的语言和行为,但是因为营利和生存,

---

① 邵飘萍.北京特别通信[N].申报,1916-9-22(03).
② 宁树藩."有闻必录"考[J].新闻研究资料,1986(1):96.
③ 宁树藩."有闻必录"考[J].新闻研究资料,1986(1):100.
④ 申报.葛毕氏起解琐闻[N].申报,1876-04-18(01).
⑤ 申报.琼州军情[N].申报,1879-08-01(1).

商业性报纸在保证自己"罔不毕录"之权利的同时，对保证"必录"之事的真实性方面却有些"模糊"。初创时期的《申报》就有过这样的偏差。但是在 1880 年以后，《申报》在解释新闻体例以及"有闻必录"时，并非只强调"有闻必录"，还强调"据事直书"。①在行使自己"有闻必录"之权利时，报人还是有为真实性负责的意识的。然而，当"有闻必录"逐渐被官民认可和接受后，随着近代新闻事业发展以及报纸竞争的激烈，不少报纸为了经济利益或者政治缘由，只强调"有闻必录"中备录无遗、尽行登载的一方面，却忽视了维护新闻真实与新闻质量的另一面，从而使得"有闻必录"沦为新闻失实的"护身符"。只是这种"护身符""挡箭牌"作用"广泛地出现应当是在 19 世纪末 20 世纪初。"②这种"护身符"的作用也并非"有闻必录"能够兴起的核心因素。

第二，"有闻必录"的滥用也导致从业者职业腐败行为之孳生和新闻质量的下降。正如西方媒体鼓吹绝对的新闻自由，报道内容会常常危及社会公德和个人隐私，报道日益煽情化、刺激化和浅薄化，对"有闻必录"的滥用也必然会导致报业特别是商办报业各种腐败现象和失范行为的发生。19 世纪 90 年代上海商业报坛风气堕落，不少报人热衷于发人隐私、刊登污秽色情，以藉报勒索为能事，这和当时报人对"有闻必录"的滥用不无关系。《申报》报人已经认识到了"有闻必录"作为新闻职业权利在新闻实践存在的问题，1899 年 7 月，《申报》报人针对当时报风不正进行评论，并对一些报人对"有闻必录"的滥用进行批评：

> 乃自甲午之后风气一新，报馆之开日增月盛，于是橐笔之士皆怀才欲试，争以入馆作主笔为荣，而主笔之人愈多主笔之品愈坏，

---

① 例如，在 1884 年 1 月 2 日的《立言有体说》中，报人言："据事直书、有闻必录，信者传信疑者传疑，此新闻之体也。"；在 1884 年 10 月 26 日的《宜急援台北说》中，报人说："但照有闻必录之例，据事直书"；在 1895 年 12 月 24 日的《论图治必先求其通》中，报人认为："报馆开而有闻必录、据事直书，琐屑之事通国皆知也。"

② 操瑞青.建构报刊合法性："有闻必录"兴起的另一种认识——从《申报》"杨乃武案"报道谈起[J].新闻与传播研究,2015(3):110.

其始惟以官场为生财之地,久之而鱼肉商贾,敲诈懦良,甚至曲巷青楼,亦且借有闻必录为名,雪岭墨池任情颠倒。①

　　此外,更值得我们思考的是,媒体的出版自由与通常所说的言论自由不一样,它表现为一种制度,在美国称之为 institutional right,即制度性的自由。西方的出版自由制度,是西方议会制、三权分立制、多党制等为主的西方民主制度的一个有机组成部分。出版自由的核心特征就是新闻媒介独立于政府,新闻报道和评论不受政府干预,所以新闻媒介被认为是立法、司法、行政之外的第四机构。新闻传播制度不是孤立的,它是同社会的其他制度特别是政治制度密切结合在一起的,必须通过细致的制度安排和法律层面的规范予以保障。出版自由的理论和实践的源头是英国,从 1640 年英国革命爆发到 1868 年媒体实现报道议会权利的最终实现,经历了 228 年。英国资产阶级争取新闻事业出版自由的斗争,从废除印花税法、威尔克斯案件到福克斯诽谤法案,一直在一个稳定的框架内,以和平的方式进行,这个框架就是议会和法律。媒体在争取自身权利的每一个进步都是通过议会辩论、法庭辩论、法庭判例、议会立法的模式进行,例如,废除印花税的斗争经历 150 年,斗争的方式是在议会不断的辩论。这种制度性安排一方面切实保障媒体的新闻报道权利,一方面又对媒体职业行为进行了规范和监督。但是,清季民初的中国不可能存在这种制定性安排的土壤,清廷想方设法扼杀报刊,《大清报律》的出台也不过是维护自己专制统治的幌子。民国初期也是如此,没有相关法律和制度安排切实维护和保障媒体的权利,也没有有效地规范媒体职业行为,导致民国初期报纸职业腐败现象更是严重。

　　第三,虽然史官记事、史家著史的职业目标和原则与新闻事业有着密切关系和相似性。但是,在史家笔下,历史呈现的方式和新闻事业对新闻真实的要求还是不同的。现代新闻理论认为,新闻真实应当追求

---

① 申报.合论连日本报所纪主笔索诈及劣员串诈事[N].申报,1899-07-10(01).

完全的真实、绝对的真实,而没有什么相对的、基本的真实,对于没有经过确认的消息,是不能登载报刊的。正如徐宝璜的观点,报刊就是要"求正确,求完全,求迅速",报刊"不可以讹传讹;不可以推测为事实;不可颠倒事实"。①与徐宝璜时代的新闻观相比,早期《申报》报人可以说对新闻真实的理解方面有很多模糊之处。虽然《申报》以"实事求是"为报道原则,重视新闻事实的传播,甚至能够做到以传播事实为先,但在报人的知识视野中,新闻叙事就如史家治史,强调"有闻必录""信者传信、疑者传疑",正如《申报》报人所言:"有闻必书志良史也,传闻异辞连类并载昭其实也。"②带有疑问的,甚至是不确实的信息,作为类似于史书上的"异辞",是可以作为"昭其实"的一部分录入报章的,这和现代新闻理论的要求不同。在中国近代商业性报纸的新闻实践中,这种将存在疑问的信息以"有闻必录"的形式录入报章的现象比比皆是,虽然编辑多少会加以疑词,但是,新闻失实不可避免。

第四,虽然报人通过"疑以传疑"能够在一定程度上减轻"必录"带来的新闻失实的风险,但这全赖于主笔自身的职业素质和职业操守,包括从业者的从业经验、从业者对新闻真实性的认知和态度等。报馆主笔毕竟不是亲临一线进行采访的新闻记者,对于大量的良莠不齐的信息,主笔需要大量的精力去判断信息的真实程度。当判断信息的难度超出主笔的认知范围或者主笔受到其他因素的影响而失去了理性、客观的判断时,新闻失实就难以避免。

最为典型的就是以《申报》为首的中国商业性报纸在中日甲午战争中的表现,中日开战前后,中国人上自朝廷下到一般百姓普遍虚妄自大,认为日本和中国作战犹如"螳臂挡车",中国对付日本则"泰山压卵",全民皆喜胜讳败,作为"以笔报国"的主笔们也概莫能外。在民众非理性舆论的影响下,《申报》和其他报纸秉承"有闻必录",却失去了"质疑"的理性,结果在牙山之战的报道中集体失实,为国外媒体留下了笑柄。

---

① 徐宝璜.新闻学[M].北京:中国人民大学出版社,1994:110.
② 申报.新闻纸源始说[N].申报,1890-01-26(01).

本 章 小 结

在中国近代新闻史上,"有闻必录"被认为是近代报纸的一种报道原则,是报人为自己新闻失实行为开脱的"护身符"。"有闻必录"现象首先是作为一种独特的新闻"职业道德"问题而存在。本章通过对报人的相关论述、新闻实践以及"有闻必录"的涵义进行分析,认为:在新闻实践中,"有闻必录"并非是近代商业性报纸及报人为新闻失实所设计的托词和借口,而是报人争取的自由采录信息的"新闻职业权利"。

商业性报纸必须以丰富、广博的信息来吸引读者,报道内容必然要涉及国事、官事、政事,但是在晚清社会,清政府对初创的商业性媒体不适应、不理解,并对其涉及官事的新闻采集行为进行控制,因此,"利"和"义"的双重需要使得报馆和报人必然将争取自己采录新闻的职业权利作为自己的第一大要务。

于此,报人"巧妙"地援引史官"有闻必录"的记事原则为报人采录信息的新闻权利,报纸也被报人们赋予了史官记事、史家著史的功能与色彩,从而力争在文化层面获得官方及民间对报纸新闻传播行为的认可。在新闻实践中,报人又将史家治史"信以传信、疑以传疑"的原则融入到"有闻必录"的理解中,在一定程度上弥补了对"闻"的"必录"导致的新闻失实问题。

在晚清封闭的信息环境下,"有闻必录"既是报人所争取的新闻权利,也是报人所最为依赖的发掘新闻的手段与叙事原则。"有闻必录"在为官绅民众提供全面真实的新闻中过程中的效果日益突出。特别是在中法战争期间,报人倚靠"有闻必录"在发掘和传播真实的信息方面大获成功,使得官绅和民间认识到"有闻必录"在提供涉及国家、社会和个人之利益的重大新闻中的重要作用。正因为文化上的接近和实践上的效果,使得"有闻必录"作为报人采录传播新闻的"新闻职业权利",在19世纪80年代以后被业内外所认同和接受。

但是,随着中国近代新闻事业的发展,"有闻必录"本身的缺陷及在实践中存在的问题也日益凸显。首先，对"有闻必录"的片面理解和滥用，使得"有闻必录"沦为新闻失实的"护身符"；其次，"有闻必录"并不属于现代新闻事业科学的发现新闻真相的手段，在新闻实践中存在着不可避免的缺陷和弊端。例如，报人"有闻必录"，将不确信、带有疑问的信息如史家对待"异辞"一般录入报端，虽然报人以"疑以传疑"来进行弥补，但是新闻失实的风险难以控制。

随着新闻事业的发展，特别是现代新闻理论在 20 世纪初引入中国后，"有闻必录"也受到学界业界的批判。但是，在近代中国，"有闻必录"的影响力、生命力依旧强大。即便如此，随着新闻专业化、职业化的日益发展，作为一种从传统史家著史原则中"嫁接"援引过来的新闻职业权利和叙事原则，"有闻必录"最终退出历史舞台也是必然的。

第六章　职业活动的他律和自律

　　世界各地的新闻业无论是在幼年期，还是在发展繁荣期，职业道德问题总是存在，只是表现形式和程度不同而已，诚如英国学者马修·基兰所说："因为有新闻产业存在，所以才会有新闻伦理的问题。"①自中国近代商业性报刊发轫以来，新闻职业道德问题就如影相随，王韬在《论日报渐行于中土》中指出：日报存在两大弊端：一是挟私讦人；一是采访失实、纪载多夸。②特别是到了清末民初，商业报坛风气日下，职业腐败行为屡屡上演。被称为中国近代新闻记者第一人的梁启超，对于新闻行业职业腐败和失范行为的认识犀利而又深刻，早在《论报馆有益于国事》中，梁启超就指出了新闻从业者职业活动之五大弊端：

　　　　记载琐故，采访异闻，非齐东之野言，即秘辛之杂事，闭门而造，信口以谈，无补时艰，徒伤风化，其弊一也；军事敌情，记载不实，仅凭市虎之口，罔恕夕鸡之嫌，甚乃揣摩众情，臆造诡说，海外已成劫烬，纸上犹登捷书，荧惑听闻，贻误大局，其弊二也；臧否人物，论列近事，毁誉凭其恩怨，笔舌甚于刀兵，或呬颂权贵，为曳裾之阶梯，或指斥富豪，作苞苴之左卷，行同无赖，义乖祥言，其弊三也；操觚发论，匪有本原，蹈袭陈言，剿撮涂说，或乃才尽为忧，敷衍塞责，讨论轶闻，纪述游览，义无足取，言之无文，其弊四也；或有译录稍广，言论足观，删汰秽芜，颇知体要，而借阐宗风，不出郑志，虽有断章取义之益，未免歌诗不类之憾，其弊五也。具此诸端，斯义

---

　　① ［美］马修·基兰.媒体伦理［M］.张培伦等译.南京：南京大学出版社，2009：11.
　　② 张之华.中国新闻事业史文选（公元 724 年—1995 年）［G］.北京：中国人民大学出版社，1998：6.

遂梏，遂使海内一二自好之士，反视报馆为蝥贼，目报章为妖言，古义不行，良法致弊。呜呼，不其恫欤！①

梁启超虽然在文中阐述的是英国、德国、日本等国家报刊存在的职业失范问题，但毋庸置疑，这些道德问题也普遍存在于当时中国报业的职业活动中。梁启超既批评了当时部分商业性报纸记载不实、迎合受众捏造事实的失范行为，又揭露了部分从业者毫无职业品性，以媒体为阿谀奉承、敲诈勒索之工具的腐败行径。

1865 年至 1895 年，上海新创办的报刊达 86 种之多，差不多占同期全国新办报刊总数的二分一②，作为当时中国的新闻中心，大量报刊聚集，鱼龙混杂、泥沙俱下，在新闻工作者中出现了日益严重的腐败现象，除了纪载失实外，这种腐败主要体现在两个方面：一是清廷开始收买报纸，如李鸿章资助广学会等；另一方面则大量存在当时的商办报刊的外勤队伍中，而且逐步蔓延到主笔房，腐败的具体表现为以坏人名誉或发人隐私为手段，乘机要挟索诈。报界的这种腐败现象的发生，是与商业性媒体注重里巷琐闻共存的。里巷琐闻报道的对象不愿被披露，就有可能出现贿赂。一开始，报馆一般还比较谨慎，当时报馆里的主笔房主笔都被称为"师爷"，是知书达理的读书人，行为不端也不宜过分露骨，而外勤访员是从"探子""抄案"等转化而来，他们的社会地位低下，常常出现腐败行为。

19 世纪末 20 世纪初，上海报业发达、众多商办报刊竞争激烈，从业人员腐败现象屡禁不止，弄到公堂甚至捕房查究的事也越来越多，进入 20 世纪之后，随着义和团事变慈禧辱国引起的信仰危机，维新改良思潮的大破产，以及革命思潮还只是在酝酿的过程中，报坛的腐败更进一步发展，能洁身自好者，已是报坛中的佼佼者。此外，有些所谓的报纸是"有报无社"，以正宗报纸为源，靠剪切拼凑所谓新闻。有的报社

---

① 张之华.中国新闻事业史文选（公元 724—1995 年）[G].北京：中国人民出版社，1998：19.

② 秦绍德.上海近代报刊史论[M].上海：复旦大学出版社，2014：17.

（馆）的编辑记者甚至杜撰捏造特别新闻。报馆的出版自由得不到法律保护也是造成职业腐败现象的一个原因，报纸随时可能因为官员不快而被封闭，这种情形下，有才智和有声望的人都不愿大笔投资于新闻出版业。结果是中国内地的多数报纸都是只顾赚钱毫无信誉那一类，由一些既无专业知识，又无职业道德的人经营。上海报坛腐败现象与后来北京的不同，北京主要是官府收买和津贴，上海多是藉报勒索，而又逐渐形成报坛的海派与京派之分①。

　　当然，像《申报》《时报》《大公报》等报纸都是职业化程度较高的大报，经营管理不错，具有很大发行量和良好的社会声誉。英文报纸《密勒氏评论报》的一名编辑写道："中国新闻业的信誉很低，报人的名声比江湖骗子高不了多少。"但是，他又补充道："中国的编辑不会永远受制于政治的或其他的自私利益。他们已经在声张其独立性，这一点通过读《申报》《新闻报》《益世报》及其他报纸的社论就能证明。"另一位外国观察家也承认《申报》《大公报》等是"几个杰出的例外"。②

　　中国近代商业性报纸以生存营利为要务，在职业活动中面临诸多复杂、鲜活的伦理问题，其职业伦理实践具有极高的研究价值和现实借鉴意义，但是，目前鲜有此类专题探讨。当下新闻伦理研究专著和论文颇丰，但多观照当下，缺乏历史的研究，很少提及中国近代商业性报纸。徐新平的《中国新闻伦理思想的演进》全面梳理了中国新闻伦理思想的演进，但重在对新闻伦理观念的总结，对近代商业性报纸职业活动中具体的伦理问题着墨不多，也缺乏具体的个案分析。近代新闻史研究多聚焦于近代商业性报纸的业务创新和经营策略等，涉及职业伦理问题和职业伦理实践的内容散见其中，诸如马光仁、秦绍德③等对晚清上海商业报馆自律行为略有提及，但没有系统和深入的研究，

　　① 马光仁.上海新闻史[M].上海：复旦大学出版社，2015：199.
　　② 徐小群.民国时期的国家与社会：自由职业团体在上海的兴起：1912—1937[M].北京：新星出版社，2007：262.
　　③ 马光仁的《上海新闻史》和秦绍德的《上海近代报刊史》等新闻史著作都涉及近代商报的职业伦理问题。

其他涉及媒体责任①、媒体"有闻必录"②、新闻真实③等问题的研究因为研究目的所限,关乎近代商业性报纸职业伦理实践的内容零散而不成体系。

新闻职业伦理不是职业道德规范的简单堆砌,而是来源于实践。本章不纠缠于对当时的新闻伦理观念进行简单罗列,而重在结合晚清中国社会及上海租界复杂的社会生态,围绕新闻从业者职业实践活动中出现的复杂的道德问题,通过对大量的文献及报纸文本的搜集分析,对商办报业的社会他律和职业自律进行探究。

第一节　中国近代学人报人对报刊从业者职业行为的要求

随着中国近代报业的发展,诸多报人学人都围绕从业者个体职业品德和职业行为提出了思想主张,这些要求主要是针对商业性报刊内部出现的职业失范问题,此类思想也集中出现在 19 世纪末和 20 世纪初。

王韬较早地提出了从业者的职业品格问题。在《论日报渐行于中土》文中,他认为:"顾秉笔之人,不可不慎加遴选。其间或非通才,未免识小而遗大,然犹其细焉者也;至其挟私讦人,自快其忿,则品斯下矣,士君子当摈之而不齿。"④王韬提出从业者最为重要的品质就是公平、诚实、正直,有了这样的品德,才会客观公正地"直陈其事""不参毁誉之私"。如果将报刊作为个人泄愤私利的工具,这样的报人就应该被君子

---

①　例如靳环宇的《晚清义赈组织研究》(湖南人民出版社,2008)、郭恩强的《作为关系的新闻纸:〈申报〉与晚清义赈》(《新闻与传播研究》,2016 年第 6 期)等。

②　例如操瑞青的《"有闻必录"的流行与现代新闻观念的萌生》(《新闻界》2016 年第 9 期)、《建构报刊合法性:"有闻必录"兴起的另一种认识》(《新闻与传播研究》,2015 年第 3 期)等。

③　例如刘丽的《中国近代报业采访史论:以〈申报〉为中心的考察》(安徽大学出版社,2014)等。

④　张之华.中国新闻事业史文选(公元 724—1995 年)[G].北京:中国人民出版社,1998:6.

所唾弃。

郑观应在《日报》中提出："执笔者尤须毫无私曲,暗托者则婉谢之,纳贿者则峻拒之,胸中不染一尘,惟澄观天下之得失是非,自抒伟论。倘有徇私受贿、颠倒是非、借公事以报私仇、藉巧词以纾积忿、逞坚白异同之辩、乱斯民之视听者,则迹同秽史,罪等莠民。可援例告官惩治"。这一段话直指当时商业报坛诸多腐败现象,要求新闻从业者做到一尘不染,不能以文谋私,希望从业者要在金钱和利益面前保持自己的独立性和公心。他认为,对于职业失范人员,要用法律进行规范,"如主笔借此勒索,无故诋毁,伤人名节者,不论大小官绅,当控诸地方官审办,并准两造公举中外陪员听讯。如果属实,则照西律分别轻重,治以禁锢之罪"。①

至于亲身经营办报的报人更是对新闻行业腐败行为有切身之痛。严复虽然办报时间不长,但是也对从业者职业行为提出了道德要求,在1897年《国闻报》创刊之际,严复同报馆同人制定了《国闻报馆章程》,其中规定:

> 毁谤官长、攻讦隐私,不但干国家之律令,亦非报章之公理。凡有涉于此者,本馆概不登载。即有冤抑等情,借报章申诉,至本馆登上告白者,亦必须本人具名,并有妥实保家,本馆方许代登。如隐匿姓名之件,一概不登。②

严复认为报纸的公理是不能诽谤他人、发人隐私,普通民众即使需要媒体申诉冤情,也必须保证确实,实名且需要第三方的担保。

汪康年是中国近代真正以办报为职业的民间报人之一,他在16年的新闻生涯中先后创办主持了6种报纸,包括《时务报》(1896年创办)、《昌言报》(1898年由《时务报》易名而来)、《时务日报》(1898年创

---

① 张之华.中国新闻事业史文选(公元724—1995年)[G].北京:中国人民出版社,1998:10.

② 王栻主.严复集(第二册)[M].北京:中华书局,1986:456.

办),《中外日报》(1898 年由《时务日报》易名而来),《刍言报》(1910 年创办)。在汪康年之前,虽然许多人都讨论过新闻从业者的品德问题,但是汪康年则是明确提出"报德""报品"的第一人。1907 年 5 月,他在《京报》发表的《论报章记事关系个人及社会之区别》中指出:"今日之报章,每好讦个人之私事,是直为营私纳贿耳! 苟有报德、有报识而欲成为完美之报者,必不出此。"1911 年在《当言报》发表的《敬告报馆(第二)》中又说:"报之为用,伟矣! 为力亦大矣! 然今之为报者,不能自尊其品格,腐败狂谬,至不可言状。"①汪康年认为新闻从业者必须要恪守真实、公正之原则,他提醒同行"宜各自约检。凡记载一事,必先审其真伪,即转载他报,亦必择其近情理者录之,且注其所从出",报纸影响大,立言要公正,不能因为私利好恶而混淆事实,"于其所喜,或相联络之人,则其人虽及荒谬,必极力揄扬之,且交口颂之;于其不喜,或受人嗾使,则其人虽极无他,必极为诋诟之,且交口毁之"。他认为"报章者,所以监督政府,而谋社会之公益者也"。但是,报人不能打着舆论监督的名号"讦发人过恶,指摘人瑕疵为天职",更不能"以此弋名誉也,以此为销报计也"。②

1890 年后,申报馆对从业者的职业道德行为也格外重视,屡屡提出要求,其中"清廉守正"更是强调的重点,报人连续发表多篇文章,直斥职业腐败行为,提出自己的职业伦理思想。

在《中国振兴日报论》中,报人认为"西方各国能够励精图治,日上蒸蒸,国富兵强,为五大洲之冠"的原因在于"泰西各国的报刊兴盛",而西方各国的报纸的兴盛关键在于主笔的品性。在文中,作者借西人之口,认为不管西方和中国,主笔必须"才识兼优、公正清廉、不偏不倚"。③特别是西方主笔严于自律,"名位即高,断不肯纳贿营私以自贬其身价"。相对于西方主笔的"清廉",报人认为中国报纸则"多粉饰,报馆中惟是颂扬官长以博其欢心","尤其甚者,人或有不堪告人之事见诸

---

① ②　徐新平.中国新闻伦理思想的演进[M].北京:北京大学出版社,2020:53.
③　申报.中国振兴日报论[N].申报,1890-11-15(01).

日报,未免赧颜,则必辗转设法暗中行贿,以冀报馆中人薰心利欲、曲徇其情,见人为之掩饰遮瞒,罔恤世间公论"。①

报人认为,欲兴中国日报,主笔"第一要敢言……其次,在守正。执笔之士务求品学兼优、一秉至公、毫无私曲,于暗托者则婉谢之,于纳贿者则峻拒之,胸中空空洞洞,不染纤尘,惟澄观当世之得失是非,自抒伟议宏通淹雅大言,炎炎如是以为之,有不到处风行洛阳纸贵者我不信也"。"守正",按照文中之意,就是要求主笔在职业活动中做到自律,守住"清廉"的道德底线,只有心中没有私心,胸中没有贪欲,不染纤尘,才能够做到评论客观、伟议宏通,否则主笔难免徇于各种情面,做出各种职业失范的行为,"畏首畏尾,欲吐仍茹,左顾右瞻,专徇情面,甚至为医卜星相,出招帖,为优伶娼妓著声,名不受人唾骂斯幸而。欲与泰西各日报并美,乌可得哉"。②

对于主笔要具有"敢言"之精神,《申报》报人在1890年以前的论说中屡屡提及,要求报人要具备史家"据事直书"之德,敢于直言无隐。但是对于报人在职业行为上要做到"清廉守正",《申报》在1890年以后还是第一次提及。显然,《申报》报人的要求是基于当时从业者职业行为所存在的严重问题有感而发。

在《合论连日本报所纪主笔索诈及劣员串诈事》中,报人针对沪上商办报业腐败现象大加痛斥:"主笔文人也。必其识学兼优,见闻超卓,崇论宏议,足以倾动流时而又廉洁持躬,宅心公正,始能胜任,不致人以有文无行鄙之。"③文中,报人对一些主笔的受贿索贿行为大加批判:"文士更藉娄索为得,计天下事尚可为耶。"强调只有守住"廉洁",才能够胜任主笔一职。

对于访事者,《申报》报人多次进行严词警示:"时严约束,绝不稍存袒护之心,其有稍逾闲检者一经查明立即斥退",④"如有不法匪徒冒名

---

①② 申报.中国振兴日报论[N].申报,1890-11-15(01).

③ 申报.合论连日本报所纪主笔索诈及劣员串诈事[N].申报,1899-07-10(01).

④ 申报.辩诬[N].申报,1894-05-07(03).

撞骗者,或扭送官衙请办,或指交本馆送惩,万不容其肆意妄为".①

《申报》报人对从业者职业行为严加约束,以"清廉守正"为要求,原因在于当时"新闻工作者队伍出现了日益严重的腐败现象".②商业报界捏造新闻、发人隐私以及籍报勒索等腐败行为趋于严重,这直接影响了报纸行业的整体声誉,当然也会殃及《申报》生存、发展的环境。

经过 20 余年的发展,《申报》俨然已经成为沪上一份极具分量的大报,1890 年销量已达万份,"上海各士绅无不按日买阅".③即使后来销量压过《申报》的《新闻报》,在 1893 年创刊时期销量只及《申报》的一半,一年后,虽然销量剧增,也赶不上《申报》。在办报风格上,以英国大报为榜样的《申报》也愈加沉稳,在言论上强调"无偏无党,有物有恒"④,已有一些大报风范。商业报坛腐败现象的蔓延,无疑会对以"稳"为基调的《申报》造成极大的影响,甚至时有不法之徒冒名《申报》访事人进行勒索,⑤导致读者投书控诉《申报》,报馆不得不发布告白辟谣并进行追查。《申报》强调从业者队伍"清廉守正",不仅因为腐败行为影响到了报馆名誉,更有经济利益方面的考虑。

其实,不仅是 90 年代,在 80 年代申沪两报对峙时期,报业腐败现象就已然不少,这已经引起了《申报》的注意和防范。客观来讲,在长期的新闻实践中,《申报》报人对于报纸声誉的维护还是非常重视,"报馆的主笔房华人主笔们,大都也还能坚守节操,自律自励"⑥,报馆也形成了对从业人员职行为进行监督约束的调控与规范机制,并产生了不错的效果,使得《申报》于清末报风日下之际在职业操守方面表现较为突出。

　　① 申报.匪徒隐戯.[N].申报,1898-04-05、06(02).
　　② 马光仁.上海新闻史[M].上海:复旦大学出版社,2015:191.
　　③④ 申报.新闻纸缘始说[N].申报,1890-01-26(01).
　　⑤ 参看《辩诬》(申报,1894 年 5 月 7 日),《覆金陵陈公馆来电》(申报,1894 年 5 月 7 日),申报,《声明本馆并无访事人章叔平》(申报,1898 年 3 月 21 日).
　　⑥ 马光仁.上海新闻史[M].上海:复旦大学出版社,2015:94.

第二节　职业行为失范及其原因

上海是中国近现代的报业中心,商办报业发达,职业腐败现象严重,并逐渐蔓延到其他城市报业。正如汪康年所言:"我国报纸之不自约束,实源于上海各报。"

一、商办报业风气的堕落

进入 19 世纪 90 年代,上海商办报业风气日坏,屡屡出现从业者以捏造新闻,坏人名誉或坏人隐私为手段,乘机要挟索诈的职业道德行为失范现象,此类腐败现象一开始存在于商办报业的外勤队伍,后来逐渐蔓延到主笔房,甚至由主笔主导。仅由《申报》曝光的其他报馆从业者籍报索诈事件,1894 年有三件,1896 年有六件,1897 年有六件,1898 年有八件。[1]

1. 报道失实

从业者职业行为失范现象首先体现在报道失实甚至于捏造新闻。随着沪上报业竞争日益激烈,新闻造假行为开始增多,特别是某些报纸为了急于在报坛扎住脚跟,不惜捏造新闻以吸引人眼球。1894 年《新闻报》仅凭耳闻一传言,便登出奸细破坏吴淞炮台的消息,引起了一场官司。[2]1894 年 8 月,当时正值中日战局紧张时刻,该报主笔的好友来馆打听询问吴淞炮台有奸细混入,将硝镪水倒入炮口腐蚀炮管的传闻是否可靠,于是新闻报馆主笔就如获至宝地将此"消息"刊登报端。刊登此等没有经过核实的消息在当时是犯大忌的,即便真有此事,为保守军事秘密起见,也不适合登报,更何况只是谣传。《新闻报》刊登之后,清廷要求彻查,会审公廨票拘主笔郁岱生上堂询究,这是上海最早一桩由衙门出面处理的"新闻官司"。还有一例,当时读者普遍喜胜讳败,对

---

①　马光仁.上海新闻史[M].上海:复旦大学出版社,2015:198.
②　申报.会讯新闻报馆主笔谶词[N].申报,1894-08-08(03).

《申报》客观报道中国战绩失利的职业行为非常不满，指责报人"助敌"，甚至有极端者付钱要求《申报》以广告的形式刊发《胜倭确信》。《新闻报》主笔见读者由此心理，突发奇想，每日撰写一论，大话日军败绩，竟捏造一则所谓"夜壶阵"的假消息，胡说清军大胜，竟然大受读者欢迎，争相先睹为快，销量蒸蒸日上，"各报贩易脱售，未午即均已告罄。越日增印若干，而销数亦如之"。更有甚者，该报还捏造读者来信告白，发布一些耸人听闻之事，以促进销量。1897 年 6 月，该报以张慎卿为名发布告白，捏造上海南邑城厢一些生员的污秽色情之事，该假告白引起了南邑诸生公愤。经诸生调查，并无张慎卿之人，告白中事纯粹捏造。诸生联名愤而投书《申报》予以揭露，怒斥新闻报馆"既捏人名又捏事实，关碍官场、损辱国体，刁狡极矣"。①

　　除了商业性报纸，晚清国人创办的政论报刊及革命党人办的报纸为了政治宣传需要，也刊发了一些假新闻，如上海的《民立报》《警报》《快报》《飞报》等，为了配合武昌起义制造舆论，也刊登过假消息，如"京城失守，清帝逃去""清皇太后自缢死"等。这些报纸捏造消息，是为了政治和革命需要，商业性报纸则是为了追求读者和经济利益。

　　2. 藉报勒索

　　和捏造新闻频发相伴的是新闻从业人员藉报勒索的腐败现象。19 世纪 80 年代至 90 年代初，上海报界所发生的藉报索诈事件多为访事人所为，"早期的访员都是专任的，后来报纸多了，有些访员便兼做几家，以获致更多的访薪。在上海，则出现了各报共同雇用的访员"。②这些访事人以抄案者、包打听为主要构成，他们没有什么职业技能，也谈不上职业操守，以散布传播新闻为业，工资极低，而且不固定，"他们是有一个团体组织的，担承上海各家报馆的本埠访员，送出来的稿子是一律的，倘有一件官司，当事人不愿登报，知道这个门径，或者进行了贿赂，案子就可以不用送报了"。③先是受贿，后来发展到访事人找上门来

---

①　南邑诸生.辩正挟嫌捏诬[N].申报,1897-06-17(04).

②　陈玉申.论我国早期的新闻访员[J].国际新闻界,2007(10):65.

③　包天笑.钏影楼回忆录[M].北京:中国大百科全书出版社,2009:319.

藉报勒索。1894年5月,新闻报馆访事人陈子琴、吴再香串同他人,手持一捏造的新闻底稿,向万寿宫住持和尚明性索诈洋银一百元,并威胁将以此新闻稿登录报端,后被识破,扭送至上海县署。①不仅是本埠访员,报馆雇佣的异地访事者也屡有腐败行为发生。1897年12月,芜湖绅商联名在《申报》发布公启,揭露当地沪报馆访事人"前仆后继"敲诈勒索之事:沪报一夏姓一张姓访事人多次捏造当地商户绅士谣言刊登报章,地方商户找他理论,访事人以"主笔须送润资"为名索要贿赂,商户给其英饼四枚,访事人嫌少,又登报造谣商户为"贿托"。芜湖绅商痛斥该报馆:"滥用此等无行痞棍,每遇索诈动辄托之主笔。报馆向以清议自居,今竟成为无赖敲诈之具。"②访事人这般胡作非为,也和报馆主笔的随意纵容有关,一些报馆主笔为着报馆的生意,对访事人提供的真假信息往往"有闻必录",从而给了访事人以可乘之机,"编辑者又往往因为足不出户的关系,对于社会上一切鬼魅魍魉的黑幕,事态人情的变化,茫然不知,所以在访员们所供给的新闻里,最多只略略的加以审阅或修饰,甚至一字不易的"。③

随着访事人腐败现象的日益严重,报馆若干"上层人员"包括翻译、编辑、主笔等也裹涉其中,他们对访事人不轨行为亦从默许纵容发展为暗地主使甚至直接参与,所得款项大家"分红"。1893年10月,新闻报馆主伙同《字林西报》翻译曾子安以包揽诉讼为名,诈骗他人银两六百两,后事情败露,曾子安被诉至公堂,"太守将曾子安再四申斥,着于次日投英领事署候讯"。④

除去包揽诉讼,当时新闻从业者敲诈的手段可谓多样,主要可以归为两种:一是先捏造消息登报或刊登负面新闻,后以更正为名敲诈他人。二是以发人隐私为威胁,勒索封口费。1897年10月,上海商办报

① 《申报》于1894年5月19日、5月25日、5月26日、5月28日对新闻报馆访事人索诈事件进行了详细报道。
② 芜湖绅商公启.芜市公启[N].申报,1897-12-28(04).
③ 张静庐.中国新闻记者与新闻纸[A].见:民国丛书(第三编41辑)[G].上海:上海书店,1996:36.
④ 申报.骗钱请讯[N].申报,1893-10-07(03).

坛爆出书画报馆主笔指使翻译敲诈丑闻。该报先刊登一则他人的"劣迹",后由该报翻译赵梦占约到本人,称如欲更正须费洋二十二元,赵梦占被受害者扭至捕房,后供出其背后主使竟是《书画报》主笔黄晓秋。除了以更正勒索外,《书画报》主笔还经常向妓院妓女敲诈,此丑闻被《申报》得知并在首论痛斥。①1899年7月,《海上日报》主笔同样以更正为名进行敲诈。法商永兴洋行一员工在某一货栈多提取了洋货一箱,被该货栈人报案,第二天此事即被《海上日报》添油加醋刊登报端,随后该报主笔襄理张久余拿着报纸来到永兴洋行,称"有此窃案本报自宜直书不讳,如恐有碍声名只须出洋银一百元便可更正"。②张久余被事主告发,经询问为报馆主人主使。张久余不仅以其所在之报为名进行勒索,还冒充《申报》在外招摇撞骗。及至小报登堂入室,以发人隐私为威胁,勒索封口费的更是普遍,这些洋场才子,一开始"还弄点什么诗词歌赋游戏文。到后来日趋下流,专写些花界伶界的事。甚至于向那些娼家示威,乱敲竹杠"。③可知当时商办报坛的风气,已堕落到很难上台面的程度。④

　　除了上海,中国北方报坛也出现了报馆以"包年"为手段公然索贿的现象,所谓"包年"就是报馆以一年内不刊登任何负面新闻为条件,向有钱人索要更多的钱财。面对这种"升级版"的索贿行为,《大公报》英敛之为之痛心疾首。1908年2月,英敛之撰写《报馆包年之奇闻》揭露同行之腐败:

　　　　近日道路风传:有某报馆向某富绅要索包年之奇闻。缘有一种卑鄙报馆挟"有闻必录"之法力,每向为富不仁一流恫吓曰:"某某事件,吾必登报。"富者惧坏名誉,则出巨款贿免之。此世习闻者也。近日之事,则某报所挟者大富者,虽出巨款挽鲁仲连一流为之

---

① 申报.严讯拆梢[N].申报,1897-10-08(03).
② 申报.主笔索诈[N].申报,1899-07-05(03).
③ 包天笑.钏影楼回忆录[M].北京:中国大百科全书出版社,2009:443.
④ 马光仁.上海新闻史[M].上海:复旦大学出版社,2015:194.

缓颊。然该报只允此次之事姑隐不宣，谓此后我之言论自由权固在也，无已，则必须为包年之举岁出若干金以为常，则比后无论如何，虽实大如天，亦断不登录云云。①

英敛之痛斥"包年"手段为"斯文败类"，此行为将严重玷污报界之名誉。他认为，报人主持清议、维持公理的前提是具有"清华高贵之品"，否则只能是报业之悲哀。

3. 内容低俗化

在清末民初，报纸从业者在经济利益的吸引下，热衷媚俗、发人隐私，文风堕落趋于严重，先是一些报人为了牟利，专门窥人隐私，藉报索诈，后来为了吸引读者，不少报人以文化娱乐为取向，专刊些污秽不经之事以悦读者，特别是小报出现后，一些报人专刊载一些艳史、捧角等文字，内容庸俗无聊、文字粗鄙，甚至淫秽不堪。

内容低俗化一直是商业性报纸的痼疾，无论中外，为了生存、获取读者和利润，编辑们无法抵御康纳·克鲁斯·奥布莱恩所谓的"天方夜谭综合症"。②王韬主编的《近事编录》就有大量奇闻逸事，《上海新报》《申报》及戊戌之后出现的大量民办报刊，也对社会新闻情有独钟，充满了道听途说、向壁虚构的谈狐说鬼之说。尽管《申报》《时报》等以大报为目标，逐步减少刊登低俗内容，但是仍难以拒绝这些刺激读者"原始兴趣"内容的诱惑。史量才接收《申报》后，曾经想购买小报《晶报》，其目的就是将《申报》不便刊登的社会新闻，转由《晶报》刊登，彼此相得益彰。《时报》亦于1912年12月随报附送"小时报"一张，后在1916年转为时报一专版，专门"登载社会上种种有趣味之新闻，有如时报新产出之爱娇之宁馨儿"。③

1897年6月，李伯元创《游戏报》，小报开始登堂入室。小报以"软性新闻为多"，偏重趣味性，为民众提供娱乐的同时，亦能"隐寓劝惩"，

---

① 英敛之.报馆包年之奇闻[N].大公报，1908-2-13(02).
② [美]米切尔·斯蒂芬斯.新闻的历史[M].陈继静译，北京:北京大学出版社，2014:69.
③ 申报.时报扩充启事[N].申报，1916-12-13(01).

以"嬉笑怒骂之笔"揭露抨击官吏腐败和社会黑暗。但是，在商业利润的刺激下，小报上的享乐主义倾向也在蔓延，部分小报为了迎合读者的低级需求，大肆刊登花事淫词、捧妓玩妓之文字，敲诈之事亦屡见不鲜，"故凡厕身小报界者每为正人君子所不齿……至光绪末年已成强弩之末，小报之价值一落千丈矣"。①

内容低俗之风气随后也快速蔓延至中国北方之报坛。英敛之在创办《大公报》之初就对一些报刊的低俗内容冷嘲热讽：

> 许多报上，不是弄些冷字眼儿的虚文，就是写些个邪僻不堪的话，开人的见识不足，乱人的聪明有余；或是合谁不合式，就造做他几句，坏他的名声。或是遇点小事，言过其实，乌烟瘴气，再不然云山雾罩，不是东家婆媳吵嘴，就是西家夫妻打架，再不然拿些苟且的事当作美谈。请问这有什么益处呢？我常听见人指着新闻纸说，不过是谣言传罢啦。②

1907 年 11 月，英敛之在《大公报》发表论说，对愈演愈烈的报业低俗之风进行批判：

> （某些报纸）近日不知因何妙悟，忽插入花丛一门，满纸为嫖界作前驱充之忠仆，近自治会新章以开设妓馆者为不正当之营业，不知此类报章劝嫖诱赌引坏无数青年，其营业为正当否也。盖一有此门不惟报纸借以多销，且无穷之利益皆源源自此而出也，仆曰：此事确否不得而知，但此等腥秽之钱凡稍具人格者所必呕吐。③

除了商业报纸，政党类报纸为了维护自身观点和政治利益，在新闻报道和评论中也存在着污蔑他人和人身攻击问题，例如革命党人痛骂

① 陈伯熙.上海轶事大观[M].上海：上海书店出版社，2000：277.
② 英敛之.英敛之集（上）[M].桂林：广西师范大学出版社，2013：303.
③ 大公报.北京视察识小录[N].大公报，1907-11-27（01）.

改良派"卖国贼""叛逆之凶竖子""不当以人类视之",骂梁启超"梁贼""奸猾小人",这也给中国新闻史上的媒介论战和媒介批评开了一个不好的先例。政党类报纸为政党利益服务,但是利用报纸相互诋毁、相互攻讦,是有悖于职业伦理的。

二、从业者职业行为失范原因分析

清末报馆的组织结构简单,主要是主笔房和账房。主笔房相当于现在的编辑部,写论说的、编稿的以及采访的都隶属于主笔房,总其事的称为总主笔,一般撰稿和编稿人员则被称为主笔。总主笔和主笔是报馆的核心,访事人采访的消息都要经过主笔把关与审核,主笔也在访事人的雇佣和解聘方面有着极大的发言权和决定权。主笔大都为未入仕的士人阶层,流入上海以执笔为业,对于清末报业风气堕落,主笔这一报人群体自然是难辞其咎,其背后更交织着复杂的社会经济、政治、文化等因素。

1. 清末士人的贫困化

自古"士"为四民之首,向来被当政者作为辅助治理和教化民众的特殊阶层,是官员的后备队伍,享有一定的特权,并受到一般民众的尊敬。在清代,读书人只要通过府、州、县学的考试被取为生员,就获得了正式的士人身份,可以穿儒服、免徭役、不得刑责。"士人中的某些人还可以得到政府给的月例银。其中有廪生,即可以食廪米的生员。在许多地方,打算应试的生员、举人都会被各级政府给予盘费。除了这些政府补贴,官学学田所得租金也常常用来资助这些士子。有的地方,这种租金是用于贴补例银不敷家用的生员。"① 然而自鸦片战争特别是太平天国运动后,士人阶层的生存状况急剧恶化,为筹措军费,清廷大施"捐监"之制,士人数量急剧膨胀,造成大量士人壅滞仕途不能入仕。他们身无家财、身无他技,生活往往陷入困顿,加之战乱灾害,地方稳定的社

---

① 张仲礼.中国绅士——关于其在 19 世纪中国社会中作用的研究[M].李荣昌译.上海:上海社会科学院出版社,1991:38.

会形态被打破,不少原有较为富裕的书香世家败落,更使得士人的生存状况恶化,正如《申报》一篇论说对士人谋生的描绘:"为商则无本,为农则无力,为文则无艺,刑名钱谷则乏佐治之才,刀笔官司则守怀刑之戒,宇宙虽宽,直无一处可以做寒士之生涯者。"①

上海开埠通商后,一些周边地区的贫寒之士开始流入上海寻找谋生机会,太平天国运动时期,更有大量江浙士人逃到上海。这些脱离了地方庇护的社会游士,只能靠手中笔在报馆、新式学校、书院等谋生,僧多粥少、相差悬殊的市场供求关系,必然带来士人的待遇低下,大多数人生活困苦。当时上海文人最为普遍、也是人数最多的职业——塾师,一般修金是一年一百元,只能勉强糊口,甚至较之商家雇佣的店伙还不如。在沪文人的整体落拓,托身于洋报的报人们也难以置身于外,生活窘迫、社会地位低下,成为那一时代报人的共同境遇。当过县令的袁祖志堕入报界时,"寓沪时赤贫如洗,庭筠里有《国华报》者,慕其名延为主笔,出版仅月余即停刊。未几入新闻报馆担任论文,月薪仅20元,会当夏令,求一布大褂而不可得,常在马路中仅著一布短衫,手执大芭蕉扇,摇曳以行,饭则恒至小饭店就食"。②谋生的不易,使得各洋人报馆也为士子们趋之若鹜。商业性报馆本就是为营利而办,不少秉笔士人托身洋报就是为了谋食。随着报纸在舆论方面的威力凸显,薪金本来就不高的个别主笔,为了急于脱困便打起了藉报勒索的主意。

甲午后,国人纷纷办报,小报登上报坛,"经济收益的获得是很多人创办小报的最大动机",③对于以卖文解决生存困境,小报报人吴研人直言不讳:"终日营营,以卖文为业,或劝稍节劳。时方饭,指案上曰:'吾亦欲节劳,无奈为了这个。'"④生存,是小报报人的首要压力。一些小报文人以办报为发财的工具,为了急于摆脱经济上的压力,以娼、优

---

① 申报.论秀才轻重[N].申报,1883-10-18(01).
② 陈伯熙.上海轶事大观[M].上海:上海书店出版社,2000:54.
③ 洪煜.近代上海小报与市民文化研究(1897—1937)[M].上海:上海世纪出版集团,2007:83.
④ 我佛山人.咬文嚼字[J].新小说,1905(22)第2年第10号.

为主打内容,"只围着欢场寻食吃,政治质量下堕,连文字可观的也渐少",甚至于大开敲竹杠之路,"小报界拆销案之类事件屡起"。①

2. 士人、报人"德性之衰落"

与士人贫困化相伴随的是士人风气的滑落。晚清以后,儒家的道德价值受到挑战,新思潮无法成为新的精神动力,社会的世俗化又腐蚀了不少知识分子的心灵,士林之中风气逐渐败坏。士人素质和风气下降,晚清政府捐纳制度泛滥是根源之一。在清一季,进入士人集团的途径除了"考试"这一"正途"外,还有捐纳这一"异途"。清前中期,就已经出现"正途"士人过多的情况。由于战乱频仍、灾害不断,清政府为了摆脱财政困窘,大开捐纳制度。清中期以前,捐银数额还较高,捐监的还只是少数富人之家,而到了太平天国战乱时期,清廷为了鼓励民众捐助军饷,屡降捐银数额,以致降到十数两,致使捐监成风,导致通过"异途"进入士人群体而求为仕的人数大为膨胀。"经过推算,经咸同而至光绪,拥有'虚衔'和'实职'的中国人里有 66% 是用捐纳的办法得来的。"②捐纳之首弊是士人群体素质的下降,因为捐纳成本低廉,各色人等皆可以为士,甚至进入官场之内,导致士人官场"流品之杂",时人曾记述过彼时闽省官场里的这种各色人等:"候补道陈淮汉,乃广帮茶伙,其弟候补府陈翀汉,在粤树旗械斗为首,地方查拿逃闽报捐候补;直隶州王于宗,乃省城布铺小伙,市肆无赖者莫不相识。"③

士人群体的素质下降直接导致其风气的下滑,《申报》曾斥责士人赌博、酗酒、吸食鸦片,染尽各种恶习而毫无进取之心,"然风气愈趋而愈下,士习日积而日颓,当今之自命为士者不过博得一衿,以夸耀乡里,初不复有任重道远之志……嗜好之端遂得乘其间以入,即非鸦片一端,而酗酒亦足以害事,嫖赌亦足以丧心,甚至作状词而以刀笔为生涯"。④捐纳之祸导致的吏治腐败也助长了士人的腐败行为,典型如士绅在乡

---

① 马光仁.上海新闻史[M].上海:复旦大学出版社,2015:217.
② [美]费正清.剑桥中国晚清史[M].北京:中国社会科学出版社,1985:602.
③ 杨国强.捐纳、保举与晚清的吏治失范[J].社会科学,2009(5):131.
④ 申报.书通饬士林戒烟示后[N].申报,1880-02-07(01).

间"武断乡曲、鱼肉愚民",《申报》曾记录了一大员上书朝廷"请旨申明定例严禁仕路颓风",痛斥地方绅士"居乡多不守法",捏情诬控,教唆词讼,鱼肉乡民,"绅士竟视干预公事为固然分所当为矣,其于地方词讼则渎其亲疏喜怒左右之,视其贿赂厚薄高下之,不仅干谒请托,竟自入公堂插言剖判,颠倒是非,几欲两造,曲直凭其一言断定,甚且擅施刑杖枉押良民"。①士人风气之颓从乡村蔓延至城市,特别是晚清儒家价值观崩溃,新思潮眼花缭乱,商人僭越导致逐利之风愈盛,使得士林风气更坏。1906年,一位作者在《东方杂志》上说:"近十年来,士大夫之知识虽稍有进步,而德性之衰落则日益加衰。独其中一二狡黠之徒,假公众义务之名,而为私利侵蚀之计,托合群泛爱之事,而行其把持挠败之策。"②张朋园的有关研究表明,清末民初共有三次代议制议员选举,就选举的廉洁程度而言,一次不如一次。1909年各省资议局选举,多是上层士绅参选,风气尚正。民国后,人人欲显身手,进入政坛,只问目的,不择手段。不仅旧式士绅道德变质,而且新式知识分子有过之而无不及。③

士人风气的堕落必然会影响商业性报纸报人的职业行为。清末上海报坛主笔以包揽诉讼为名诈骗钱财的行为,无疑是士人在乡里教唆词讼鱼肉百姓的翻版;《新闻报》捏造谣言,妄登当地军情一案,虽由西人馆主怂恿,但主笔终不得辞其责,其主笔就是通过捐纳获得的训导候补身份;《海上日报》主笔张久余则为一生员,因为吸食鸦片在公堂之上丑态百出;《申报》更是曝光了新闻报馆一知名主笔诱嫖串赌之劣迹。④

---

① 申报.京报全录[N].申报,1882-06-07(02).

② 佚名.论今日人心宜重古道[A].见:张枬、王忍之.辛亥革命前十年间时论选集(第2卷上册)[M].北京:三联书店,1977;366.

③ 张朋园.中国民主政治的困境(1909—1949)[M].长春:吉林出版集团,2008.

④ 1897年4月,一读者投书《申报》,曝光新闻报馆某主笔诱嫖串赌之事。《申报》予以登出:震钦生不肖子西平自前年春起,所交某报馆中孙赵等坐马车则每人一辆,吃花酒则客众双台,对麻雀则三人抬轿,西平近视,孙等合串,故不肖西平所费不赀。后又中秋日私取银洋潜来中地,待余觉在上灯时即雇车赶申,夜三点半钟在张妓处,寻见酒局后和局,同坐者即孙赵等友也,余本欲面责,因见场面中人恐伤大雅,隐忍不发,今因索债负不遂,而反加余有纵子滥嫖之说,兼诬余在花妓处父子同酒同眠之语……

大报尚如此，小报问题则更严重，"因为办报门槛极低，小报只为娱乐和赚钱，略通文墨的医生、餐馆老板甚至是报贩子也跻身主笔之列，他们不懂报纸之社会责任，办报目的五花八门：有不堪他人攻击，自办小报以牙还牙的；有'玩票'性质，靠办小报出风头的；有投机性质，企图依托办报一夜暴富的，不胜枚举"。①办报目标的高低在一定程度上反映了报人道德水平的高下，"有些报人注重社会责任，作风正派，宗旨纯正；而不少报人专事打探黑幕、挖掘隐私，以为敲诈；还有一些报人因为未能得到店家、伶人的'礼遇'，利用手中的报纸谩骂、攻击。一些报人的品性可见一斑"。②

面对报坛风气堕落，《申报》认为原因就在于士子文人品质之坏："乃自甲午之后风气一新，报馆之开日增月盛，于是秉笔之士皆怀才欲试，争以入馆作主笔为荣，而主笔之人愈多主笔之品愈坏，其始惟以官场为生财之地，久之而鱼肉商贾，敲诈懦良。"③赖光临先生在《中国近代报人与报业》中对晚清报坛风气之坏评论道："报人思想观念陈腐如此，生活靡烂如此，欲求报业之尽其职责使命，自无异缘木求鱼。"④可谓一针见血。

第三节　商办报业的社会他律

戈公振先生在《中国报学史》中探讨了报纸与社会的关系："夫社会有机体之组织，报纸之于社会，犹人类维持生命之血。"⑤作为社会有机体的一部分，报纸在为社会提供信息以影响社会的同时，其职业行为无疑会受到来自社会的监督和约束。"社会监督，是指政府、社会团体以及受众通过社会舆论或行动对新闻媒介形成压力，对传媒及其从业人

①　陈伯熙.上海轶事大观[M].上海：上海书店出版社，2000：281.
②　李时新.论晚清及民国时期上海小报的限禁[J].新闻与传播研究，2008(5)：63.
③　申报.合论连日本报所纪主笔案诈及劣员串诈事[N].申报，1899-07-10(01).
④　赖光临.中国近代报人与报业(上)[M].北京：商务印书馆，1980：218.
⑤　戈公振.中国报学史[M].北京：三联书店，2011.

员进行外在的强制性管理。"①清末商业性报馆一般都开在租界,因为租界的存在,报馆同租界有司、中国官方以及社会其他机构之间形成了一个独特的媒介生态,从而使得社会对新闻从业人员职业行为的他律呈现出复杂、混乱以至于松弛的情形。

正如汪康年所言:"其上海各报,所以能如是者,以上海租界,即为十一国公共租界,无有管理一切之法,而中国之法,亦不能行其间,且上海华官之得管此者,仅上海道及会审公所委员,以为如是亦莫余阻也。于是阅报之人,亦以为应然也。"②

一、清政府对租界报馆管理"不力"

租界的缓冲与隔断作用使得清政府对租界报纸的监督颇为"不力",当然,"不力"不代表清政府对租界报纸不管不问,清政府对租界报纸的态度取决于报纸本身的政治参与度和言论立场。③"他们不满意报纸泄漏官方密件,最痛恨的是公然对抗政府的报纸,而对其他报纸,并不排斥,大多听之任之。"④

以上海租界为典型。按照最初关于划定上海租界的章程,"所谓租界,就是由中国地方政府划定一块地皮,专供租赁给外国人寄居的居留地,其地的领土主权、管辖权、行政权、司法权仍属中国所有。但以后由于殖民主义者的豪夺巧取,也由于清地方官的颟顸昏昧,这里竟逐渐成为清廷权力难以鞭及的地方"。⑤租界禁止清廷军队进入,中国政府对无领事裁判权国侨民不具有管理权。1862 年至 1866 年,英、美、法领事先后同上海道达成协议,剥夺了清政府对居住在租界内华人的逮捕权。清政府对租界洋报没有管辖权,清政府在租界外可以随意封闭报

① 陈绚.新闻道德与法规:对媒介行为规范的思考[M].北京:中国大百科全书出版社,2005:138.

② 汪林茂.中国近代思想家文库・汪康年卷[M].北京:中国人民大学出版社,2013:203.

③ 王敏.政府与媒体—晚清上海报纸的政治空间[J].史林,2007(1):78.

④ 王敏.政府与媒体—晚清上海报纸的政治空间[J].史林,2007(1):82.

⑤ 熊月之.论上海租界与晚清革命[J].上海社会科学院学术季刊,1985(3):157.

馆、逮捕报人,但是在租界却束手束脚,相关交涉只能通过外交途径解决,对在租界办报或者在报馆里服务的华人,也不能随意到报馆捉拿嫌犯,必须由外国驻沪领事签字,交工部局巡捕来执行。因此,不管是清廷还是清地方政府,若想对租界内报纸进行干涉,是一件非常麻烦的事情。

1873 年,上海道台认为《申报》干涉官事,致函英国驻上海领事要求查禁,英领事不予理睬,上海道随后上报总理衙门,由总理衙门大臣奕䜣照会英国驻华公使威妥玛,要求"凡不关贸易之事,不准列入《申报》"。①上海道台绕了一大弯,费尽周折的结果也是不了了之。不仅洋报,华人报纸也颇让清政府挠头,每当清政府准备采取严厉措施时,华人报纸往往挂出外商招牌。戊戌政变后,清廷饬各省督抚查禁报馆,上海道因此札饬调查租界报馆情形,调查结果是"有非洋商所开者,亦将请洋商出面矣!"②对于报馆雇佣人员,清政府也是不能随意处理的,特别是在洋报工作的人员。《字林西报》翻译曾子安因索诈被扭送公堂,中方主审官员只能和主审的西人副领事商量后"再四申斥,着于次日投英领事署候讯"。③《新闻报》主笔郁岱山因妄登奸细破坏炮台之谣言而受控,此等事件在清政府看来可谓严重,以至于惊动了清地方大员并指派清军一标统亲自过问以彻查,主审清官员和英方谳员反复商量后只是勒令更正,将郁岱山交于实人保出。

对于租界报纸,清政府可以通过示禁等方法予以惩罚。示禁是指通过公告禁止阅读,同时惩处贩卖者。相对来说,示禁的惩罚手段对于商业性报纸的影响不小。

1906 年—1908 年,清廷先后出台《大清印刷物专律》《大清报律》,意欲对国内各报馆进行法律规范和监督。1906 年,《大清印刷物专律》公布,主要规定了对"一切印刷及新闻记载"的管理办法,着重规定了在印刷物件上不得毁谤,并提出了量刑的标准。因为它只规定不能毁谤,

①　杨天石.晚清史事[M].北京:中国人民大学出版社,2007:94—95.
②　申报.饬查报馆[N].申报,1898-10-31(03).
③　申报.骗银子请讯[N].申报,1893-10-07(03).

量刑标准最终的罚款不过银五千元，监禁期不过两年，比以往的清政府的严刑酷法进步许多，所以《大清印刷物专律》在北京就搁了浅，对国内各报馆也没有任何约束效力。1906 年 10 月，由巡警部出面，另行颁布了《报章应守规则》，规定"不得诋毁宫廷""不得妄议朝政""不得妨碍治安""不得败坏风俗""外交内政之件报馆不得揭载"等条文。1908 年初，由修律大臣参照日本的《新闻纸条例》另订《大清报律》。《大清报律》同样只讲应禁，不提保护，规定苛刻，他规定了事前审查、缴纳保证金、不得诋毁宫廷、淆乱政体、败坏风俗，规定凡是有以上行为，发行人编辑人处六个月以上二年以下监禁，附加二十元以上二百元以下罚金。同时，该律又补充了"其情节较重者，仍照刑律治罚"，也就是说，仍旧可以按照旧律杀剐、流杖。这样的立法，不仅不足以变易专制，反而助长或为专制加添了一层"法"的外衣。《大清报律》在上海没有执行，因为上海报纸多半开在租界。清廷又指令外务部另订租界报律，但因为两江总督的搪塞，《大清报律》在上海就此搁置。

二、租界当局对报馆管理的松弛

租界是按照西方国家的模式和观念进行管理的，新闻自由观念浓厚，租界内舆论环境较为宽松，"在租界办报，无论是洋人还是华人，几乎不存在门槛。租界办报采用注册制度，不需要呈报登记，也不用获得批准。外国人只要有一定资金，在领事馆注册，报馆就成立，华人自办报纸更加容易，不需要工部局发给执照，只要有印刷设备、场所和资金，就可以办报"。①办报的低门槛使得办报之人成分复杂、良莠不齐，各色报纸鱼龙混杂，甚至还出现像《苏报》这样的"夫妻老婆店"。甲午后，人们纷纷办报，泥沙俱下，报纸质量和报人风气可想而知。

更为要紧的是，从上海租界开埠到 1919 年的 74 多年里，上海租界竟然没有制定一部专门规范报纸出版及职业行为的法规。租界当局对报刊的管理完全是按照欧美国家的模式，报纸不接受检查，出版非常自

---

① 王敏.政府与媒体——晚清上海报纸的政治空间[J].史林,2007(1):88.

由。"在租界,西方殖民主义者在政治上是少数领事、大班、金融寡头垄断权力,经济上是竭力榨取,但是在文化上则相对自由,言论和文化管理方面没有做过太多努力。"①加之缺少专门的新闻法规,租界当局在报纸言论和文化管理方面可以用放任和混乱来形容。典型如 1889 年八国公使诉《点石斋画报》案件:1888 年,申报馆附属刊物《点石斋画报》连续刊登三篇关于西方人如何对待尸体的图说,1889 年 1 月,德、美、日、英、西、俄、法、比共八国公使就此以"捏造"为名提出交涉。《点石斋画报》为英人美查所有,管辖权应该在英美租界,诡异的是,公使们没有向英国驻沪领事或英美租界工部局投诉,而是向总理各国事务衙门抗议,而上海道台竟也坦然接受西人抗议和总理衙门的指派,参与了案件的处理,最后,申报馆也只是就事件作了说明,也没有道歉,所属华人职员也没有受到任何惩处,各位公使也表示满意,整个事件雷声大、雨点少、马马虎虎、草草了事。熊月之据此评论说:"晚清上海的一些报刊就处于一种非常奇特的境地:挂的是洋招牌,说的是中国话,不受中国管,也不受外国管,中国官府想干涉,他就抬出洋老板;外国公使、领事要干涉,他就推给华人主笔。这比那些挂洋旗而逃税的中资企业还要特别、灵活。"②租界对于报纸管理的放任与混乱,在给报纸发展提供了有利环境的同时,也给从业人员职业行为失范提供了温床。在 19 世纪 90 年代以前,从业人员腐败现象还不多见,但自 19 世纪 90 年代《新闻报》创立特别是国人第一次办报高潮后,从业者职业行为失范现象开始泛滥,租界不得不以小报为主要目标进行管理,但是因为没有成文的新闻法规,租界当局没有准确的量刑标准,管理中随意性较大,时松时紧,"如《笑林报》刊载淫词判罚洋三十元并停刊,而《国华报》一次刊载淫词,另一次消息造假,却只是罚款了事"。③

1919 年 6 月,法国驻沪总领事韦尔登发布了《上海法租界发行、印刷、出版品定章》,这是上海租界史上最早的新闻出版法;7 月上

---

① 熊月之.上海租界与文化融合[J].学术月刊,2002(5):57.
② 熊月之.点石斋画报与苏报案[J].档案春秋,2000(5):72.
③ 陈伯熙.上海轶事大观[M].上海:上海书店出版社,2000:277.

海公共租界纳税西人特别会议也通过了公共租界工部局《印刷附律》议案。①出台《定章》和《附律》的本意并不是为了加强对报纸的监管,而是为了对付租界华人反对帝国主义的舆论。由于上海新闻出版界的强烈反对,公共租界的《附律》提案最终也没有得到领事团的批准。

总之,晚清上海一市三治的特殊格局、租界当局对文化管理方面的放任以及缺少成文的新闻出版法,使得租界对报纸、报人职业行为的监督管理显得无序、混乱。

三、民间对报纸的"软性"监督

除去政府层面的管理,民间民众和社会组织对报馆的约束和监督也不可忽视。在清末,这种民间监督来自两个方面:一是社会民众和各种商业团体;二是不同报馆之间。

1. 投书辩正

近代报纸记言纪事皆秉持"有闻必录"之例,新闻失实屡见不鲜,社会民众和组织可以致函报馆或澄清事实、明辨是非或要求核实并要求主笔予以更正。

从19世纪70年代始,投书辩正就成为社会民众对报馆进行监督的主要方式。《益闻录》《教会新报》《新闻报》《大陆报》《时报》等报刊都曾刊登民众的辩正函,其中,商业性报纸特别是《申报》刊登的次数最多,最具有代表性。报馆回应投书辩正的方式大概有三种:第一,直接把来函照登,除此,报馆不做任何答复,这种方式稍显消极,有掩耳盗铃之嫌;第二,刊登来函,主笔在函后加按语或表示更正,或对来函进行批驳;第三,报馆对读者质疑的新闻进行调查,然后将核实调查结果进行公开。1877年1月,一名钱塘读者发信质疑《申报》一则新闻的真实性,经过调查后,《申报》刊发《谰言无据》,对质疑进行公开回复。1884年6月,《申报》"有闻必录"一则法军军舰侵犯福州新闻,福州一地方组织来信质疑,主笔将该信公开,并向社会征求其他证据。1899年10

---

① 陈正书.上海租界史上最早的新闻出版法[J].史林,1987(1):90.

月,《申报》据苏州访事所报刊登一则司法新闻,有读者投书质疑,报馆随即派另一名访友前去"侦访",经过核实后报馆以报馆主人的身份在报纸头版头条公开调查结果。

投书辩正这种民间监督方式在民国时期已非常普遍。这种监督对提高报纸的质量和责任意识是有帮助的,但是这种纠错措施并不具有强制性。对于民众投诉,《申报》《时报》《新闻报》《大公报》等大报还是有回应的,对于不少小报,民众的监督就难以起到效果,"因为很多小报没有馆址,没有备案,无从查寻"。①

2. 利用他报进行监督

除去投书辩正,社会民众还利用其他报纸对涉事报纸进行舆论监督。这种稍显激烈的监督方式出现于19世纪90年代,正是上海商业报坛腐败现象层出的时候。一些民众个体、商户或商业组织痛恨一些报馆不负责任的职业行为,投书其他报馆,用"告白"的方式,为自己辩驳,并将个别报馆和从业者的"劣迹""广而告之"。这种刊登告白予以监督的方式也是有一定作用的,因为告白的影响力并不比新闻差,随着商业性报纸的发展和告白的增多,读者非常重视报纸告白,"遂不啻以告白为一种正式公布之机关,较新闻正确,人以有利害关系,尤不能不阅"。②1895年12月,一位詹姓的商户投书《申报》发布告白,指责新闻报馆对有关自己诉讼官司的报道和评论是"捕风捉影,任意捏词,污人声名",并将《新闻报》评论不公失实之处一一列出。③还有一些社会组织出于"公心",主动对一些报纸的新闻失实提出批评,1899年1月,一商户组织在《申报》刊登告白,对《新闻报》的几则失实报道进行批评,并希望"报馆诸君谆嘱访事,遇有事关大局幸弗轻率从事,或有他

① 洪煜.近代上海小报与市民文化研究(1897—1937)[M].上海:上海世纪出版集团,2007:78.

② 陈伯熙.上海轶事大观[M].上海:上海书店出版社,2000:266.

③ 岭南詹怀恕.詹诚德堂驳新闻报馆不公不平之论[N].申报,1895-12-15(04)。此类告白有《访事得贿》(1896年11月12日《申报》)、《辩正挟嫌捏诬》(1897年6月17日《申报》)、《声明·经莲珊启》(1893年6月1日《申报》)、《更正·南市米业同行公启》(1901年3月11日《申报》)。

人投简登报，如探知前报失实亦当声明更正，庶见闻不失其真，即报章亦得信矣".①

由此可见，随着报纸影响愈来愈大，民众特别是绅商们为了自己的个人声誉和商业利益，已经开始自觉地利用舆论对报纸进行监督、施加影响。但是，对于报馆报人职业失范行为，民众罕有诉至公堂的。上文提及的沪报馆芜湖访事人在当地为非数年，当地绅商也只是对其申斥，并未采取打官司的手段。究其原因，"一是诉讼费用不菲。一旦讼端既启，则当事人需支出诸如招待差役、往返县衙、延请讼师与代书、找寻证人证据等费用，同时难免还要承担书吏衙役趁机勒索的各种'秘密开支'，因官司倾家荡产的不在少数。二是官府动用酷刑让民众视诉讼为畏途，使之从心理上恐讼、畏讼。三是官司程序繁琐、效率低下。因此，民众往往因为'交不起钱，受不起辱，拖不起命'而避免诉讼".②

3. 报馆之间的监督

这种监督类似于现代新闻业的业内监督，但是当时报馆之间的监督绝非以提高报纸质量为目标，而是为了商业竞争打击异己。《申报》就常常为其他报纸的各种攻击疲于反驳，并对对方新闻报道或评论存在的问题进行攻击。

19世纪70年代，先是《申报》和《汇报》，后来是《益报》《新报》，报馆之间笔战不休，或互相嘲骂，或罗织罪名，或捕捉文字及报道错误。至19世纪80年代和90年代，《沪报》《新闻报》《申报》就成了互相监督的主角。1885年7月，《沪报》就连续发文指摘《申报》对中德外交事宜报道有误，《申报》则刊发首论抨击《沪报》轻慢华官，指责其"逞其邪说，时有秽言，贻害他人，致香港循环报馆偶录其语辄遭讼累".③1894年4月，《新闻报》报道申报馆访事者陈实甫冒充《新闻报》访员敲诈他人，《申报》经过一番调查，声明《新闻报》造谣，并抖出《新闻报》访事人挟私

①　杭嘉松三所甲商.阅报须知[N].申报，1899-01-12(04).
②　邓建鹏.清代诉讼费用研究[J].清华大学学报，2007(3)：117—121.
③　申报.论责已责人显分厚[N].申报，1885-07-10(01).

报复的劣迹。①《申报》刊登的涉及新闻与报刊的论说,几乎每一篇的"由头"都是回应或者辩驳来自他报的批评。严格意义上来讲,诸如此类报馆之间监督只能算是互相攻击,但正是这种互相"攻击"客观上起到了一定的相互约束作用。学者马光仁认为:"从1861年《上海新报》发刊开始,到90年代初期为止,这三十多年上海报坛常处于两报对峙的状态,相当长的时期还是外资商办报与中国官员投资或官员主办的报纸相对峙,对报坛中索诈这类腐败现象的发生,还起到相互监督和制约作用,一旦发生,各报馆立即会自我净化,以维护报馆的声誉。"②但是,这种业内监督只是一种商业竞争行为,不能上升为专业性协会的专业监督层面,所带来的净化效果也只是暂时的,随着19世纪90年代报纸纷起,众多商业性报纸竞争越来越激烈时,报纸之间的这种监督的效果反而大大削弱。

4. 报业组织缺乏监督效力

中国新闻事业的发起人不是新闻记者,而是作为企业家的出版商人。出于经济利益上的考虑和城市精英社团的传统之影响,报纸的业主和经理首先意识到建立一个新闻团体有益于推动新闻事业的发展③。但是,成立行业团体的主要目的是加强报界之间的沟通,在舆论方面争取报业的权利,虽然也提出了一些职业伦理方面的内容,但始终没有对各家报馆产生实质性的监督作用。

1902年,《中国日报》拟定了一则《谨拟各报馆公共章程》,《大公报》予以转录。这个章程与一般经过行业协会讨论制定并共同遵守的行业规范不同,它不是经过业内人员共同讨论、最后形成的集体智慧的结晶,而是该报的自主行为。该章程一共11条,显然是针对海内外华文媒体存在的"杂乱无章,毫无纪律"的现状而定的,其目的就是为了挽救"报体日陋,报品日卑"的报界颓势。该章程规定了报馆内部业务和

---

①　当局人.声明辩诬[N].申报,1894-07-23(05).

②　马光仁.上海新闻史[M].上海:复旦大学出版社,2015:198.

③　徐小群.民国时期的国家与社会:自由职业团体在上海的兴起:1912—1937[M].北京:新星出版社,2007:263.

对待外部关系两方面的准则。包括：主笔不可抄袭各报论说；新闻要标明出处；选用他报文稿，要注明出处；要敢于揭露，秉公论事；对待官场事件，要秉笔直书等等。从职业规范上看，这份《章程》内容存在不足，多是针对报馆内部的一些业务问题，没有突出新闻职业伦理中突出问题。这部《章程》当时在新闻界几乎没有什么影响，更别说对行业产生实质性的监督效力。原因一是它不是通过行业团体反复讨论最终形成的共同意见，而是《中国日报》的一家之言；二是内容多是涉及报馆内部业务技术问题，并没有更多地触及职业道德问题。

1905 年 3 月 13 日至 17 日，上海时报馆主笔陈冷连续发表《宣创通国报馆记者同盟会说》，呼吁组建全国性的记者同盟会，指出这一团体的主要作用在于回击外国报纸对中国的偏见，形成合力抵抗政府的压制。除此之外，陈冷亦指出当时报业面临的一个问题：因为行业职业腐败蔓延，报馆在当时被外人斥为"斯文败类、名教罪人"，"记者名誉即以损伤，而报纸之价值即以堕落"。陈冷认为，如果记者成立了同盟会，"则所谓不正之是非者可以相互规劝、互相约束，而必能使之绝迹"。①陈冷的这篇论说难能可贵地提出了以行业组织进行行业自律的建议，从职业化、专业化角度来讲颇具前瞻性。《时报》的倡议很快得到了新闻界同人的呼应与赞同，《申报》于 3 月 14 日发表了《赞成报馆记者同盟会之论》，认为报界组建同盟会是新闻事业发展的需要和必然。不过，《时报》的呼吁只是在上海报界引起了共鸣，报馆之间没有什么实质性的合作和进一步的动作。

1906 年 7 月 1 日，中国第一个新闻行业组织——"天津报馆俱乐部"成立。英敛之在俱乐第二次集会上发表讲话，在提出的俱乐部宗旨中专门提到了报业的职业伦理问题：

> 吾辈当在大处着眼，不能畏忌权势，不能瞻徇私情，更不可逞其私愤。应如何力持公理，为国家谋治安，为人民增幸福。应如何

---

① 陈冷.宣创通国报馆记者同盟会说(二)[N].时报,1905-03-14(02).

结一团体,扶正抑邪,兴利除弊,使社会隐受其益。此吾辈开宗明义第一章。①

　　显然,英敛之提倡的"不能瞻徇私情,更不可逞其私愤"就是针对当时商办报业存在的职业腐败现象。不过,天津报馆俱乐部的成立,目的重在报馆之间"共相为谋,共相资助",也就是加强各个报馆之间的联系沟通,在重大事件中互相帮衬,共同维护自己的利益。俱乐部对各个报馆的职业活动没有约束力,最多也是商量规劝,正如英敛之所言:"即有宗旨少偏,志趣不大者,亦可彼此婉导曲诱,使之渐趋于正大,迨屡劝不改,亦可听其所为,各行其是而已。"②

　　随后,上海日报公会、北京报界公会、广州报界公会等地方报业行业组织在 1906 年—1909 年之间相继成立。上海日报公会是一个由《申报》《时报》《神州日报》《新闻报》等商业性报刊业主和经理为成员的团体,以"互联情谊、共谋进行"为旨。但是,这些报界团体和"天津报馆俱乐部"一样只制定了组织机构运作的章程,明确了"公会"的宗旨、机构、纪律、集会办法及会员的权利与义务,而没有制定出一份各个报馆成员共同遵守的行业职业行为规范。

　　在《时报》《神州日报》的倡议下,1910 年 9 月 4 日,全国性的新闻行业组织"中国报界俱进会"在南京成立。会议制定了《中国报界俱进会章程》。同地方性报界公会的章程一样,该章程对组织的名称、宗旨、机构、会员的权利与义务等也做出了明确的规定。会员一致同意,俱进会有国人自办报馆组织而成,以"结合群力,联络声气,督促报界之进步"为宗旨。这一团体的成员也是由各报的业主和经理构成。

　　中国报界俱进会的成立,标志着中国新闻界首次有了全国性的行业组织机构。有了俱进会这一组织,各个报馆之间联系得以加强,行动趋于一致,影响力日渐扩大。但是在成立之后的数年时间里,中国报界

---

① 英敛之.第二次集会演说纪略[N].大公报,1906-07-31(04).
② 英敛之.报馆俱乐部第二次开会小启[N].大公报,1906-07-29(01).

俱进会关注最多的是"全国报界共通厉害问题",对维护报界公益的事情做得多,对行业自身的道德建设问题考虑得很少,同样没有制定一份全国性的新闻职业规约。其主要原因是报界面临的外部环境太差,中央政府和地方官员对报馆的限制太多,给报人制造的限制和麻烦不断。例如,1912 年 6 月,由上海日报公会主办,全国报界俱进会在上海召开了一次特别会议。会议通过了一系列决议,其中有一项决议,反对任何出版法,还有一项决议则提议建立新闻学院和记者俱乐部。俱进会成立之后,为报界争自由、争权利的事情应接不暇,维权比自律更为迫切,没有精力顾及自身队伍的道德建设问题。①

第四节　商办报业的职业自律

社会他律的松弛,为清末民初商业报坛腐败现象的滋生蔓延提供了土壤,对从业者职业行为的约束和规范完全要靠报馆的自我监督和自我约束。

商业报坛风气日益败坏,直接影响到了大报的生存和发展。典型如《申报》,行业名誉的下降,无疑将殃及其营生。报馆强调从业者要"清廉守正",也成为当时对从业者职业行为要求的道德底线。客观上讲,在清末报风日下之际,申报馆还是做到了"馆风谨严"②,其从业人员也能够做到"坚守节操,自律自励",③鲜有重大职业失范行为的发生,一方面和报人们的自觉自律有关,另一方面,在长期的新闻职业实践中,申报馆在从业者职业行为约束与调控方面也形成了一定的管理和规范机制。

需要强调的是,在清末相当长的一段时间内,大部分商业性报馆实行"洋人出钱,华人办报"的办报模式,华人主笔实际上主导着报馆的办报理念和方针。报馆组织结构简单,主要是主笔房和账房(会计部门),

---

①　赵建国.分解与重构:清季民初的报界团体[M].北京:生活·读书·新知三联书店,2008.

②③　马光仁.上海新闻史[M].上海:复旦大学出版社,2015:94.

总主笔和主笔都属于主笔房,访事人也属于主笔房管理,①"主笔们承担着报纸宗旨之纯正、记载之真确、个人隐私之保护等全部责任"。②可以说,作为主笔的报人一方面是报馆新闻业务的核心,同时在从业者职业行为方面又是约束者和管理者,承担着从业者特别是访事人职业行为规范的主要责任,同时在用人聘用辞退方面也有着决定权,"总编辑还有权决定编辑部人员的选用"。③作为伦理实体,报馆主要是由作为道德个体的报人们构成,以报馆为名义进行的职业行为调控与规范,实际上是由报纸的主要管理者——报人来承担。

一、报人的"洁身自好"与新闻道德品性

随着报纸舆论影响力日强,不少人唯恐其违法、有悖于道德的行为被报纸登报曝光,就暗地里向报纸主笔行贿,以期进行隐瞒,也有一些报馆主笔藉此向被批评者索贿。这种行贿、索贿和受贿的行为成为当时沪上报纸腐败现象的最大"毒瘤"。对此,《申报》报人在《中国振兴日报论》中专门点出:"尤其甚者,人或有不堪告人之事见诸日报,未免赧颜,则必辗转设法暗中行贿,以冀报馆中人薰心利欲、曲徇其情,见人为之掩饰遮瞒,罔恤世间公论。"④

对行贿索贿的腐败现象,报人屡屡发表论说给予痛斥。1891年,《申报》报人专门刊发《劝人勿入讼庭以免登日报说》,大肆批判那些意欲通过贿赂主笔敲诈勒索的人:

> 外人之披阅者,偏喜缮就浮光掠影之词,任意阿私所好,辗转托人于请,务令登入报端,甚至四出扬言,妄谓与报馆中人有关切,招摇撞骗、猎取资财,如此天下尚有公是非乎?⑤

① 参见徐载平、徐瑞芳.清末四十年申报史料[M].北京:新华出版社,1983:23.
② 姚公鹤.上海报纸小史[A].见:杨光辉等[M].中国近代报刊发展概况,北京:新华出版社,1986:274.
③ 王敏.上海报人社会生活(1872—1949)[M].上海:上海辞书出版社,2008:154.
④ 申报.中国振兴日报论[N].申报,1890-01-15(02).
⑤ 申报.劝人勿入讼庭以免登名日报说[N].申报,1891-07-05(01).

报人警告这些意欲不轨之人收敛自己的行为,否则将会被报馆送上讼庭、吃上官司,"惟是奉劝各处有体面人,此后检束身心勉为自好之士,毋违法律身入讼庭,庶不致姓名顾列报章"。

报馆对报纸从业人员腐败行为进行揭批更是不遗余力。1893 年10 月,《申报》就对新闻报馆主伙同《字林西报》翻译曾子安以包揽诉讼为名,诈骗他人银两六百两的事件进行揭露。①1897 年 10 月,以首论的形式对书画报馆主笔指使翻译敲诈丑闻进行痛斥,②1899 年 7 月,对《海上日报》主笔藉报索诈的事件进行批评。③

为和日益严重的职业腐败行为划清界限,报人在 1899 年 10 月连续三次在头版头条向社会宣示本馆拒绝受贿的决心:

> 本报自经始迄今历三十载,凡所登之报牍者类皆审慎再三,虽存隐恶扬善之心,从无曲笔舞文之事,不惟匿名之信万不录登,即相识者或当面干求或修函嘱托亦必严以拒绝,断不能曲徇人情。④

报馆通过告白向社会宣告:报馆报人坚持据事直书,不隐晦不曲笔,严禁徇私舞弊行为,一切都是秉公办事。

《申报》报人通过报端以明己志,在职业行为约束方面,《申报》报人还是能够做到自觉自律。

1890 年 1 月,《申报》据事直书,刊登某人"秽亵"之事,某人托中间人将贿金暗送报馆,"欲令本馆掩盖弥缝",报馆主笔随即"访得行贿者之住居,原缄璧返,坚拒其请"。⑤

逢年过节,上海部分社团甚至是官方机构常以过节为名向报馆赠送"节仪",名为节日礼物,实则变相贿赂,面对如此"好意",申报馆也是

---

①　申报.骗钱请讯[N].申报,1893-10-7(03).
②　申报.严讯拆梢[N].申报,1897-10-08(03).
③　申报.主笔索诈[N].申报,1899-07-05(02).
④　申报馆主人.谢绝干求[N].申报,1899-10-19(01).
⑤　申报.中国振兴日报论[N].申报,1890-01-15(05).

断然决绝。1897 年 7 月 18 日，报馆刊登告白：

> 本馆于各署各局馈送节仪从不收受，历年屡经登报节次声明，想已早邀鉴及矣，乃近闻某著有托唐宦馈送节仪之事，但本馆在事诸人类皆洁身自好，除馆中薪水之外，断不在外收受分文，不得不略述情由。①

1894 年 7 月中秋节，浦东"某署"邮来节日礼金四元，主笔立即原书寄回，不料该署以为报人嫌礼金太少，又添至十元并专门托人送来，主笔当面婉言再拒，随后在次日报刊登告白："本馆礼延诸友类，皆植品端方、束身自好，从不收受苞苴，敬告各处官长此后断不可有所馈赠。"②

19 世纪 90 年代，不少报纸从业者在经济利益的吸引下，热衷媚俗、专注他人隐私，导致文风堕落。先是一些报人为了牟利，专门窥人隐私，藉报索诈，后来为了迎合读者浅层需求，不少报人专刊些污秽不经之事以悦读者，例如，《字林沪报》一主笔开办一副刊《消闲报》，在戊戌年底刊出《洋妇三奶奶》等猥亵文字，被字林洋行送交廨。③1897 年，《新闻报》为了吸引读者，竟然捏造上海南邑城厢一些生员的污秽色情之事，引起地方士人公愤。④不少报人专写些花界伶界的事，专刊载一些艳史、捧角等文字，内容庸俗、文字粗鄙，甚至淫秽不堪，这也引起了《申报》报人的重视和抨击。

对于这些格调低下文字，《申报》是不屑刊登的，虽然《申报》也重视社会新闻，但是以官绅为主要目标读者，刊登这些文字也会引起读者的不满。虽然以《游戏报》为始的休闲报受到不少读者欢迎，但是"当时社会上对这类小报热销并不见重，一般称之为'妓报''花报'或者'花丛小

① 申报.告白[N].申报，1897-07-18(01).
② 申报馆主人.璧谢隆仪[N].申报，1894-07-03(01).
③ 马光仁.上海新闻史[M].上海：复旦大学出版社，2015：191.
④ 南邑诸生.辩正挟嫌捏诬[N].申报，1897-06-17(04).

报',正派人家是不准子弟购阅的"。①因此,《申报》自然不敢轻易刊登这类新闻。

对于当时报坛格调低下、媚俗化现象的愈演愈烈,《申报》报人也非常警惕,要求报人要洁身自好,不能"宣隐事","伤风败俗"。

报人的洁身自好,肯定有经济上的考虑,在就业竞争激烈的上海,有稳定收入的职位是非常抢手的。王韬日记中记录好友托为谋职的理想去处,大都是能够提供稳定收入的西人书院或报馆。即使是报馆,能够提供稳定薪金的也只有申新等商业大报,大部分报纸特别是一些小报忽生忽灭,在收入方面朝不保夕。报人依托报馆为生计,腐败行为不仅败坏自己的名声,也会引起报馆名誉受损,影响到自己的经济收入和营生。申报馆首任主笔蒋芷湘在任12年,钱昕伯、何桂笙等报人在任26余年,何桂笙更是逝于任上,蔡尔康1874年进入报刊领域,期间虽曾腾挪跳转过许多报馆,但始终没有脱离报刊领域。这些报人将主笔作为自己谋生的职业甚至于事业,自然会重视并约束自己的职业行为。

作为职业的理念和精神追求,新闻道德观对新闻传播活动具有意识形态上的指导作用,往往会影响新闻媒体及其从业者在具体新闻职业活动中的行为和选择。学者马骥伸认为:"(新闻从业者)自律精神不是法律或其他外部强制的力量,其基本动力是新闻传播工作者自身的责任感与道德意识——他的新闻伦理观念。"②"如果说,基于传统社会伦理之上的自律是一种职业良心的话,那么从业者的价值与目标则是比义务和良心更高层次的要求,它抛弃了良心可能有的盲目性和任意性,其产生的道德自律比之于良心的道德自律,具有更为完备的主体自觉性和更为成熟的主体自愿性。"③

《申报》报人是中国近代新闻史上最早提出新闻道德观的从业者群体。19世纪90年代,《申报》密集发表了12篇新闻学论说,针对当时的报业腐败现象提出了新闻从业者应具备的新闻道德。这种新闻道德

---

① 马光仁.上海新闻史[M].上海:复旦大学出版社,2015:157.
② 马骥伸.新闻伦理[M].台北:三民书局,1997:18.
③ 张晓锋.新闻职业精神论纲[M].北京:中国广播电视出版社,2011:66.

基于传统儒家伦理,除了要求从业者"据事直书""直笔敢言""公平正直"外,更强调从业者"清廉守正"的新闻道德品性。

报人认为主笔要具备两种新闻职业道德品性,首先要"敢言",其次要"守正",必须"事理通达、才识兼优、公正清廉、不偏不倚……务求品学兼优、一秉至公、毫无私曲"。①报人指出:"(报人)是者著其是,非者著其非,但述其所由,而是非曲直自见也,日报尤贵乎公,不能隐挟嫌怨、私肆谤讥"。②报人强调从业者只有守住文人的"廉洁"底线,才能够胜任主笔一职,"主笔文人也。必其识学兼优,见闻超卓,崇论宏议,足以倾动流时而又廉洁持躬,宅心公正,始能胜任"。③

值得关注的是,报人当时已经有了避免侵人隐私,防范"毁谤"的意识了。报人认为:"若夫隐事,不宜宣虚,辞不宜采,如张冠李戴、接木移花、谬列谣传、茫无的证,皆不当轻于落笔,一或不慎皆类于毁谤,即不为人指控而议者已随其后矣,好骂等于山膏狂狷,同乎瘈狗,固非君子之所宜有也。"④

对于那些格调低下,专窥妇人之事、专注淫秽文字的行为,报人称之为"伤风败俗",报馆从业者"不能逞其绮靡,工描儿女,诐说淫辞……今日吾人之尤宜垂戒者,切勿谈人闺阃,鹑奔鹿聚,败俗伤风,讵文人所乐道,如有此等要当删之务尽,勿使扰我笔端有损阴德"。⑤

中国儒家文化注重道德修养,提倡"温、良、恭、俭、让"和"和为贵",修养途径是穷独兼达、正己正人,既要积极进取,又要洁身自好。文人重视名誉与节操,以清廉自守、勿贪勿奢为基本的人格准则。1899年,对于《海上日报》主笔藉报勒索之丑闻,《申报》主笔刊登论说大加申斥:

> 主笔文人也。必其识学兼优,见闻超卓,崇论宏议,足以倾动流时而又廉洁持躬,宅心公正,始能胜任,不致人以有文无行鄙之……勿若主笔而专以索诈为事,官员竟以串诈为生。连日本报

---

①　申报.中国振兴日报论[N]. 1890-11-15(01).

②④⑤　申报.日报论略[N]. 1896-07-27(01).

③　申报.合论连日本报所纪主笔索诈及劣员串诈事[N].申报,1899-07-10(01).

所纪张久余曹维善二人者,不亦行止卑污,不足齿于人类者乎夫……嘻！江河日下举世滔滔,官员即以诈扰作生涯,文士更藉婪索为得,计天下事尚可为耶？苟非严定报律有犯必惩,则婪索之风终难净绝,一张久余既管押,能保无类于张久余,且甚于张久余者,逞其狡谲依然婪索不休,我辈即欲如凤凰之爱惜羽毛,惟有望望然避之。[①]

　　在文中,报人以文人自居,认为主笔和从业者应该守住文人的道德底线,即使没有出仕,作为文人,也要"必循分供职,不贪意外之财",对于腐败的报人,作者视之为"不足齿于人类",对于其他报人的卑鄙行为,作者感到很无奈,只能洁身自好,像凤凰爱护羽毛一样爱护自己作为士人的名誉。

　　中国近代报人虽开始接受西潮思想,但精神召唤却仍然深受士大夫的传统所鼓舞,和西方媒体以维护独立性而对政治权力处处戒备不一样,他们的职业出发点是"家国天下"。典型如《申报》,虽为商报,但是其在创刊伊始就确立"义利兼顾"的办报宗旨,报人认为报纸应当承担"辅助国政"以利于"国家兴旺"的责任。因此,对待报业的腐败现象,报人没有仅仅痛斥以泄愤了事,他们对问题的严重性也思考得较为深入。他们所担忧的,是报人风气的堕落和腐败将极大地伤害报纸"有益国政、启发民智"之责任的发挥,从而影响民众对报纸的信任与信心。1897 年 10 月,《申报》针对《书画报》主笔勒索事件刊发论说,报人的忧虑溢于纸上:

　　　　泰西之为馆中主笔者,或魁儒硕彦或退位大员,能周知时事之是非,考察新理之所得,详为纪载以备濯磨,从无有论列近事信口以谈,毁誉第凭其恩怨而藉报为讹诈也者。而中国则以报为诈骗钱财之具,嗟乎,以是为报而谓有益于国政,能开乎民智,谁其信

<hr>

① 申报.合论连日本报所纪主笔索诈及劣员串诈事[N].申报,1899-07-10(01).

哉？是故中国之报纸仿自西而实则违乎泰西之意，不特与民生国计毫无所补，其不为西人所窃笑者几希矣。报纸之体例不乖，则于国家富强之业庶有所裨益乎？①

报人认为，从业者不应该专注那些隐私、庸俗、色情之事，应该关注有益于国之事，教化民众之"急务"：

> 吾人所当言者，在乎当今之急务耳，举凡边防海战、治矿修屯、富国兴商、练军讲武、振敝蒐疲、联交裕帑，凡此荦荦大者，皆有利益于家国，能通激夫古今要宜，亟亟以言之。吾儒在今日，即不获功名震世，援水火于斯民，则且将口舌规人，寓劝惩于果报，举凡诱善惊愚、劝忠教孝、徵今证古、警后惩前，铎在手而旬宣，棒当头而猛喝，固吾儒分内事也。②

报人认为，新闻从业者应该关注有益于国计民生之大事，同时肩负着教化民众、劝人从善之责，那些所谓专注庸俗、色情之事的职业行为，当然是伤风败俗。这些秀才主笔虽然身处商业性报馆，但是他们对于从业者坚持"廉洁"与报纸和报人履行对国家对社会责任之关系的理解，以及对整个报纸行业名誉的珍惜，在清末的报坛还是难得的。

对于从业者的腐败行为，《申报》报人还主张严格立法对其进行整饬。1898 年 8 月 15 日，《申报》发表首论《整顿报纸刍言》，特别赞成"将泰西报律详细译出参以中国情形定为报律"之举，报人认为"泰西各国皆有专门律例"，法律可以"使作报者不能恣意妄为"，对"有心诽谤平人者"，法官可以判决"执笔人或罚锾或下之于狱，因挟嫌而诽谤者厥罪尤重"。对于"局中人之索贿与局外人之行贿"，"则务须于定律时严定罪名，以昭炯戒"。③报人认为，应对中国报界中特有的腐败行为专门制

---

① 申报.与西友论报纸体例[N].申报，1897-10-17(01).

② 申报.日报论略[N]. 1896-07-27(01).

③ 申报.整顿报纸刍言[N].申报，1898-08-15(01).

定条目,严定罪名。特别是对于"信口雌黄、好恶从心",故意"毁谤平人"的职业道德失范行为或者罚款或者下狱。当然,1898 年正是黄式权担任总主笔之时,黄氏思想顽固保守、落于形势,其主张清廷立法也有限制和惩处维新报纸之意,但是其热心报律,着眼点还是在于管束这种报坛腐败现象。[①]

　　中国近代新闻道德继承了中国传统儒家伦理,特别强调记者个人的品性,将记者的品性标举为新闻职业道德的基干和旨归,形成一种个人品性新闻职业道德,[②]事实上,这种充满儒家传统精神的职业道德,《申报》报人早就在 19 世纪 90 年代就已经提出并践行。虽然王韬、郑观应、陈炽等学人也先后提出了类似的观点,但更多地是从他律的角度,要求政府对媒体进行监督,相对前者,《申报》报人群体以新闻为业,他们的观点更多地是从自己和行业出发,自律色彩较浓,其诉求亦基于报业面临现实困境而显得更有针对性。晚清以后,儒家的道德价值受到挑战,新思潮无法成为新的精神动力,社会的世俗化又腐蚀了不少知识分子的心灵,士林之中风气逐渐败坏。但是,传统的儒家士君子对读书人"士志于道"的伦理要求依旧是约束晚清报人职业行为的道德基础,"士"的伦理文化也构成了近代中国新闻从业者重要的职业话语。

二、曝光、"报纸体例"和报馆"章程"

　　当然,对于从业者职业行为的约束,仅仅靠个人自律,是远远不够的。申报馆等商业性报馆之所以能够在报风日下的环境下,还能保持"馆风谨严",这和报馆在长期的新闻实践中所形成的对从业者职业行为的监督规范机制有关。这个规范机制针对所有从业者,特别在约束访事人的职业行为方面作用更大。从报纸初创起,申报馆就通过公开曝光,对访事人职业失范行为进行监督。随着业界风气日坏,从 19 世

---

　　①　马光仁.上海新闻史[M].上海:复旦大学出版社,2015:199.
　　②　路鹏程.德何以立:论民国新闻记者职业道德实践的困境与振拔[J].新闻大学,2021(08):36.

纪 80 年代开始,商业报馆报人群体已然初步形成了一定的新闻道德观,这种道德观以儒家伦理为基础,要求报人以"文人"的标准约束自我,但是,这种自律更多的是珍惜羽毛式的洁身自好,并没有形成行业的规范、纪律、规则,也不具备强制和惩罚性,而到了 19 世纪 90 年代中后期,新闻道德规范的初始形态开始在商办报业出现。

1. 曝光

申报馆对从业者特别是访事人职业行为的管束可谓"严格",对从业者职业失范行为进行曝光则是重要手段。

从报纸初创的 19 世纪 70 年代起,《申报》就通过告白的形式,向社会宣明自己对雇员职业行为严格处理的态度,并希望民众给予监督。在清末报纸,告白位于报首,民众甚至以之为"正式公布机关,不能不阅",①其舆论影响力不言而喻。且看《申报》1875 年 7 月 27 日告白:

> 启者　逖闻有向为别家报馆访事之人,现竟冒为本馆所使用者,诚恐其怀意或有不测,故特表明请诸君互为留意。盖本馆向来用人每虑及或藉词生事,所以随时慎防,兹见有稍不妥惬,立即辞去。所录用皆系方正而有来历者,想诸君亦早所洞悉也。后无论何事何时,设有冒充本馆之人托名撞骗,祈即告知本馆无不泾渭立分也。②

在告白中,《申报》向民众明确自己对访员失职行为"泾渭分明"的态度,希望社会民众"互相留意",发现报馆从业人员行为不轨后即可告知报馆,一旦查实,严惩不贷。因为告白的舆论影响力,在欢迎民众监督的同时,对访事人无疑也起到了极大警示作用。这种对从业者腐败行为近乎"决绝"的告白,实际上也是在公开表明报馆接受社会监督的态度,如果报馆稍一姑息纵容,其声誉将会大损。

---

① 陈伯熙.上海轶事大观[M].上海:上海书店出版社,2000:266.
② 申报.告白[N].申报,1875-07-27(01).

正因为此，对职业行为失范的访事人，申报馆动辄辞歇，可谓严格。对于访事人失范行为以及处罚结果，《申报》更是不留情面，不会以"内部处理"加以"隐瞒"，而是通过告白、声明、更正等形式给予曝光。通过向社会公开，《申报》将访事人置于社会舆论的压力之下。1897 年 12 月 8 日，《申报》在报首通过另招访事的形式公开曝光访事人的职业失范行为：

> 本馆所用虹口访事人与电报局中人陈芝生及生员周金祥在娼院中互相扭结，同入捕房，旋被以殴伤等情控诉。本馆详加查访，系访事人与陈芝生同狎一娼，各怀醋意以致势不两立，肇此讼端。但访事人即在本馆办公，自应束身自好，岂可与人滋事以坏声名，是以立即开除不能容隐。①

因狎妓而互殴，对个人来讲并不是什么光彩之事，报馆也负有用人不察的责任，但是报馆在予以开除的同时还是将肇事者的"劣迹"予以公开，一方面通过社会舆论对其进行"惩罚"，另一方面对其他访事人也起到了约束作用。这种近乎"无情"的惩罚措施，对其他访事人的威慑效果可想而知。

对于藉报索诈，《申报》向来采取"零容忍"的态度。一旦发现定会辞歇。1877 年 10 月 5 日，《申报》声明开除法界访事：

> 本馆在法界采访新闻及听公堂案之陈璞卿昨已停歇，如有愿充此任者祈早日来馆面订。日后租界内事应否登报本馆自有权衡。倘访事人忖知其中隐情，乘机饰词索贿，隐匿免列报章，无论局中与局外之人均可告之本馆，如查系的确，即将访事人辞去，此特为杜弊起见，伏冀朗照不宣。②

---

① 申报.告白[N].申报,1897-12-08(01).
② 申报.本馆告白[N].申报,1877-10-05(01).

到了 19 世纪 80 年代特别是 90 年代,面对报界屡发的腐败现象,《申报》频频发布告白,要求社会民众如遇以《申报》访员身份敲诈勒索的,直接"扭送官衙请办"。^①对于涉及本馆访事的冒名索贿事件,《申报》也尽其所能一一查明并加以曝光。1894 年 4 月,新闻报馆声称申报馆访事冒称该馆人员勒索,申报馆先是反复询问本馆访事人,后又诉求司法程序通过英捕房传讯受害人及新闻报馆相关访事,才得以澄清事宜,原来是"系他人捏登"。^②

2. 报纸体例

在 19 世纪 80 年代,包括《申报》在内的商业性报馆大力宣传所谓的"报纸体例"^③,标榜报馆"有闻必录"的新闻职业权利和新报存在的合法性^④,所谓"报纸体例"就有报纸行业规范、原则、条例、规矩之意,随着"有闻必录"作为"报纸体例"逐渐被业内外认同,"报纸体例"遂成为报业难得的共同话语而具有了一定的权威性。

1884 年 1 月,《申报》将"据事直书"列入"报纸体例"中,"新闻真实"成为报馆提出的行业行规中的规范性内容。"据事直书、有闻必录"成为报业重要的职业活动原则,并列于商业性报馆反复宣传的话语中,"有闻必录"和"据事直书"作为报业的权利和义务相互制约、相辅相成。

至 19 世纪 90 年代,报业乱象日益突出,新闻腐败败坏整个行业的名誉,更危害部分大报的共同利益,于是商办报业反复宣传的"报纸体例"开始涉及从业人员新闻道德方面的规约和要求,"报纸体例"逐渐成为行业共同认可的职业伦理规范,当然在近代报业职业化、专业化萌芽阶段,这种规范只是一种不完善的初始形态。原则上说,制定出一定共同体成员都能够认可并自愿遵守的道德规范,构成共同体的每个成员

---

① 此类告白还有:1888 年 10 月 28 日《冒名得贿》、1898 年 5 月 12 日《冒名索诈务获严惩》、1898 年 4 月 6 日《索诈待惩》、1898 年 3 月 21 日《覆金陵陈公馆来电》、1898 年 7 月 19 日《匪棍索声请严惩》、1892 年 6 月 4 日《本馆声明》。

② 申报.辩诬[N].申报,1894-05-07(02).

③ 除了报纸体例,还有新闻体例、日报体裁等称呼。

④ 夏冰."有闻必录":近代报人争取的职业权利[J].新闻界,2021(11).

都应该参与其中。德国哲学家哈贝马斯认为："有效的只是所有可能的相关者作为合理的商谈的参与者有可能同意的那些行动规范"，"只有全部可能受其影响的人们作为合理商谈之参与者而有可能同意的规范性规则和行为方式。才是可以主张合法性的。"①这里的实质就是,合理有效的规范,包括道德规范,必须通过行业利益共同体的协商、对话和交流来实现,而不是大家内部或外部某个人的命令。从《申报》创办开始,商业性报纸之间基于竞争基础之上的质疑、冲突和争论就没有停止过,这种"互动"虽然充满敌意和强烈的感性色彩,但客观上却促进了行业不同主体围绕新闻道德问题进行的对话和讨论,从而形成了对职业道德规范的认同和遵守的压力。最为典型的是 1884 年中法战争期间,《字林沪报》对《申报》有闻必录的抨击,《申报》搬出"新闻体例"为自己辩护,除了有闻必录外,强调了"据事直书、疑以传疑"的报道原则。同样,《申报》也没有放过任何攻击《新闻报》《沪报》《新闻报》及其他报纸新闻失实和职业腐败现象,典型如《申报》在 1890 年后不厌其烦地刊登一些读者来稿,大肆曝光指责其他报馆从业者污秽失范之事件。商业性报馆的相互指责和揭丑当然是为了打击异己、抬高自己,但同时也对包括自己在内的行业整体形成了职业活动的道德压力和监督,"报纸体例"经常成为报馆攻击他馆和标榜自我道德的标签。

　　1891 年 7 月 27,申报馆批评某些报馆主笔"徇乎私或碍于情,称人之恶而损其真,扬人之善而过其实"等不客观、夸大其词的行为,提出"(主笔)所陈当存主文谲谏之风,宁攻其失,勿加谀词,宁出直言,勿讦其隐。"否则"失新闻之体裁"。②"新闻体裁"也就是"报纸体例""新闻体例"之意。1891 年 8 月 29 日,申报馆和《文汇报》打起了笔墨官司,《文汇报》抓住《申报》一则失实报道不放,搞得《申报》报人不厌其烦,于是报人进行回击:"(日报)事必取乎其真,言必取乎其确,各处采访之人心之不同如其面也,设或所访有未甚确者设已列之报中,日后既知确实必

<hr />

①　［德］尤尔根·哈贝马斯.在事实与规范之间:关于法律和民主法治国的商谈理论[M],童世骏译.北京:三联书店,2003:695.
②　申报.论新闻纸当持正议[N].申报,1891-7-12(01).

当立即更正,此亦日报之体"。①这里强调了报纸要报道真实、评论确切以及更正等职业要求。1896 年 7 月 27 日,报馆在《日报论略》中不指名批评某些报馆"败俗伤风","或隐讥时局、或寓言骂世、或借事诬人,皆非日报体例之所宜有也"。②1897 年 7 月,有他报指责《申报》报人索贿,报馆以报馆主人的名义连续三天③发表《本馆声明》辟谣,8 月 1 日,报馆又发论说细说原委,并再次强调"一切秽词亵语有意污人,或造作浮言,或牵连前事,非但不足以污我之笔,亦以日报体例不应有是也"。④1897 年 10 月,报馆干脆以"论报纸体例"为题,批判某些报纸"信口以谈,毁誉凭其恩怨,而藉报为讹诈"的失范行为,明确"报馆采访时事必须确实,而议论又必持平,不可诽语怨言,妄腾口说"。⑤

1901 年 2 月 14 日,《申报》在出版一万号之际,专门刊文对其 29 年的办报经验进行了总结,文中反复强调自己坚持遵守的"泰西报纸之例":"纪载要闻不嫌其琐,未尝揣舆情之所喜而悬造无端,未尝兴悖乱之谤言而荧惑众听,语必析之以理,事必信而有证。"⑥

除申报馆外,同时期的其他商业性报纸也纷纷就"报纸体例"参加讨论和对话。1892 年 11 月,经常和《申报》进行笔战的《字林沪报》首次提到了报纸体例:"报体必宜谨严,报语必求质实,他报之详者则我可异之,他报之隐者则我可著之,务使阅者有互证参观之益,而无数见不鲜之嫌,国政则不可妄讯也,军情则不宜偶泄也。事之污秽则不值书也,人之隐匿则不合彰也。是者是之,大公无我。"⑦1893 年 1 月,该报又详细罗列出了"日报体例"的禁止性内容:"喜则誉之,怒则毁之,颠倒是非,传闻失实,此一不可犯也;与人偶隙便逞笔刀,公报私仇令人难堪,此二不可犯也。事涉男女故为描摹,淫亵如图秘戏,此一宜戒也;暖

① 申报.辟谬篇[N].申报,1891-08-29(01).
② 申报.日报略论[N].申报,1896-07-27.
③ 申报馆在 7 月 18 日、7 月 19 日、7 月 21 日刊登本馆声明予以辟谣。
④ 申报.答客问声明一则[N].申报,1897-08-01.
⑤ 申报.与西友论报纸体例[N].申报,1897-10-17(01).
⑥ 申报.本报第一万号记[N].申报,1901-02-14.
⑦ 字林沪报.报馆首重主笔说[N].字林沪报,1897-04-05(01).

昧之事疑似之案,偶据传闻言之凿凿,此二宜戒也;朝廷机密军国重情,有伤国体故为张扬,此三宜戒也。"①1899 年 3 月,《新闻报》甚至公开呼吁"中国报章宜厘正其体例",所谓"厘正其体例"就是给报业立规矩、定规范,报纸明确指出:"新闻离离奇奇、形形色色,苟有其体,必有其例,更有外政外交巨细靡遗、访问征实,遣词固贵其雅正,用笔尤贵其谨严……或是甲而非乙,颠倒反复、是非混淆,此其宜厘正者一;或抑中而扬外,或抑外而扬中,褒贬任情、罔恤公法,此其宜厘正者二。执笔者着眼于体例二字,庶是非不谬。"②1900 年,上海小报《采风报》在被外界质疑时竟以"报纸体例"为自己辩护,声称:"本馆自经开办以来,事事讲求确实,至新闻中偶有彰瘅之处一秉善善恶恶之公,设或访事偶误,本准受诬之人来馆声明,立为更正,物我无私、毫无偏倚,盖报章体例。"③

新闻业的存在是具体的,总是处于特定的社会环境中,作为和社会有着广泛联系的新闻职业活动,必然与各种社会力量有着深刻的互动关系,同样,新闻道德规范也是一个由业内外共同讨论、博弈、监督形成共识的过程。不仅商办报业业内,作为利益攸关方的读者和民众也在与新闻业的冲突和对话中对报业形成了压力,并在行业监督和规范方面与报业形成了共识。

检视 19 世纪《申报》,会发现读者批评质疑之声处处可见,对报馆记事反复不定、媒体言论有失偏颇等的谴责,时常出现在读者来信中。对此,《申报》给出了一系列的应对办法和行动承诺,如记载失实可来函更正;同一事件出现两种对立说法,将同时刊登这两种说法;报纸言论必做到不偏不倚等。④民众的质疑可以理解为对报业的新闻道德评价,在新闻实践向度上,新闻道德评价活动是更新新闻道德观念、完善新闻道德规范、塑造新闻道德品质的重要途径,是促进一定社会新闻业、新

①　字林沪报.论通民情莫善于日报[N].字林沪报,1893-01-05(01).
②　新闻报.论中国报章宜厘正其体例[N].新闻报,1899-03-12(01).
③　采风报馆.购江南彩票者鉴[N].申报,1900-10-02(04).
④　操瑞青.早期《申报》"体例"与 19 世纪新闻人的伦理观[J].国际新闻界,2020(07):169.

闻职业健康发展的有效方法,其中,以读者民众为主体的新闻道德评价尤为重要。读者和报业的直接对话和道德评价,对报业道德规范的形成至关重要,道德规范是为了约束不规范行为,是为了减少失范行为,而道德评价是发现、认定不规范或者失范新闻的基本方法,对近代商办报业的道德规范的建构有着特别的意义和价值。①

例如,1897 年 8 月 1 日,申报馆就刊登了一题为《答客问声明一则》的论说,这则论说详细地描述了一位读者到访报馆和主笔就职业道德问题进行的对话和讨论,当时商办报业风气日下,部分商会、公署常常以"节仪"为名送报馆礼金,实则为变相贿赂,报馆亦悄悄向各个部门打点,以获得便利。7 月间,社会传闻有一位士绅受某署之托向申报馆赠送节仪一事,报馆屡登声明以辟谣。一位读者闻讯专门造访报馆编辑部询问,他质疑道:"然报馆于各衙署中皆有节仪,向尝闻之。今贵馆不肯同流合污,介然以风节自厉,何耶?"面对读者的疑问,主笔一边批评报业接受变相贿赂之陋习,一边反复强调自己严格遵守"报纸体例"绝不受贿的态度和决心:

> 报馆之有节仪陋规也,所谓陋规者亦甚多端,或因贿嘱而揄扬,或因受赂而污蔑,事不征实一味胡言,大抵多得陋规节仪。盖报馆创自西人,本馆悉照泰西报馆体例,但主纪事不敢信口雌黄,妄兴谣诼,或肆口谇让,妄事讥评。若夫善善从长恶恶从短,则执笔人素读诗书未忘圣人隐恶扬善之训,一切秽词亵语有意污人,或造作浮言,或牵连前事,非但不足以污我之笔亦以日报体例不应有是也。"②

同样是在 1897 年 12 月,芜湖绅商在《申报》刊发"公启",公开指责沪报报馆一访事"捏造黑白、妄肆雌黄,吹信索诈"之污事。公启开

---

① 杨保军.新闻道德论[M].北京:中国人民大学出版社,2010:306.
② 申报.答客问声明一则[N].申报,1897-08-01(01).

首即明确："窃维报馆体例,上列国政、下述民情,皆须征诸实事,间或寓意劝惩亦必善善恶恶出诸公论而后载也,若平民遇事到官,非待断定曲直即不能论列是非逞其意见,此各报馆之通例……"[①]1899 年 1 月 18日,一位读者投稿《申报》控告《新闻报》污人名誉。文中,读者开宗明义,以"报纸体例"为名抨击新闻报馆职业失范行为:"查报馆体例,凡攸关时事者须采访确实、照事直书,庶言者无罪、闻者足戒,今该报不问事之果否,为敲诈之人通同一气,信口雌黄,何怪人言啧啧谓不足取信也。"[②]

从这几则公告可以看出,在民众对商办报业的新闻道德评价活动中,"报纸体例"不但成为社会民众监督约束报纸的一个重要手段,其作为约束报业的道德规范同样也获得了民众的认可。

商办报业反复言说的"体例"包含了新式报刊向社会做出的种种道德声明,是一个松散但丰富的、关乎实践正当性的观念集合体。"报纸体例"亦成为被商办报业所认同的新闻道德规范的初始形态,其核心内容包括:报道和言论要确实、公平,报道失误要更正,不可污人名誉,严禁新闻敲诈受贿,不能专注色情污秽之事等,尽管这种"体例"和现代新闻媒体专业的伦理规范不可同日而语,也没有形成纸面上的职业道德规范守则,但其内容业已涵盖了现代媒体应该遵守的职业伦理的方方面面,并且已然包括了"肯定性"(鼓励性)和"否定性"(禁止性、惩罚性)的内容。肯定性和否定性内容相结合,这几乎是所有新闻职业道德规范内容结构上的基本特征。在 19 世纪末 20 世纪初,作为行业的伦理规约已经在商办报业这个职业共同体形成了共识,并对从业者职业活动产生了一定的约束监督作用。

1896 年 8 月,以《时务报》在上海创刊为标志,维新派办报活动崛起,梁启超在舆论界初露锋芒,1898 年 6 月 11 日,光绪帝下"明定国是"诏,宣告变法,正式承认了近代报刊具有合法地位,官绅士民得到了

---

① 芜湖绅商.芜市公启[N].申报,1897-12-28(04).
② 被噬人.坏人名节恶逾盗跖[N].申报,1899-01-18(04).

办报的自由权利。据不完全统计，自 1895 年至 1898 年的 3 年间，全国
出版的报刊有 120 种左右，其中 80% 以上是中国人自办的，第一次国
人办报高潮出现。1901 年 1 月，清廷宣布实行新政，允许民间办报，中
国民办报业迅速复苏并走向高潮，革命性报刊、改良派报刊、官报大量
出现，商业性报刊开始进入发展的"快车道"。中国近代报业呈现出百
花齐放、争奇斗艳的景象。此时的报业或者忙着宣传革命，或者急于鼓
吹立宪，或者忙着"骂官场"，或者大肆推进新闻业务改进，《申报》《新闻
报》等商办报业纷纷启动企业化。1908 年清廷着手制定《大清报律》，
中国报界特别是北京报界开始掀起批评舆论。总之，辛亥革命前的中
国报业暂时获得了自由办报的权利，合法性压力陡然减轻，各类报纸各
忙个事，各有所图，关于报业职业道德问题的讨论已然降温，加之清政
府意欲对杂乱无章、处于野蛮生长的报业进行格式方面的要求和规范，
"报纸体例"这个具有新闻职业道德规范性质的话语逐渐转变了其内
涵，转换为诸如版面安排、内容设置、发行周期等偏于著述"格局""格
式"等意项。1905 年 3 月 3 日，《湖北官报》在《申报》刊登《湖北官报体
例》，罗列了经过张之洞删减的内容门类，包括邸钞、电报、公牍、外国报
章等十二类①，这里的"报纸体例"的主要含义已经开始转变。类似的
例子还有 1906 年 11 月 25 日《南洋官报》的《重定旬报体例》，1906 年
11 月 10 日《申报》转登的《政务官报之体例》等。1908 年 2 月 19 日，
《神州日报》刊登一商户来信，称赞《神州日报》商业新闻二页"体例"周
密，商户希望报纸在商业栏不仅要刊登商业信息，更要增添"白话论说
以便教育未完全之商家"。显然，读者对于报刊体例的理解是栏目设定
及内容分类。1908 年 6 月 17 日，时报馆发布《本报改易体例告白》，也
就是改版公告，包括增添"商务半页"，"第一页为言论，第二页为电报"，
"每种新闻之下各有评论"，"世界纪念日"栏目改为"去年今日"等等。
1914 年 4 月 2 日，袁世凯颁布法令《报纸条例》，其中要求发行报纸必
须由发行人向有关部门报备"名称，体例，发行时期，发行人，编辑人，印

---

① 申报.删改湖北官报体例[N].申报,1905-03-05.

刷人姓名年龄籍贯"①等基本要素,显然此处的"体例"指的是报纸版面、门类等基本内容。

1902 年 9 月 17 日,《大公报》转录《中国日报》发布的《谨拟各报馆公共章程》,此章程亦是中国近代报馆第一次以行业共同体的名义提出的一个倡议。学者徐新平认为此章程"才是中国最早成文的新闻职业道德规范,是在中国新闻业组织出现之前由一家报馆自发制定的公共章程,比美国密苏里大学新闻学院首任院长威廉于 1911 年手订的《报人守则》早了 9 年"。②该结论值得商榷,首先该章程内容多为报纸业务具体操作问题,涉及职业道德问题特别是职业道德规约寥寥,如新闻真实、论说公正、廉洁自律、禁止发人隐私等规约都没有列入其中。其次,此章程显然是没有经过业内的讨论协商,只是一家报馆提出的一项倡议,业内对此公共章程的关注度也不高,甚至没有引起更多的回应,因此只有《大公报》一家报纸进行了转载。第三,此章程对报业的职业活动并没有产生任何约束力,亦没有形成舆论压力。

3. 报馆章程

19 世纪 90 年代后期,部分商业性报馆开始将"报纸体例"中的道德规范细化为具体的规章纪律。商业媒体持续发展的前提是以资讯赢得长期稳定的读者,因此,报馆必须通过制定内部规制保证从业者职业活动的可控性。

《申报》以新闻为立报之本,禁止雇员谎报、捏造、虚报新闻,应是报馆最基本的一项纪律准则。在 19 世纪 70 年代—80 年代的招聘启事中,报馆为雇员所设置的条件和门槛就是务必"实事求是"③。在 19 世纪 80 年代—90 年代,报馆屡屡向社会表明自己对新闻真实的重视,或称"本馆职司记载务求实事求是",或通过更正错误"以符本馆实事求是之意"。尊重事实至少从话语上已成为报馆宣传的道德标签。特别是

---

① 内务公报.报纸条例[N].内务公报,1904-04-02.
② 徐新平.中国新闻伦理思想的演进[M].北京:北京大学出版社,2019:84.
③ 例如 1877 年 4 月 26 日,《申报》在京师招请访人,要求"探访新闻务须实事求是"。1876 年 3 月 14 日延请宁波访事人,"务须采事则原原本本,吐辞则洋洋洒洒,巨细皆书"。

到了 19 世纪 90 年代,随着报业竞争的激烈以及访事人腐败行为的日趋严重,报馆对访事人"诳报"违反报道真实的行为处理非常严格,甚至对"误听误信"类的失误也动辄辞歇。1891 年 8 月,九江访事人假报新闻,《申报》发现此消息"实无此事",随即登报更正,宣布立即将访事人辞退,并对"诳报"行为表示"殊深痛恨"。①1896 年报馆辞退捏造事实的雇员,并警示所有访事:"本馆素以实事求是为心",要求"务当共体本馆之意"。1896 年 8 月,《申报》因为访事人"误听浮言",将访事人辞歇,并登报"遍告本埠及各外埠访事诸友务,此后慎之又慎,再勿误蹈覆辙也"。②

1898 年,《申报》因为美租界访事人"妄报吴淞之事,坏人声名",将访事人"照章停歇"。③1899 年 1 月,《申报》向社会发布公告称:"本馆自开设以来严定章程,决不许访员私雇伙友。"④这两则公告说明,在 19 世纪 90 年代,申报馆已经确定了成文的纪律准则或规范规定,一旦访事人违规捏造事实或者严重诽谤他人,则必将按照规定处理。

为了防范访事人的不轨行为,《申报》还制定了具体的职业细则,通过制度来控制职业失范行为的发生。1899 年 1 月,申报馆连续三天公布"定章":第一,所延访事必须自己去采访、自己写新闻稿,不能委托他人代劳;第二,不能私自雇佣他人代替采访;第三,新闻稿件不得托他人代送,必须自己亲自送到主笔房。⑤如发现访事人不遵守此章,则"照章斥去"。⑥1900 年 6 月,有人称自己被访事人雇佣采访新闻,申报馆得知后再次重申报馆管理规定:"本馆定章各租界采访之人务必亲身从事,万不准有雇用伙友名目,并禁请人代缮或代送主笔房。倘访事之人

---

① 申报.传言有误[N].申报,1891-08-29(03).
② 申报.实事求是[N].申报,1896-08-16(02).
③ 申报馆主人.招延访事友人[N].申报,1898-06-23(01).
④ 申报馆主人.杜绝招摇[N].申报,1899-01-20(01).
⑤ 1899 年 1 月 4 日—1 月 6 日,《申报》以告白声明"本馆定章,凡所延访事诸人定必亲身从事,决不准私雇伙友代访代缮或请人代送至本馆主笔房用。特布告诸君"。
⑥ 1899 年 1 月 20 日、21 日,《申报》再登告白,"本馆自开设以来严定章程,决不许访事人私雇伙友代访代缮或代送本馆主笔房。如或不遵照章斥去"。

果在外私雇伙计,一经查出定将正身,立即斥去,决不姑容也。"①《申报》的定章对于当时从业者腐败行为是有针对性的,1894 年 5 月,沪报就曾经发生一起访事人勒索事件,访事人雇佣一掮客"绲访事件",此掮客藉报勒索,后被告发。②

不仅针对访事,报馆对主笔、编辑等"正式职工"也有约束职业行为的"明文规定"。1899 年 10 月,《申报》刊登一则犯罪新闻,有一读者匿名向报馆投书,指责报馆报道失实,报馆另委托一位好友前去事发地核实,证实《申报》的报道符合事实。《申报》发布告白言称"本馆实事求是之意可以昭然共明矣",随后,《申报》对外宣布:"(本馆)不惟匿名之信万不登录,即相识者或当面干求或修函嘱托亦必严以拒绝,断不能曲殉人情。敬告中外诸友此后幸勿多所干渎,致紊本馆章程也。"③这一告白透露了几个细节:第一,报馆确实制定了约束从业者职业行为规范和细则,不仅针对访事而且也管束报馆报人;第二,章程包含几个规定:一是匿名投稿绝不刊登;二是拒绝个人或组织私下对报人进行公关,保持从业者的独立性;三是报馆严禁编辑收受贿赂。

早期商业性报馆设定的报馆章程多为广告价格、报纸售价、营销渠道、来稿要求等内容,涉及从业者行为规范的内容不多。1872 年 4 月《申报》创办,其发布的《本馆条例》明确规定了本报的零售批发价格、告白价格、招商及合作发行事宜等。随着 19 世纪 90 年代商办报业职业失范现象的增多,新闻道德现象和问题开始引起业界的重视问题,一些报馆在对社会公开的章程中明确提出对职业道德行为的规范和要求,一方面希望社会监督,一方面对主笔编辑等雇员的职业活动进行自律。报馆章程和报纸体例不一样,报纸条例只是业内认同的一个松散的道德规约,章程则是具有强制性的纪律条例。1897 年《国闻报》创刊于天津,该报效仿英国《泰晤士报》之例,在其报馆章程中,《国闻报》明确提出媒体切勿侵害个人名誉和隐私:"毁谤官长,攻讦隐私,不但干国家之

---

① 申报馆主人.严究招摇[N].申报,1900-6-13(01).
② 见:造谣生事[N].申报,1894,5(10).
③ 申报馆主人.谢绝干求[N].申报,1899-10-19(01).

律令,亦实非报章之公理。"①1898 年创办的《时务日报》亦以报馆的名义在报馆章程中向社会提出监督要求:"如有冒称本馆人及访事人在外生事者,请速函示,俾得查究。"②江西《菁华报》虽然出版时间不长,但已经有了版权保护的意识,1898 年该报公开宣布:但凡转载他报内容的"必注明所本,不敢掠美",且"琐事猥谈概不阑入"。③1901 年,上海《南洋七日报》在其章程中提出"琐辞不载,谤语不登"。④1902 年 6 月17 日,天津《大公报》以报馆的名义刊登《特白》,共六条,其中有三条关涉职业纪律与规范:

　　一、日报一事全赖集思广益不厌求详,本馆虽托有各处友人广咨博采,犹恐囿于耳目,或偏执一见有失实事求是之义。

　　一、本馆以开风气、牖民智为主义,凡偏缪愤戾、琐碎猥杂、惑世诬民、异端曲说等一概不录。

　　一、撞骗讹索等情最为本馆所痛恨,如有冒充本馆访事人等在外招摇生事,近则请即扭送本馆,远则请速函知,俾得根究查办。⑤

三、以"更正"寻求读者信任

商业性媒体以盈利为要,必须取得受众的信任,因为从某种意义上讲,受众是媒体制造并出售给广告商的产品,更正便是媒体赢得受众信任的重要手段,亦是国际上公认和通行的新闻职业规范之一。1908年,清政府在颁布的《大清报律》中对更正作了强制性规定,而申报馆早在 1872 年 8 月 26 日就刊登了第一则《正误》。在 19 世纪 70 年代末,"更正"和"正误"已为该报常态的自律活动。虽然同时期的《万国公报》《益闻录》等报刊也有更正之举,但是次数和《申报》不可同日而语。

　① 戈公振.中国报学史[M].北京:三联书店,2011:139.
　② 戈公振.中国报学史[M].北京:三联书店,2011:140.
　③ 菁华报.本馆刊报章程[N].菁华报,1898-09-16(01).
　④ 南洋七日报.本馆章程[N].南洋七日报,1901-09-15(01).
　⑤ 大公报.本馆特白[N].申报,1902-06-17(02).

创办伊始,申报馆就在 1874 年 2 月 23 日的《贺新年说》中表达了希望社会对自己进行监督并愿意主动更正的意愿:

> 惟是新闻纸馆,开设亦属非易。盖本馆之见闻无几,不能不借助于他山。其或陷于不知,妄抒己见;抑或失于检点,误录人言,未免有开罪于人之处……自今以往,本馆有过则规戒之,本馆有善则劝勉之,实本馆之幸也,亦本馆之愿也。诸君子亦勿吝教可也。①

在文中,《申报》承认了自己在新闻报道中不可避免有失误之处,希望读者对于报纸之失误给予"规诫",以之为自己之"幸"之"愿"。

报馆希望社会监督之意,并非装点门面的"客套"。对于自身报道之失误,《申报》并无推脱责任之意,一旦有读者投诉或自己发现错误,必以报馆的名义及时更正。

据统计,从创刊到 1911 年,《申报》共刊登更正至少有 1 225 条。②至 19 世纪 80 年代,《申报》所刊更正已经具有了一定的行文格式。例如,1880 年 1 月 12 日的一则更正:

> 前月十八日本报所列十一月十一夜常熟往苏之航船被劫一案,原系来自彼处者传述。今探悉,常昭缉捕衙门阅报后,因无报案而连日查访,实无行船被劫情事,应即更正。盖彼处常昭两县晓谕,夜航早已遵改日班,并有淞北水师炮船设立水栅梭巡,崔苻绝迹无从托足也。③

在这则更正中,出现了几个基本要素:"前月十八日"为失实报道之时间,后所述内容为失误的新闻,"原系"之后为新闻失实的原因:主笔仅依当地人传言便"有闻必录",没有进一步的核实。文中"今探悉"后

---

① 贺新年说[N].申报,1874-02-23(01).
② 杨为正.《申报》新闻更正实践研究(1872—1911)[D].南京:南京师范大学,2018:20.
③ 申报.更正[N].申报,1880-01-12(03).

所列则是事实真相。最后表明主笔的态度:应即更正。

再看 1897 年 3 月 27 日的一则更正:

> 前报纪杭州绸业会馆公议减价一节。今又接访事人来函云此事系各小绸庄因存货滞销减价求□,非会馆中之公议也。至会馆集议,因上年丝价腾贵,闻尚欲加涨,本馆有闻必录,合亟更正以存其实。①

此则更正和上则内容构建相似:包括明确更正所针对的报道文本,报道失误原因,经过调查核实确认的真相,主笔的态度。

对于重大失误,《申报》除了更正,还经常表示歉意和反省。例如,1891 年 8 月,《申报》据九江访事人之信刊登一则考生遭遇不幸之事,后经读者投诉辨正,报馆遂辞歇访事人,于 8 月 29 日刊登更正并公开道歉:"但本馆究因用人不当以致误听传言,合亟补注报端以志吾过。"②据笔者统计,从 1878 年起至 1912 年,《申报》因报道失误更正并公开致歉的公告就达到 22 则③。为了表示诚意,《申报》有时还要将读者投诉原信"有闻必录",有的读者言语客气,有的则在信中对《申报》编辑大加斥责,《申报》也并不掩饰,原文刊登以表诚意。1881 年 1 月 14 日,《申报》发长文对一重大火灾报道的失误进行更正致歉并将来信节录附后。原信在澄清事实的同时毫不客气地指责《申报》主笔"以传闻无据之辞即登入报,亦未免太率略也"。1885 年 11 月 9 日,《申报》刊登《来信照登》,将一读者澄清质询之信完整刊发,读者在信中质疑主笔

---

① 申报.更正[N].申报,1897-03-27(03).
② 申报.传言正误[N].申报,1891-08-29(03).
③ 1878 年 10 月 7 日《更正》、1878 年 11 月 27 日《更正》、1879 年 1 月 6 日《正误》、1879 年 3 月 1 日《种痘辨诬》、1879 年 12 月 9 日《更正》、1881 年 1 月 14 日《更正》、1885 年 11 月 15 日《传言更正》、1885 年 3 月 26 日《正误》、1888 年 12 月 7 日《更正》、1888 年 12 月 21 日《正名》、1891 年 2 月 25 日《正误》、1891 年 8 月 29 日《传言正误》、1892 年 1 月 6 日《申明》、1894 年 6 月 23 日《正误》、1898 年 1 月 6 日《申明》、1900 年 4 月 1 日《正误》、1901 年 8 月 1 日《并未逐客》、1908 年 1 月 1 日《更正》、1909 年 4 月 15 日《更正》、1909 年 5 月 24 日《更正》、1909 年 8 月 8 日《更正》、1912 年 3 月 1 日《更正》。

"不知访事果何所见附会其说,致贵馆先列报章复登画报,知者无不齿冷。仆不欲缄默,敢质陈诸君子从善如流,宜如何昭白以收兼听之美"。主笔在文末附言更正并致歉:"顾本馆执笔人日坐斗室,惟从事于丹黄笔砚间,一切新闻悉凭借访事者探明邮报,虽屡经函饬实事求是切勿仅据风传,而地方辽阔,采访难周之处或不免人云亦云,今既承据实函示,必尽为详,合亟照登以志我过。"①这篇更正并没有将失实责任完全归咎于访事人,而是承认主笔编辑把关不严,并以刊登读者来信记载自己的过失。所谓"以志我过",是传统知识分子进行自我反省的一种方式。

当然,当时的商业性报馆更正致歉所针对的对象多是官方士绅等"有头有脸"的重要人物和组织机构,对一般平头百姓,这些报馆的更正更多的是例行公事,甚至有些敷衍,或是以主笔"笔误"、校对者"偶失检耳"或是以访事人"误报""误听"为由等草草了事。

在《申报》的影响下,"更正"开始被中国近代报纸重视。不仅《绍兴白话报》《集成报》《万国公报》《萃报》等报刊,甚至《世界繁华报》《游戏报》《花天日报》等上海娱乐性小报也屡屡刊登更正。

1907 年 12 月 15 日,《中外日报》《神州日报》联名在《申报》刊登更正:

> 十月初五日,本报所登拔维晏洋行与其买办陈君德培倒闭一事实属无根之语,本馆未经证实率登报端,殊觉抱歉之至。如果事前详加探察决无是误。乃本馆行销既广不幸有此误刊,以致虚诬拔维晏及该行买办之财政情形遍传遐迩,甚为扰累。故本馆特再登报述明以表歉仄之情,并望阅报诸君晓然于前此之误录以致损渎该行,不胜欣幸。本馆刻巳共捐银一千两充作仁济医院善举以表真忱　合并声明。②

① 申报.来信照登[N].申报,1885-11-09(03).
② 中国日报、神州日报.更正[N].申报,1907-12-05(02).

　　《中外日报》为清末改良派报纸，由汪康年创办并主持经营，《神州日报》为于右任创办，系革命派报纸，两家报馆宗旨不一，但却因为报道或转载同一虚假消息，联名在商业性报纸刊登更正并向法商拔维晏洋行道歉，此类事件实属罕见。这一则更正堪称典范：言辞更为真挚，反省更为深刻，除了向受害方道歉外，报馆还没有忽视新闻活动中的第三方——受众，主笔特别提醒读者辨明是非，尽量减少失误带来的负面影响。

　　后来与《申报》《新闻报》并列成为上海三大报纸之一的《时报》对更正颇为重视。1904年6月12日，以"革新代表舆论之报界耳"为目标的《时报》一创刊，就在其发刊词中提出："本报纪事，以确为主。若有访函一时失实者，必更正之。"①创刊半年，《时报》就刊登"更正""正误"39篇。为了表明自己实事求是之意，《时报》甚至首开"更正之更正"之先例。1906年3月14日，《时报》刊登正误一则，对前报一则新闻进行纠正，并根据自己访员一面之词将责任归咎于上海电报局拍发电码错误，后电报局职员将该访员拍发电报原文调取相示，报馆才发现是访员之错。报馆遂于4月3日头版发布"本馆特别告白"，对前更正进行再次更正，拟追究访员之责任并向电报局职员表示感谢。②1907年，《时报》专设"投书"栏目，成为促进读者和报纸、读者与读者之间互动一个重要窗口。内有读者评论、赈灾公启、社会组织公启、公益广告等，接受读者质疑并更正是其重要功能之一。1908年10月5日，主笔陈冷专门撰文《敬告投书本报者》："如本报所记之事有与事实不符，则依例投书本报，本报自乐为之更正。"③

　　在现代新闻事业中，更正被认为是新闻媒介尊重新闻真实、尊重公众权利的义务，道歉被认为是职业美德的一种表现，"道歉不仅仅是认错、自责。它是造成伤害一方决心改变自己的行为的一种持续的承

　　①　时报.发刊词[N].1904-6-12(01).

　　②　时报.本馆特别告白[N].1906-4-3(01).

　　③　陈冷.敬告投书本报者[N].时报，1908-10-5(02).

诺"，"它是一种需要双方都有诚实、大度、谦卑、承诺和勇气等态度的行为"。①当下我国媒体更正的方式主要有 5 种：后续报道、情况说明、启事、更正、致歉。我国媒体刊发"致歉声明"的很少，特别是自觉刊发的更少，多是因为当事人的交涉之后，不得已而为之②。客观来讲，中国近代商业性报刊的更正已然具备了现代新闻媒体更正所需的 5 种内容元素。就更正态度来讲，近代报刊特别是商业性报纸表现得比较职业。

四、对从业者职业行为的调控

通过对早期《申报》大量的延聘告白文本进行分析和梳理，笔者发现，在长期的新闻实践中，申报馆等商业性报馆已经有意识地通过包括用人制度、薪金制度、雇佣制度等间接的管理机制，对从业人员的职业行为进行调节和控制。相对于报馆规章制度对职业行为监督和规范的强制性，这些调控显得间接和柔性，但重在促进从业者遵守职业道德规范的自觉。

1. 重视雇员素质和道德品质

《申报》自开办以来，就非常重视雇佣人员的个人素质和道德品质，并以较为规范的用人招聘机制把好用人关，从而减少职业失范行为的发生。

创办伊始，为了开拓新闻渠道，《申报》屡屡发布延请访事人告白。根据笔者统计，仅 19 世纪 70 年代，《申报》就发布招聘启事共 18 则，其中招聘新闻笔墨者即主笔两则。19 世纪 80 年代，发布招聘告白 23 则。几乎每一则告白，报馆都对应聘人的个人素养和品质提出了较高要求。1875 年 7 月 5 日，《申报》延请本埠抄录案件及新闻采访之友，要求"必须学识兼长，通达世务并植品端方，实事求是者方于本馆有益"。③1876

---

①　杨保军.新闻道德论[M].北京：中国人民大学出版社，2010：359.

②　张振亭、张会娜.困境与突破：关于我国媒体更正的现状、问题及思考[J].编辑之友，2014(09)：87.

③　申报馆主.延友访事告白[N].申报，1875-07-05(01).

年 1 月 19 日,报馆欲在汉口招聘一报事人,强调"务须才学兼全、见闻较确,值有新奇之事随时寄知以便列入报中传观遐迩,想慧业文人成当不吝珠玉也……"①1876 年 3 月 14 日,《申报》在宁波欲聘一新闻之友,要求"务须楞事则原原本本,吐辞则洒洒洋洋,钜细皆书"。②对于报馆所需的翻译人员,《申报》要求更挑剔,务必学贯中西,而且要求是"海归":"欲延一通西学之华人,以翻译泰西各种书籍。其人须曾出外洋,精晓西字奇文异义,一览洞然,非一知半解仅能略谙西语者可以滥竽也……"③对于笔墨友人(主笔),报馆对其个人素养和学识的要求更高,谨从告白题目诸如"延请通人""聘请鸿儒""延请文士"中就可见一斑。报馆对于访事人的要求不仅仅是初通文墨,虽然学识层次上没有主笔要求高,但是在个人素质和道德品质方面,报馆是非常强调的。

　　进入 19 世纪 80 年代,报馆在用人招聘方面形成了一定的制度。对于外地的访事人,因为交通不便,报馆要求应聘者必须先寄几篇新闻稿以便审核选定。对于本埠访事人,报馆是必须要求面试的。经过多年发展,《申报》影响益隆,提供给外埠特别是上海周边地区的访事人岗位竞争激烈。例如,1884 年 9 月,申报馆在扬州招聘一访事,仅仅 9 天就"业经聘定矣",④因此,申报馆的选择也更加挑剔。1886 年 7 月,报馆在温州招一访事:"如有愿承斯乏者,祈速函致本馆以便定夺。惟须先示新闻一二则,务必详确,勿得虚浮草率为盼。""速函""勿得虚浮草率",这些用语也反映出当时访事人职位供需关系的变化。对于重要职位,《申报》的录用较为严格且规范,典型如 1882 年 8 月 8 日,《聘请鸿儒》一则:

　　　　本馆现欲请一司笔墨友人,于作论作新闻外兼校对书籍,如有愿俯就者,祈先缮时论二篇,并将真姓名及住处写明封固,交至本

---

①　申报馆主.觅请报事人[N].申报,1876-01-19(01).
②　申报馆主.延请访事人[N]. 1876-03-14(01).
③　申报馆主.延请精通西学人[N]. 1878-05-13(01).
④　申报 1884 年 9 月 19 日、9 月 28 日。

帐房由馆主人酌夺。果是首屈一指，当再修函敦请面议一切。望勿托人说项，并勿先移玉趾惠临。①

此招聘启事，文字不多却内容丰富：申报馆招聘的是笔墨友人，即主笔房主笔，其工作职责告白阐述得一清二楚；人员选定由馆主亲自定夺，显示报馆对人才聘用的高度重视；应聘人员先写两篇时论通过初试，然后进入面试；用人原则是"任人唯贤"，必须是"首屈一指"，考核选拔严格；为了保证竞争公平公正，报馆特别强调禁止应聘者先期到馆并拒绝关系人托情。

对用人学识和品质的重视，使得申报馆雇员在素质和层次方面不低，19 世纪 80 年代，石印书局出版科举用书、诗文碑帖、各种小说，贩运到全国，需要一批编选校对方面的人员。一般设总校一人，一定是翰林或进士出身。分校若干人，举人或秀才出身。②在 1882 年 8 月 8 日的聘请告白中，申报馆明确提出要"聘请鸿儒"③，而且工作量较大，既要做评论、新闻，还要做校对。参照同时期的石印书局用人标准，上则报馆对本埠主笔的层次要求应该是举人。

1891 年 8 月，申报馆在金陵的一名访事人辞职，报馆在告白中解释的原因是"访事人已回原籍应试"，④说明这名访事人的身份肯定是一读书人。同时，根据考试的时间，可以断定这位辞职返乡应考的应是一名秀才。⑤因此可以判断，19 世纪 80 年代特别是 90 年代，《申报》在外埠所聘用的访事人中应该有相当一部分人的身份是士人，因此，报馆

---

①　申报馆主.聘请鸿儒［N］.申报，1882-08-08（01）.

②　参见陆费逵.六十年来中国之出版业与印刷业［A］.见：张静庐.中国出版史料补编［M］.北京：中华书局，1957：275.

③　鸿儒，指博学之人。汉王充《论衡·本性》："自孟子以下至刘子政，鸿儒博生，闻见多矣。"王充认为："能说一经者为儒生；博览古今者为通人；采掇传书以上书奏记者为文人；能精思著文连结篇章者为鸿儒。故儒生过俗人，通人胜儒生，文人逾通人，鸿儒超文人。"

④　申报馆主.招请金陵访事人［N］.申报，1891-08-30（01）.

⑤　清代的科举制度与明代基本相同，乡试每三年在各省城举行一次，即在子、卯、午、酉这四个年中的八月举行。参加乡试的是秀才。1891 年为辛卯年，该访事人辞职事件是 8 月份。因此，这名访事人的身份应该是秀才。

外埠访事人的素质相对来说应该较高。而据《申报》记载,1897年,芜湖绅商联合向《申报》投诉当地《沪报》访事人藉报勒索,言此访事人为"破落户中人",当地人斥之为"无赖穷痞",①两报外埠访事人的素质差距可见一斑。

清末清政府大兴捐纳,致使大量具有功名的士子堵塞于仕途,19世纪90年代社会竟有"四民之中唯士为最多"②之说。大量士人无以为生,为报馆雇佣采访新闻也是谋生的一种手段,这也为《申报》提供了更为优质的用人备选群体。此外,"看申报的多为官绅"③,《申报》的主要目标读者群是官场学界。按照《申报》对访事人既要熟悉官场体例,④又要文字明达的要求,一般没有士人身份,访事人很难访到官事。例如报人蔡寄鸥记述清末武汉的报馆记者的工作境遇:"所有出入衙门的人,都是坐四人大轿带着护卫的官员。穷酸的新闻记者们,哪里有出入衙门的资格呢?"⑤选择士人作为访事,亦是报馆针对目标读者的必然要求。

雇员个人素质的高低必然影响到其职业行为。1897年5月,《申报》和《新闻报》同录一划船女敲诈客户案,但所报内容却大相径庭,有读者阅后以目击者的身份投书《申报》,证明《申报》据实报道,而《新闻报》访事人捏造庭审内容,有徇私舞弊之嫌,读者言:"此一事而报馆同在申地,竟有参差,实则扭控在日中非深夜,乃申报访事人据实而登,新闻报访事人任意颠倒混冒,显有徇弊。"⑥1898年12月20日,租界马路工程局招捕头到案,要求对除《申报》以外的各报访事人严加管束,"近

① 芜湖绅商.芜市公启[N].申报,1897-12-28(04).

② 申报.广书籍以惠士林论[N].申报,1882-11-02(01).

③ 胡道静.上海的日报[A].见:杨光辉等.中国近代报刊发展概况[M].北京:新华出版社,1986:314.

④ 例如,1894年申报延请杭州访事人,要求"凡官场要务,里巷琐碎,言新奇可喜之谈,雅俗共赏之事,务须详加侦访"。1895年延请金陵访事人,要求"有淹雅君子熟于官场体例,里巷风谣者,请即惠函以便延定,特此布闻"。

⑤ 蔡寄鸥.武汉新闻史[A].见:杨光辉等.中国近代报刊发展概况[M].北京:新华出版社,1986:467.

⑥ 申报.目击者布告[N].申报,1897-05-20(06).

日报馆颇多所记局中公务,除申报外多捕风捉影,其且有捏造情由妄登于报者,尔可传知各访事人嗣后如再妄登,定干未便"。①

2. 采用固定薪酬制

任白涛在其著作《综合新闻学》中,专辟一章讨论"新闻事业的道德",他认为新闻记者失节的重要原因是"新闻记者生活状况恶劣"②,解决行业失范问题的关键之一是"使报业发达,提高记者报酬"。③其实,早在任白涛提出此观点四十三年前,《申报》主笔们就已经注意到从业者经济状况之于职业道德行为之间的密切关系了,1898 年 8 月 24日,《申报》报人在《整顿报务余言》中提出:

> 今中国报馆之访事,其俸即微,其品亦杂,凡公庭之事只能从胥吏口中探听一二,至事稍重大则防闲秘密,虽欲探听而无由,故蒙谓欲开新闻之源,须定访事人之职隆,其品厚,其赀俸足以赡身家自不至受私贿,而后新闻皆得核实。④

报人认为,只有提高访事人的社会地位和经济收入,使其能够赡养家人,才能有效杜绝职业受贿现象,保证新闻报道的质量。在清末报坛风气沦丧,主笔、访员于社会之中仍为"不名誉之职业"的环境下,《申报》报人能够提出这种观点实属难能可贵,其对从业者职业道德问题的认识也颇为深刻。客观地讲,报人能够有这样的认识绝非偶然,在长期的新闻实践中,报馆已经有意识地通过较为合理的薪酬制度来对从业者的职业行为进行调控,从而提高报道质量。

文人托身报馆,或为立言,或为经世,谋生是他们不得不面对的第一大需求。清末报坛风气的败坏,其重要原因就是清末文人贫困化。对于主笔,申报馆从创刊起就实行了固定薪酬制,"(主笔)薪水按西历发给,至丰者不过银币四十元,余则以此递降,最低之数,只有十余元。

---

① 申报.马路工程局纪事[N].申报,1898-12-22(03).

②③ 任白涛.综合新闻学[M].上海:上海书店,1941:108.

④ 申报.整顿报务余言[N].申报,1898-08-24(01).

饮食、洗衣、理发,以及笔墨之费,均取给于此……何桂笙先任总编撰钱昕伯的副手,后代行总编撰,其月薪仅止 30 元"。①对于《申报》全职编辑的最低薪水,德国学者瓦格纳给出了一个相对精确的数字:一个全职初级记者的年收入,大约是 180 元,②每月约为 15 元。客观地讲,报人职业"含金量"还是颇高的。一方面,在西人报馆供职,虽然不如在官办机构那样有国家俸禄和官方身份,但已经属于与文人身份相符的正经以文为生的职业了,因此在上海也颇为抢手。③另一方面,"报人们的薪金虽然不能和收入动辄上千的买办阶层相比,但是一般主笔的收入对洋务机构的普通抄写员或者塾师等,尤其是车夫、厨师、杂役等贩夫走卒来说,已是不小的数目"。④"而早期报人之所以生活不易,多半是因于的生存需要之外,尚有过多的性灵渴求。交谊伶界、载酒看花则是文人普遍的雅好,以才子自期的报人在这方面的消费定然不少。"⑤《申报》之所以能够稳健发展,是和主笔们长期享有稳定并较为丰厚的薪金分不开的。

值得强调的是,申报馆对于访事人同样也采取了固定薪酬制。在一般商业性报馆的信息网络中,访事人充当着重要的角色,是报馆伸向社会各个角落的信息触角,但他们与报馆的关系松散,无论本埠还是外埠,这些通讯员都不是报馆"编制"内的职员,与报馆只是一种临时性雇佣关系,按照当下的话语就是"合同工",报馆对访事不满意时,可以随时辞退,另行聘过。但是,尽管如此,申报馆还是非常重视利用薪酬调

① 申报掌故谭·买办和师爷[A].见:《申报》馆内通讯,第 1 卷第 4 期.

② [美]鲁道夫·G.瓦格纳.进入全球想象图景:上海的《点石斋画报》[J].中国学术 2001(4):71.

③ 在王韬的日记中,就经常记载他交接来沪谋生的各地文生。向他请托在西人处谋职的来访者经常不断。但大多难以如愿。例如,在其日记中曾记述某人"尝三至海上,欲出西人之门",但某西人"一直犹豫未决,后竟不果"。见:李长莉.晚清上海社会的变迁[M].天津:天津人民出版社,2010:163.在《申报》的招聘广告中也经常出现"勿评人说项"的要求。见:聘请鸿儒.申报[N].1882,8(8).

④ 20 世纪初期,汇丰银行某一买办年收入约为 5 万元。其所雇佣马车夫年收入为 96元,跟班年收入 84 元。资料来源:邹依仁.买办研究札记[A].上海市地方志办公室编.上海研究论丛(第二辑)[G].上海社会科学院出版社,1989.

⑤ 程丽红.清代报人研究[M].北京:社会科学文献出版社,2008:179.

控访事人的职业活动。

1876 年 2 月 23 日,申报馆在苏州聘请访事人:

> 本馆现欲延请一友在苏垣采访新闻。必须事事确实,语语许明,足以广人开见。如蒙乐就祈即函知本馆,再行酌议定夺。其修金每月致送鹰饼四枚此布。①

这则延聘启事是中国近代新闻史上较早提及访事人薪酬制度与具体金额的文献资料,记载了商业性报馆雇佣访事人的薪金水平,更为重要的是明确了"每月致送"这一固定薪酬制度,也就是说,作为被报馆雇佣的兼职访事人,每月能够有稳定的收入。

进入 19 世纪 80 年代,报馆为访事人提供的仍是固定薪酬,1884年 9 月 19 日,申报馆在扬州聘请访事人:

> 本馆现欲请人在扬州采访新闻。如有愿就者,祈先报时事数则,寄交本馆俾看笔墨如何再与定夺。至每月酬金若干,俟订定时酌议。②

虽然告白中没有明示酬金金额,但"每月酬金若干"还是证明访事人的薪水是稳定的。至于本埠的访员,就是本埠的公堂访员,报酬要更高一些,"为了记录法庭中的原被告供词,或抄录案件,必定要'笔墨敏捷'之人,才能胜任,由于合格的人比较难得,故而酬报也'从丰'"。③应该说,本埠访员拿到的也是固定薪金。

在 1876 年,申报馆每月付给苏州访员四枚鹰饼,薪金水平如何?④

---

① 申报馆主人.访请报事人[N].申报,1876-02-23(01).

② 申报馆主人.聘请扬州访事人[N].申报,1884-09-19(01).

③ 孙恩霖.早期《申报》的新闻蒐集者[J].新闻大学,1982(3):79.

④ 关于早期报馆访事人的收入,相关资料很少,因此《申报》供给苏州访事人四枚鹰饼这一资料就尤显珍贵。

鹰饼是墨西哥银元的别称,同治年后成为上海及东南一带的主币。光绪年间,以纯银计算,上海每百元鹰洋当七十二两六。①据此可以折算,四元鹰元大约折合近三两银子。按照清末粮食价格一石二两至三两的水平,②三两银子能够购米 180 斤左右,一个家庭吃饭应该没有问题。报人包天笑青年在苏州生活,一家人的每月生活费就五至六元,他十七岁上门教书做先生,修金每月两元,后来入泮,束脩涨到三元,包天笑也很满意,"那也是苏州处馆先生的升级条例呢"。③四元鹰洋虽不足申报馆初级编辑月薪的四分之一,但是在苏州也相当于一般私塾先生的收入水平了。当时外埠访事人都是兼职,四元的修金无疑也是家庭生活的重要来源。可见,当时申报馆付给外埠访事人的佣金虽然不能说是丰厚,但是对一般家庭来说也是一笔不小的收入。

随着《申报》销量日升和报业竞争的激烈,申报馆有意识地通过较为丰厚的薪水吸引更为出色的访员,从而提高新闻质量。1880 年代,《申报》大力扩张外埠新闻网络,要求"果能叙述详明,邮传迅速,其修洋当从丰致送"。④1898 年,曾有人投书询问申报馆在沪访事人有无索贿之事,《申报》发布启事声明:"本馆所延访事诸友皆洁身自好者,优给薪水,不许在外私受分文。"⑤报馆对于自己雇员的自信,一方面出自对其道德品质的信任,另一方面恐怕就是对所提供薪水的自信了。

在清末民初,付给访事以固定薪水的报馆不多。包天笑对民初的访事人的待遇是这样描述的:"外埠新闻,就是除了北京以外的全国各地新闻。但是就各地而言,也只有东南几个省城,或是几个通商口岸,才有访员(俗称访事),这些访事的薪水,极其为微薄,每月不过通若干

---

①   潘连贵.上海货币史[M].上海:上海人民出版社,2004:41.

②   《申报》1882 年 1 月 22 日京报全录记载一则上奏朝廷裁减军队的片子,里边记载"南方地多产米,虽有上年中年无年之岁而无年绝少。即遇价贵之时每米一石重约一百五十斤,价银在二两以上者十年之内无一二年,大约上年每石银价不及一两"。

③   包天笑.钏影楼回忆录[M].北京:中国大百科全书出版社,2009:123—141.

④   申报馆主.招延访事人[N]申报,1882-09-11(01).

⑤   申报馆主人.冒名索诈务获严惩[N]. 1898-05-12(01).

信,他们也访不到什么新闻的。"①显然,包天笑提到的这些访事的收入主要靠计件稿酬。在成都,访事人"虽然可以一稿多投,但是报馆按等计酬,报馆当时的甲等稿件给一吊钱,丁等新闻得酬尚不足银元一分,当时,在成都的访员中,要算李碧溪最有名,他的计件薪水'每日不过几角钱'"。②据蔡寄鸥记载,武汉的访事人都是同时为几家报馆服务的,"登出的稿子,则分为甲乙丙丁四个阶级。甲等,不过窟眼钱二百文。乙等,一百文。丙等,六十文。丁等,四十文。忙忙碌碌一个月,所得每家的报酬,至多不过三四元。还要交接本省新闻的编辑先生,求他们笔下留情,多采用几条稿子"。③蔡寄鸥最为希望的是"(记者)能够获得党团的按月补助费。那么,稿费多少就不用计较"。④

《申报》初创时期,主笔拥有固定薪水,是因为他们要全职为报馆服务,而外埠的访事人只是兼职为《申报》供稿,作为一种松散的雇佣关系,能给予固定的薪金,而且金额不少,说明《申报》已经有意识通过提供较为合理的薪金制度调控访事人职业行为以提高报道质量。⑤

3. 稳定雇佣关系

与稳定的薪酬相对应的,是报馆与从业者所建构的相对稳定的雇佣关系。申报馆与各地访事人之间通过采访业务、薪金提供以及相关业务规范形成了一个工作群体。组织行为理论认为:"作为群体的基础,其中的人际关系直接影响着群体凝聚力和士气,影响到群体信息传播、分工协作、令行禁止的效率,取得生存力和竞争力。"⑥稳定的雇佣关系使得雇主和雇员之间能够形成一种稳定的合作与"熟人"关系,从

---

① 包天笑.钏影楼回忆录[M].北京:中国大百科全书出版社,2009:319.

② 刘丽.中国采访业的形成[D].上海:复旦大学,2009:55.

③④ 蔡寄鸥.武汉新闻史[A].见:杨光辉等.中国近代报刊发展概况[M].北京:新华出版社,1986:502.

⑤ 字林沪报1884年10月1日发布一则招聘各省会通商口岸经理人告白:"凡愿为本馆经售沪报、探听新闻并延致告白者,本馆自当酌给薪资。"但是此"薪资"具体发放形式不得而知。

⑥ 曹威麟、洪进.组织行为学[M].北京:北京大学出版社,2015:256.

而对雇员的职业行为形成一种约束。清末时期的申报馆远不具备一个现代企业的条件，但是报馆已经意识到稳定的雇佣关系对提高报道质量、约束职员行为的促进作用。

19 世纪 90 年代，冒充申报馆访事人进行索贿的事件时有发生，报馆多次声明自己对所雇佣访事人的信任，这个信任的基础就是和访事人长年的合作关系。1898 年 4 月 6 日，《申报》就发布声明，言称自己所雇苏州访事人"任事多年，素知其一秉至公"。①《申报》发布这样的声明是有根据的。据笔者查证，《申报》于 1887 年 10 月 15 日首次在苏州招聘访事人，1890 年 2 月 19 日更换访事另聘一人，直到 1897 年 2 月 19 日，《申报》决定添招一人。②在长达十年的时间内，《申报》在苏州只发布三次招聘启事，最后一次还是添请，可见其在苏州所聘的访事人还是较为稳定的。③金陵访事也是如此，《申报》从 1882 年 9 月 11 日招聘金陵访事，至 1895 年 13 年间因人员变动只招聘三次，间隔时间最长为 7 年。④其间，有读者来信质疑金陵访事人有敲诈行为，《申报》随即登报辨正："本馆虽派人常寓金陵访事，并非该报告曰中所指之人。"⑤"派人常寓金陵"，说明申报馆与金陵访事的雇佣关系是长期稳定的。1891 年 8 月 30 日，报馆欲在九江、镇江招两位访事人，提出的第一个要求便是"须长驻此地"，可见报馆对长期稳定雇佣关系的重视。

不仅外埠，《申报》本埠的访事人员也较为稳定。1875 年 7 月，《申报》第一次在本埠公开招聘"抄录案件及采访新闻之友"，1876 年 4 月 4

---

① 申报.索诈待惩[N].申报，1898-04-06(02).
② 申报.延请苏州访事[N].申报，1897-02-19(01).
③ 报馆在创办初期，就有很强的自我保护意识，每有访事辞职，报馆会主动发布告白声明辞职信息，以和辞职者脱离关系。如 1875 年 5 月 4 日，报馆告白言："本馆前所延访事人程心陶已于今三月廿六日辞去，故以后本馆一切事宜彼已不复干预也此布。"报馆在招聘新员替换旧员时，一般也会解释旧员辞职情况。在没有招聘信息以及没有辞职公告的情况下，访事者是没有变动的。
④ 1889 年 6 月 14 日，《申报》因访事"自行辞任"，告白招聘；1891 年 9 月 4 日，《申报》因访事人"回乡应试"改聘，直至 1894 年 11 月 12 日，访事人"另图别就"，《申报》告白招聘。
⑤ 申报.来信辩诬[N].申报，1892-07-12(02).

日,《申报》在一次告白中声明"本馆在上海采访新闻及公堂抄案只有陈费两友"。1878年1月4日,《申报》声明费姓访友已经辞职。①这名费姓的本埠访友为《申报》服务至少两年。本埠访事人主要任务是公堂抄录,需要一定的技能,同时和书吏等当差要有一定的关系,因此,报酬会更高,雇佣时间更长。1892年6月4日,有一商户在他报指责《申报》本埠访事人诈骗,《申报》连发声明:"本馆访事人已用多年,并无在外招摇之事",并立即要求对方做出更正,对方更正后,《申报》才表示"不予深究"。②

本 章 小 结

在取代香港成为全国报业中心后,③沪上商业报坛风气日下,职业腐败现象层出不穷,集中体现在"捏造新闻""藉报勒索""发人隐私"等方面。本章结合晚清社会复杂的社会经济、政治、文化等背景,对影响新闻从业者职业道德行为的内外因素进行了分析,认为除去报纸之间竞争激烈外,清末士人的贫困化、士人风气的堕落与报人的品质之坏,是导致新闻从业者职业行为失范的内在原因。因为租界的存在,沪上报纸同租界、清政府以及社会其他机构之间形成了一个独特的媒介生态,社会对媒介的管理、监督与约束的松弛、无序与混乱为沪上商业报坛乱象提供了生发的土壤。

商办报业风气的堕落,直接影响了报业的整体声誉,更会殃及《申报》等大报的经济利益和发展环境。针对于当时商业报坛风气不振,《申报》提出报业从业者要具备并坚持"敢言"和"清廉守正"的新闻道德品性。"新闻业是一项讲究道德的事业"④,职业品质或者职业德性(美

---

①　申报.本馆告白[N].申报,1878-01-04(01).

②　申报.本馆声明[N].申报,1892-06-04(01).

③　方汉奇.中国新闻传播史(第二版)[M].北京:中国人民大学出版社,2009:62.

④　[美]梅尔文·门彻.新闻报道与写作(第九版)[M].展江译.北京:华夏出版社,2004:69.

德），是一个人成为一定职业人的内在规定性，或者说新闻德性是道德性新闻活动的主体基础。"由于现实生活的复杂，势必出现没有现成规范可循的情况。这时人内心的美德资源就要发挥重要作用。"①在职业性的新闻活动中同样如此，中国近代新闻事业发展初期，商办报业不可能形成手册式的道德规范和行为准则，更多的情形往往是报人需要根据所处具体情境环境选择行为方式，而能否道德地采取行动，依赖的主体资源主要是报人精神性的新闻道德品质或美德，这种职业道德品质主要基于传统儒家伦理和文化。中国传统伦理士人群体所秉承的道德价值要求一直是中国近代新闻事业不可或缺的重要因素甚至底色。

新闻职业道德来自于新闻实践，和媒体及从业者具体的实践环境密切相关，也是媒体和从业者的实现利益和职业目标的现实需要。商业性报纸初创，寻求新报和职业的合法性是其迫切需求，报纸和报人大肆宣传"有闻必录"的"报纸体例"，随着报纸业务扩大，新闻真实问题日益凸显，"据事直书"遂成为"报纸体例"的重要内容，19世纪末期，商办报业逐渐成为晚清社会权力结构中不可忽视的一级，随之而来的是职业权利滥用带来的严重的职业失范现象和职业道德问题，商办报业反复宣传的"报纸体例"增添了诸多针对职业道德行为的规范性内容，诸如报道要客观、及时更正、严禁侵人隐私、拒绝受贿索贿等等。报纸之间围绕新闻道德问题以"报纸体例"为标签进行的质疑、冲突，客观上起到了业内讨论、互动从而达成共识的效果，甚至民众也参与其中，"报纸体例"遂成为商办报业乃至整个报纸行业新闻职业道德规范的初始形态，虽然没有强制性，但是对媒体及从业者依旧具有一定的舆论约束作用。尽管随着媒介生态环境的变化，"报纸体例"并没有最终演变为近代报业正式规范的职业道德规约，但是其在中国近代报业职业伦理发展史上的价值是应当肯定的：中国近代报业开始意识到新闻职业伦理对行业发展的重要性，并对从业者应遵守的新闻道德规范首次达成了共识，而发起对职业道德问题及规范进行讨论的则是商办报业。此后

---

① 秦越存.追寻美德之路[M].北京:中央编译出版社,2008:219.

30 年,虽然新闻界有识之士和部分知识分子及民众针对行业自身的道德问题展开了持续讨论,但始终没有形成统一的表述和共识①。直到 1939 年 10 月,中国青年新闻记者学会才制定了成文的新闻职业道德规范——《会员信条》和《记者公约》。1942 年,由中国新闻学会提出、由马星野执笔起草的《中国新闻记者信条》问世。

在对新闻职业道德规范形成基本共识的基础上,各个报馆开始有意识制定了具体的章程和细则,加强职业活动自律。除此之外,商办报业在更正方面做得较为职业,一些大报报馆为了自身可持续发展,通过重视雇佣人员素质、提供合理的薪酬及稳定雇佣关系等方式监督、调控从业者的职业行为。中国近代商业性报纸的职业活动自律对中国近代新闻事业职业化、专业化发展的推动意义不可忽视。

---

① 杨石华、齐辉.民国时期中国报人对新闻道德的讨论与突围(1914—1949)[J].新闻与传播研究,2016(02):118.

第七章 结 语

　　马克斯·韦伯在《新教伦理与资本主义精神》集中论述了文化和观念如何成为了社会变革的源泉。他力图揭示西方现代资本主义精神和制度产生背后"隐于日常活动背后并赋予其正当性的文化力量"即新教徒"天职观"的关键作用,并"有助于理解观念是如何成为历史上的有效力量"。①他认为,仅仅以经济和政治利益、社会结构、阶级、权力或制度为着眼点的社会学,在理论上是不充分的,文化并非只是普遍从属的被动力量,在推动社会变革以及社会行为背景方面发挥着重要的"塑造"作用。

　　循着韦伯的视角,我们发现,在对中国近代报刊特别是商业性报纸的研究方面,也有一种倾向,就是忽视了作为大写的"人"即报人在具体环境、具体情境下职业活动动机,特别是其所秉承的价值观、伦理观等文化力量对职业实践的有效作用,过于强调政治、经济因素,而忽视中国传统伦理文化对中国近代报人职业活动特征的影响,例如,提到近代"商报",就认为报人的从业动机无外乎"为稻粱谋",报刊言论皆为"营利",提到"洋报",就将报刊进行"脸谱化"的评价:洋报是"殖民者的舆论工具"。新闻史研究学者李彬认为,中国新闻史研究大都由三种范式所主导,即"革命化范式""现代化范式"和"民族国家范式",从而形成三种新闻史的话语体系:革命化范式强调宣传,现代化范式突出自由,民族国家范式讲究认同。三种范式的研究存在各自相似的问题,比如革命化范式的新闻史研究容易将问题简单化,将丰富多彩的新闻史压缩

----

　　① [德]马克斯·韦伯.新教伦理与资本主义精神[M].阎克文译.上海:上海人民出版社,2010:108.

成一些教条式的道道:宣传革命、鼓动群众等,更多丰富的内容可能被革命的主流或洪流所压抑或掩盖,从而被推向历史潮流的边缘。实际上,三个范式及其新闻史都更遵从西方的标准,更强调西方的因素,无论研究框架和核心命题大都面向西方,而并没有真正立足中国自身的传统①。正如李彬所言,长期以来,学者对于新闻史的研究通常都是照搬革命史为主线来进行时期的划分和论述,注重政治事件,以革命的动力和政治的规律来解释新闻事业的发展。如此混淆了革命史和新闻史的界限,过于强调意识形态,而忽略、缺乏对新闻事业本体、新闻活动自身的深入、细致的探究,这种研究弊端被新闻史研究学者宁树藩先生称之为"新闻史主体意识不强的表现"。②新闻史学者黄旦亦提及此问题:"当下我国报刊史研究的问题,乃在于忽视了主体性问题,从而报刊的历史成了历史的报刊。"③所谓主体性,当然包括报人群体秉承的伦理价值和文化对其职业活动特征的内在驱动力。基于韦伯的观点,学者余英时将新教伦理和新儒家思想进行了对比,认为两者对自己的期待之高是完全一致的,新教徒自诩为独蒙上帝恩宠的人,并承担无限的责任,新儒家则将"以天下为己任"作为自己的社会责任和天职。所不同者,前者把宗教精神转化为对社会的责任感,后者把对社会的责任感发展为宗教精神。④研究中国史的日本著名学者沟口雄三也有类似观点,他认为,建立在士人伦理基础上,以地方士绅为主导的保障地方公益的乡治运动孕育了中国现代社会的基本形态,中国的乡里空间仅仅在形态上趋于瓦解,但这种乡治运动及其承载的基本向量却在不同的多元性空间里以历史元素的形态获得再生,依然左右着中国社会的基本走向。⑤中国近现代的政治社会、工商业、文化教育的基本形态无不和这种基本向量有关,新闻事业的发展当然也概莫能外。

---

① 李彬.中国新闻社会史(1815—2005)[M].上海:上海交通大学出版社,2007:34—37.
② 宁树藩.宁树藩文集[M].汕头:汕头大学出版社,2003 年,496—504 页.
③ 黄旦.报刊的历史与历史的报刊[J].新闻大学,2007(01):51.
④ 余英时.中国近世宗教伦理与商人精神[M].北京:九州出版社,2014:160.
⑤ [日]沟口雄三.中国的历史脉动[M].乔志航,龚颖译.北京:三联书店,2014:4—7.

由此,本书重在两方面着力:一是发掘"士"之群体的伦理文化如何"自主"地"形塑"中国近代商业性报纸报人新闻职业伦理特征,包括该群体的社会功能角色与报人职业伦理实践之间的结构性关系;二是阐述这种文化力量对中国近代甚至是当下新闻事业发展的深刻影响,探讨影响中国近代乃至于当代新闻事业职业特征的传统精神资源。正如韦伯所言——"文化力量,往往比那些巨大的结构变革有着更长久的生命力。过去始终会渗透进现在,甚至会模塑现在的核心特征"。

一、士人伦理:形塑近代商办报业新闻职业伦理实践的文化力量

"士"是中国文化史上的一条动脉,"士"所秉承并践行的价值伦理,是理解中国近现代新闻事业发展外在形态和内在动力的金钥匙。在士人的人生价值体系中,理想境界是"内圣外王",追循人生价值的起点是道德修身,在道德上致力于做"圣人之徒",依次达到"治国平天下"的最高道德使命。中国传统士人这种道德的使命感、责任感主要表现在文化传承、社会批判、道德教化、匡救社会危机诸方面。①

近代商业性媒体报人虽然托身洋报,但是他们骨子里仍是信奉传统价值观的士绅。"进于上,则干济政治。退于下,则主持教育,鼓舞风气"的道德使命仍然是他们的人生信条,传统士人的人生价值观以及士绅在传统"乡里空间"所承担的责任,深刻地影响到报人对报纸和新闻职业应当承担对国家、社会责任的认知和实践,使得报人的新闻道德活动颇具传统的"个人道德色彩"。

这种个人道德色彩,首先体现在他们对新闻职业价值和新闻职业责任的认识上。作为商业性报纸,营利乃其重要目的,但是报人们却将"义"作为自己职业的价值选择和目标,而义利问题则是中国传统伦理"人生观"中最为基本的问题,也同样是中国传统的商业伦理问题。报

---

① 张锡勤.论中国古代士人的使命感[J].道德与文明,2013(5):36.

人以践行"义"为己任,使《申报》等商业性媒体的职业目标摆脱了单纯谋利的束缚,致力于成为对国家和社会负有道德责任的报纸。正如"士"群体承担着沟通朝廷和百姓的中枢功能,中国近代商业性媒体及其报人的职业道德活动也呈现出双重特征:对"上",即对国家,报人通过报刊论说以及新闻报道履行士大夫"辅成国政"的政治使命;对于"下",即对社会,承担着通过报刊舆论教化启蒙民众的社会责任,同时通过以报"办赈",服务社会,这种服务社会公益的道德实践同样源自传统士绅在乡间辅助官员通过公益活动造福乡里的道德自觉,只不过这种道德实践产生了一个"空间转换",从"乡里空间"转化为城市商业性媒体。这种文化的力量,深刻地影响着中国近代报刊职业活动的一个基本特色——媒体及新闻从业者要以履行一定的社会道德责任为本。这种中国新闻事业的"基本特色"历经社会变迁,从来没有消亡,只不过是吐故纳新,改变了形态,成为贯穿中国新闻事业发展的文化底色。

在媒体应当承担的政治和社会责任的认知方面,王韬也有论述,他的办报目的是"立言",目标是"强中以攘外,诹远以师长"①。在实践中,王韬的立言主要通过政论文章进行"上书",对报刊论说不甚重视,而早期《申报》报人的报刊论说除了建言建策外,还结合新闻事实对朝廷官员及政务进行批评,甚至有时言语较为激烈,颇具"舆论监督"之特点。王韬也提到报纸有"辅助教化之不及"的社会责任,但是相比于思想的提出,《申报》报人更是从创刊起就将教化民间的社会责任付诸于实践,通过报刊舆论宣传传统价值观、批判陋风恶习、推进移风易俗,以维持社会的秩序。此外,《申报》首创了一种商业性媒体参与"办赈",即以劝赈筹捐为目的慈善报道和深度参与活动,在《申报》的积极推动和引领下,参与社会公益事业、服务社会成为沪上报纸一项重要的道德实践。王韬的"立言、尊王",重在政治上为当朝者建言,而《申报》不仅对"上"以报论政,还重在对"下"的教育启蒙和服务社会,在对报人应当承担的对国家对社会责任的认知和实践方面,《申报》报人较王韬更为"开阔"。

---

① 徐培汀.中国传播思想史(近代卷)[M].上海:上海交通大学出版社,2005:160.

　　媒体应该承担教育启蒙之责,《申报》报人无疑是首推者和实践者,尽管包括陈蔼廷、王韬等在内的报人都提出过类似观点,但《申报》更具有典型性和影响力,这一点不仅因为《申报》发行量更大,更在于报人将道德启蒙和社会新闻报道有效地融合在一起,相比抽象的道德文章,社会新闻更贴近社会和读者,例如,"新闻＋点评"式新闻、"因果报应"类故事、表彰"善人善事"的"可风"类报道等等,这些报道中不少有断章取义、牵强附会、主观臆断之嫌,更有些纯属捕风捉影,但是这些"新闻"或者说故事却深受社会民众青睐,成为被当时以及以后媒体所模仿的流行形式。和政论性报刊、党派报刊不同,商业性报纸以营利为要,部分代表性大报及其报人以"义利兼顾"为职业目标,道德教化类社会新闻无疑是这些报人实现教化民众职业价值的最佳选择。

　　维新派报人学人后来提出的报纸要"开启民智,向导国民",虽然是受到了西方思想的影响,但这种对报刊社会责任的认知,也包含士大夫教化责任的动机在内。民国时期,报纸须承担道德宣传和启蒙教育之责成为报人和学人的共识。1919 年,徐宝璜在其《新闻学纲要》中将"提供道德"作为报章的职能之一。1923 年,邵飘萍将报刊指导国民之责归于教育功能,他称:"新闻事业之特质之一者,则新闻纸有普遍的指导国民之效果,即教育的特质是也。"除了满足民众的新知识需求之外,"新闻从业者要供给正确值观念,当群众意见失之武断、流于偏激时,新闻纸负有指导纠正之责,根据事理,挽救群众之谬误,使其回复于正轨"。①从道德宣传、舆论引导到教育启迪,从维护社会伦理秩序到启蒙国民,梁启超、徐宝璜、邵飘萍与早期《申报》报人一脉相承,具有浓厚的士大夫以"先知先觉"教化民众的色彩。

　　慈善报道、服务公益则由近代商业性媒体开创并不断发扬光大,并成为中国近现代新闻媒体重要的道德表现和一大优良传统。此类职业道德活动是传统士绅群体在传统社会承担的角色功能在新兴城市空间

---

　　① 邵飘萍.新闻学总论[A].肖东发、邓绍根(主编).邵飘萍新闻学论集[C].北京:北京大学出版社,2008:109.

的延伸或者再生,传统知识分子社会伦理自觉则是媒体进行公益活动内在的文化驱动力。民间商业性媒体的社会贴近性、强大的传播力和雄厚的资本力量是其他政治类、政党类媒体不可比拟的,救灾募捐、公益宣传也只有商业性媒体有能力承担,无论是晚清"丁戊奇荒"、1917年京直水灾,还是1920年北方旱灾和1931年水灾,民间商业性媒体在救灾义赈活动中都起到了不可或缺的作用。商业媒体不仅通过舆论号召募捐救灾,更是以义赈组织的身份参与到救灾活动中,媒体有效地将社会各个组织有机地整合在一起,强大的社会动员能力和组织能力使得商业性媒体成为维护社会秩序的重要一级。1931年水灾时,很多报社都组织人员,设立代收捐款处,在其主办的报刊上登出募捐启事,呼吁捐款,接受社会各界的钱款物资,在收到赈款后汇交救灾组织。天津大公报馆就成立了水灾急赈委员会,代收各界的捐款,又于几天后,在北京的国闻社设立了代收处。该报社还举行救灾日活动,"所有本报是日营业应收之报费广告费,概行牺牲,全部捐出,并报纸油墨各种垫办之成本,亦不复收回……此外各部同人,各按薪工数目,捐出三十分之一为基本数,其自愿多捐者,悉数加入助赈之内……"。①上海筹募各省水灾急赈会还借助媒体的力量专门成立了宣传委员会,认为:"苟非扩大宣传,尚难收指臂之功。"在新闻界的襄助下,赈务委员会主席徐世英及各报社、通讯社、广告公司的代表共同举行会议,成立宣传委员会,推举史量才等五人为财务干事,决定工作经费自行负担,不向外界募捐。②

如果我们将视野再放宽一些,将中西方新闻事业进行对比,我们就会发现中国传统伦理对中国近代新闻业及从业者道德实践影响之深刻,正如卡瑞·桑德斯写道:"我们必须承认,新闻业是一种建立在文化基础上的实践活动,是在不同国家、不同历史环境下发展起来的。中国的新闻业与美国的新闻业有天壤之别。"③商业市场勃兴是西方报纸专

---

① 大公报.本报发起"救灾日运动"[N].大公报,1931-08-26.
② 赵川.媒体与救灾[D].济南:山东师范大学,2013:140.
③ [英]卡伦·桑德斯.道德与新闻[M].洪伟,高蕊,钟文倩译.上海:复旦大学出版社,2007:240.

业化的原动力,建立在市场自由基础之上的英美媒体强调自由至上主义的媒介理论和权利,社会责任理论向来不是主流。媒体推崇的新闻自由隐含在坚决要求保护个人免受专制权力迫害的共识之中,因此,媒体常常以政治权力的制衡者与监督者自居,强调独立于政治的控制而成为政治权力的一种制衡力量,正如杰斐逊所言:"若由我来决定我们是要一个没有报纸的政府,还是没有政府的报纸,我会毫不犹豫地选择后者。"①这种"西式"的报刊政治角色从来没有在中国新闻文化中得到确认,中国近代报人虽开始接受西潮思想,但精神召唤却仍然深受士大夫的传统所鼓舞,和西方媒体以维护自身权利而对政治权力处处戒备不一样,他们的职业出发点是"家国天下",报人虽然企图以言论报国,力图通过舆论影响政治,甚至有意成为和中央权力平行抗衡的国家中坚和重心,但是,从总体上看,报人"文人论政"一直是以"总体"——国家为基础,以服务国家国民利益为鹄的,具有浓厚的士大夫辅助国家"出治"的色彩。1901 年,梁启超希望《清议报》能够"脱离一党报之范围,而进入于一国报之范围",也就是能够以"国民利益为目的"。史量才 1932 年对《申报》进行改革,宣布报纸的努力方向为"如何肩负此社会先驱、推进时代之重责,如何使我民族臻于兴盛与繁荣"②。在中国报刊史上影响卓著的新记《大公报》,其"议论"或者"批评",均不失为报效国家之忠心。《大公报》提出的"四不主义"代表了中国近代民营独立大报专业化、职业化的最高峰,但是,张季鸾在其办报生涯的各个时期时时刻刻以"裨益国家"为最高目标。其职业身份一直为记者、报人,但是其真正的身份却是心怀报国理想的"国士"。

西方英美媒体崇尚专业主义,工作者自认为专业人士,而非知识分子,强调报道的客观性,甚至追求所谓的客观主义,但是诸如舆论导向的社会责任却往往被忽略。直到 20 世纪 40 年代,美国新闻自由委员会才提出了传媒的社会责任理论,其中重要的一项要求就是报刊要承

① ［美］迈克尔·埃默理,埃德温·埃默理.美国新闻史[M].展江、殷文译.北京:新华出版社,2001:9.

② 宋军.《申报》的兴衰[M].上海:上海社会科学出版社,1996:136.

担起"呈现和阐明社会的目标与价值"①的责任,"成为主流价值的塑造者与引导者"。②但是传媒的社会责任理论只是自由至上主义的补充和修正,自由至上主义仍是西方社会媒体不可侵犯的基本原则,甚至在传媒社会责任刚提出的时候,新闻自由委员会遭到了当时美国新闻界的敌视,连新闻自由委员会主席哈钦斯本人也成为"大多数报社诅咒的对象"。③这种自由主义价值观体现在西方的职业道德准则中,就表现为:"只提个人权利,不提团结协作;只提不受约束的新闻自由,不提舆论导向。"④中国近代报刊尽管不断向专业化转型,但专业标准则立于儒家知识分子的道德责任,在追求现代化的过程中,士人、学者、报人往往角色交叉混杂,不像现代西方专业化报刊的角色那样泾渭分明,报人热衷为社会之师,新闻报道和报刊舆论带有强烈的教化规劝、辅助地方服务公益的实用色彩,即使到民国时期,一些受西化影响推崇自由主义之士,也多以儒家格"自由主义"之义,带有文化母体的精英倾向,以启迪民众自许,以通过报刊舆论教育国民、维护社会伦理秩序为荣。而在美国提出传媒社会责任理论的 70 余年前,初创不久的商业性报纸《申报》就已经提出了"义利兼顾"的办报方针,报人们在新闻实践中,自觉地以报刊舆论宣传社会主流价值以维护社会的正常秩序,这种基于传统伦理价值的新闻伦理认知具有强大的影响力、穿透力,对中国新闻事业发展产生了积极深刻的影响。经过对内扬弃和对外吸收,传统报刊报人那种以士大夫自居的居高临下的教化已然演变为中国现代媒体的宣传和舆论导向功能。在当下的新闻工作中,"坚持正确的舆论导向""弘扬社会核心价值观"成为新闻工作者遵守的重要职业道德,新闻传媒要"牢牢坚持正面宣传为主,弘扬主旋律,传播正能量,激发全社会团结奋进的强大力量,有效发挥新闻舆论工作的正面导向作用"。总之,中国

---

① [美]弗雷德里克•S•西伯特等.传媒的四种理论[M].戴鑫译.北京:中国人民大学出版社,2007:79.

② 郑根成.媒介载道——传媒伦理研究[M].北京:中央编译出版社,2009:95.

③ Curtis, D. and MacCougall. *The Press and Its Problems*[M]. Dubuque, Iowa: William C. Brown Company, 1964, 47.

④ 徐新平.新闻伦理学新论[M].长沙:湖南师范大学出版社,2001:35.

新闻事业要以维护社会秩序和整体利益为己任,承担舆论导向之责,百余年前的《申报》报人无疑是履行这一媒体责任的先行者。

西方英美报刊多为商业媒体,以市场盈利为先。美国报业大王普利策在晚年幡然悔悟,在其遗嘱中声称,他本人一直是秉承"公共事业"的精神来创办和经营报纸。因此,他有比"谋利"更为崇高的办报动机,问题是:普利策善于运用各种手段,或对某件事件进行大肆渲染,或发起某种活动,以刺激人们的兴趣和好奇心,这正是他报纸成功的重要原因。就当时美国报业而言,事业化和商业化的冲突实在是普利策难以破解的命题。很多后来的美国新闻史学者也对普利策的办报动机争论不休,怀疑其所发起的运动和煽情式的报道,究竟是试图改进社会现状呢,还有要纯粹利用人性中病态的一面来发财。①

和美国同时期的报业相比,中国近代报刊发轫始就具有强烈的道德色彩,报人们自觉地承担起传统知识分子群体的道德角色和责任,早期商业性报纸典型如《申报》以"义利兼顾"为宗旨,史量才时期以服务社会为鹄的。张季鸾虽然推崇英美报业,胡政之也希望把《大公报》办成泰晤士报,但他们却维持传统儒家知识分子轻财重义的作风,以社会服务为"天职"。20世纪20年代后期,多数报人和学界认识到市场的意义,重视报纸管理和广告经营,但是和西方媒体孜孜争逐个人和市场利益不同,他们反对报纸庸俗化和媚俗的倾向,以追求社会公益为目标。②

二、实用功利:近代商办报业新闻 职业伦理实践的务实考量

生存和营利是近代商业性报纸的第一要务,探讨近代商报报人新闻职业伦理的认知和实践必须要结合具体的媒体生态环境,充分考虑到中国近代商业性报纸面临的两个核心问题以及应对这两个问题的务

---

① 黄旦.传者图像:新闻专业主义的建构与消解[M].上海:复旦大学出版社,2005:119.
② 李金铨.纵横传播[M].北京:社会科学出版社,2019:224.

实考量和主观动机：一是报人对实现职业价值目标的内在驱动及重构自身社会权威的功利需求；二是商业媒体如何应对生存和发展压力。这两个核心问题是影响近代商业性报纸新闻职业伦理形成和实践的内外因素。无论对媒体责任的认知和实践，还是对职业规范、职业权利和职业自律的认知和实践，中国近代商业性报纸报人的新闻职业伦理实践处处具有鲜明的实用性色彩。

报人以报为媒，建言献策、教化民众，不能忽视的是报人群体重构自身社会权威的功利性动机。报人热衷于报刊论政，极力通过报刊舆论提高自己的政治话语权，即使冒犯官威也在所不惜。履行教化社会的社会责任，在维护传统主流价值观，维持社会秩序的目标上与官方和民间士绅高度一致；在参与办赈的活动中，起到了维护社会稳定的作用，使得报刊的公信力得到提高。报人对"义"的实践，在维护社会秩序的同时也使得媒体和报人个体得到官绅民众在文化上的认同，这也是商业性报纸迅速融入社会的关键所在。报人通过行"义"得到了民众认同的"利"，这种"利"比单纯的经济利益更为重要。报人履行报刊社会责任的职业活动，一方面促进报刊成为真正意义上的"大众媒体"，另一方面，这种职业实践无疑提升着这些知识分子的社会地位，亦是该群体自觉地利用媒介重构自己新的精英身份，开拓出传统士儒向"公共知识分子"转型的一种全新路径。

同样，"据事直书"的职业道德品质的确立和实践同样具有实用色彩。作为商业性媒体，《申报》以"有物有恒"为办报方针。追求持续发展，"真实""敢言"是商业性媒体获得稳定的客户群的竞争法宝。上海是近代中国新闻中心，媒体竞争激烈，新闻失实经常成为彼此攻击的借口，"据事直书"则成为这些商业媒体自我辩护的职业原则，自身的职业活动也被赋予了道德色彩。史家著史与新闻业的传播活动有着内在的共同规律，传统知识分子的重史传统以及新闻传播规律的客观要求，使得报人主动从史家中去寻找职业精神之源，并将史家"据事直书"付诸于新闻实践。客观来讲，较之政党类、政治类媒体，面临生存压力的民营商业媒体更重视新闻报道的真实，在确定行业规范方面，这些报馆也更为积极。

　　在中国近代报刊发展史上,是商业性报馆报人首次将"据事直书"的史家之德融入到对新闻职业道德的理解之中,对中国近代新闻伦理思想发展所起到的开拓意义和引领作用不可忽视。对于报人要具有史家之德,后来者梁启超等著名报人学者也有论说,梁启超在1902年提到了报人(记者)要有史家的精神:"西哲有言:报馆者,现代之史记也。故治此也者不可不有史家之精神。"[①]1912年,章太炎也认为"近史官既废不行,代有日报",报人要承担"匡国政而为史官所取材"的职责。[②]可以说,这一报人应具有史家之德的认知,经过梁启超、章太炎和史量才的进一步阐发,发展为"史家办报"的办报思想,与政治家办报成为主导中国新闻理论与实践的两大主流,影响了几代新闻人,在今天仍有一定的现实意义。[③]

　　对"有闻必录"这一新闻职业权利的"精心设计"和争取更是体现了商业性报刊营利的经济动机以及报人的功利性需求。商业性报馆要生存要竞争,必须以丰富、广博的信息吸引读者,官务政事是报纸不可或缺的重要内容,但是在晚清社会,清政府对初创时期的商业报刊不适应、不理解,对其涉及官事的新闻采录行为进行控制,因此,"利"的需要使得报人不得不将争取自己采录新闻的权利作为第一大要务。在争取新闻职业权利合法化的过程中,无不体现出报人的"精心设计"。在西方新闻自由思想不可能被当时社会所接受的条件下,报人"巧妙"地援引史官"有闻必录"的记事原则作为报人采录信息的新闻权利,报纸也被报人们赋予了史官记事、史家著史的功能与色彩,从而力争在文化层面获得官方及民众对报纸新闻传播行为的认可。在新闻实践中,"有闻必录"作为一种发掘新闻事实的叙事原则和手段也获得了社会的接受和认同。在报人的推动下,"有闻必录"作为新闻从业者的一种"新闻职业权利",在19世纪80年代逐渐被社会所接受。报人这一"精心设计"

　　① 梁启超.敬告我同业诸君[A].见:张之华.中国新闻事业史文选(公元724年—1995年)[M].北京:中国人民大学出版社,1998:48.

　　② 章太炎.新纪元报发刊词[A].见:章太炎政论选集[M].中华书局,1977.

　　③ 徐新平.新闻伦理学新论[M].长沙:湖南师范大学出版社,2001:249.

的背后,固然有报人履行"义"之责任的动力,但是报纸的生存以及营利需求则应该是其最为重要的动机。"有闻必录"是具有中国传统文化特色的"新闻职业权利",可以说从中国传统中来,被应用到中国近代的新闻实践中,相比较于在中国命运坎坷的自由主义,"有闻必录"在中国近代新闻事业中的影响之大之持久令人瞩目。

　　同样,商业需要也要求报馆和报人必须重视从业人员职业行为的监督与约束。近代商业报纸发轫以来,从业者职业道德行为失范问题就随之出现,特别是到了19世纪90年代,沪上商业报坛风气堕落,直接影响了报业的整体声誉,更会殃及《申报》等大报的经济利益和发展环境。对于从业者职业道德问题,与早期《申报》同时期的一些进步报人学者也有若干见解和论述。王韬在《论日报渐行于中土》一文中反对利用报纸攻击他人的不道德行为①。1894年,著名维新人士郑观应在其所著《盛世危言》中,要求对那些受贿腐败行为给予严惩:"倘有徇私受贿,颠倒是非,逞坚白异同之辨,乱斯民之视听者,则援例告官惩治。"②同时代的维新派人士陈炽也表达了相似看法:"主笔者公明谅直,三年无过,地方官吏据实保荐,予以出身;其或颠倒是非,不知自爱,宜檄令易人。"③郑观应不是一个报人,他除了应康广仁之邀请,在上海参加过一段编辑工作外,一生没有参加过新闻工作。④陈炽负责《时务报》在京的发行工作,而王韬早在19世纪80年代就脱离了报馆。相对于王韬、郑观应和陈炽只是在理论层面提出了观点,《申报》等商业性媒体寻求职业行为自律则是基于报纸面临现实困境的迫切需要,其对从业者职业行为的约束与调控就更具有借鉴意义和现实意义。

　　在长期的新闻实践中,商办报业从自身持续性发展出发,在行业逐

---

　　① 王韬.论日报渐行中土[A].见:弢园文录外编,转录张之华.中国新闻事业史文选(公元724年—1995年)[M].北京:中国人民大学出版社,1998:7.
　　② 郑观应.日报.[A].见:盛世危言,转录张之华.中国新闻事业史文选(公元724年—1995年)[M].北京:中国人民大学出版社,1998:9.
　　③ 陈炽.报馆[A].见:张之华.中国新闻事业史文选(公元724年—1995年)[M].北京:中国人民大学出版社,1998:11.
　　④ 徐新平.维新派新闻思想研究[M].长沙:湖南人民出版社,2010:29.

渐形成了以"报纸体例"为载体的新闻职业伦理规范的初始形态,部分商业报馆内部制定了对从业者进行监督的职业行为准则和调控机制。例如,《申报》主动寻求社会监督,对从业者失范行为进行公开曝光而并非"内部处理",对雇员起到了极大警示作用;对内,制定了细致的业务规程,防范雇员索诈行为的发生。在长期的新闻实践中,《申报》重视雇佣人员个人素质和道德品质,并有意识地通过合理的薪酬制度和稳定的雇佣关系调控雇员的职业行为。报人对自己的职业行为也做到了自觉自律,这种职业行为自律,一方面出于报人对作为士人声誉的自我维护以及对中国传统伦理的认知和遵守,另一方面则源于报人对自身职业价值认知基础上的自觉。

必须强调的是,以 1919 年徐宝璜吸收西方新闻理论推出《新闻学》一书为标志,1919 年前可谓中国新闻发展的前新闻学时期。[①]正如学者王润泽所言:"西方报刊理论观念并没有对近代中国新闻实践起到值得关注的指导作用,而中国新闻业需要从西方获得理论支持时,明显带有实用主义和功利主义倾向。"[②]报人虽受西方理念的影响,但更多地从中国传统伦理文化中撷取智慧和依据,规范职业活动并赋予其道德色彩和合法性。尽管近代商办报业报人新闻职业伦理认知和实践具有鲜明的"原生态"特征,但难以避免时代和认知局限性,诸如专业化程度不高,缺乏现代新闻理念和职业技能上的严谨,报人职业活动具有典型的"两面性":一方面,为了市场需要,以社会新闻甚至是低俗、不实信息博得民众眼球,获得利润;一方面又结合传统伦理文化赋予自身职业的道德"合法性",通过履行一定的社会道德责任缓解社会和媒体之间的张力。

三、新闻职业伦理实践:近代商办报业对新闻职业化的初步探索

将新闻业作为一个独立的职业看待,使之能够成为一个专业性领

---

① 李秀云.中国新闻学术史(1834—1949)[M].北京:新华出版社,2004:96—110.
② 王润泽.近代中国新闻实践史略[M].北京:人民出版社,2020:34.

域,一直是中国传媒业界和学界的实践探索和理论探索。虽然有学者认为"新闻专业主义"一词源于美国的新闻学界,但是在中国近代新闻事业发展中,早已经有了类似的探索。近代商办报业的报人及从业者的职业伦理活动无疑开创了新闻职业化、专业化的有益探索。

职业化以及与此紧密相关的职业主义,又称专业主义。[①]从社会学的角度,戴维德·卡尔归纳出职业化的五个标准:提供一种重要的服务;既有理论背景又有实践背景的专门技能;有特别的伦理维度,且其一般都明确写在实践规范中;有组织和内部约束的规则;职业人员要有较高程度的个人自治。[②]同时,职业化又具有阶段性、动态性特征,重在聚焦在一定的时间阶段上某些有决定意义的属性的出现,是职业群体如何企图通过提出他们的主张而取得合法性地位的一个动态过程[③]。其核心程序是建立职业文化合法性,通过赋予专业人士理性、效率和科学等文化价值,最终使其职业在社会中树立起文化权威[④]。如果从历史过程的视角来看,中国近代商业性报纸从提出自身的职业目标到建构自身的职业知识体系、职业标准和规范,从争取职业之地位并使"有闻必录"得到社会的普遍承认到制定内部规则进行职业活动自律,这些职业伦理活动正是新闻职业化的要义所在。

首先,中国近代报业初创,无论是香港报人群体还是上海《申报》报人群体以及后来的《大公报》等民营报业报人都提出了新闻业的职业价值和目标。《香港华字日报》主笔陈蔼廷称办报"可以持清议、励人心",王韬声称办报旨在"强中以攘外,诹远以师长",《循环日报》的宗旨为:"纵或述政事,纪风情,亦皆所见共闻,诚非朝野清议可比……足以佐中治捻外情、详风俗、师技艺。"王韬和陈蔼廷都试图在商业之外为报纸注入更多的道德和政治色彩。《申报》并没有掩盖自己作为商业媒体对利

① 张晓锋.新闻职业化的理论探索[J].当代传播,2008(01):26.

② 吴飞.新闻专业主义[M].北京:中国人民大学出版社,2009.26.

③ 徐小群.民国时期的国家与社会:自由职业团体在上海的兴起(1912—1937)[M].北京:新星出版社,2007.10.

④ 路鹏程.难为沧桑纪废兴:中国近代新闻记者的职业生涯(1912—1937)[M].上海:东方出版中心,2021:353.

润的追逐,明确了"义利兼顾"的办报方针,早期报人以及后来的史量才,他们或以此为生、或主持经营,同时通过报业来实现社会理想,史量才甚至差一点就建立了一个庞大的报业托拉斯,他们可谓典型的"士商结合型"的报人。这些报人虽然陈述各异,但无不将自身的职业活动纳入了士大夫"治国平天下"以文报国的道德范畴,从而使自己的职业活动具有了一定的"公共利益"特征,在职业价值和职业目标的引领下,商业性报纸除了履行提供新闻和娱乐的职业本分外,还提供了更高层次的具有道德色彩的社会服务,即以维护国家和社会的利益为宗旨的报刊论政、教育启蒙和服务公益。

其次,近代商办报业报人以争取自身职业活动合法化为目标,有意识地围绕"有闻必录""据事直书"建构了专属于新闻职业的知识体系和专门技能:将新闻职业活定位为中国传统的"太史陈风";对新闻从业者秉笔直书、实事求是的职业品质、职业规范的援引、宣传和建构;在长期的职业活动中积累形成的一套专业技能,诸如:"不加论断、是非自见"的报道方式、"持平公允"的言论原则、"阙疑录入"的编辑技巧;特别是在长期宣传、劝服和职业实践中,近代报人从中国传统文化中挖掘资源,精心设计并争取报业"有闻必录"的职业权利,有意识地争取新闻职业的社会地位和社会话语权。报人努力拓展新闻职业独立、自治和自由报道空间的有益探索,理应得到业界学界的重视。

第三,新闻职业规范、新闻职业他律和自律是新闻职业化、专业化必不可缺的基本要素。新闻职业规范是新闻活动主体通过一定方式自觉制定的用来约束新闻活动的规范或准则,但是,有些新闻活动主体依然会出于各种原因和理由,违背职业规范,无意或有意造成不合法、不合德或不合新闻纪律的新闻行为。[1]提升新闻媒体新闻伦理的有效性,他律和自律不可分离,但从根本上来说,对职业规范的践行应是自律的。

黑格尔认为:"道德学的意义,就是主体由自己自由地建立起善、伦

---

① 杨保军.论"新闻规律"与"新闻规范"[J].新闻记者,2021(7):44.

理、公正等规定。"①道德自律即"道德主体借助于对自然、生活规律的认识和对道德规范的认同,自己为自己立法,把被动的服从变为主动,自觉地指导和约束自己。道德意识和道德自觉首先是人们内心世界的活动"。②美国学者也撰文分析过新闻职业自律问题,通过分解"自律"(self—regulation)的词义,对自律进行了诠释:"self"即自己、自身,指(管理、约束)行为的主体,它可以指代某一职业中的企业自己,但一般指业界自身,即某一职业中的企业作为整体;"regulation"指对主体的行为进行约束、管理,它包含三个组成要素:一是确立适当的法规/规章条例;二是实施执行(法规/规章条例)。例如发起行动反对违反者;三是裁定,即判定是否确实发生了违规现象,并对违规现象加以制裁。③

新闻职业规范是新闻活动主体自己的"立法""立规",是主体制定的,自然具有强烈的主体性,反映和体现了制定者的主观意志,实质是反映和体现了规范制定主体的需要和利益。④在中国近现代新闻发展史上,商办报业特别是诸如《申报》《新闻报》《时报》等大报最积极也最早提出了社会他律和自律的诉求,商办报业已然形成了新闻道德规范的初始形态,这绝非仅仅发自抽象的道德自觉,而是商业性媒体发展目标和自身利益的迫切需要:典型如《申报》,报馆独立运作、自负盈亏,不依附于政府和政党,对大众读者负责,经过 20 余年的发展,俨然已经成为沪上一份极具分量的大报。《申报》以英国大报为榜样,强调"不偏不党,有物有恒",为保证报纸发展的稳定性和可持续性,加强职业活动自律便成为其必然选择。当然,强大的经济实力也为报馆的行业自律提供了保证。再如《时报》,以"独创体裁,不随流俗"、大力推进新闻纸的革进为旨,其提出的论说要以"公、要、周、适"为主及新闻以"博、速、确、直、正"为主的标准,已经具备了专业化的影子。在职业伦理方面,《时

---

① [德]黑格尔.哲学史演讲录第二卷[M].贺麟等译.北京:商务印书馆,1959:41.

② 吴飞.新闻专业主义[M].北京:中国人民大学出版社,2009.115.

③ 魏永征、张咏华、林琳.西方传媒的法制、管理和自律[M].北京:中国人民大学出版社,2003:342.

④ 杨保军.论"新闻规律"与"新闻规范"[J].新闻记者,2021(7):43.

报》同样重视,强调:"凡攻讦他人阴私,或轻薄排挤,借端报复之言,概严屏绝,以全报馆之德义。"①相对于其他忽起忽灭的革命报纸、小报、政党报纸等,《申报》《时报》《大公报》《新闻报》等商业性报纸能够长期屹立报坛而不倒,"功在继续""独立办报"的职业化、专业化目标以及对新闻职业道德的重视功不可没。

虽然在职业行为自律和规范方面表现"不俗",但是竞争压力和资本的逐利本性仍是商业性报纸新闻伦理问题的软肋。清季民初,中国工商业发展缓慢,中国报业难以通过市场获得经济独立,如上海仅"申、新二家大报营业日增月盛,其他二三流报纸都有亏损,有的且已无法图存"②。报业最发达的上海尚且如此,其他地区概况可想而知,如"汉口的广告事业是非常的可怜,把全汉口的广告生意集中起来,每月的收入,还抵不上《申报》一天的收入"③。正如美国报业大王普利策所表现出的"半边脸像慈祥的天使,半边脸像魔鬼撒旦"的两面性,中国近代商业性报纸一方面力图以独立性、专业性致力于服务社会和公众,一方面又在市场和政治压力下迎合受众的非理性需求,典型如以《申报》为首的中国报纸在中日甲午战争中的表现:中日开战前后,中国人上自朝廷下到一般百姓普遍虚妄自大,认为中国对付日本如"泰山压卵",作为"以笔报国"的主笔们也概莫能外。在民众心理需求的影响下,《申报》和其他报纸秉承"有闻必录",却失去了"质疑"的理性,结果在牙山之战的报道中集体失实,为国外媒体留下了笑柄。同样,为了赚取读者眼球和利润,编辑们亦无法抵御刺激读者"原始兴趣"内容的诱惑,《申报》及戊戌之后出现的大量民办报刊,对社会新闻情有独钟,充满了道听途说、向壁虚构的谈狐说鬼之说。

尽管如此,近代商业性报纸的职业活动自律仍具有较高的研究价值和现实意义。商办报业之所以积极鼓动和践行职业活动中的道德规

---

①　戈公振.中国报学史[M].北京:三联书店,2011:142.

②　何思诚.上海《时事新报》从研究系落入国民党手中的演变概要[A].文史资料选辑:第 36 辑[M].北京:中国文史出版社,1999.151.

③　杨光辉.中国近代报刊发展概况[M].北京:新华出版社,1986:495.

范、报纸性质、竞争压力、经济实力、办报宗旨乃至从业者个体的经济及政治诉求，都在交织互动中形成合力，一两句口号和抽象的道德训教意义不大，同样，应对新闻伦理问题是一个复杂的综合性工程，专业化、职业化仍是促进新闻职业行为自律的有效途径，正如美国新闻伦理学者利昂·纳尔逊·弗林特所言："在非专业基础上的新闻事业，作为一种单纯的商业行为，不仅提供的是劣质的公共服务，并且充满对社会福利的威胁。"①

四、"以中国为方法"建构中国新闻理论体系

近代商业性报纸报人的新闻职业道德实践特征，是包括传统伦理文化、社会政治经济环境、报人对新闻规律认知及具体新闻实践等诸多因素之合力的结果，士人群体传统的道德价值观以及该群体在传统社会中所承担角色与责任是决定因素。报人将"义"作为职业价值选择，使以《申报》为代表的商业性报纸摆脱了单纯谋利的束缚，从而使得"国人早期商业报刊大都表现出敏于时代思潮的政治关怀"。②也使得《申报》成为一张具有社会责任的商业报纸，从而奠定了中国商业性报纸办报模式和基本理念，报人对报纸道德责任的认知，是贯穿于其新闻伦理认知和实践中的主线，无论是报人应当具有史家之德、争取"有闻必录"之新闻权利，还是要求从业者职业行为应当"清廉守正"，都有着报人对"义"的内在追求所产生的动机。作为沪上第一代报人，《申报》报人在将自己职业活动和传统士大夫伦理价值观相结合过程中所形成的新闻伦理认知，对中国近代新闻伦理思想的发展具有开拓和引领意义，其在践行新闻职业伦理中所积累的经验，也足以为当下应对新闻伦理问题提供一份珍贵的历史借鉴。

---

① ［美］利昂·纳尔逊·弗林特.报纸的良知：新闻事业的原则和问题案例讲义［M］，萧严译.北京：中国人民出版社，2005：229.

② 程丽红.社会思潮与媒介嬗变—清末社会改革运动中的大众传播媒介［J］.吉林大学社会科学学报，2012(5)：31.

　　不同的文化传统形塑了不同国家新闻事业的特征和新闻文化。从早期《申报》始，到后来民族报业的勃兴，再至当下的社会主义新闻事业，尽管媒介生态及媒体本身的性质不断变化，但是新闻从业者职业活动中所体现的"胸怀天下，关心民瘼"的士人风骨，成为贯穿中国新闻事业不可磨灭的精神基因，由这种伦理文化所决定的中国近代报刊以承担社会道德责任为使命的职业特征，亦成为中国新闻事业值得珍惜的优秀的新闻文化。

　　当前，中国特色社会主义进入新时代，我国新闻学也迎来了创新发展的新机遇。建构有中国特色的新闻理论体系不应以西方理论为无上真理的最后裁判，西方媒体所推崇的貌似至高无上的标准和理念，仅仅是特定的政治、经济、文化和社会条件下的产物，在研究和理解之前必须要将其"历史化"①而不能抽象化。中国当下新闻传播学理论研究就存在滥用西方概念而忽视中国传统新闻文化资源和中国新闻事业具体实践的现象和问题。新闻学学者李希光认为："在新闻学的论文中，常常看到一些不以问题为中心，而以外来的新名词和新概念为中心的文章。新闻学研究的问题和语言都是源自人类社会的生活和生产实践。实践性是新闻学区别于文科的其他学科的显著特征。但是，在新闻学学科建设中，越来越多的论文写作以用外来新词和新概念为荣，以使用中国固有语言和概念为耻。""如果我们的学界过度频繁并生硬地使用西方传播学新造的语词和概念，我们将无法表达中国新闻学特有的严整体系，中国新闻学的知识谱系也因为掺杂了太多的西方的新闻传播学概念和词语而变得支离破碎。"李希光建议："中国新闻教育亟需一套自主原创的新闻学理论"，"要学习和弘扬中国的传统文化和价值，将儒释道等中国哲学和智慧引入中国新闻学"。②新闻学学者童兵亦认为："哲学社会科学学术话语体系的构建，特别是社会应用性很强的新闻话语体系的构建过程，不仅是科学方法的探索，也是理论研究的深化。我

---

　　①　[日]沟口雄三.重新思考中国革命：沟口雄三的思想方法[M].台湾：台湾社会研究杂志社，2010年，第182页.

　　②　李希光.有关新闻学学科建设的五点思考[J].开放时代，2022(01)：97.

们建设中国新闻话语体系的理论与思想资源,不仅要向从西方国家的新闻学舶来品学习,更要从中国自己的文化思想源泉获取。中国优秀传统文化,是生成和拓展中国特色新闻话语的重要文化源泉。"①

建构中国有特色的新闻理论体系可以借鉴沟口雄三"以中国为方法"的观点,他指出中国历史发展有特殊的内在动力,不应该套入西方眼光的现代性架构,西方看世界的方法不必是世界的统一标准。他希望从中国历史脉动的特殊逻辑,配合世界各地时空坐标,凝练出多种看世界的方法,共同建立一个更宽更高视野的现代性,既更有普遍意义,又不牺牲文化的独特性。

中国新闻学理论体系的建构必须要建立在中国近代百年新闻事业发展实践的历史基础之上,要从中国传统文化及中国特殊的历史发展脉动中寻找理论渊源,从自身传统的精神资源中展开"内源式生长"和"主体性建构"。中国传统士人群体的伦理文化对中国近代报人职业理念和实践影响更为深远,甚至延及当下。发掘士人伦理渗透于中国近代报人职业实践特征内在的文化基因,对建构有中国特色的新闻理论乃至新闻学科体系无疑具有重大的意义。学界业界亟需开拓并深入研究一个新的课题:在坚持马克思主义新闻观的同时,探讨如何从中国传统伦理文化及近代报刊职业特征中汲取优秀资源,应用于当下新闻职业教育、新闻文化建设、新闻伦理规范设立等工作之中,从而增强对社会主义新闻媒体职业活动和社会功能的解释力,争取在新闻领域的意识形态和文化竞争中,提高中国新闻理论的"话语权"。

---

① 童兵.在文化合力中推进新闻学话语体系建设[J].现代传播,2017(6):13.

附　　录

附录1:《申报》报人新闻思想论说汇总表
(1872 年—1901 年)

序号	发表日期	版次	篇　　名
1	1872 年 4 月 30 日	1	本馆告白
2	1872 年 5 月 6 日	1	申江新报缘起
3	1872 年 5 月 8 日	1	本馆自述
4	1872 年 7 月 13 日	1	邸报别于新报论
5	1872 年 7 月 13 日	1	论英京大新闻馆事
6	1873 年 2 月 15 日	1	申报馆赋
7	1873 年 2 月 18 日	1	英国新报之盛行(选自香港华字报)
8	1873 年 2 月 18 日	1	论中国京报异于外国新报
9	1873 年 8 月 18 日	1	论各国新报之设
10	1874 年 3 月 12 日	1	论新闻日报馆事
11	1874 年 5 月 12 日	1	上海日报之事
12	1874 年 11 月 7 日	1	论日报
13	1875 年 2 月 4 日	1	书同治十三年申报总录后
14	1875 年 8 月 24 日	1	论字林新报言中国必能盛行新报事
15	1875 年 9 月 13 日	1	论本馆做报本意
16	1875 年 10 月 8 日	1	论新报体裁
17	1875 年 12 月 2 日	1	论日报功用
18	1876 年 2 月 23 日	1	论日本禁止新报
19	1876 年 5 月 19 日	1	劝看民报
20	1877 年 2 月 10 日	1	论本馆销数
21	1877 年 3 月 28 日	1	选新闻纸成书说
22	1878 年 2 月 16 日	1	论中国终当盛行新报

续表

序号	发表日期	版次	篇　　名
23	1878 年 2 月 19 日	1	论各省会城宜设新闻报馆(选自循环日报)
24	1882 年 3 月 1 日	1	危言可以自警说
25	1884 年 1 月 2 日	1	立言有体说
26	1885 年 7 月 10 日	1	论责已责人显分厚薄
27	1886 年 8 月 11 日	1	论新闻纸之益
28	1890 年 1 月 15 日	1	中国振兴日报论
29	1890 年 1 月 26 日	1	新闻纸缘始说
30	1891 年 7 月 5 日	1	劝人勿入讼庭以免登日报说
31	1891 年 7 月 12 日	1	新闻纸当持正义
32	1891 年 12 月 29 日	1	中国宜开西文报馆说
33	1892 年 10 月 16 日	1	中国宜自设西字日报论(选自王韬)
34	1893 年 4 月 14 日	1	论图治宜戒粉饰
35	1896 年 6 月 23 日	1	论日本勒停日报事
36	1896 年 7 月 27 日	1	日报论略
37	1897 年 10 月 17 日	1	与西友论报纸体例
38	1898 年 8 月 15 日	1	整顿报纸刍言
39	1898 年 8 月 24 日	1	整顿报纸余言
40	1901 年 2 月 14 日	1	本报第一万号记

附录 2:1872 年—1910 年抽取的报纸论说内容分析表

(注:每隔一年抽取 5 月份的报纸)

1872 年 5 月

日期	题　目	篇数	版次	内　容
0502	议建铁路引	1	2	鼓吹洋务,建议修筑铁路
0504	拟易大桥为公桥议	1	2	社会公共事务(卫生防疫,公用设施建设)
0506	申江新报缘起	1	1	介绍西方洋务
0507	炮局议	1	2	建议办洋务

续表

日期	题　　目	篇数	版次	内　　容
0508	地球说	1	1	介绍自然科学知识
0509	奢俭论、象说	2	1、1	1道德教化　2自然科学知识
0510	拟建水池议	1	1	提议基础建设
0511	商贾论、江堤说	2	1、2	1抨击苛捐。2提议基础建设
0513	书上海七日录曾节相谥文正后、斗鹌鹑说	2	1、2	1点评官员政务。2娱乐
0514	为善论	1	1	劝善、道德教化
0515	无	无	无	
0516	鸦片说、海面缉盗论	2	1、2	1呼吁禁止吸食鸦片，2就社会治安提出批评建议
0517	续录海面缉盗论、气球述异	2	1、2	1就社会治安提出批评建议，2介绍西洋事务
0518	考试用人论	1	1	评论人才选拔制度
0520	开矿论	1	1	介绍、鼓吹洋务
0521	拟请禁止野鸡设立夫头议	1	1	提请禁止娼妓活动
0522	接谈瀛小录、团练议	2	1、2	1介绍动物，2，讨论地方武装问题
0523	医论、伤风化论	2	1、3	1介绍西方医术，2道德教化
0524	缠足说	1	2	批评恶风陋俗
0525	拟请禁女堂倌议	1	1	提议禁止娼妓活动
0527	治河说	1	1	对河务工程批评建议
0528	讹言论	1	1	道德教化、劝人诚信
0529	时命论	1	1	宣传传统伦理思想
0530	轮船论	1	1	鼓吹洋务
0531	论孽缘	1	1	道德教化

1874 年 5 月

日期	题　　目	篇数	版次	内　　容
0501	论吴淞海口准行疏浚事	1	1	就河务进行批评建议
0502	客邸宜周恤论	1	1	善待他人、道德教化
0505	总论四明公所事	1	1	抨击当局的处理
0506	复论衅平后情形	1	1	批评当局社会治理不善

续表

日期	题　目	篇数	版次	内　容
0508	译东洋中华两国近事、译东洋横滨西字新报论东洋伐台湾事	2	1、2	评论中日台湾冲突事宜
0509	行船趋吉论	1	1	提倡行善、道德教化
0511	论台湾事	1	1	讨论中日台湾冲突
0512	论上海新报	1	1	介绍西洋事务
0513	论台湾生番亦有恭顺可嘉事	1	1	讨论中日台湾冲突事宜
0514	论东洋于高丽事	1	1	评论日本朝鲜关系
0515	论城厢宜仿租界清理之法	1	1	介绍学西方治理方式、对城市提出管理建议
0516	书西城御史核沉主事疏后	1	1	评议官员政务
0517	拟请筹补救生方略	1	1	道德教化、劝人为善
0519	记东洋假道伐台湾事	1	1	为中日台湾冲突建言建策
0520	请开种鸦片烟禁论	1	1	提建议禁止鸦片、娼妓活动
0521	再论东洋伐台湾事	1	1	讨论中日台湾冲突
0522	中西船论、论岱盐灶盐势不两立	2	1、2	1 鼓吹洋务,希望当政者购买较强的铁船,2 风俗
0523	论杨月楼发郡覆审一案	1	1	涉及国家体面,批评清政府滥用酷刑
0525	论饮水清洁之法	1	1	介绍清洁水方法,建议当局清洁饮水,关心民生
0526	谈幕	1	2	讨论官事
0527	论广闱姓业行禁绝事	1	1	讨论广东戒赌,阐述赌之害
0528	闻沉钦使将往台湾论	1	1	讨论中日台湾问题,建言建策
0529	无	无	无	无
0530	论疏濬吴淞口未能举行事	1	1	批评江浙总督延误水利

1876 年 5 月

日期	题　目	篇数	版次	内　容
0501	读闽抚丁中丞整饬吏治清理狱讼疏赘言	1	1	对官吏治理及官员刑断进行点评
0502	辨字林新报所言喀兵入关事	1	1	对新疆军务进行评议,对左中堂远征新疆借贷及军中之事进行点评

续表

日期	题　　目	篇数	版次	内　　容
0503	论西国兵船多至香港事	1	1	对西船到香港挑衅之事进行分析
0504	论西报英王加号议爱及中国帝升王降之说	1	1	对西报内容进行评论
0505	论查办晏拿洋船海中失事案	1	1	中外关系评论
0506	听讼当先学习公务论	1	1	建议官员录用考试增加实务
0508	论丁中丞治闽	1	1	点评官员政务
0509	非刑说	1	1	对严刑酷法提出批评
0510	论各处剪辫事	1	1	澄清事件、安抚社会，
0511	论四川民教不和事	1	1	讨论宗教冲突
0512	论俄国旧京城外群狼食人事	1	1	讨论中俄关系
0513	再论民教不和事	1	1	针对宗教冲突,批当地官员疏于应对
0515	论江西临川县再行浮征事	1	1	批评地方政务,对江西官员擅自提高税进行抨击
0516	论中国自设机器织布厂必须兼改税则事	1	1	鼓吹洋务,要求变法,提出富国要富民
0517	论天竺首变色事	1	1	奇闻异事
0518	论略兵冠甘肃事	1	1	评论新疆战事
0519	论马加利案尚未了结	1	1	对中英马加力案进行评论
0520	论左帅饷绌拟借西债事	1	1	评论新疆战事,评论左宗棠借款之事
0522	书循环日报崇俭黜华论后	1	1	批评社会奢侈之风,道德教化
0523	论中西今昔互异各事	1	1	建议推行西式的卫生管理等
0524	书本报茶客还金后	1	1	道德教化,善有善报
0525	辩近日风传中英失和事	1	1	讨论中英关系
0526	再论剪辫事	1	1	平息谣言
0527	官毋旷职论、论会审禁人观听事	2	1、3	1 批评官员疏于公务 2 学习西方审判公开以及公开言论等
0529	论中国崇尚西法	1	1	鼓吹学习西方,就洋务建言
0530	书邸抄部议穆将军处分后	1	1	对官员制度进行点评
0531	书本报所列各省旗人事后	1	1	对八旗政策提出建议

1878 年 5 月

日期	题　　目	篇数	版次	内　　容
0501	论足用莫如开矿	1	1	鼓吹洋务,开矿以增加国用
0502	论救灾宜速	1	1	体恤民情,敦促官方救灾从速
0503	论救灾不能尽泥古法	1	1	反思陈旧的救灾制度,提出贷款和禁止烧锅之法。
0504	招垦封禁山议	1	1	批评官方侵害民众民生利益
0506	论救灾必须先筹食物	1	1	对于救灾的建议,建议筹措粮食
0507	移资助赈论	1	1	对赈灾提出建议策略
0508	书何编修奏折后	1	1	评论官员,对官员不建言直接批评,称之为木偶
0509	论宜亟设法广用客民以开荒田而裕民食事	1	1	讨论民生问题,建议鼓励客民开荒增产
0510	论秦中北山饥民似宜同赈	1	1	讨论救灾之策
0511	煤说	1	1	鼓吹洋务,开煤以富民
0513	论近时敝政	1	1	点评官员,议论朝官员之事情
0514	书同仁辅元堂设桶劝赈启后	1	1	讨论救灾之策
0515	劝惜福说	1	1	劝人节俭,道德教化
0516	纪本月格致书院中西绅董会议藏契事	1	1	其他
0517	书宗人府吏部覆奏严议二疏后	1	1	批评官员无能,对灾区官员不作为进行批判。对该报而不报的官员进行声讨。讨论灾难背后的官员腐败和无能问题
0518	零捐赈款余意	1	1	讨论赈灾之策
0520	论运米易物售增米以为行权赈灾之法	1	1	讨论救灾之策
0521	论近日禁用小钱事	1	1	对地方行政之事进行点评,批评政府不理民生
0522	说习	1	1	劝人为善
0523	论竭力助赈以活灾民而求多福事	1	1	劝善救灾
0524	论风俗难齐	1	1	劝行善救灾,批评国人善心不如外国人

续表

日期	题　目	篇数	版次	内　容
0525	论江西近日筹办捐赈情形	1	1	讨论赈灾之策
0527	性恶述证	1	1	道德教化
0527	论近日钱银	1	1	分析金融、经济问题
0528	拟烟馆难禁不如苛捐充赈（来信）	1	1	禁烟，建议可以严税用于赈灾
0529	无	无	无	
0531	书本报类登贩人事后	1	1	关心民生、批评政府应对贩卖人口失策

1880 年 5 月

日期	题　目	篇数	版次	内　容
0501	论杭嘉湖三郡民情	1	1	批评官方应承担官民冲突责任
0502	论日本新设华音书院	1	1	论国外文化之事
0503	论俄事宜宣示中外	1	1	国家外交事务,建议应公开国家外交事宜
0504	蠡测罪言（来稿）	1	1	论中俄关系
0505	书资遣营告示后	1	1	讨论地方军务
0506	论整顿茶市	1	1	为维护市场公平秩序建言建策
0507	论工作之弊	1	1	对官方克扣民工工钱进行批评
0508	论官媒不可轻信	1	1	论酷法恶政,揭露官方对妇女的虐待
0509	书字林报论禁烟事	1	1	讨论禁烟
0510	论嘉属乡人抗勘荒田案	1	1	对 5 月 1 日官民冲突持续关注并评论,批评官方失误
0511	行乐有益无益辨	1	1	论娱乐
0512	书字林报俄珲春华人事后	1	1	讨论中俄关系,认为要警惕俄罗斯
0513	书张给谏请禁勒索部费折后	1	1	点评朝政,针对官场勒索的腐败风气进行批评
0514	嘉湖两属勘荒清粮情形不同说	1	1	对 5 月 1 日官民冲突进行评论,对地方理政进行批评
0515	烟膏收捐辨诬	1	1	讨论地方理政,批评商家
0516	辟官兑烟膏说（来稿）	1	1	对官方禁言政策进行点评

续表

日期	题　目	篇数	版次	内　容
0517	书大臣崇奏参协领等官折后	1	1	批评官员草菅人命、昏庸不为
0518	书豫抚请裁革陋规酌给公费折后	1	1	批评官吏奢侈，只为私利
0519	论闽省林文明案	1	1	评论刑事案件
0520	译录崇星使与俄订约书后	1	1	讨论中俄关系
0521	论俄人有主战之意	1	1	中俄关系，揭露俄人之阴谋
0522	论杭州调兵赴禾	1	1	批评政府不通下情、不理民生导致冲突
0523	论民变	1	1	批评政府不通下情、不理民生导致冲突批评
0524	论长兴按亩申粮	1	1	抨击官员不达民意，激起民愤
0525	书西报论苏郡市面后	1	1	论官方地方管理
0526	论保荐未仕人员	1	1	鼓吹洋务，拓宽人才选拔渠道
0527	论办理船政	1	1	鼓吹洋务，点出中国制造应精益求精，批评立法不善，务虚不实，同时对那些质疑者进行反击
0528	论考验世职	1	1	点评官制
0529	论杭嘉湖三郡民情	1	1	建议官员应体恤民情
0530	穷宦轻生说	1	1	用人弊政，批评士人候补多，捐官多，导致文人轻生
0531	论大挑	1	1	改革人才选拔制度，建议用人不可拘泥，用人应尽其才

1882 年 5 月

日期	题　目	篇数	版次	内　容
0501	论教习洋枪	1	1	讨论洋务军务
0502	书陈宝渠太守申禁淫戏示谕后	1	1	道德教化，批评淫荡之戏，振兴社会风气
0503	论城中草房易致火患	1	1	就防火防盗进行评论
0504	论开平创开铁路事	1	1	倡导洋务、倡导铺建铁路
0505	杀奸案书后	1	1	民间案件
0506	再谕美国议阻华人事	1	1	对美排华法案之事进行抨击

续表

日期	题　目	篇数	版次	内　　容
0507	论火油放火甚于引火	1	1	社会安全问题
0508	论车夫苦	1	1	关怀底层民生
0509	论通商有利无害为高丽人释疑	1	1	鼓励商业往来
0510	疯谈	1	1	建议学习西方，设疯人院
0511	论法人攻破安南海内夺取炮海关事	1	1	评论中法战事，警惕避免日本琉球教训
0512	再论法兵攻取安南海内	1	1	评论中法战事
0513	论逃婢野死案	1	1	本埠刑事案件
0514	书美廷准阻华人电音后	1	1	论美排华法案
0515	开采煤铁急于金银说	1	1	鼓吹洋务
0516	安南非琉球之比说	1	1	论述法军侵占越南
0517	再论美廷准阻华佣事	1	1	对美国排华进行批评
0518	书西报载美将致美员信后	1	1	评论国际事务
0519	办理盗案宜复旧章说	1	1	社会管理批评官政
0520	论诱娼	1	1	声讨拐骗妇女、诱骗为娼的罪行
0521	论救护日食之法最古	1	1	介绍日食
0522	论高丽善变	1	1	外交
0523	设法保护在美华人论（来稿）	1	1	维护华人在美利益，认为强国才保证华人利益
0524	论使署下旗	1	1	抨击美排华非情理，认为华人打工是利益共享之事
0525	论南洋诸岛大势	1	1	分析中国在南海之利
0526	论加码头捐	1	1	社会管理、批评课税厘金
0527	续论南洋大势	1	1	国际形势
0528	译西报论美将至高情形	1	1	国际形势
0529	论意人在美亦有被阻之虑	1	1	国际关系
0530	论更易水手	1	1	论本国水师士兵训练等
0531	论火油通行与洋布同不必议禁	1	1	社会事务管理

1884 年 5 月

日期	题　目	篇数	版次	内　容
0501	论治河久远之法必循禹时故道	1	1	就治理水患提出建议
0502	论法人之横	1	1	谴责法军暴行,希望中国及早应对
0503	法人心服刘军说	1	1	对刘永福部击败法军发表议论
0504	书本报中西传言后	1	1	分析各国对中法之战的看法,阐述自己意见,为当局借鉴
0505	论中法皆有愿和之意	1	1	就中法是战是和提出意见
0506	和战利害说	1	1	鼓励中国战胜法国,同时分析法人不得不和
0507	内宁外忧说	1	1	分析中国的内忧外患,具有危言警示的意义
0508	书报东京军信后	1	1	分析军事
0509	书粤东客匪续信后	1	1	分析匪祸、批评地方苛捐杂税官逼民反
0510	论制造不可畏难	1	1	鼓吹洋务
0511	曾袭侯致李中堂书	1	1	批评李鸿章对法国过于软弱
0512	论中国一统之势独盛于元	1	1	介绍中国统一之盛况
0513	书某公整顿矿务疏后	1	1	批评中国不按商业规律办事
0514	书和局电音后	1	1	对中法议和进行讨论
0515	和局质疑	1	1	鼓励和法军开战、批评李鸿章主和之策
0516	停公问答	1	1	质疑当地管理者的行政措施,批评上海地方官员曲从洋人
0517	市面可望转机说	1	1	分析军事对商事的影响,批评中国弊端之深
0518	书马岛女主对众宣言后	1	1	国际关系评论
0519	测法篇	1	1	分析中法之战中的法人心态
0520	书卫中丞严禁倒帐示后	1	1	批评经济诈骗、官商同污
0521	书滇抚奏办铜矿各折片后	1	1	对云南洋务进行点评
0522	论新募勇营未可遽彻	1	1	讨论如何养兵、军事国防,对中法之战的思考
0523	论汇丰银行零存银洋之益	1	1	讨论金融之益
0524	和局有关于市面辨	1	1	分析军事对经济的影响,深度分析中国弊端

续表

日期	题　　目	篇数	版次	内　　容
0525	南琛游记	1	1	论中国购军舰和大炮事宜
0526	书捕押官差后	1	1	评论中西在租界管理方面的问题
0527	英法必争埃及说	1	1	国际事务
0528	论粤省防务不可不严	1	1	要求广东加强防范、批评军事松散
0529	沪市问答	1	1	经济市面行情
0530	论法人复攻马岛（来稿）	1	1	国际争端
0531	中法和成书曾侯与李相书后	1	1	论中法战争

1886 年 5 月

日期	题　　目	篇数	版次	内　　容
0501	论舍医从巫之妄	1	1	道德教化、批评民间恶俗
0502	照译英三月四号纽约堡士日报载道理寔属奇怪论	1	1	中外争端
0503	味莼园观烟火记	1	1	论烟火
0504	论有力之家宜保护同宗坟墓	1	1	道德教化，讨论传统伦理及民风
0505	与西友论中国驾人材	1	1	评论如何培养水军人才
0506	论德园拟开河道	1	1	讨论航道开发治理，批评地方督办洋务不力
0507	论中美两国接待使臣厚薄悬殊	1	1	讨论中美关系
0508	教子说	1	1	评论家庭教育，提倡传统家庭伦理
0509	论中西赛会名同而实异	1	1	体育比赛
0510	论海军雄盛	1	1	歌颂海军军威
0511	无	无	无	无
0512	论赛会不宜趋看	1	1	批评社会风气
0513	论区别押犯	1	1	论中国法律强于西法
0514	论松郡提覆童生自误事	1	1	评论科举之弊，批评士风不振
0515	论鸟迟国用兵原起	1	1	评论国政治
0516	接录三月一号纽约夏卢日报载中国岂无应得之利益论	1	1	维护华人在美国利益

续表

日期	题　目	篇数	版次	内　容
0517	论台南糖捐事	1	1	经济
0518	接译三月一号纽约夏卢日报载中国岂无应得之利益论	11	1	国际
0519	书西报福州船厂铸钱消息后	1	1	论铸钱、经济、洋务
0520	论遵化猎户除盗事	1	1	民间琐事冲突
0521	论御水必思一劳永逸之法	1	1	水务治理、批评官员治水不力
0522	论火水焚船事	1		突发事故评论
0523	论台湾善后事宜	1	1	评论台湾问题
0524	留侯武侯论	1	1	怀古讽今
0525	论治民间械斗	1	1	就民间治安问题批评官员治理不力,官员苛政、懒政不为
0526	论铁算盘雅术	1	1	论奇闻异事
0527	论广东臬宪严办某孝廉事	1	1	论民间孝廉之事、提倡传统孝道
0528	论广西美国教堂事	1	1	西教和民众冲突
0529	书张朗帅奏报查勘山东河道酌拟办法折后	1	1	评论水利工程
0530	论会匪亟宜解散	1	1	评论社会治安、匪徒之事
0531	再论火油肇祸	1	1	提醒安全

1888 年 5 月

日期	题　目	篇数	版次	内　容
0501	论平粜	1	1	认为扶植农业,有助于赈灾,赈灾在于长久与平时
0502	工商济赈说	1	1	提倡振兴工商业以赈灾,要求工商业改官办为民办
0503	观西人赛马有感而书	1	1	借西人赛马言中国军队没有荣誉责任感。隐含着对洋务只求表不求里的担心。症结在于粉饰因循,批评洋务治标不治本　批评兵政
0504	争利说	1	1	谈利益之说,批评经济诈骗
0505	跋吴清卿中丞勘灾感事诗后	1	1	讨论赈灾之策

日期	题　目	篇数	版次	内　容
0506	谈天	1	1	鼓励人们施仁义爱心救灾、道德教化
0507	中西医药论	1	1	介绍西医对比中医,希望筹建一所医学院
0508	论西学生广额	1	1	评论洋务,讨论传统价值观在留学西洋中的作用
0509	书东报抄校皇侃论语义疏后	1	1	其他
0510	恩怨损益乘除说	1	1	分析人情世故,道德劝善
0511	论火器之害	1	1	评论社会治安
0512	书本报茶市近况后	1	1	论如何振兴茶叶,靠商业诚信和减税,希望政府介入有为
0513	论处置高丽(来稿)	1	1	评论中日在朝鲜之争
0514	复河运议	1	1	讨论交通工程
0515	内河行轮船以济赈捐说	1	1	建议振兴工商以助赈灾
0516	论沪北弛禁事(来稿)	1		建议整治风化,论娼妓之害 批评社会风气
0517	医国篇	1	1	讨论医术
0518	台湾商务论	1	1	经济
0519	郑工幸有成效书此志喜	1	1	水务问题
0520	筹备海军末议(来稿)	1	1	论海军建设,包括后勤、用人等等,介绍海军建设的七大方面。
0521	整顿烟市说	1	1	提出整治鸦片扫毒
0522	论中国行驶轮船吃水宜浅	1	1	介绍洋务
0523	田协戎海寿训子诗跋	1	1	其他
0524	禁购军火议	1	1	社会治安、批评社会罪恶
0525	论虐妓事	1	1	抨击虐待妇女行为,批评恶风习俗
0526	安分说	1	1	传统道德教化
0527	书观光纪游后	1	1	其他
0528	无	无	无	
0529	论中国渐知铁路之利	1	1	鼓吹洋务
0530	沪北铁路议上	1	1	鼓励建造上海铁路
0530	黄河一说	1	1	就治理河道提出建议

1890 年 5 月

日期	题　　目	篇数	版次	内　　容
0501	世变新论	1	1	论修身养性
0502	论查赈之不易	1	1	论勘察灾情的重要性。建议不能任用吏和家丁
0503	留声机器题名记	1	1	介绍留声机
0504	味纯园公祝何桂笙先生五秩寿文	1	1	为何桂笙贺寿文
0505	痧痘探原论	1	1	介绍医学治疗方法
0506	世变新论人才第二	1	1	讨论人才选拔,批评用人制度
0507	客述小流氓瓷横事	1	1	批评社会风气
0508	何桂笙先生五十寿序	1	1	其他
0509	论武人习气	1	1	论军人修养
0510	论杭州闹书院事	1	1	就社会事件批评士人自大与风气不正
0511	英人通商始末考	1	1	介绍中英商务
0512	游民说	1	1	分析游民成因以及游民之害
0513	世变新论地舆第三	1	1	其他
0514	纵论欧洲时局之变迁	1	1	介绍欧美各国政体。分析欧洲如有乱,必从俄国起
0515	录崔惠人星使与吴哲夫主政书并书其后	1	1	点评官吏
0516	论治莠民宜用重典	1	1	社会治理问题、批评社会恶风恶事
0517	荒谈	1	1	劝人从善赈灾
0518	格言联璧序	1	1	王韬论政文章
0519	备荒策	1	1	分析民众之艰难,建议给游民以田耕种。批评当地官员备荒不力、劣绅鱼肉乡民
0520	论避险	1	1	上海地方事务管理
0521	论中国矿务宜及时兴办	1	1	鼓吹洋务,极力推动洋务。
0522	世变新论边防第四	1	1	分析国家防务,鼓吹洋务军事,分析弊病之源在于不认真,粉饰因循。
0523	论花丛觅死事	1	1	道德教化、批评道德沦丧、社会风气败坏
0524	书彭宫太保轶事	1	1	其他

续表

日期	题 目	篇数	版次	内 容
0525	中西算学源流考	1	1	介绍西学
0526	乡镇宜禁演剧说	1		道德教化
0527	世变新论海防第五	1	1	认为军事海防,要注重内部治理,疏通民怨气,指出海防不在于大炮而在于人的问题
0528	枭博说	1	1	禁赌博、道德批评、社会风气批评
0529	论救火被阻	1	1	建议本地建立消防队
0530	论中兴人才之盛	1	1	论人才选拔
0531	三才篇	1	1	论人才选拔

1892 年 5 月

日期	题 目	篇数	版次	内 容
0501	哥伦布传赞	1	1	赞扬哥伦布的探险精神
0502	与灌园叟闲话	1	1	个人修养道德教化
0503	论施赈贵当其厄	1	1	论赈灾,对以工代赈的批评
0504	论汉阳武童顶名事	1	1	斥责考试作弊、批评士风败落
0505	矜幼篇	1	1	道德教化、体倡传统伦理
0506	说马	1	1	其他
0507	论中国制造日精	1	1	介绍洋务成绩,希望国产精品
0508	论治国必先安民	1	1	提出洋务几大弊病,治国要使民众能自养,在于利益均,在于顺民心,在于选官要慎重。提出变法自强,但要循序渐进。
0509	日本地势军实考	1	1	介绍日本国情,军情,点出日本学西方不遗余力,对中国熟悉于胸,中国应该熟悉日本
0510	论验尸积弊	1	1	民间刑事案件,揭批官吏腐败
0511	大阅营伍论	1	1	点出军队弱点,不能实用,批评兵政
0512	论中西贸易之盛台	1	1	强调振兴民族工业
0513	读李传相筹议热河善后事宜折有感而书	1	1	民族问题

续表

日期	题　　目	篇数	版次	内　　　容
0514	用爱用威殊途同归论	1	1	提倡用仁政治理地方
0514	海防刍议	1	1	对海防建言建策
0516	记欧客谈中国事	1	1	借外人之口,阐述中国弊端官吏腐败,草菅人命,风气堕落,八股文迂腐等
0517	论上海无益之耗费	1	1	批评上海奢侈、道德堕落
0518	书刘岘帅整顿风化示后	1	1	道德教化
0519	贫宜励志论	1	1	道德教化
0520	论奋武与揆文并重	1	1	治国宽严相济
0521	论古书之不可尽信	1	1	其他
0522	论办理洋务在得人(上)	1	1	办洋务重在人才培养,了解洋务才能办好,批评洋务虚不务实
0523	德律风源流考	1	1	介绍西方科技
0524	整顿海军刍议	1	1	建议海军整顿,对海军建设建策建议
0525	整顿海军刍议二	1	1	批评官员中饱私囊
0526	海军刍议条目一	1	1	批评海军官员之弊
0527	论台基	1	1	禁娼妓,批评社会丑恶、风气败坏
0528	海军条目二	1	1	系统讨论海军建设
0529	论办理洋务在得人(下)	1	1	讨论洋务人才培养
0530	过节说	1	1	风俗
0531	论水军习老	1	1	讨论海军建设。包括武器装备、士兵训练,批评官兵谄媚之风

1894 年 5 月

日期	题　　目	篇数	版次	内　　　容
0501	尸气病人说	1	1	其他
0502	书川督整顿厘金告示后	1	1	抨击厘金弊政
0503	论禁革差查差覆事	1	1	论地方行政、吏治腐败
0504	论作令之难	1	1	论地方官的重要性,揭露官吏制度之弊端
0505	食油宜办说	1	1	严格管理商业,抨击商业欺诈行为

日期	题　目	篇数	版次	内　容
0505	答客问高丽叛臣金玉均戮尸示众事	1	1	中外关系
0507	戒烟会问答即系之以论	1	1	论戒烟
0508	能用人而后人乐为之用说	1	1	讨论选拔人才
0509	论日人佣工外洋者多	1	1	对西方对中日出洋务工的不同待遇不满。对日本全盘西化有所认识
0510	论海门请加学额事	1	1	对朝政邸报进行评论,要求增加海门选拔人名额
0511	读江督苏抚会奏为已故知府恳请立传折敬书其后	1	1	官员事务
0512	论奏报工程	1	1	对官员借工程中饱私囊大加斥责
0513	论津地暴棺恶俗	1	1	抨击当地丑陋风俗
0514	译西报述福尔康船厂事即书其后	1	1	介绍德国著名兵工厂的制造工艺,详实详尽,同时提出操作者的重要性
0515	论工部局能尽其职	1	1	对工部局收垃圾表示赞赏
0516	书本报记金玉均戮尸余闻后	1	1	刑事案件
0517	广铸银钱说	1	1	洋务,论学西方金融管理
0518	论严惩拐匪	1	1	要求当地打击拐卖妇女儿童,批评政府要尽责
0519	论京师轧毙幼孩案	1	1	民间事故
0520	劝各乡镇施种牛痘说	1	1	介绍西方医学,倡导用现代技术预防天花
0521	广育矿务人才论	1	1	介绍熟悉西学人物,详述培养开矿人才的用处,在于富国强兵
0522	论江西火政	1	1	严防火灾
0523	论广东认真考试候补各官事	1	1	建议严防考试作弊、批评士风沦丧
0524	河工近论	1	1	讨论河务工程
0525	论中西治疫之不同	1	1	比较介绍中西卫生防疫办法。提议采用西方的卫生管理方法
0526	驱疫说	1	1	提供防疫的方法
0527	禁栽妖卉议	1	1	禁止种植毒品植物

续表

日期	题　目	篇数	版次	内　容
0528	增设船政学堂论	1	1	建议加强洋务学堂培养洋务人才
0529	论保全茶业	1	1	提出振兴地方经济之策,关键在于改变经营之法以及讲究诚信经营
0530	矿问	1	1	鼓吹洋务
0531	书上海县批示后	1	1	道德教化,建议建设善堂

1896 年 5 月

日期	题　目	篇数	版次	内　容
0501	沪南拟设水利公司时不可失说	1	1	社会公共事务管理
0502	论假冒宜惩	1	1	道德教化、对考试作弊提出批评,倡导诚信
0503	治病不可误信俗说论	1	1	评论民间风俗
0504	论自强在德不在力	1	1	讨论国家强盛要靠德政
0505	阅本报纪轮失事系之以论	1	1	对安全事故提出建议
0506	变国俗说	1	1	质疑歧视妇女的风俗,对民间恶风恶俗进行批评
0507	中国政务日兴喜而论之	1	1	提倡洋务,建议鼓励工商及制造业发展
0508	阅本报春赛纪实书后	1	1	娱乐
0509	论械斗宜防其渐	1	1	公共事务管理
0510	劝妇女习医学说	1	1	传播西医知识,提倡妇女学医
0511	论泰西商务由渐而盛	1	1	鼓吹工商
0512	华人宜习西学仍不能废中学论	1	1	学习西法,不能荒废中学
0513	论华人积财贻子孙害宜以西俗救之	1	1	宣传西方文化,移风易俗
0514	论盗风又炽	1	1	社会治安
0515	论火药不可漫无稽察	1	1	对火药管理进行建议,社会管理问题
0516	论富强自储才始,储才自读书明理始	1	1	要求改革人才培养制度
0517	振兴女学校说	1	1	提倡妇女权力,建议设立女子学校

续表

日期	题　目	篇数	版次	内　容
0518	文学足以兴国论	1	1	讨论人才培养问题
0519	论日人禁烟事	1	1	呼吁向日本学习,强力禁烟
0520	天圆地方说	1	1	介绍西学
0521	论劫人勒索事	1	1	社会治安
0522	与客论松江储火药事	1	1	批评官方在火药管理方面的不足
0523	合论近日报纪童子无知勇丁肇祸两事	1	1	对官员兵丁扰民进行批评
0524	论金陵拟设西医院事	1	1	鼓励学习西学,设立西医院
0525	宜早给田价以慰民情而济农困论	1	1	民生问题
0526	论沪北命案	1	1	社会治安
0527	与客论松郡陈太守新政因条拟整顿郡城书院事宜一	1	1	人才培养
0528	论尼庵被劫	1	1	道德教化
0529	书屠别驾严禁台基示后	1	1	要求严禁娼妓、台基
0530	论中国科举之学为人心大害	1	1	批判科举制度,要求改革
0531	论空言之弊	1	1	要求改革人才选拔制度

1898 年 5 月

日期	题　目	篇数	版次	内　容
0501	论南汇县绅士呈请另聘山长事	1	1	讨论人才培养
0502	论美日战务	1	1	国际军事关系
0503	书湘中请开铁路禀稿后	1	1	倡议湖南开铁路
0504	论富国宜先讲求农务	1	1	讨论如何振兴农业以富足国家
0505	论铁路开捐事	1	1	批评科举捐纳制度
0506	书学堂节费及大闹学堂两则后	1	1	倡议开办新学堂
0507	喜闻两湖制府南皮张孝达尚书内召书以志庆	1	1	其他

续表

日期	题　　目	篇数	版次	内　　容
0508	酒谈	1	1	养生
0509	创兴红十字会说	1	1	仿效西方,开办现代社会公益事业
0510	论西人游历中土宜择地而蹈	1	1	其他
0511	类论皖省劝领股票米船被劫二事	1	1	批评地方官绅恶政
0512	论流氓攫物即为强盗之渐	1	1	地方政务管理
0513	孙山外语	1	1	其他
0514	论木工肇事	1	1	抨击官府鱼肉百姓
0515	忧内讧说	1	1	分析国家面临的内在忧患
0516	沙市民变论	1	1	批评革命党
0517	类论本报纪待父天年典伙昧良二事	1	1	批评民间不良风气
0518	阅本报纪仕途须知一则推广论之	1	1	批评官员施政不力以及品质之坏
0519	论报纪凌辱斯文事	1	1	批评士人风不振
0520	轮船速率考	1	1	介绍先进轮船技术
0521	报纪医学总会送诊书以志喜	1	1	介绍西学
0522	书报纪创兴艺学后	1	1	倡议设立新式学堂
0523	吴淞通商论	1	1	分析中国商业不兴的原因
0524	阅本报纪献策图韩感而书此	1	1	对国家外交提出策略建议
0525	书川督奏审明长随藉事招摇得贿潜逃更名矇捐职官折后	1	1	对官员腐败进行批评
0526	恭读闰三月二十六日上谕谨注	1	1	希望官员为官清廉
0527	论中国算学之日盛	1	1	讨论人才培养
0528	论湖北学政王胜之太史考试武生童测算事	1	1	改革人才培养、选拔制度

续表

日期	题　目	篇数	版次	内　容
0529	阅报纪毁圣谕言一则率书其后	1	1	批评官员在与外国交涉中的失误
0530	红十字会历史节译	1	1	介绍西方公益事业
0531	阅本报纪房捐中止事喜而论	1	1	对国家捐税制度提出意见

1900 年 5 月

日期	题　目	篇数	版次	内　容
0501	论采煤被阻事	1	1	工商业发展
0502	不为已甚说	1	1	国际关系
0503	中国亟宜在暹罗添设领事以保华民说	1	1	外交
0504	禁止习拳说	1	1	地方治理、地方政务
0505	书福州陆路提督程从周军门筹饷练兵折后	1	1	军事
0506	平盐枭说	1	1	遏制地方黑恶势力
0507	引痘衍义	1	1	公共卫生知识
0508	厚兵力说	1	1	军事
0509	书本报纪力图自强后	1	1	学习西方,主张开放
0510	阅报纪英界鸿兴小客栈窝留不法棍徒系之以论	1	1	社会风气及地方管理
0511	阅本报纪拳匪仇教事系之以论	1	1	批评义和团
0512	论西人立会之善中国宜委员入会以期交涉之易办	1	1	现代化,学习西方加入国际各类协会
0513	论四川矿务撤退洋股事	1	1	地方政务
0514	慎重使才说	1	1	人才培养和使用
0515	韩宜自强论	1	1	国际关系
0516	闻客述闹姓事感而论之	1	1	批评民间不良风气和行为
0517	论西人酿命事	1	1	刑事犯罪
0518	川江行驶轮船说	1	1	中外通商

续表

日期	题　目	篇数	版次	内　容
0519	阅报纪粤省整顿米政因推论之	1	1	地方政务
0520	整顿轮船各弊说	1	1	地方政府之弊
0521	名实相副说	1	1	批评地方政务弊病
0522	中国宜招人开垦边省荒地说	1	1	国家促进经济发展政策
0523	书本报所记俄人图土事后	1	1	提醒当局警惕俄罗斯
0524	阅本报纪求福贾祸事慨而论之	1	1	教化民间
0525	论上海县署家丁恃势殴人事	1	1	舆论监督地方官员不良行为
0526	论劣捕不法事	1	1	批评租界司法人员
0527	述与客谈宦官李联英事	1	1	批评重要人物
0528	折狱篇	1	1	司法问题
0529	论粤省包厘之善	1	1	批评税收弊政
0530	戒嫖说	1	1	教化风气
0531	书江苏臬局陆春江廉访现身说法事后	1	1	官员廉政建设

1902 年 5 月

日期	题　目	篇数	版次	内　容
0501	与客言广西近事	1	1	地方政务
0502	美儒李佳白先生讲义	1	1	美国传教士对国际关系的观点
0503	慎重幕僚说	1	1	鼓吹吏政改革
0504	论高丽渐伸权力	1	1	美国传教士对国际关系的观点
0505	美儒李佳白先生讲义	1	1	军事
0506	与客论东三省事	1	1	东北形势、对俄罗斯政策
0507	美使康君函送教士联会防讼释疑说略	1	1	外国教会与地方官民矛盾
0508	驳差役说	1	1	批评吏治腐败
0509	新编万国演义序	1	1	学习西方，主张开放

日期	题　　目	篇数	版次	内　　容
0510	管学大臣奏议复署江督张制军奏建三江师范学堂折	1	1	提倡开办新式学堂
0511	美儒李佳白先生讲义	1	1	美国传教士对国际关系的观点
0512	报纪亲王游历因而论之	1	1	鼓吹中外交流、学习西方
0513	论汴省举行乡会试之非宜	1	1	讨论人才培养
0514	蒋侍御奏纠广西官幕贪劣情形折	1	1	官员腐败
0515	论苏兴警察事	1	1	讨论现代管理和警务
0516	论美教士步惠廉君请惩冒名插讼事	1	1	教民冲突
0517	论广西直隶匪警	1	1	地方政治腐败
0518	读本月初六上谕考订中外通行律法谨书其后	1	1	鼓吹现代法治建设
0519	阅报纪粤省整顿米政因推论之	1	1	地方政务
0520	观申报所记杭州中学堂学生肇事感而书此	1	1	地方教育和政治
0521	照录江西巡抚李勉林中丞所订防军营制	1	1	地方军务
0522	续录江西巡抚李勉林中丞所订防军营制	1	1	地方军务
0523	招回在美华工垦开荒地说	1	1	对外政策
0524	恭读本日所纪上谕裁并户部三库各官因推广言之	1	1	政务改革
0525	谨注四月初五日上谕后	1	1	讨论国家政策
0526	论译书	1	1	讨论引进翻译西方图书推进国家治理
0527	正学篇	1	1	批评学生过激言论
0528	中国宜多派学生出洋专习矿学说	1	1	鼓励学生留学
0529	读冯林一先生均赋议书后	1	1	讨论国家外交政务
0530	书英员问答后	1	1	中英关系
0531	严禁贩米出洋议	1	1	鼓励通商、批评地方

1904 年 5 月

日期	题　　目	篇数	版次	内　　容
0501	日本不宜拒英人调处说	1	1	讨论日俄关系
0502	谕金陵高等学堂楼圮事	1	1	抨击官员玩忽职守
0503	美儒李佳白先生讲义	1	1	美国学者国际形势观点
0504	八续新定学务章程	1	1	讨论新式学堂教育
0505	美儒李佳白先生讲义	1	1	军事
0506	与客论东三省事	1	1	东北形势、对俄罗斯政策
0507	美使康君函送教士联会防讼释疑说略	1	1	外国教会与地方官民矛盾
0508	驳差役说	1	1	批评吏治腐败
0509	新编万国演义序	1	1	学习西方，主张开放
0510	管学大臣奏议复署江督张制军奏建三江师范学堂折	1	1	提倡开办新式学堂
0511	美儒李佳白先生讲义	1	1	美国传教士对国际关系的观点
0512	报纪亲王游历因而论之	1	1	鼓吹中外交流、学习西方
0513	论汴省举行乡会试之非宜	1	1	讨论人才培养
0514	蒋侍御奏纠广西官幕贪劣情形折	1	1	官员腐败
0515	论苏兴警察事	1	1	讨论现代管理和警务
0516	论美教士步惠廉君请惩冒名插讼事	1	1	教民冲突
0517	论广西直隶匪警	1	1	地方政治腐败
0518	读本月初六上谕考订中外通行律法谨书其后	1	1	鼓吹现代法治建设
0519	阅报纪粤省整顿米政因推论之	1	1	地方政务
0520	观申报所记杭州中学堂学生肇事感而书此	1	1	地方教育和政治
0521	照录江西巡抚李勉林中丞所订防军营制	1	1	地方军务
0522	续录江西巡抚李勉林中丞所订防军营制	1	1	地方军务

续表

日期	题目	篇数	版次	内容
0523	招回在美华工垦开荒地说	1	1	对外政策
0524	恭读本日所纪上谕裁并户部三库各官因推广言之	1	1	政务改革
0525	谨注四月初五日上谕后	1	1	讨论国家政策
0526	论译书	1	1	讨论引进翻译西方图书推进国家治理
0527	正学篇	1	1	批评学生过激言论
0528	中国宜多派学生出洋专习矿学说	1	1	鼓励学生留学
0529	读冯林一先生均赋议书后	1	1	讨论国家外交政务
0530	书英员问答后	1	1	中英关系
0531	严禁贩米出洋议	1	1	鼓励通商、批评地方

1906 年 5 月

日期	题目	篇数	版次	内容
0501	论女学宜注重德育来稿代论续初六日稿	1	2	女性教育问题
0502	盛宣怀奏请裁撤勘矿总公司拨款专办晋矿折代论	1	2	时事政治
0503	论学校音乐之关系	1	2	西式音乐艺术教育
0504	记南翔灯会事	1	2	教化、启蒙、激励社会风气
0505	论日本经营满洲内政	1	2	国内政治、呼吁民众反击日本
0506	修律大臣奏呈刑事民事诉讼法折	1	2	司法问题
0507	论南昌教案提京议结之迅速	1	2	批评外交政策、呼吁国民参与
0508	朱聘三太史上徐尚书请置训方员书	1	2	社会治安
0509	论维持法权	1	2	国民权利、制定法律之原则
0510	通饬督抚巡视所属论	1	2	官制问题及改革
0511	论官绅仇视学务公所学会之原因	1	2	批评地方官绅阻碍教育改革

续表

日期	题　　目	篇数	版次	内　　容
0512	论洞庭湖与湖南水灾之关系	1	2	分析自然灾害
0513	论奏请缓行新律	1	1	鼓吹清廷新政
0514	论地方官宜注重女子教育	1	2	妇女受教育权利问题
0515	江苏学会复苏学务处函	1	2	教育改革
0516	论校外修学之可贵	1	2	呼吁加强教育普及
0517	论地方自治之大义	1	2	新政、政治
0518	论商改西牢事	1	2	呼吁优待犯人，改善权益保护
0519	论征兵	1	2	提倡通过教育振兴民智
0520	论校外修学之可贵续	1	2	呼吁加强教育普及
0521	日本横滨怡和洋行制茶记	1	2	介绍日本企业经营
0522	论地方设立息讼公所事	1	2	司法制度改革
0523	论南汇自治之难	1	2	地方自治改革
0524	论华商体操会社之有益	1	2	鼓励现代教育
0525	直督奏商部所定路务议员章程窒碍难行折	1	2	批评立宪改制中的问题
0526	户部奏驳苏省拨还州县规复银价折	1	2	国家治理
0527	直督奏商部所定路务议员章程窒碍难行折	1	2	批评立宪改制中的问题
0528	论盐捕营亟宜整顿	1	2	改革官制
0529	记松郡征兵启程事	1	2	改革兵制
0530	内阁学士吴郁生奏沪甬铁路用款过巨请另筹接济以免续借受亏折	1	2	国家政务
0531	续内阁学士吴郁生奏沪甬铁路用款过巨请另筹接济以免续借受亏折	1	2	国家政务

1908 年 5 月

日期	题　　目	篇数	版次	内　　容
0501	政府能顺国民开国会之请愿乎	1	3	呼吁立宪、开设国会
0502	论关于帝室及亲属之罪之刑律	1	3	呼吁法治、反对专制

续表

日期	题　　目	篇数	版次	内　　容
0503	论禁烟大臣注重药方事	1	3	点评政府行政
0504	论考试候补人员之新章	1	3	改革科考制度
0505	论颐和园工程	1	3	批评政府滥用公费
0506	禁烟问题 时评	2	2、3	批评政府政务
0507	论赫胥黎天行人治相反之说可举中国近事证之	1	2	介绍社会进化论、呼吁政治改革
0508	论赫胥黎天行人治相反之说可举中国近事证之	1	2	介绍社会进化论、呼吁政治改革
0509	论鹿绍两大臣严查赈穀论俾侍御严参赵滨彦	2	2、3	点评官员政务 批评官员腐败、官场恶习
0510	论江浙铁路公司存款之厚利	1	2	强军之策
0511	农工商部会奏遵拟画一度量权衡制度图说总表及推行章程折	1	2	倡导商业改革
0512	论司法独立之真际	1	2	主张司法独立、加强法制
0513	论司法独立之真际(续)	1	2	主张司法独立、加强法制
0514	论政府近日搜罗财政之手段	1	2	批评政府税收乱象
0515	论滇省革命党乱事原因	1	2	支持革命党　推动宪政
0516	论革命党	1	2	分析革命缘由
0517	法人果认云南革命党为叛乱团体乎	1	2	外交
0518	论邮部收回电报商股	1	2	批评政府行政不当
0519	论河口易于失陷之故	1	2	中法冲突
0520	杨度演说要求开设国会文	1	3	呼吁开设国会
0521	师说	1	2	教育
0522	政府收回电报商股感言	1	2	批评政府滥用公权,侵犯国民利益
0523	论军界之无教育	1	3	批评军队滥用武力

续表

日期	题　　目	篇数	版次	内　　容
0524	论中国之退化	1	3	批判君主专制、士儒顽固落后
0525	论中国今日有可以速开国会之理由	1	3	呼吁立宪改革
0526	论政府议与各国订彼此入籍约	1	3	外交
0527	论云南后患之所在	1	2	地方治理
0528	就中国现世论铁道国有之不能实行	1	3	反对铁路国有,呼吁民营
0529	就中国现世论铁道国有之不能实行(续)	1	3	反对铁路国有,呼吁民营
0530	论河口克复之未可恃	1	3	分析革命党起义战况
0531	论都察院搁置国会请愿书事	1	3	批判顽固派阻碍立宪

1910 年 5 月

日期	题　　目	篇数	版次	内　　容
0501	论设立巡警教练所	1	3	警务改革、地方自治
0502	为湘省赔款敬告度支部	1	3	抨击地方乱政
0503	论日本外交家之手段	1	3	抨击日本暴行
0504	宪志日刊序例	1	4	预备立宪
0505	宪志日刊序例	1	5	治国之策、预备立宪
0506	论今日变乱之源及其补救之方	1	6	呼吁善政、分析国家内乱根源
0507	论今日变乱之源及其补救之方	1	3	呼吁善政、分析国家内乱根源
0508	暂停烧锅以裕民食议	1	3	民生问题,呼吁禁止酿酒以保证粮食供应
0509	论今日变乱之源及其补救之方	2	3	抨击政务之弊端,寻找治国良策
0510	论设定地方税之根本解决	1	3	税制改革
0511	论设定地方税之根本解决	1	3	税制改革

续表

日期	题　目	篇数	版次	内　容
0512	论东三省亟宜注意之点	1	4	地方治理
0513	论今日变乱之源及其补救之方	1	2	抨击政务之弊端,寻找治国良策
0514	论日英博览会与南洋劝业会	1	2	国际事务
0515	晋省归绥民变感言	1	3	分析山西民变原因
0516	论今日变乱之源及其补救之方	1	3	呼吁立宪改制,寻找治国良策
0517	论今日变乱之源及其补救之方	1	2	呼吁立宪改制,寻找治国良策
0518	论交文案晋议长辞职公报主笔被逐之风潮	1	2	批评地方宪政不力
0519	论宗室诉讼不归大理院审理之非	1	2	呼吁司法独立
0520	论实行州县久任之善	1	3	地方治理改革
0521	论今日变乱之源及其补救之方	1	3	呼吁立宪改制,寻找治国良策
0522	论盐斤陡改洋码之影响	1	3	经济民生
0523	论今日亟宜提倡扩张蚕业以裕富源	1	3	经济民生
0524	吏部限制奖案感言	1	3	官制改革
0525	论日本外交家之手段	1	3	中日关系
0526	论资政院	1	3	宪政改革
0527	厘定币制之两要素	1	2	金融币制改革
0528	新币制私议	1	3	金融币制改革
0529	读十九日上谕感言	1	3	批评地方弊政
0530	新币制私议	1	3	金融币制改革
0531	袁树勋奏中央集权宜先有责任政府及监察机关折	1	3	批判集权、呼吁政府改革

附录3：关于山西之役的报道内容及信息源分析表

（1883年12月13日—1884年2月20日）

时间	篇名	信息来源	主要内容	按语或质疑
1883年12月13日	越南电报	香港西字报	桑台防务 闻北宁桑台有华兵二万六千人,内九千系新到者,现在法人在河内所为各事,北宁无不洞悉	
12月14日	海防西人访事人,循环日报	海防西人访事,循环日报	法人已遣水陆军兵往攻宣泰,至今尚未知。此役黑旗志在夺其粮食,故不甚追杀法军死伤仅数人	
12月18日	战事传闻	越南友人发信告	称十月初八两日法军与黑旗开战计伤法人万余,而黑旗阵亡之者亦有二千余人	(质疑)以上由来信而摘具大略如是,其确与否则非所敢知,姑述之以符新闻体例
12月19日	地利可恃	河内访事人	法兵在越想欲攻北宁,怨欲改桑台,然皆未曾动手	
12月20日	河内近报	西字信息(访事)	黑旗已预备战,具分拨军兵经渡带河以进抵驻地,具于某村中,法人查得此村于西历九月二日经法军攻夺后复行弗取,黑旗得以通进也	报告双方的战备,以及黑旗军的布防
12月21日	桑台被围	访事电报	桑台已为法军所围,势颇危殆,扩在法人掌握之中,以俟续闻	(质疑)第一次得到确信,桑台已经失去。但是主笔不能确信,声明要得到印证。而且是最早得到此信的报纸(否则会争引它报)

续表

时间	篇名	信息来源	主要内容	按语或质疑
12月22日	侦探形势	越南西字报	法军近在桑台北宁两处侦探敌人形势，其桑台一处则系水师提督科技乘坐兵船亲自往	第一次提到法军首领孤拔
12月23日	桑台失守电音	越南电报（自己访事）	桑台地方敌人在兵船上用开花炮击破，一时弹丸如雨要声名雷，法军大队一拥而进，势如潮涌，黑旗及越南兵不能抵御纷纷溃退	
12月26日	论论海防近势	传言	认为刘永福是主动撤出（最后被证明是正确的）	根据形势和各种消息综合判断黑旗军主动撤军
12月27日	战台续闻	香港华字报、维新报述西字报、河内西字信息	始得信言法军于十四日整队进攻桑台，附近地方炮台、桑台土垒遂为法军所据至已将法军围住令其不能逸出；法军先胜而后败败矣	三则消息互相矛盾，前后不一
12月27日	法军败北	西贡十八日邮信（访事人信件）	黑旗达人便钦、法军台阶被杀者十五名、土卒千余名	（加按语）此信息则是法军先胜后败，似非无因矣，信乎？军情瞬息千变，其不可自恃也如夫？
12月27日	法军覆没传言	本埠传言	云法人进攻桑台之兵中刘永军火攻之计竟至全军覆没	（加按语）此信言云云，西人则咸云不知，如果真实则法军为乌有矣
12月28日	桑台续闻	西友传信	黑旗不支遂纷纷奔遁，是役也法兵之死者计有四百余人，所带之阿非利加兵虽觉锐利加为力，但于黑旗溃走时追奔逐北而已，现在法人已在攻北宁，但候北宁消息，设北宁再一攻破则越事为已定矣	（质疑）然此说殆亦不得确者传闻，确否仍未可定，本省只知有确闻必录以符新闻体例而已耳

续表

时　间	篇　　名	信息来源	主要内容	按语或质疑
12月29日	确耗未至	传闻	本馆亦明知法军不至死亡若是之多，夺得法船断无此易，但传言如此不得不照录于报，而后面仍着疑词，此系各报之通例	(按语)系得于本报所登法军覆没一信原系得诸传闻，本馆亦明知法军不至死亡若是之多，夺得法船断无此易，但传言如此不得不照录于报，而后面仍着疑词，此系各报之通例
1884年1月1日	传说纷如	香港西字报、广东传信	本埠大略相似并有谣言四布，颇骇听闻。至前日者谓民之讹言殊足为时势之忧也。至前日传信法人攻袭桑台云，猝被黑旗用火药轰炸云，今已多日未见有电信传到，当系谣言未足为信也	(质疑)至前日言法人火袭桑台后，猝被黑旗用火药轰炸云云，今已多日未见有电信传到，当系谣言未足为信也
1月2日	桑台失守续闻	香港西字报	黑旗见各险要势不能支，乃弃桑台而去，故随为法人所据	第一次提到黑旗军是主动放弃。新闻进一步深入
1月2日	越事电音	金陵电报(官方)	金陵接有电报，黑旗近日婴为法人所败，已将退广西边界	进一步确认
1月2日	图绘战状	香港西字报	法人攻守越南桑台地方捷音已到香港	进一步确认。同时对民众喜胜心理进行批评
1月3日	桑台失守余闻	传信、电报	闻有人言及法人在北宁外面建筑土叠以备进攻，未知确否，想黑旗即败子桑台则必退守北宁防御完密(传言间接证实失守)	(质疑)中外同纷纷谣传原不足信，屡指为以久，仍无恢复续闻，想桑台失守无疑
1月4日	论桑台失事	江宁传电音(官方)	刘军屡败，渐将退至广西边境，中国边防吃紧等语	进一步证实

续表

时间	篇名	信息来源	主要内容	按语或质疑
1月4日	北宁军耗	本埠西人	不但黑旗与华兵必乘机来攻，所得诸地势且复失	
1月6日	桑台续信	香港报纸、西报、河内友人、轮船客人	战斗细节。叙述刘永福的行踪，还有法人残暴以及法人抢得钱财等等，构成了以完整的图像	
1月7日	军信再述	维新日报、随船一客人	黑旗多用奇计，预设陷坑地雷火炮等，法兵战则辄败亡，去西贡招募之兵不可胜计。对战斗细节进行陈述。但是有专张之词	
1月7日	海防消息	西字报	总兵为枪中，其首随即毙命，又有一总兵其帽亦为枪击去，卒不伤其首，法人任宣泰城内获取财宝约值银一百万圆之多	提到法军两将频失，非常精确
1月8日	论法军镇情形			
1月8日	西报述桑台战事	香港西字报	黑旗之死者约有六千人，法军之死者或云三百五十人或云二千人	细节陈述，伤亡数字不定
1月8日	译东京西人书	东京西人书至汇报	刘永福亦受弹伤不能任来驰骤，致为法军所获献于水师提督之前，提督历数其罪命以洋枪击古而绍之。（关于刘永福的流言。但是主笔质疑）	（质疑）以上皆文汇报所登，东京西人书也，但刘永福勇敢百战之将，前此屡挫法军，人皆以智勇许之，其弃台合也，迨听其别有深算，断不至仓卒溃走，何以中西各报皆有刘永福就擒，此书所言安知西好事者安造黑旗，但好事者造黑白所有偏白自，非好事者造黑之例译之亦深冀言之中也

续表

时　间	篇　名	信息来源	主要内容	按语或质疑
1月8日	黑旗败耗	西贡传言	传言称是西贡最近最确之消息，即进规红河北岸，该处兵自攻夺桑台后，一军屯固守之地，经该法兵官猛力死战，福刘军不支死伤甚伙且多遭溃散	（质疑）又有传言法军现于北宁之四周编筑炮台，惮不能走通以冀聚而歼旃，又称北宁业已为法人夺去，然以本馆副见，恐斯言未必真确也
1月10日	论法军残暴	传言，中西各报	法军滥杀无辜	（质疑）虽然此等信息亦系得诸传言，或者法人不至若是之甚，总之法越军情亦确无确信，唯有姑妄听之而已
1月10日	宣泰恢复近闻	香港中外新报，本馆特派访友，其他友人	亲至宣泰，遥见破垒颓墉，黑旗飘漾，现一刘字。城下已无法军驻扎。城中尚露火光，知恢复宣泰是实	又有数人诣馆报信，亦与相同。三人成众，知其言非虚，故据有闻必实之又照登报章
1月10日	河内传闻	中外新报，西报	黑旗军复河内	（质疑）西报谓此事得诸风闻，信否尚属未定，然而众口盛传久矣，但未见有确音谧耶，俟查确再为细登，今仅陈其略焉
1月11日	西信译录	西人函信。申报派出的访友	法兵死伤者约不及四百人，黑旗死伤约六百人，其遭开花炮轰击而死者大都越南及中国之商人为多，盖该商人城中故遭此一劫	（加按语）按此信最近与前所述诸说大致彷佛，而其间微有不同或者较确，然杂未敢谓必信也
1月12日	东京近闻	申报访事	对当时桑台的防务进行补充	
1月13日	论各报述法越信息	综合各消息	确信桑台等消息，否定桑台恢复之信	

续表

时　间	篇　名	信息来源	主要内容	按语或质疑
1月16日	越南战事补述	循环日报	见有战伤兵载回海防医理，为数甚多，呻吟之声痛苦之	补充法人伤亡信息
1月17日	河内近信	香港西字报	传信谓黑旗与越人不合，有越南官为龃龉，刘永福遂引军而退。及闻刘永福受伤，嗣查明并无其事	对刘永福传信进行更正
1月18日	闽河内湾访近消息书后	西报、海防友人		
1月19日	西信译登	香港德臣西字报	对黑旗军行踪进行补充。对死亡人数进行修订	（质疑）然该西人所言大都臆度之见，未必遂为定论也
1月19日	宣泰佳音	香港维新日报、客商	河内战事	（质疑）皆客商所言，未知确否且补录之以快众观
1月21日	战事余波	维新报所载客述	补充消息	
1月22日	西人述见	循环日报	现场惨状	
2月6日	论法人添兵	法国电音	法国增派部队参战	
2月17日	河内近报	河内西友现场访事、邮来信件	现场报道，探讨失败原因，宣泰目击情形，华兵及越兵与黑旗不洽，使黑旗孤军独战	第一次提到越南兵官与刘军有不洽之矛盾。以及清军不帮助的情况
2月20日	再书木月初四日河内近报后	河内西友来信	又谓华兵及越南兵官与刘军先退，是以两军矛盾	

参考文献

一、著作

郎劲松、初广志.传媒伦理学导论[M].杭州:浙江大学出版社,2007.

陈绚.新闻道德与法规:对媒介行为规范的思考[M].北京:中国大百科全书出版社,2005.

梁启超.中国历史研究法[M].上海:上海人民出版社,2014.

徐小群.民国时期的国家与社会[M].北京:新星出版社,2007.

邵志择.近代中国报刊思想的起源与转折[M].杭州:浙江大学出版社,2011.

马光仁.上海新闻史[M].上海:复旦大学出版社,2014.

徐培汀.中国传播思想史(近代卷)[M].上海:上海交通大学出版社,2005.

吴廷俊.中国新闻史新修[M].上海:复旦大学出版社,2008.

戈公振.中国报学史[M].北京:三联书店,2011:97.

杨保军.新闻观念论[M].上海:复旦大学出版社,2014.

姚公鹤.上海闲话[M].上海:上海古籍出版社,1989.

袁心洁.近现代报刊"文人论证"传统研究[M].南昌:江西人民出版社,2009.

樊亚平.中国新闻从业者职业认同研究(1815年—1927)[M].北京:人民出版社,2011.

程丽红.清代报人研究[M].北京:社会科学文献出版社,2008.

卢宁.早期申报与晚清政府[M].上海:上海科学技术文献出版社,2012.

季羡林.季羡林:读书与人生[M].北京:国际文化出版公司,2009.

徐培汀.中国新闻传播学说史[M].重庆:重庆出版社,2006.

甘惜分主编.新闻学大辞典[M].郑州:河南人民出版社,1993.

龚群.社会伦理十讲[M].北京:中国人民大学出版社,2014.

罗国杰等.伦理学教程(第 1 版)[M].北京:中国人民大学出版社,1985.

余家宏编.新闻学简明词典[M].杭州:浙江人民出版社,1984.

杨保军.新闻道德论[M].北京:中国人民大学出版社,2010.

周鸿书.新闻伦理学论纲[M].北京:新华出版社,1995.

黄瑚.新闻伦理学[M].北京:新华出版社,2001.

王海明.新伦理学(上册)[M].北京:商务印书馆,2001.

王海明.伦理学原理[M].北京:北京大学出版社,2001.

王敏.上海报人社会生活(1872—1949)[M].上海:上海辞书出版社,2008.

宋军.申报的兴衰[M].上海:上海社会科学院出版社,1996.

陈瑛.中国伦理思想史[M].长沙:湖南教育出版社,2002.

张仲礼主编.近代上海城市研究(1840—1949 年)[M].上海:上海人民出版社,2014.

卓南生.中国近代报业发展史(1815—1874)[M].北京:中国社会科学出版社,2002.

吴晗、费孝通.皇权与绅权[M].天津:天津人民出版社,1988.

许纪霖.启蒙如何起死回生[M].北京:北京大学出版社,2011.

樊亚平.中国新闻从业者职业认同研究(1815—1927)[M].北京:人民出版社,2011.

阎步克.士大夫政治演生史稿[M].北京:北京大学出版社,2015.

黄旦.传者图像:新闻专业主义的建构与消解[M].上海:复旦大学出版社,2005.

费孝通.中国绅士[M].惠海鸣译.北京:中国社会科学出版社,2006.

钱穆.国史新论[M].北京:九州出版社,2012.

郑大华、彭平一.社会结构变迁与近代文化转型[M].成都:四川人民出版社,2008.

赵园.明清之际士大夫研究[M].北京:北京大学出版社,1999.

唐小兵.现代中国的公共舆论——以《大公报》"星期论文"和《申报》"自由谈"为例[M].北京:社会科学文献出版社,2012.

陈旭麓.近代中国社会的新陈代谢[M].北京:中国人民大学出版社,2012.

王有英.清前期社会教化研究[M].上海:上海人民出版社,2009.

张仲礼.中国绅士——关于其在19世纪中国社会中作用的研究[M].李荣昌译.上海:上海社会科学院出版社,1991.

徐茂明.江南士绅与江南社会[M].北京:商务印书馆,2004.

马厂林.租界里的上海[M].上海:上海社会科学院出版社,2003.

靳环宇.晚清义赈组织研究[M].长沙:湖南人民出版社,2008.

吴趼人.二十年目睹之怪现状[M].北京:新世界出版社,2013.

李长莉.晚清上海社会的变迁[M].天津:天津人民出版社,2010.

邓云特.中国救荒史[M].北京:商务印书馆,2011.

王春霞、刘惠新.近代浙商与慈善公益事业研究(1840—1938)[M].北京:中国社会科学出版社,2009.

徐新平.新闻伦理学新论[M].长沙:湖南师范大学出版社,2001.

邓鸿光、李晓明.史学理论与史学史[M].武汉:崇文书局,2002.

罗炳良.清代乾嘉历史考证学研究[M].北京:北京图书馆出版社,2007.

杨国强.衰世与西法·晚清中国的旧邦新命和社会脱榫[M].北京:中华书局,2014.

黄瑚.新闻法规与职业道德教程[M].上海:复旦大学出版社,2011.

李泽厚.中国现代思想史论[M].北京:三联书店,东方出版社,2008.

郑大华、彭平一.社会结构变迁与近代文化转型[M].成都:四川人民出版社,2008.

王荣发.现代职业伦理学[M].上海:华东理工大学出版社,1998.

傅国涌.无语江山有人物[M].广州:广东人民出版社,2015.

赵晓兰、吴潮.传教士中文报刊史[M].上海:复旦大学出版社,2011.

杨保军.新闻真实论[M].北京:中国人民大学出版社,2006.

杨保军.新闻精神论[M].北京:中国人民大学出版社,2007.

徐忠明、杜金.谁是真凶:清代命案的政治法律分析[M].桂林:广西师范大学出版社,2014.

梁启超.清代学术概论[M].北京:人民出版社,2008.

郭汉民.中国近代思想与思潮[M].长沙:岳麓书社,2005.

冯天瑜、黄长义.晚清经世实学[M].上海:上海社会科学院出版社,2002.

高钢.新闻写作精要[M].北京:首都经济贸易大学出版社,2005.

邓鸿光、李晓明.史学理论与史学史[M].武汉:崇文书局,2002.

胡太春.中国近代新闻思想史[M].太原:山西人民出版社,1987.

徐宝璜.新闻学[M].北京:中国人民大学出版社,1994.

杨天石.晚清史事[M].北京:中国人民大学出版社,2007.

张育仁.自由的历险——中国自由主义新闻思想史[M].昆明:云南人民出版社,2002.

杜维运.中国史学史[M].北京:商务印书馆,2010.

谢贵安.中国实录体史学研究[M].武汉:武汉大学出版社,2007.

张大可注释.史记新注.[M].北京:华文出版社,1999.

包天笑.钏影楼回忆录[M].北京:中国大百科全书出版社,2009.

杨保军.新闻活动论[M].北京:中国人民大学出版社,2006.

童兵.理论新闻传播学导论[M].北京:中国人民大学出版社,2000.

赵敏恒.外人在华新闻事业[M].王海译,广州:暨南大学出版社,2011.

廖宗麟.中法战争[M].天津:天津古籍出版社,2002.

杨保军.新闻真实论[M].北京:中国人民大学出版社,2006.

洪煜.近代上海小报与市民文化研究(1897—1937)[M].上海:上海世纪出版集团,2007.

赖光临.中国近代报人与报业[M].北京:商务印书馆,1980.

马骥伸.新闻伦理[M].台北:三民书局,1997.

张晓锋.新闻职业精神论纲[M].北京:中国广播电视出版社,2011.

任白涛.综合新闻学[M].上海:上海书店,1941.

李长莉.晚清上海社会的变迁[M].天津:天津人民出版社,2010.

程丽红.清代报人研究[M].北京:社会科学文献出版社,2008.

曹威麟、洪进编.组织行为学[M].北京:北京大学出版社,2015.

方汉奇等.中国新闻传播史(第二版)[M].北京:中国人民大学出版社,2009.

潘连贵.上海货币史[M].上海:上海人民出版社,2004.

李彬.中国新闻社会史(第2版)[M].北京:清华大学出版社,2009.

郑根成.媒介载道——传媒伦理研究[M].北京:中央编译出版社,2009.

山西省史志研究院编.山西通史(第6卷)[M].太原:山西人民出版社,2001.

熊月之.上海通史(第五卷)[M].上海:上海人民出版社,1999.

熊月之、张敏.上海通史(第六卷)[M].上海:上海人民出版社,1999.

秦绍德.上海近代报刊史[M].上海:复旦大学出版社,2014.

陈玉申.晚清报业史[M].济南:山东画报出版社,2003.

方汉奇编.中国新闻事业通史(第1卷)[M].北京:中国人民大学出版社,1992.

梁元生.上海道台研究——转变社会中之联系人物 1843—1890[M].陈同译,上海:上海古籍出版社,2003.

许纪霖.公共空间的知识分子[M].南京:江苏人民出版社,2007.

张锡勤.中国传统道德举要[M].哈尔滨:黑龙江大学出版社,2008.

承载.春秋谷梁传译注[M].上海:上海古籍出版社,1999.

中国伦理思想史编写组.中国伦理思想史[M].北京:高等教育出版社,2015.

谢保成.中国史学史[M].北京:商务印书馆,2006.

梁启超.梁启超全集[M].北京:北京出版社,1999.

易顺鼎、王飙.琴志楼诗集[M].上海:上海古籍出版社,2004.

徐新平.维新派新闻思想研究[M].长沙:湖南人民出版社,2010.

张岱年.中国伦理思想研究[M].南京:江苏教育出版社,2009.

李秀云.中国新闻学术史(1834—1949)[M].北京:新华出版社,2004.

李金铨.文人论政——知识分子与报刊[M].桂林:广西师范大学出版社,2008.

王栻主编.严复集(第二册)[M].北京:中华书局,1986.

徐新平.中国新闻伦理思想的演进[M].北京:北京大学出版社,2020.

英敛之.英敛之集(上)[M].桂林:广西师范大学出版社,2013.

汪林茂.中国近代思想家文库·汪康年卷[M].北京:中国人民大学出版社,2013.

章清.清季民初时期的"思想界"[M].北京:社会科学文献出版社,2014.

松本君平.新闻学[M].北京:中国传媒大学出版社,2018.

杨鹏程.湖南咨议局文献汇编[M].长沙:湖南人民出版社,2010.

李仁渊.晚清的新式传播媒体与知识分子[M].南京:凤凰出版社,2019.

王润泽.北洋政府时期的新闻业及其现代化(1916—1928)[M].北京:中国人民大学出版社,2010.

秦越存.追寻美德之路[M].北京:中央编译出版社,2008.

张功臣.民国报人[M].济南:山东画报出版社,2019.

杨国强.衰世与西法·晚清中国的旧邦新命与社会脱榫[M].北京:中华书局,2014.

陈昌凤.中国新闻传播史:媒介社会学的视角[M].北京:北京大学出版社,2007.

胡林英.道德内化论[M].北京:社会科学文献出版社,2006.

余英时.中国知识分子的边缘化[M].台北:三民书局,1992.

[美]卡尔·霍斯曼.良心危机:新闻伦理学的多元观点[M].胡幼

伟译,台北:五南图书出版公司,1995.

[美]费正清.剑桥中国晚清史[M].北京:中国社会科学出版社,1985.

[日]沟口雄三.中国的历史脉动[M].乔志航,龚颖译.北京:三联书店,2014.

[日]沟口雄三.重新思考中国革命:沟口雄三的思想方法[M].台北:台湾社会研究杂志社,2010.

[英]卡伦·桑德斯.道德与新闻[M].洪伟,高蕊,钟文倩译.上海:复旦大学出版社,2007.

[美]弗雷德里克·S·西伯特等.传媒的四种理论[M].戴鑫译.北京:中国人民大学出版社,2007.

白瑞华.中国报纸(1800—1912)[M].广州:暨南大学出版社,2011.

[法]古斯塔夫·勒庞.乌合之众[M].冯克立译.北京:中央编译出版社,2005.

[美]迈克尔·舒德森.发掘新闻—美国报业的社会史[M].陈昌凤、常江译.北京:北京大学出版社,2009.

[美]利福德·G·克里斯琴斯.新闻伦理:案例与道德推理[M].孙有中译.北京:中国人民大学出版社,2014.

[美]梅尔文·门彻.新闻报道与写作[M].展江译.北京:华夏出版社,2004.

[德]马克斯·韦伯.新教伦理与资本主义精神[M].阎克文译.上海:上海人民出版社,2010.

[美]迈克尔·埃默理、埃德温·埃默理.美国新闻史[M].展江、殷文译.北京:新华出版社,2001.

[德]黑格尔.精神现象学(下卷)[M].贺麟、王玖兴译.北京:商务印书馆,1979.

[美]沃尔特·李普曼.公众舆论[M].阎克文,江红译.上海:上海人民出版社,2006.

[美]利昂·纳尔逊·弗林特.报纸的良知:新闻事业的原则和问题案例讲义[M].萧严译.北京:中国人民出版社,2005.

[美]纳尔逊·安特宁·克劳福德.新闻伦理学[M].江作苏、王敏译.北京:中国传媒大学出版社,2018.

Curtis, D. and Mac Cougall. *The Press and Its Problems* [M]. Dubuque, Iowa: William C. Brown Company, 1964.

Mittler, Barbara. *A Newspaper for China? Power, Identity, and Change in Shanghai's News Media, 1872—1912* [M]. Cambridge, MA: Harvard University Press. 2004.

Curran, James. *Power without Responsibility* [M]. London: Routledge. 2009.

Zhang, X. *The Origins Of the Modern Chinese Press: The Influence of the Protestant Missionary Press in late Qing China* [M]. London: Routledge. 2007.

Barnett, Suzanne Wlison and Fairbank, John King. *Christianity in Chin: Early Protestant Missionary Writings* [M]. Boston: Harvard University Press. 1985.

Bennett, Adrian A. *Missionary Journalist in China: Young J. Allen and His Magazines(1860—1883)*[M], Georia: University of Georgia Press. 1983.

Valerie, Alia. *Media Ethics and Social Change*[M]. Edinburgh: Edinburgh University Press, 2004.

Waisbord, Silvio. *Reinventing Professionalism: Journalism and News in Global Perspecitive*[M]. Cambridge Malden: Polity Press, 2013.

二、史料、文集等

中国社会科学院新闻研究所、世界新闻研究室.传播学(简介)[C].北京:人民日报出版社,1983.

复旦大学新闻学院新闻系新闻史教研室编.中国新闻史文集[G].上海:上海人民出版社,1987.

张之华.中国新闻事业史文选(公元 724 年—1995 年)[G].北京:中国人民大学出版社,1998.

上海市档案馆.上海档案史料研究(第一辑)[G].上海：上海三联书店,2006.

上海市档案馆.工部局董事会会议录(第5册)[G].上海：上海古籍出版社,2001.

中国地方志集成.上海府县志辑[G].上海：上海书店出版社,2010.

胡祥翰、李维清等.上海小志·上海乡土志·夷患备尝记(卷10)[G].上海：上海古籍出版社,1989.

上海《申报》馆.最近之五十年(1922)[G].上海：上海书店(影印),1987.

上海《申报》馆.《申报》馆内通讯(第1卷第4期)[G].上海：上海《申报》馆,1947.

杨光辉等.中国近代报刊发展概况[G].北京：新华出版社,1986.

刘光地.刘光地集[M].北京：中华书局,1986.

经元善.经善元集[M].武汉：华中师范大学出版社,1988.

章太炎.章太炎政论选集[M].北京：中华书局,1977.

王拱璧.王拱璧文集[M].开封：河南大学出版社,2014.

胡道静.新闻史上的新时代[M].上海：世界书局,1946.

上海书店·民国丛书(第三编41辑)[G].上海：上海书店,1996.

张静庐.中国出版史料补编[G].北京：中华书局,1957.

上海市地方志办公室编.上海研究论丛(第二辑)[G].上海社会科学院出版社,1989.

张仲礼.中国近代城市发展与社会经济[G].上海：上海社会科学院出版社,1999.

张仲礼.中国近代城市企业·社会·空间[G].上海：上海社会科学院出版社,1998.

徐载平、徐瑞芳.清末四十年申报史料[G].北京：新华出版社,1983.

易顺鼎.盾墨拾余(卷七四)魂北集[M].清光绪二十二年刻.

左丘明.左传(春秋经传集解)[M].上海：上海古籍出版社,1997.

司马迁.史记(卷13)[M].郑州：中州古籍出版社,2015.

范宁注,杨士勋疏.春秋谷梁传注疏[M].上海：上海古籍出版社,1990.

刘知几.史通[M].上海:上海古籍出版社,2008.

童秉国.梁启超作品精选[M].武汉:长江文艺出版社,2005.

张枏、王忍之.辛亥革命前十年间时论选集(第 2 卷上册)[G].北京:三联书店,1977.

张大可注释.史记新注.[M].北京:华文出版社,1999.

施沛.南京督察院志(卷三十奏疏四),明天启刻本.

魏象枢.寒松堂全集[M].北京:中华书局,1996.

赵尔巽.清史稿(卷一百一十五)(职官二)[M].北京:中华书局,2003.

曾枣庄、刘琳(编).全宋文(第 312 册)[M].上海:上海辞书出版社,2006.

三、学术论文

[德]鲁道夫·G.瓦格纳.进入全球想象图景:上海的《点石斋画报》[J].中国学术 2001(4).

黄旦.报刊的历史与历史的报刊[J].新闻大学,2001(1).

马光仁.申报与新闻学研究[J].新闻大学,2009(2).

王维江.清流与申报[J].近代史研究.2007(6).

周鸿书.谈谈新闻伦理学[J].新闻知识,1997(6).

武占江.论申报 1905 年改版——兼论中国新闻史两个系统的互动[J].西南民族大学学报(人文社会科学版),2013(1).

左玉河.义利之辨与晚清重商思潮的兴起[J].晋阳学刊,2014(2).

张敏.沿海地区新士绅群体与中国早期近代化运动[J].上海社会科学院学术季刊,1990(3).

黄旦.媒介就是知识:中国现代报刊思想的源起[J].学术月刊,2011(12).

张锡勤.试论儒家的"教化"思想[J].齐鲁学刊,1998(2).

李文海.晚清义赈的兴起与发展[J].清史研究,1993(3).

董天策.史家办报思想研究[J].新闻大学,2006(2).

"予夺褒贬"与"据事直书"—中国传统史学的两种治史理念及其演变趋势[J].学术研究,2006(6).

王维江.清流与申报[J].近代史研究,2007(6).

贺斌.论民间伦理的特征[J].中州学刊,2006(2).

孙恩霖.早期《申报》的新闻蒐集者[J].新闻大学,1982(3).

罗炳良.清代乾嘉史家的"实事求是"理论[J].宁夏社会科学,2006(11).

郭康松.论清代考据学的学术规范[J].清史研究,1999(3).

王敏.政府与媒体—晚清上海报纸的政治空间[J].史林,2007(1).

黄旦、孙藜.新闻客观性三题[J].新闻大学,2005(夏).

吴飞.西方新闻报道方式变革的内在动力[J].现代传播,1999(2).

宁树藩."有闻必录"考[J].新闻研究资料,1986(1).

李秀云.客观主义报道思想在中国的兴衰[J].当代传播,2007(1).

江湄."直笔"探微——中国古代史学求真观念的发展与特征[J].史学理论研究,1999(3).

刘建明."有闻必录"论的起源与发展[J].新闻知识,1996(12).

汤天明."有闻必录",媒介世界的另一种声音[J].传媒观察,2007(9).

卢宁.早期《申报》新闻传播策略初探[J].编辑之友,2013(4).

操瑞青.建构报刊合法性:"有闻必录"兴起的另一种认识——从《申报》"杨乃武案"报道谈起》[J].新闻与传播研究,2015(3).

萧鸣籁.四库提要中关于汉书古本问题之附注[J].学文,1931(4).

许殿才.古代史学的"求真"与"致用"传统[J].史学史研究,2008(2).

刘重来.试论司马迁的怀疑精神[J].西南师范大学学报,1997(6).

傅刚.略说中国上古的史学传统[J].中国典籍与文化,2011(02).

李时新.论晚清及民国时期上海小报的限禁[J].新闻与传播研究,2008(5).

杨国强.捐纳、保举与晚清的吏治失范[J].社会科学,2009(5).

我佛山人.咬文嚼字[J].新小说,1905(22).

陈玉申.论我国早期的新闻访员[J].国际新闻界,2007(10).

程丽红.社会思潮与媒介嬗变——清末社会改革运动中的大众传播媒介[J].吉林大学社会科学学报,2012.

熊月之.论上海租界与晚清革命[J].上海社会科学院学术季刊,1985.

熊月之.上海租界与文化融合[J].学术月刊,2002(5).

熊月之.点石斋画报与苏报案[J].档案春秋,2000(5).

陈正书.上海租界史上最早的新闻出版法[J].史林,1987(1).

邓建鹏.清代诉讼费用研究[J].清华大学学报,2007(3).

孙恩霖.早期《申报》的新闻蒐集者[J].新闻大学,1982(3).

张锡勤.论中国古代士人的使命感[J].道德与文明,2013(5).

刘隆有.我国古代的史官制度[J].贵州文史丛刊,1984(1).

范继忠.晚清申报市场在上海的形成[J].清史研究,2005(1).

杜涛.晚清申报的灾害新闻[J].社会科学辑刊,2015(3).

[德]鲁道夫·G·瓦格纳.申报的危机:1878—1879年申报与郭嵩焘之间的冲突和国际环境[A].见:张仲礼.中国近代城市发展与社会经济[M].上海:上海社会科学院出版社,1999.

姜振逵.晚清上海女性职业角色与传统伦理的冲突[J].甘肃社会科学,2012(3).

马艺、张培.多重价值的融合与冲突——新闻伦理道德失范原因的深层阐释[J].新闻与传播研究,2009(2).

朱春阳.关于史量才与《申报》三个问题之思考与追问[J].国际新闻界,2008(9).

操瑞青.政治干预下的职业抗争——清季民初新闻业"有闻必录"理念的奠定[J].新闻与传播评论,2018(7).

徐新平,邓丽琴.以大公之心,发折中之论——《大公报》创始人英敛之新闻思想[J].湖南大学学报,2012(9).

邵雍、王惠怡.《申报》对义和团运动的舆论导向[J].安徽大学学报(哲学社会科学版)2011(02).

周光明.中文"新闻自由"概念考略[J].国际新闻,2014(10).

杨保军.论"新闻规律"与"新闻规范"[J].新闻记者,2021(7).

操瑞青.早期《申报》"体例"与19世纪新闻人的伦理观[J].国际新闻界,2020(7).

常文相.明代士大夫的"商人—商业"观[J].西南大学学报,2018(5).

郭恩强.作为关系的新闻纸:《申报》与晚清义赈[J].新闻与传播研究,2016(6).

朱春阳.关于史量才与《申报》三个问题之思考与追问[J].国际新闻界,2008(9).

夏冰.士人伦理对近现代报人职业活动的形塑[J].青年记者,2021(9).

[澳]特里·纳里莫.中国新闻业的职业化历程米——观念转换与商业化过程[J].新闻研究资料,1992(6).

夏冰."有闻必录":近代报人争取的职业权利[J].新闻界,2021(11).

黄瑚.论中国近代新闻事业发展的三个历史阶段[J].新闻大学,2007(1).

路鹏程.德何以立:论民国新闻记者职业道德实践的困境与振拔[J].新闻大学,2021(8).

夏冰.早期《申报》报人职业价值观及其职业实践探析[J].现代视听,2019(12).

"记者"的前身与本身:晚清新闻从业者职业称谓之演变[J].新闻与传播评论,2018(9).

黄旦.耳目喉舌:旧知识与新交往——基于戊戌变法前后报刊的考察[J].学术月刊,2012(11).

蒋建国.维新前后商业报刊的时政报道与读者阅读[J].新闻大学,2018(4).

杨保军.准确理解新闻的"整体真实"[J].新闻界,2020(4).

李南."新民"时期梁启超的浸润宣传[J].新闻爱好者,2019(3).

路鹏程.中国近代公雇访员与专职记者的新陈代谢[J].新闻与传播研究,2014(8).

路鹏程.论民国时期新闻记者与报馆老板的合与争——以新闻专业主义与管理专业主义为视角的考察[J].国际新闻界,2021(9).

黄旦.从新闻职业化看西方新闻自由思想的历史演变[J].浙江大学学报(人文社会科学版),2004(1).

童兵.在文化合力中推进新闻学话语体系建设[J].现代传播,2017(6).

童兵.厘清对"新闻专业主义"的认知——兼论对美国"新闻专业主义"的质疑[J].新闻与写作,2015(9).

石华、齐辉.民国时期中国报人对新闻道德的讨论与突围(1914—1949)[J].新闻与传播研究,2016(2).

Aldridge, M. and Evetts, J.. Rethinking the concept of professionalism: the case of Journalism[J]. *British Journal of Soceology*, 2003(1).

Rudolf G. Wagner. The Role of the Foreign Community in the Chinese Public Sphere[J]. *The China Quarterly*, 1995(142).

Rankin, Mary Backus. Pubulic Opinion and Political Power: Qingyi in Late Nineteenth Century China[J]. *The Journal of Asian Studies*, 1982, 41(3).

四、学位论文

刘丽.中国采访业的形成[D].上海:复旦大学,2009.

路鹏程.晚清言论自由思想的肇始与演变[D].武汉:华中科技大学,2009.

刘文婷.中国近代商业报刊研究[D].重庆:西南大学,2013.

宋晖.中国记者职业群体的诞生和初步崛起[D].北京:中国人民大学,2004.

朱晓凯.申报与中法战争研究[D].合肥:安徽大学,2015.

杨为正.《申报》新闻更正实践研究(1872—1911)[D].南京:南京师范大学,2018.

赵川.媒体与救灾[D].济南:山东师范大学,2013.

杨芳露.先秦"采风"制度的社会治理功能研究[D].上海:东华大学,2017.

五、报纸

申报

万国公报

字林沪报

新闻报

大公报

上海新报

时报

国闻报

时务日报

菁华报

南洋七日报

图书在版编目(CIP)数据

报以载道:中国近代中文商业性报纸新闻职业伦理
实践研究:1857-1911/夏冰著.—上海:上海三联
书店,2023.11
ISBN 978-7-5426-8020-4

Ⅰ.①报… Ⅱ.①夏… Ⅲ.①报纸-新闻报道-伦理
学-研究-中国-1857-1911 Ⅳ.①G219.29

中国国家版本馆 CIP 数据核字(2023)第 028516 号

报以载道:中国近代中文商业性报纸新闻职业
伦理实践研究(1857—1911)

著　者／夏　冰

责任编辑／殷亚平
装帧设计／徐　徐
监　制／姚　军
责任校对／王凌霄

出版发行／上海三联书店
　　　　　(200030)中国上海市漕溪北路 331 号 A 座 6 楼
邮　箱／sdxsanlian@sina.com
邮购电话／021-22895540
印　刷／上海惠敦印务科技有限公司

版　次／2023 年 11 月第 1 版
印　次／2023 年 11 月第 1 次印刷
开　本／640 mm×960 mm　1/16
字　数／330 千字
印　张／23.25
书　号／ISBN 978-7-5426-8020-4/G·1667
定　价／98.00 元

敬启读者,如发现本书有印装质量问题,请与印刷厂联系 021-63779028